LUST AN DER ERKENNTNIS:
Russisches Christentum

SERIE PIPER
Band 866

Zu diesem Buch

Vor genau tausend Jahren, im Jahre 988, begann die Christianisierung Rußlands. Das Russische Christentum hat eine große Ausstrahlungskraft bewiesen, weit über die russisch-orthodoxe Kirche hinaus. Dieser Band versammelt die wichtigsten russisch-christlichen Denker; er enthält u. a. Texte von: Kirill von Turov, Nil Sorskij, Josif Volocki, N. V. Gogol, F.M. Dostojevski, L. N. Tolstoj, V.S. Solovjev, L. P. Karsavin, S. N. Bulgakov.

Ingeborg Fleischhauer, geboren in Erfurt, Promotion über die russische Philosophie des 19. Jahrhunderts. Lehrtätigkeit an den Universitäten Paris, Helsinki und Jerusalem. Veröffentlichungen u. a. »Philosophische Aufklärung in Rußland« (1977), »Über die jüdische Identität« (1978), »Das Dritte Reich und die Deutschen in der Sowjetunion« (1983), »Die Deutschen im Zarenreich« (1986), »Die Chance des Sonderfriedens« (1986) und »Die Deutschen in der Sowjetunion« (1987).

LUST AN DER ERKENNTNIS:

Russisches Christentum

Ein Lesebuch

Herausgegeben und eingeleitet von
Ingeborg Fleischhauer

Piper
München Zürich

ISBN 3-492-10866-0
September 1988
Originalausgabe

Umschlag: Federico Luci
Foto: Bildagentur Bilderberg
Gesamtherstellung: Clausen & Bosse, Leck
Printed in Germany

Inhalt

Geschichtliche Einleitung

Unter den europäischen Reichen des ersten nachchristlichen Jahrtausends trat das Kiever Fürstentum, der erste russische Staat, mit der offiziellen Übernahme des Christentums im Jahre 988 als letztes Großreich in die Gemeinschaft der christlichen Zivilisation ein. Dieser entscheidende Schritt, der sich seit Jahrhunderten angekündigt hatte, wurde von den beiden großen Kirchen, der byzantinischen und der römisch-katholischen, von Ostrom und Westrom, mit Interesse erwartet. Dem Kiever Staat eröffnete sich nun nach außen hin der Weg in die Weltgeschichte, nach innen hin wurde der Grundstein gelegt für die Transformation eines bunten Gemischs zahlreicher heidnischer und halbheidnischer Völkerschaften in ein einheitliches, gleichermaßen nach Bildung und Vergeistigung strebendes Staatsvolk. Wenn dieses Ereignis, das in der damaligen Welt allseitige Beachtung fand, vielerorts die Erwartung des *ex oriente lux* nährte, so sollte später, nach neun Jahrhunderten der christlichen Durchdringung dieses Weltreichs, eine Plejade russischer Religionsphilosophen mit großer Selbstverständlichkeit davon sprechen, daß nunmehr *in oriente lux* regiere. Hatte die Christianisierung Rußlands ihr Ziel tatsächlich erreicht?

Die Bedingungen, unter denen sie erfolgte, gaben ebensosehr Anlaß zu optimistischsten Erwartungen, wie sie Raum zu Zweifeln und Selbstzweifel ließen.

Der Kiever Fürst Vladimir Svjatoslavič, später *Vladimir der Heilige* genannt, war der vierte männliche Herrscher der Varägerdynastie, die ab Beginn der zweiten Hälfte des 9. Jahrhunderts über Novgorod und Kiev zu herrschen begann. Der Erzählung des russischen Chronisten zufolge, wurden die skandinavischen Varäger in den Jahren 859 bis 862 von den slavischen Stämmen nach Novgorod, dem damaligen Zentrum des nördlichen Rußland, gebeten, um sie in Frieden zu regieren. Russische Historiker haben in dieser sogenannten Berufung der Varäger den edlen Zug der politischen Selbstbescheidung und eine weise Entscheidung der Übertragung der Macht auf eine außenstehende, überparteiliche und stark zivilisatorische Kraft gesehen, der die Slaven schon damals ausgezeichnet habe. Wenn die Varägerdynastie unter Rjurik im ostslavischen Raum Fuß faßte und sich unter seinem Sohne Igor von Novgorod auf Kiev ausdehnte, so hat sie im Interregnum der Witwe Igors, der Fürstin Olga, die ersten festen Kulturverbindungen nach West- und Ostrom hergestellt; unter ihrem Sohne Svjatoslav setzte die großangelegte Befriedung und kriegerische Unterwerfung der umliegenden Völkerschaften und damit eine umfangreiche »Sammlung der slavischen Lande« ein. Wenn dieser Unterwerfung, wie spätere Historiker glaubten, bereits eine Art »imperialer Absicht« zugrundegelegen haben mag, so hat sie unter seinem Sohn Vladimir – bei mancherlei territorialer Begradigung und weiser Selbstbeschränkung der Macht des aufstrebenden Kiever Staates – ihre Ziele doch erreicht: Unter der starken, aber meisterhaft maßvollen Führung Vladimirs (980–1015) erreichte der Kiever Staat die Blüte seiner außen- und innenpolitischen Entfaltung.

Auf diesem Höhepunkt seiner Macht wurde der Kiever Großfürst ebensosehr für Vertreter der benachbarten Glaubensbekenntnisse zum Ziele der Missionierung, wie er sich auch selbst die Frage nach einer Religion gestellt haben mag, durch die er seinem Staat und den von ihm beherrschten Völkerschaften ein einigendes geistiges Band und einen kraftvollen Motor zur Verbreitung von Wissen, Bildung und Kultur geben könnte. Der russische Chronist läßt den Fürsten in weiser Bedachtsamkeit wählen.

Tatsächlich spiegelte die Vielzahl der Glaubensbekenntnisse, die jenseits der Grenzen des Kiever Staates gelebt und gelehrt wurden, die Mannigfaltigkeit der zivilisatorischen Tendenzen wider, die im weiten Umfeld von Byzanz eines der Hauptzentren der damaligen Welt hatten. Jenseits der Ostgrenze des Kiever Staates siedelten die Volgabulgaren, die in ihrer Hauptstadt Bolgar, am östlichen Ufer der Volga gelegen, ein kulturelles und wirtschaftliches Zentrum von internationaler Bedeutung geschaffen hatten, in dem auch die arabischen Händler einen wichtigen Warenumschlagplatz sahen; unter ihrem Einfluß hatten sich die Volgabulgaren zum Islam bekehrt.

An der südöstlichen Peripherie schlossen sich die Volgasteppen an, die bis hin zum Ufer des Kaspischen Meeres und den Anhöhen des Kaukasus von den Chazaren bewohnt wurden. Die Chazaren, ursprünglich ein kaukasisches Turkvolk mit stark vermischender und assimilierender Tendenz, waren multireligiös, zeichneten sich durch große Toleranz in Glaubensfragen aus und hatten, zunächst in ihren herrschenden Eliten, das Judentum als Staatsreligion übernommen. Zwar hatten die Chazaren, denen noch zwei Jahrhunderte zuvor die Völkerschaften des gesamten Schwarzmeerbeckens Tribut entrichtet hatten und die einst auch die Märkte am Dnjepr, der sogenannten Varäger-Straße, in Handel und Kultur beherrschten, unter dem Vater Vladimirs entscheidende militärische Niederlagen hinnehmen müssen – ihre große kulturelle Ausstrahlung hingegen war noch nicht erloschen. Ihr Fürst, der Kagan, galt auch in Kiev noch weit in das 11. Jahrhundert hinein als eine nachahmenswerte politische Gestalt und Ordnungskraft. Selbst einst vom missionarischen Judentum bekehrt, tendierten die geistigen Kräfte des Chazarenreiches auch zu milden Formen der Missionierung ihrer Nachbarn. Der russische Chronist läßt sie in dieser Absicht beim Kiever Großfürsten vorstellig werden.

Im Westen des Kiever Staates, schon damals eine Art Puffer zwischen dem jungen russischen Staat und dem Heiligen Römischen Reich Deutscher Nation, setzten sich Polen und baltische Stämme, aber auch Ungarn im Süden und Dänen im Norden gegen die anwachsenden benachbarten Reiche zur Wehr, indem sie sich unter den Schutz des Papstes begaben und sich zum weströmischen Glauben bekannten. Das Heilige Römische Reich Deutscher Nation selbst, das unter Kaiser Otto I. gern – wie noch von Vladimirs Großmutter, der Fürstin Olga, erbeten – zum Schutzherrn des heranwachsenden Rivalen, der Kiever Rus', geworden wäre, vereinigte alle Hoffnungen des Papstes in sich, der Verteidiger der Christenheit im Norden zu werden. In der Tat war es aus russischer Sicht der nächste und vorrangige Träger des westlichen Glaubens; so läßt der russische Chronist als Vertreter der römischen Kirche »aus Rom die Deutschen« kommen.

Seit den Anfängen der Landnahme der Varäger am gesamten Laufe des Dnjepr war die Kaiserstadt Byzanz mit ihren goldenen Kirchen und prachtvollen Palästen, ihren unschätzbaren Reichtümern und ihrer erhabenen Kultur das hohe Ziel ihres Strebens, das sie wiederholt auf dem Wege friedlicher Handelsgeschäfte, aber auch kriegerischer Belagerungen und zuletzt gemeinsamer militärischer Expeditionen für sich einzunehmen suchten: Die Kaiserstadt am Bosporus, das zivilisatorische Zentrum der Alten Welt, erhielt ihre ruhige Würde und zeitübergreifende Bestimmung vor allem aus der Präsenz des Patriarchen, der der politischen Sendung von Byzanz – des Bollwerks Europas zur Abwehr der Völker aus dem Osten – die übergreifende geistige Dimension verlieh. Der griechisch-byzantinische Glaube, in dem sich die erhabene östliche Schönheit des Kultus mit einer reifen, zu Einfachheit strebenden Lehre, der »rechten Lehre« (Orthodoxie) vereinte, enthielt für die Varäger und die mit ihnen verschmelzenden slavischen Völker seit jeher viel Anziehungskraft. Hinzu kam für Vladimir eine enge militärische Partnerschaft mit dem jungen byzantinischen Kaiser Basileios II. (976–1025), die sowohl Prestige- und Landgewinn im Süden als auch – in der Gestalt der Kaiserschwester, der »purpurgeborenen«, d. h. in den purpurnen Gemächern des Palastes, als Tochter eines regierenden Kaisers, geborenen (»porphyrogenita«) Prinzessin – eine engere Bindung an die die östliche Welt beherrschende Dynastie versprach.

Dies waren für Vladimir Gründe genug, den griechischen Glauben zu begehren. Doch nahm er ihn – und mit ihm die Hand der griechischen Prinzessin – nicht als ein Geschenk an, sondern erzwang beide auf dem Wege eines Feldzugs gegen dic griechische Stadt Korsun (Cherson). Als Sieger über Cherson erhielt er nun, nachdem er seine Bereitwilligkeit zur Taufe dokumentiert hatte, als erster fremder Fürst die Hand einer »purpurgeborenen« Prinzessin, der Kaiserschwester Anna. Mit ihr, einem Hofstaat von griechischen Priestern und Gelehrten sowie Reliquien und Ikonen kehrte er nach Kiev zurück. Hier folgten Massentaufen in den Fluten des Dnjepr und seiner anliegenden Flüsse, die offenbar zur Freude der bereits seit langem mit dem Christentum vertrauten Anwohner verliefen. Proteste berichtet die Chronik hingegen aus Novgorod, wo des grimmigen Widerstands der städtischen Bevölkerung wegen »mit Feuer und Schwert« getauft werden mußte. Mehr oder minder friedlich faßte demgegenüber der neue Glaube in Rostov und Suzdal' Fuß, in Murom und Polock, in Vladimir-Volynskij und Luck, in Smolensk und Pskov. Je weiter von den zentralen Wasserwegen der Varäger entfernt, an denen das Christentum bereits seit längerem bekannt war, desto langsamer und schwächer drang der neue Glaube in die Gemeinschaften ein, desto geringer war seine Durchschlagskraft gegen die animistischen Formen der vorherrschenden Natur- und Dämonenglauben, gegen heidnische Sitten und Bräuche.

Wenn der russische Chronist diese auch historisch fundierte Grundepisode seiner nationalen Geschichte emphatisch als Heilsgeschichte preist, so gibt er zweifellos eine euphorische Stimmung wieder, die in den ersten Jahrhunderten der Christianisierung der Rus' ihre geistigen Eliten ergriffen hatte. Spätere russische Historiker sahen in der Übernahme des Christentums aus Byzanz neben vielen positiven Aspekten auch eine Wurzel endemischer Fehlentwicklungen des russischen Christentums: Der junge russische Staat hatte den oströmischen Glauben zu einer Zeit übernommen, als die griechische Kirche ihren Zenit bereits überschritten hatte. Hatte die junge russische Kirche damit einen Hauch von Dekadenz in sich aufgenommen?

In dieser Phase des beginnenden Zerfalls war in der griechischen Kirche die theologische Kontroverse der Selbstverteidigung in manchen Fragen an die Stelle der freudvollen Verkündigung der Frohbotschaft getreten. Mit dem griechischen Klerus übernahm die Rus' infolgedessen zugleich eine durch mancherlei zwangsläufige Entwicklungen angegriffene Lehrhaltung: Die Polemik gegen die irrgläubigen Lateiner und Hebräer, die im späten byzantinischen Reich eine Erklärung finden mochte, wurde ohne Notwendigkeit an die Gefilde des Dnjepr verpflanzt und nahm hier der Predigt gegen das Heidentum, den Götzenkult und die nicht sublimierbaren Sinneslüste, die doch ihr vornehmliches Feld ausmachen sollten, viel Elan und Intensität. Eine gewisse Zersplitterung der Kräfte deutete sich an.

Im Cäsaropapismus (der staatliche Machthaber ist zugleich Träger der Kirchengewalt) des späten Byzanz war der an sich durchaus fruchtbare Dualismus zwischen der weltlichen und der geistlichen Herrschaft auf bedenkliche Weise aufgehoben worden. Die russische Christenheit, die den Glauben in ihrer überwiegenden Masse von oben, durch den Fürsten, erhalten hatte, war wenig auf die Entwicklung echter innerer Unabhängigkeit gegenüber der weltlichen Macht vorbereitet. Die griechische Hierarchie, die auf Anordnung des Fürsten in der Rus' das Gebäude der Kirche mit einem griechischen Metropoliten als Oberhaupt errichtete, war trotz ihrer Rückbindung an den griechischen Patriarchen doch auch von der russischen weltlichen Obrigkeit abhängig. Mit der Schwächung des griechischen Patriarchats verlor sie diese Stütze ihrer Unabhängigkeit zunehmend. Als der Moskauer Zar Fedor Ivanovič rund ein Jahrhundert nach dem Fall von Byzanz (1453) im Jahre 1589 schließlich das russische Patriarchat begründete und damit auch die letzten Bindungen an Byzanz löste, wurden die Strukturen eines latenten Cäsaropapismus auf die Moskauer Rus' übertragen. Mit der Errichtung des Heiligen Synod durch Peter den Großen (1721) wurden sie zur offiziellen Kirchenverfassung. Dieses Abweichen von den Inhalten der ursprünglichen, evangelischen Kirche hat immer wieder Protestbewegungen in den fundamentalistischen Teilen der russischen Kirche entstehen lassen. Gelöst wurde diese Grundfrage der kirchlichen Unabhängigkeit indes bis heute nicht.

Wurden somit auch mehrere Zweifel hinsichtlich der Übernahme des Christentums gerade aus dem späten Byzanz wach – in zwei Fragen herrscht Einstimmigkeit. Einerseits übernahm das junge russische Staatswesen mit seiner Bevorzugung des byzantinisch-griechischen Glaubensguts zugleich die Aura eines politischen Sendungsbewußtseins von größter Tragweite. Andererseits wurde die christliche Lehre mit einem Übereifer des jungen russisch-slavischen Neophyten aufgegriffen, den eine in der sonstigen christlichen Welt bis dahin wohl unbekannte Lernfreudigkeit und der Wille zur Aufklärung auszeichnete. Die frühe hagiographische Literatur der Rus' ist erfüllt von Episoden, in denen der lernbegierige junge Russe sich mit einer wahren Bildungsinbrunst am Wissensschatz seiner griechischen Lehrer labt. Christianisierung bedeutete für ihn in erster Linie Alphabetisierung, Schriftgelehrsamkeit und die Suche nach dem wahren Wissen, nicht nach (weltlicher) Philosophie – denn diese, zumal die heidnisch-griechische, war von der byzantinischen Theologie längst gebannt worden –, sondern nach Weisheit (griechisch: *sophia*, russisch: (*pre*)*mudrost'*).

Einer außergewöhnlich großen Lernwilligkeit unter Leitung fremder Lehrer entsprach eine ungewöhnliche Lernfähigkeit der Russen. Schon gegen Ende der Regierungszeit Vladimirs des Heiligen hatte die Erhellung und Aufklärung (*prosveščenie*) der heidnischen Volksmassen durch das Licht der christlichen Gelehrsamkeit bedeutende Fortschritte gemacht.

Sein Sohn und Nachfolger auf dem großfürstlichen Thron, Jaroslav (1019–1054), genannt »der Weise«, hielt im Jahre 1051 bereits die Zeit für gekommen, um in Anwesenheit der Bischöfe in der Kirche der Heiligen Sophia zu Kiev mit Ilarion, dem Mönch aus dem Kiever Höhlenkloster, den ersten Russen als Metropoliten einzusetzen – ein allem Anschein nach verfrühter Versuch der Nationalisierung seiner Landeskirche;

denn schon nach einem Jahr ließ er, vermutlich im Zusammenhang mit der Verheiratung seines Sohnes Vsevolod mit einer byzantinischen Prinzessin, den russischen Metropoliten Ilarion durch einen griechischen ersetzen. Von nun an sollte bis ins 15. Jahrhundert hinein das Recht der Ernennung des Metropoliten der Rus' mehr oder minder unangefochten beim Patriarchen von Konstantinopel liegen.

Daß die Wahl Jaroslav des Weisen ihre guten Gründe gehabt hatte, beweisen die Schriften *Ilarions*, die schon vor seiner Ernennung zum Metropoliten verfaßt worden waren. Sie weisen ihren Autor als einen der gebildetsten Männer der damaligen Rus' aus, der nicht nur sein eigenes Land sehr gut kannte und mit großem Stolz zu beschreiben verstand; er hatte vermutlich auch Griechenland und vielleicht sogar Westeuropa bereist und war dabei zu einem Kenner der christlichen Kulturen geworden. Sein »Wort über das Gesetz, das von Moses gegeben wurde, und von der Gnade und Wahrheit, die durch Jesus Christus wurde, und wie das Gesetz vergangen ist, die Gnade und Wahrheit aber die ganze Erde erfüllt, und der Glaube sich auf alle Zungen (Völker) ausgebreitet hat, auch auf unser russisches Volk, und ein Loblied auf unseren Kagan Vladimir (Volodimer), von dem wir getauft worden sind, und ein Gebet zu Gott von unserem ganzen Lande« zeugt ebensosehr von den außergewöhnlichen theologischen, literarischen und rhetorischen Fähigkeiten des Autors, wie auch von der Präsenz eines Kreises von Anhängern in der Kiever Rus', die »im höchsten Maße erfüllt sind von der Süßigkeit der Bücher«.

Wenn Ilarion in der theologischen Aussage seines »Wortes über das Gesetz und die Gnade« der seit der Dogmatisierung des paulinischen Hebräerbriefes in der Kirche etablierten Lehrauffassung folgte, nach der die jüdische Gesetzesreligion durch die christliche Religion der Gnade eingelöst und überhöht worden sei, so hat seine Gegenüberstellung von Judentum und Christentum zugleich auch einen naheliegenden historischen Anlaß: Die geistige Vorherrschaft der Chazaren im südslavischen Raum ist durch die des Kiever Staates abgelöst worden, der chazarische Kagan (von hebräisch: *kohen*, d. i. der

Priester) ist durch den »großen Kagan«, den Täufer der Rus' Vladimir, ersetzt, der geistig-geistliche Anspruch auf die Erleuchtung der Heiden von den Kiever Christen übernommen worden. In die geistige Hochstimmung des frommen Kiever Mönches und Schriftgelehrten mischt sich ein Gefühl des nationalen Stolzes; als Helden besingt er den »alten Igor« und den »ruhmvollen Svjatoslav«, die kein dürftiges und unbekanntes Land regiert hätten, sondern »das Russische, das bis zu allen Enden der Erde bekannt ist«. Diese Ansicht des Autors entsprang nicht nur einem patriotischen Bedürfnis nach internationalem Prestige – tatsächlich hatte Jaroslav der Weise durch eine Reihe militärischer Expeditionen den politisch-territorialen Aktionsradius der Rus' beträchtlich erweitert und sie zugleich durch eine geeignete Handels- und Heiratspolitik zu einem begehrten Partner der nord- und westeuropäischen Staaten gemacht. Aber nicht nur der Staat hatte beträchtlich an Achtung gewonnen; auch die Kirche nahm mit dem sprunghaften Aufstieg ihrer geistigen und materiellen Kultur an weltweitem Ansehen zu; der außergewöhnliche Glanz der Kiever Sophienkathedrale, deren Fundamente 1037 gelegt wurden und die zu der – nach der Hagia Sophia – zweitprächtigsten Kirche der damaligen Christenheit werden sollte, symbolisierte ihr neues Bewußtsein.

Wie stark das religiöse Bewußtsein auch in der herrschenden Dynastie wurde, verdeutlicht eines der schönsten Zeugnisse der Frömmigkeit der Kiever Rus', die »Belehrung« Vladimir Monomachs. Vladimir Vsevolodovič (1053–1125), nach seiner Mutter, einer griechischen Prinzessin, *Vladimir Monomach* genannt, wurde als Enkel Jaroslav des Weisen im Jahre 1113 von den Kievern auf den Großfürstenthron berufen, nachdem unter Jaroslavs erbberechtigten Söhnen und Enkeln ein Bruderzwist getobt hatte, in den die kirchliche Hierarchie mildernd und vermittelnd eingreifen mußte. Als Vladimir den Kiever Großfürstenthron bestieg, galt es, eine soziale Ordnung wiederherzustellen, die in der Zeit der Bruderkämpfe mit Füßen getreten worden war. Unter Aufwendung aller Tugenden eines gottesfürchtigen Fürsten, in dem sich das geistige griechische Erbe, auch seiner Mutter, mit Grundsätzen der Volksnähe, strenger sozialer Gerechtigkeit und gleicher Verantwortung für alle Schichten und Stände aufs glücklichste vereinte, stellte Vladimir den Frieden – das Fundament einer zweiten großen Blüte der Rus' – wieder her. Ein fragiler Friede allerdings, der trotz dieser meisterhaften Ermahnung seiner Söhne in seinem politisch-religiösen Testament den stärker werdenden partikularistischen Tendenzen innerhalb der wachsenden, auf immer mehr Teilfürstentümer verteilten Dynastie auf Dauer nicht standhalten konnte.

Während die Kiever Rus' unter den Söhnen und Enkeln Vladimir Monomachs bereits alle Anzeichen einer politischen Zersplitterung – unter wachsender Machtentfaltung der territorialen Teilfürstentümer – manifestierte, hatten die russischen Teile der kirchlichen Hierarchie ein Maß von Gelehrsamkeit, Sprachkultur und Feinheit in der Auslegung der Glaubensinhalte erreicht, das ihre vornehmsten Vertreter, wie etwa Kirill, den Bischof von Turov, als nunmehr eigenständige und den großen Predigern der Ost- wie auch Westkirche unbedingt ebenbürtige Gestalten erscheinen läßt.

Kirill von Turov (1130–1182), in dem Städtchen Turov im heutigen weißrussischen Gebiete von Minsk in einer wohlhabenden Familie geboren, trat nach Studienjahren, vermutlich in der griechischen Umgebung des Kiever Metropoliten, in eine klösterliche Gemeinschaft ein, wo er – in vorzüglicher Kenntnis der Schriften der Patristik – zunächst seine Mitbrüder lehrte. Nachdem er sich mit seiner Bibliothek in die Einöde zurückgezogen und als Stylit (Säulenheiliger) ein streng asketisches Leben geführt hatte, breitete sich der Ruf des Gelehrten bis nach Kiev aus. Mit etwas über dreißig Jahren wurde er auf Ersuchen des Turover Fürsten und Volkes vom Kiever Metropoliten zum Bischof von Turov geweiht. In dieser Eigenschaft schlichtete er einen Streit zwischen dem Kiever Großfürsten Andrej Bogoljubskij, der es bereits vorzog, in seinem nordöstlichen Fürstentum Suzdal'-Vladimir zu residieren, und seinem Amtsbruder Fedor, dem Bischof von Rostov; unter dem Eindruck der Verlagerung der fürstlichen Macht von Kiev auf die Teilfürstentümer – ein struktureller Wandel, den er offenbar voreilig auch auf die Kirche ausgedehnt sehen wollte – hatte es Fedor von Rostov wohl an der entsprechenden Anerkennung des Kiever Metropoliten mangeln lassen. Doch der kirchliche Zentralismus sollte erhalten bleiben, Kirill stellte sich auf die Seite des Fürsten Andrej Bogoljubskij und schlug seinen Amtsbruder samt seiner »Häresie« in Acht und Bann. Im Jahre 1169, dem Jahre, in dem Andrejs Truppen Kiev erneut gewaltsam einnahmen, wurde Fedor hingerichtet. Der Ruhm des gottesfürchtigen Bewahrers des kirchlichen Zentralismus hingegen wuchs. Kirill entfaltete eine rege homiletisch-literarische Tätigkeit. Seine Predigten und Gebete sind Ausdruck einer reifen, rhetorisch subtilen Ausdrucksfähigkeit, die sich weit über theologische Lehrhaftigkeit und moralische Didaktik erhebt. Bei vollendeter Kenntnis der Heiligen Schriften und der Literatur der griechischen Kirchenväter dominiert eine allegorische Auslegung, etwa der christlichen Festtage, in der auch die den Russen so teure Naturfrömmigkeit, in zweifellos inhaltlich hochsublimierter Form, voll zu ihrem Recht kam.

Man könnte diese Tatsache auf eine Einheit stiftende Absicht des großen Glaubenslehrers zurückführen. Denn die Christenheit der Rus' war – wenn auch mit Eifer im rechten Glauben unterwiesen und eingeübt – keineswegs frei von heidnischen Vorstellungen und Lebensinhalten. Mit einer gelegentlich oberflächlichen Übernahme des Christentums auf einem zutiefst heidnisch-animistischen Fundament hatte sich vielerorts eine spezifische »Zweigläubigkeit« *(dvoeverie)* herausgebildet. Der Glaube an die tätige Kraft von Zauberern, von alten Göttern (wie etwa dem Donnergott Perun) und allerlei Götzen, von Fluß-, Wald- und Wiesengeistern sowie die traditionelle Vielfalt örtlichen Aberglaubens begleiteten Naturriten und -beschwörungen bis hin zum Jungfrauenopfer, wie es Igor Stravinskij nach ausgiebigen Studien noch 1913 im *Sacre du printemps* darstellte. »Zweigläubige« *(dvoevery)* wurden in einem Großteil der christlichen Literatur der Kiever Rus' zu Sitte und Ordnung ermahnt: Von den Lehrschriften des Heiligen Feodosij Pečerskij (etwa 1036–1074), der als dritter Igumen (Vorsteher) des Kiever Höhlenklosters zum eigentlichen Vater des russischen Mönchtums wurde, bis zu den Predigten des Serapion, Bischofs von Vladimir, in der zweiten Hälfte des 13. Jahrhunderts zieht sich die Enthüllung von Formen der Zweigläubigkeit wie ein roter Faden durch das geistliche Schrifttum. Russische Philosophen unseres Jahrhunderts, wie etwa Nikolaj Berdjaev, haben in ihrem Fortleben einen Ausdruck der zutiefst dionysischen Natur des russischen Menschen gesehen. In der Verehrung der »Mutter-Erde« trat sie, wie es etwa der Schriftsteller F. M. Dostoevskij für seine Zeit beschrieb, in einen praktischen Dualismus zur »Muttergottes«.

So spricht auch die »Klage über den Untergang des russischen Landes«, ein anonymes Fragment, das das Unheil beklagt, welches mit dem Tatareneinfall und der Einäscherung der Stadt Kiev (1240) der Kiever Christenheit und dem russischen Lande zuteil wurde, von den wundersamen »Flüssen und Quellen, die als heilig gelten«. Mit dem Untergang des Kiever Staates – der »Heimat für den wahren christlichen Glauben« – und der Erfahrung des Tatarischen Jochs lebten neue Inhalte in dem bis dahin grundlegend optimistisch-erhabenen, ja freudvoll-triumphalen russischen Christentum auf. Die Predigten *Serapions von Vladimir* (er starb 1275) – nach dem russischen Chronisten der »große Lehrer in der göttlichen Schrift« – zeugen von einer Verinnerlichung des Glaubens, der sich nach dem Schock der nationalen Erniedrigung, im Chaos der Verwüstungen durch die tatarischen Horden, zu dem demütigen Bekenntnis versteht, daß diese Züchtigung des russischen Volkes die Heimsuchung eines gnädigen und sein Volk im Leid läuternden Gottes ist. Die mehr als zweieinhalb Jahrhunderte anhaltende Fremdherrschaft der Goldenen Horde (ihre Macht schwand 1502) hat diese Verinnerlichung – das Bewußtsein, daß der gnädige Gott die großen Sünder gerecht bestraft – zu einem festen Bestandteil des nationalen und individuellen russischen Glaubens werden lassen.

Diese Glaubenshaltung förderte ein theologisches sowie praktisches Bedürfnis nach Buße und verstärkte damit, begünstigt durch die kulturelle Verwüstung und soziale Verarmung der den Tataren tributpflichtigen Landesteile, die Tendenzen der Weltentsagung und des Einsiedlertums. Erst aus dem durch Buße und Sühne geläuterten strengen russischen Anachoretentum gingen dann die Kräfte hervor, die der Tatarenherrschaft Einhalt gebieten und die Würde und Größe des russischen Volkes wiederherstellen konnten. Zur Symbolgestalt dieser Lebensform des russischen Christentums wurde der Allerseligste und Heilige *Sergij von Radonež* (russisch: Sergij Radonežskij, 1314/19–1392). Aus einer wohlhabenden Bojarenfamilie aus Rostov stammend, zog er sich als junger Mann – erfüllt von dem Verlangen nach dem strengsten asketischen Leben der Sühne und Abtötung des Fleisches – in die unwegsamen Wälder von Radonež im Osten von Moskau zurück, wo er die Dreifaltigkeitskirche, den Kern des späteren Dreifaltigkeits-Sergius-Klosters (*Troice-Sergiev monastyr'* bzw. *Troice-Sergievskaja lavra*), baute. Nach Jahren strengsten Fastens gesellten sich andere, Gleichgesinnte zu ihm – dies war die Geburtsstunde des großen russischen Zönobitentums (Koinobitentums). Widerstrebend nahm der in allergrößter Dürftigkeit lebende Mönch die Wahl zum Abt an. Der Ruf des Allerseligsten Igumen drang nicht nur zum russischen Metropoliten Aleksej und über diesen zum Patriarchen von Konstantinopel, Philotheus, der ihm ehrenvolle Geschenke bringen ließ; Sergij, der »mit leisen und demütigen Worten« die Herzen der Menschen verwandelte, wurde auch von den russischen Fürsten zu Rate gezogen, die – in Uneinigkeit untereinander – den tatarischen Herren mit Willfährigkeit begegneten. Die beratende Tätigkeit Sergijs richtete sich auf die Stärkung des Moskauer Großfürsten und damit die Zentralisierung der politischen Macht mit dem Ziele des vereinten Kampfes gegen den fremden, heidnischen Unterdrücker. Auf sein Geheiß unterwarfen sich die Fürsten von Rostov (1356), von Nižnij Novgorod (1365), von Rjazan' und anderen Teilfürstentümern dem Moskauer Großfürsten. Diese Bereitwilligkeit zur Einigung unter der Führung Moskaus machte sich bezahlt, als der Tatarenchan Mamaj sein gewaltiges Heer im August 1380 auf dem Kulikovo-Feld am Don zu einer Strafexpedition gegen den Moskauer Großfürsten Dmitrij Ioannovič antreten ließ. Der Großfürst beriet sich mit Sergij Radonežskij, erfuhr dessen Segen, den Kampf aufzunehmen, und erhielt zwei Mönche des Klosters zu seiner Stärkung mit auf den Weg. Mit vielen Territorialfürsten und einer gemeinsamen Armee von 150000 Mann näherte er sich dem Don. Beim Anblick des feindlichen Heeres dem Verzagen nahe, wurde Dmitrij durch ein Ermutigungsschreiben von der Hand des Heiligen in seiner Entschlossenheit bestärkt, die militärische Entscheidung herbeizuführen. Die erste große Schlacht gegen die Tataren (die Kulikovo-Schlacht am Don vom 8. September 1380), als deren Sieger Dmitrij, dann Donskij genannt, hervorging, ging auch als ein Triumph des durch Askese gestählten Mönchtums über heidnische Fremdherrschaft in das historische Bewußtsein der Russen ein.

Epiphanij der Weise, ein Schüler Sergijs und Pilger durch die byzantinische Welt (seine Reisen führten ihn vom Athos bis nach Jerusalem), begann ein Jahr nach dem Tode seines Lehrers, dessen Leben aufzuzeichnen; sein Zeitgenosse, der russische Ikonenmaler Andrej Rublev, der Mönch des Moskauer Andronnikov-Klosters war, einer Zweitgründung des Troice-Sergiev-Klosters, weihte seine berühmteste Ikone, die Dreifaltigkeits-Ikone, dem Heiligen Sergij Radonežskij. Dessen Vita, von Epiphanij über zwanzig Jahre hinweg nach Berichten von Augenzeugen in der sprachlichen Musikalität höchster monastischer Frömmigkeit komponiert, ist eines der trefflichsten Zeugnisse vom Geist des russischen Christentums unter dem tatarischen Joch. Im religiösen Bewußtsein bezeichnete sie zugleich den Wendepunkt von der erzwungenen Verinnerlichung der Schicksalsergebenheit zu neuer nationaler Konsolidierung und praktisch-politischer Aktivität. Beide sollten in der Moskauer Rus' zu wichtigen Eckpfeilern des christlichen Selbstverständnisses werden.

Die erste Hälfte des 15. Jahrhundert war von einem nie dagewesenen Aufschwung des russischen Mönchtums gekennzeichnet. In diese Zeit fällt die Gründung von etwa 180 Klöstern, überwiegend in den nördlichen und nordöstlichen Gebieten; allein die Mönche des Troice-Sergiev-Klosters gründeten in dieser Zeit in Tver' elf und in Nižnij Novgorod vier neue »Gemeinschaftswohnstätten« (Zönobitische Klöster). Berühmtheit erlangten wegen ihres streng asketischen Lebensstils besonders die Klöster im hohen Norden, etwa das Kloster auf den Soloveckij-Inseln (Soloveckij-Kloster) und das Kirillo-Belozerskij-Kloster. Es waren jedoch nicht nur die sozialen und politischen Umstände unter der Tatarenherrschaft, die derartige Zusammenschlüsse entsagungsfreudiger, aber tatkräftiger Männer in entlegenen Gebieten auslösten; auch das Eindringen der Ideen und Praktiken der Mönchsbewegung der Hesychasten, einer mystisch-pneumatischen Strömung im griechischen Mönchstum, hat die russischen Mönche nachhaltig befruchtet. Sie empfingen diese Anstöße entweder auf ihren Pilgerreisen zum Athos und durch Griechenland oder wurden von serbischen und bulgarischen Mönchen in der »hesychia« (der geistigen Ruhe und Schau des göttlichen Lichts) unterwiesen, welche sich auf der Flucht vor den Türken in das große orthodoxe Land im Norden gerettet hatten. Bald kamen die neuen Klöster, die nicht selten bis zu dreihundert Mönche oder Nonnen zählten, zu Wohlstand und Reichtum, was die strenger asketischen Naturen unter ihnen wiederum veranlaßte, in die Einöde (russisch: *pustyn'*, von »Wüste«) auszuweichen, um allein oder – auf Grund der schwierigen, mit den südlichen Gefilden des Mittelmeeres nicht zu vergleichenden Lebensumstände – zu zweit ein anachoretisches Leben zu führen. Diese an sich durchaus kreative Spannung zwischen Zönobiten- und Anachoretentum war einer der Gründe für eine große Auseinandersetzung über die grundsätzliche Ausrichtung des russischen Mönchtums, die in der zweiten Hälfte des 15. Jahrhunderts – der Blütezeit des nordrussischen Mönchstums – ausgetragen wurde und sowohl tiefe kirchengeschichtliche als auch innerstaatliche Folgen nach sich ziehen sollte.

Diese Auseinandersetzung erfolgte nicht zufällig vor einem veränderten kirchengeschichtlichen Hintergrund. Die Macht des alten Byzanz schwand dahin – die osmanischen Türken übten einen verheerenden Druck aus und zwangen die verbleibenden Reste des Reichs, näher an den lateinischen We-

sten heranzurücken. Die Frage der Wiedervereinigung von Kirchen stand auf der Tagesordnung und sollte auf einer gemeinsamen Kirchenversammlung in Ferrara (das Florentinische Konzil von 1439) vollzogen werden. Doch hier bewies der Lehrling, die russische Kirche, gegenüber ihrem Lehrmeister, der griechischen Kirche, eine charakteristisch konservative Beharrlichkeit. Sie war nicht bereit, (kirchen)politische Zweckmäßigkeiten in ihr theologisches Kalkül aufzunehmen und versagte die Anerkennung der Union. Die antilateinische Tendenz, die das russische Christentum seit seinen Anfängen von der Mutterkirche übernommen hatte, folgte ihrem Eigengewicht; der – noch immer – griechische Kiever Metropolit, Isidor, der vom Unionskonzil zugleich als päpstlicher Legat zurückkehrte, wurde nach seiner Ankunft in Moskau in einem Kloster gefangengesetzt, auf daß nicht »ein einziger Wolf die unzählbare Menge der Herde des rechtgläubigen Christentums verderbe«.
Die unmittelbare Folge dieser Protesthaltung war die Wahl des russischen Bischofs von Rjazan', Jonas, zum Metropoliten von »Kiev und ganz Rußland«. Der Fall der griechischen Kaiserstadt Konstantinopel unter die Türkenherrschaft (1453) löste dann zwar eine tiefe Identitätskrise der russischen Traditionalisten aus, erleichterte aber die bereits anstehende Nationalisierung der eigenen Kirche. Die russische Kirche löste sich vollends von Byzanz und erlangte eine selbständige Oberhoheit, sie wurde autokephal: Erzbischof Feodosij von Rostov wurde 1461 durch Wahl einer russischen Bischofssynode und mit Zustimmung des Moskauer Großfürsten zum russischen Metropoliten ernannt, ohne daß der griechische Patriarch auch nur um seine Zustimmung ersucht worden wäre. Das russische Mißtrauen gegenüber der griechischen Rechtgläubigkeit ging soweit, daß ab 1480 kein Grieche mehr zum Metropoliten ernannt werden durfte. Eine Art traditioneller Anhänglichkeit, besonders an die politische Sendung von Byzanz, blieb freilich bestehen. So heiratete der »Sammler des russischen Landes«, der Moskauer Großfürst Ivan III. »der Große« (1462–1505) noch einmal eine griechische Prinzessin, die Nichte des letzten regierenden Paläologen-Kaisers, und

konnte sich von nun an »russischer Großfürst und Zar« titulieren lassen. Vertreter der russischen Kirche unterstützten seinen Anspruch. Eine neue Stufe des byzantinischen Erbes kündete sich an.

Die Unabhängigkeit der russischen Christenheit von der Mutterkirche, die vollendete »Sammlung des russischen Landes« am Ende des 15. Jahrhunderts und die Konsolidierung des Moskauer Zartums verlangten nach einer Klärung ihrer innerkirchlichen Strukturen sowie ihres Verhältnisses zur weltlichen Macht.

Sie ging charakteristischerweise vom russischen Mönchtum aus. Josif Sanin (1439/40–1515), als Abt des Kloster von Volokolamsk *Josif von Volokolamsk* (auf russisch: Josif Volockij) genannt, und Nil Majkov, ein Einsiedler an dem Flüßchen Sora unweit des Kirillov-Klosters am Belozero, der *Nil Sorskij* genannt wurde (1433–1509), waren die beiden großen Reformer des frühen Moskauer Rußland, die zwei entgegengesetzte Tendenzen seines Christentums symbolisierten. Nil Sorskij, ein brillanter Schüler des Hesychasmus auf dem Berge Athos, lebte in seiner Einsiedelei, einem »Skit« im rauhen Norden, das kontemplative Leben des strengen Eremiten. Sein »Skitenleben« machte in einer Zeit spontan Schule, in der viele Mönche an dem wachsenden Wohlstand der großen Klöster und ihrer sich auflockernden Lebensführung Anstoß nahmen. Es entstand die Bewegung der »Zavolžskie Starcy«, der »Starcen von jenseits der (oberen) Volga«, geistig und in der asketischen Lebensführung gestählter, spirituell reifer Persönlichkeiten (ein Starec ist ein würdiger alter Seelenführer), die das Ideal der Armut, Demut und völligen Selbstaufgabe in der Hingabe an Gott und die Menschen mit äußerster Konsequenz lebten. Die Ordnung, die Nil Sorskij im sogenannten »Ustav« für diejenigen schuf, die ihm in diesem Leben nachfolgen wollten, spiegelt diese Lebensform in exemplarischer Reinheit wider: Im sozialen Verkehr mit der Außenwelt herrschte die unbedingte Besitzlosigkeit und Uneigennützigkeit – die Starcen waren »Nichterwerbende« (*nestjažatel'nye*); damit war jeder persönlichen Bereicherung und jedem kollektiven Wohlstand ein für alle Male der Boden entzogen und die evangelische Armut konnte unangefochten bewahrt werden. In Glaubensfragen dominierte die Toleranz, in zweifelhaften Punkten die milde Belehrung, die die Einheit im Glauben sicherte. Gegenüber der weltlichen Obrigkeit bestand respektvolle Distanz.

Die entgegengesetzte Haltung nahm Josif Volockij in diesen drei wichtigen Fragen ein. Er bevorzugte – bei ähnlicher asketischer Strenge seines persönlichen monastischen Lebensstils – die leichtere Form der großen Klöstergemeinschaften, wußte diesen aber in seiner Eigenschaft als Abt des großen und reichen Klosters von Volokolamsk eine reformierte Ordnung aufzuerlegen, in der der mächtig anwachsende Besitz des Klosters als Institution der formellen persönlichen Besitzlosigkeit des einzelnen Mönches keinen Abbruch tat. Die so reformierten Klöster waren also erlaubterweise Besitz-»Erwerbende« (*stjažatel'nye*) – womit ihr Grundbesitz und konsequenterweise auch Macht und Einfluß zunahmen. Damit berührten Josif und seine Anhänger, die Josifljanen, die kritische Interessensphäre des Zaren, der möglichst viel Grundbesitz zur Belehnung seiner Bojaren benötigte. Ein latenter Konflikt entstand auch in der Glaubensfrage: Als Verfechter einer autochton nationalen, auf sich selbst beschränkten Rechtgläubigkeit trat Josif in einen erbitterten Kampf gegen jene rationalistischen Erneuerungsbewegungen, welche – überwiegend vom westlich orientierten Novgoroder Gebiet ausgehend – die traditionelle russische Kirche zu größerem Humanismus, kritischer Exegese, uneingeschränkter Übersetzungstätigkeit und einer allgemein rationaleren Glaubenshaltung herausforderten. Diese von gebildeten Juden ins Leben gerufene Bewegung, eine spezifisch russische Ausformung der Judaisanten (*židovstvujuščie*), wurde nicht zuletzt auf Drängen Josifs zu einer Häresie erklärt, die den religiösen und nationalen Bestand des russischen Christentums gefährde. Die große Kampfschrift Josifs, »Der Aufklärer« (*Prosvetitel'*), widerlegt in ihren sechzehn Kapiteln den theologischen, historischen und kirchlichen Anspruch der russischen Judaisanten. Hier kam die antijudaistische Tendenz des griechischen Erbes zu einem Zeitpunkt zum Tragen, an dem der russischen Kirche in der wichtigen Phase ihrer Selbstbesinnung und Vorbereitung auf die großen künftigen Aufgaben eine Auffrischung sowie kritische Durchdringung der überkommenen theologischen Inhalte hätte nützen können. Der Großfürst schien dies zu begreifen und auch den wirtschaftlich-sozialen Einfluß der neuen »Häretiker« zu begrüßen. Doch der mächtige Kirchenmann schnitt ihm in beiden Fragen den Weg zu gewagten Neuerungen ab. Charakteristisch ist die unermüdliche Korrespondenz Josifs an einflußreiche Männer des Hofstaats sowie den Großfürsten und Zaren Ivan III. und später seinen Sohn und Nachfolger Vasilij III. (1503–1533) persönlich. Mit seinem Sieg über die uneigennützigen Starcen einerseits und die judaisierenden Häretiker andererseits triumphierte die Kirche der Macht über die der evangelischen Armut und der Erneuerung aus dem Geiste der Wahrheit. Beide wurden Opfer einer milderen, russischen Form von Inquisition. Diese hinterließ ein spirituelles Vakuum, das auf lange Zeit ein Entstehen neuer Glaubensimpulse unmöglich machte.

Demgegenüber gelang es Josif nicht nur, die faktisch bestehende Klosterverfassung auf fest geordnete Fundamente zu stellen – er legte mit seinen Ansichten über das Verhältnis von Kirche und Staat zugleich die theologischen Grundlagen des Moskauer Zartums. Denn – wie Josif lehrte – war »der Zar der Natur nach allen Menschen ähnlich, seiner Macht nach aber ähnlich dem allerhöchsten Gott«. Verantwortlich »für die Herde Christi«, war er zugleich vor die große Aufgabe gestellt, die Reinheit des Glaubens und damit die Einheit der Kirche zu bewahren.

Von hier war es nur ein kleiner Schritt zu jener Lehre von Moskau als dem »dritten Rom«, die schließlich zur herrschenden Staatsideologie des Moskauer Zartums werden sollte. Ihre klassische Formulierung geht auf *Starec Filofej* (geboren um 1455) zurück. Filofej war Abt des Eleazar-Klosters in seinem heimatlichen Pskov, als dieses westlichste Teilfürstentum im Jahre 1510 als eines der letzten der russischen Fürstentümer unter die Macht des Moskauer Großfürsten gezwungen wurde. Besorgt über die Entwicklung der orthodoxen Kirche seit dem

Unionskonzil von Florenz und über das Eindringen der lateinischen Lehre im russischen Westen, ja selbst am Moskauer Hof (wo ein Leibarzt Vasilijs III., Nikolaus der Deutsche, für die Union eintrat), setzte er alle Hoffnungen auf den Zaren. In der Zeit der großen geistigen Verunsicherung nach dem Fall des byzantinischen Kaisertums aufgewachsen und damit Zeuge des faktischen Verlusts der Mutterkirche geworden, verstand er, daß der Zar nicht nur das politische Erbe von Byzanz antreten, sondern auch sein geistiges Erbe, die Kirche, verwalten sollte. Denn als »gottgekrönter Zar« sei er nun »auf der ganzen Erde der einzige Zar über die Christen, der Lenker der heiligen, göttlichen Throne der Heiligen Ökumenischen Apostolischen Kirche ... in der von Gott geretteten Stadt Moskau«. Diese russische Kirche löse Westrom und Ostrom ab, die sich ihrer Sendung als unwürdig erwiesen hätten, und »sie allein leuchtet auf dem ganzen Erdkreis heller als die Sonne«. Im Zentrum dieser theologisch-politischen Vision, die die Geschichte der russischen Kirche und des russischen Staates miteinander verschmolz und dabei beide in einem gemeinsamen Messianismus verband, stand das Vermächtnis: »Alle christlichen Reiche sind vergangen und sind zusammen übergegangen in das Eine Reich unseres Herrschers, gemäß den prophetischen Büchern: Das ist das Russische Reich. Denn zwei Rome sind gefallen, aber das dritte steht, und ein viertes wird es nicht geben.« Diese Kernidee der theologisch-politischen Begründung des »heiligen Rußland« als des einzigen Erben und Vollenders der großen christlichen Kulturen der Menschheit sollte nur scheinbar das Gewicht der nationalen Kirche schwächen; denn unter der Obhut eines weisen und verständigen, seiner religiösen wie politischen Sendung wohl bewußten Monarchen sollte sie ja gemeinsam mit dem konsolidierten Zartum den Weg zur Herrschaft über die Welt beschreiten: »Deswegen ziemt es Dir, o Zar, Dein Zartum in der Furcht Gottes zu erhalten.« Das griechische Erbe eines latenten Cäsaropapismus erlangte nun die Oberhand. Es sollte später, als der Monarch selbst die Fesseln des traditionellen Kirchenglaubens abzuwerfen begann und die »Gottesfurcht« seiner predigenden Mönche verlor, vollends aus seiner Latenz treten. Für seine Zeit aber verstand es Filofej nicht nur, einen erfolgreichen Kampf gegen den Sternenglauben zu führen, in dem Traditionalisten den russischen Kirchenglauben durch westliche Einflüsse in Frage gestellt sahen; vielmehr fielen seine passionierten Sendschreiben, zunächst an hochplacierte Hofbeamte, wie etwa Michail Grigor'evič Misjurja-Munechin (1524), den D'jak (hohen Beamten) des 1510 eingesetzten großfürstlichen Statthalters von Pskov, sodann an den Großfürsten und Zaren selbst, an Vasilij III. und nach ihm Ivan IV. »den Schrecklichen« (1533–1584), auf einen wohlbestellten, fruchtbaren Boden: seine Lehre von »Moskau – dem dritten Rom« wurde zur tragenden Staatsidee des Moskauer Rußland.

Wie stark sie unter der Herrschaft Ivans IV. bereits in das allgemeine Bewußtsein eingedrungen war, zeigt das »Hausbuch« für den Moskauer Christen, der »*Domostroj*« (wörtlich: der Hausbau). Diese Schrift, die bis ins späte 19. Jahrhundert hinein weiteste Zirkulation besaß, wird dem Popen *Silvestr* von der Moskauer Mariä-Verkündigungs-Kathedrale (*Blagoveščenskij Sobor*) zugeschrieben, der der Schrift eine Widmung an seinen Sohn voran- und, als ein Nachwort und geistliches Vermächtnis, eine Ermahnung an denselben Sohn nachstellte. Während das letztere, der sogenannte »kleine Domostroj«, unzweifelhaft auf Silvestr zurückgeht, ist seine Autorenschaft, ja die Autorenschaft eines einzelnen, für das gesamte Hausbuch nicht nachweisbar. Als eine Art Normenkanon des religiösen, familiären und gemeinschaftlichen Lebens des Moskauer Christen erhellt dieses in russischer Sprache einzigartige Dokument die religiöse und sittliche Alltagspraxis in der zweiten Hälfte des 16. Jahrhunderts. (In seiner Gesamtanlage ist dieses Sittenbuch durchaus ein Produkt seiner Zeit – ein ähnliches jüdisches Werk etwa, der *Schulchan Aruch*, d. h. Der Gedeckte Tisch, entstand zur selben Zeit in Palästina und erschien zum ersten Male 1564/65 in Venedig). Das russische Sittenbuch unterscheidet sich jedoch von vergleichbarem Schrifttum anderer Völker durch die lehrhaft-patriarchalische Einbettung der Anweisungen zum christlichen Leben in der Vor- und Nachrede an den innigst geliebten Sohn. In seinen Lehrinhalten steht es darüber hinaus in einem organischen Gesamtzusammenhang mit der Staatsidee und dem staatlichen Aufbau des Moskauer Zartums. Der »Domostroj« wendet sich an den Mann, den *pater familiae*, und ruft diesem in eindrucksvollen Worten die nunmehr zum festen Wissen gewordene Lehre in Erinnerung, daß er dem Zaren als dem irdischen Herrscher in gleicher Weise untertan sein müsse wie dem himmlischen Herrscher. Doch bleibt die charakteristische Einschränkung dieser Analogie bestehen, wie sie Josif Volockij und der Abt Filofej an die Gottesfurcht und Gottergebenheit des Herrschers gebunden hatten: »Jener ist zeitlich, der im Himmel aber ewig – Er ist ein unbestechlicher Richter und vergilt jedem« – so auch dem Zaren – »nach seinem Werk.« Im streng hierarchisch geordneten Weltbild des Moskauer Christen repräsentiert der Zar die strahlende Macht des himmlischen Herrn – in gleicher Weise erstreckt sich die Macht des gottes- und obrigkeitsfürchtigen Mannes auf seine Familie. Der zutiefst patriarchalische Familienaufbau, den der »Domostroj« widerspiegelt und zugleich zu einem ehernen Ideal erhebt, hat später nicht umsonst kritische Stimmen wachgerufen: Das Postulat des Gehorsams und der totalen Unterordnung auf jeder der hierarchisch geordneten Ebenen, die Unumstößlichkeit der Normen für das tägliche und stündliche Handeln, der Verzicht, irgendeine Regel nach einem tieferen Sinne zu befragen – all dies konnte nicht nur eine abtötende Wirkung auf den pneumatischen sowie den forschenden Geist des Christen hervorrufen; es konnte sogar – wie z. B. der Philosoph Vladimir Solov'ev gegen Ende des 19. Jahrhunderts mit Bitterkeit bemerkte – die christliche Tugend in eine Nutzanweisung zum materiellen Gewinn verkehren, die Unterwürfigkeit als eine Ausflucht vor den Forderungen des Gewissens rechtfertigen. Die Kritik am »Domostroj« als einer »Entartung des Christentums« (Nikolaj Berdjaev), die nicht zuletzt eine Verurteilung späterer Fehlentwicklungen aus dessen Postulaten war, kann nicht darüber hinwegsehen, daß dieser hierarchische Bau mit der Gottesfurcht, Gerechtigkeit und tätigen Menschenliebe als höchster Forderung auf jeder seiner Ebenen steht und fällt. Die Aufforderung, »stets nach christlichem Gesetz, mit reinem Gewissen und in der Wahrheit zu leben, gläubig den Willen Gottes zu tun und seine Gebote einzuhalten«, richtete sich an alle Säulen der inneren Ordnung des Dritten Rom: Den Zaren, die Fürsten, jegliche Würdenträger, die Priester, Starcen und Mönche, wie auch den Hausvater und über diesen hinaus an seine Familie und sein gesamtes Hauswesen bis hinab zum geringsten Diener. Dies ist eine soziale Ordnung, deren geheiligtes Sein die Heiligkeit des Staatswesens ergänzt, und somit zu einer Einheit führt.

Nicht zufällig war der Mann, der ihre Regeln in dieser Ermahnung an seinen Sohn gewissermaßen kodifizierte, in der Zeit der Niederschrift bzw. Zusammenstellung dieses Normenkatalogs der vertraute Ratgeber Ivans des Schrecklichen. Der Metropolit Makarij hatte den für seine Buchgelehrsamkeit und Frömmigkeit bekannten Popen Silvestr um die Mitte der vierziger Jahre des 16. Jahrhunderts aus Novgorod nach Moskau gerufen. Hier wirkte der umfassend gebildete und einflußreiche Gelehrte etwa zehn Jahre, bis er sich – in die Auseinandersetzungen des Zaren mit Teilen des Hochadels hineingezogen – ins Kirillo-Belozerskij-Kloster im hohen Norden zurückzog, wo er vermutlich um das Jahr 1566 starb.

In die Zeit seiner politischen und literarischen Tätigkeit in Moskau fiel eines der wichtigsten kirchengeschichtlichen Ereignisse des Moskauer Staates, die Einberufung einer großen russischen Synode, der Hundertkapitel-Synode (*Stoglavnyj Sobor*), durch den Zaren im Jahre 1551. Die Synode erhielt ihren Namen von der Veröffentlichung ihrer Beschlüsse in einer Schrift mit hundert Kapiteln, dem »*Stoglav*«. Sie war auf Bitten der Priester einberufen worden, die darüber Klage erhoben, daß viele alte Bräuche »ins Wanken geraten waren«, während sich neue, nichtkanonisierte Praktiken durchzusetzen begannen. Es war der Zar, der dieser überwiegend aus der hohen Geistlichkeit, aber auch aus Laien der tragenden Stände bestehenden Synode einen umfangreichen Fragenkatalog vorlegte: Neuentwicklungen, die den Gläubigen verunsicherten und den Geistlichen vor unlösbare Probleme stellten, wurden zur Beratung und anstehenden Entscheidung ausgesetzt. Dies waren Entwicklungen, die sich auf dem Gebiete der Liturgie, der heiligen Schriften, des religiösen Lebens des Klerus und der Laien, des sozialen Lebens der Klöster (wie etwa die aus dem wachsenden Klosterbesitz resultierenden Mißbräuche) einerseits und im Felde der staatlichen Leitung und Verwaltung andererseits herausgebildet hatten. Der Synode fiel es nun zu, Ordnung in diese Zusammenhänge zu bringen, nachdem mit der Autokephalie der russischen Kirche die ordnungsstiftende Kraft des griechischen Patriarchen abgelehnt worden war. Zu den Punkten, die auf der Stoglav-Synode zur Diskussion standen, gehörten u. a. solch allem Anschein nach unerhebliche Fragen des religiösen Ritus wie etwa, ob das Kreuzzeichen mit zwei oder mit drei Fingern auszuführen sei oder ob in bestimmten Teilen der Liturgie ein zweifaches oder ein dreifaches Halleluja zu singen war, sowie Fragen, die sich aus zweifel- oder fehlerhaften Übersetzungen der heiligen Schriften ergaben. Vor dem Hintergrund des wachsenden Mißtrauens gegenüber der Rechtsgläubigkeit der griechischen Geistlichkeit, die ja traditionellerweise die Rolle eines Garanten für die richtige Tradierung von Formen, Riten und die korrekte Übersetzung der grundlegenden Texte innehatte, wurden die genannten Fragen zum Gegenstand einer hitzigen öffentlichen Debatte. Der Stoglav suchte sie im Rekurs auf frühere Lehrinhalte zu schlichten, konnte aber offenkundig die Lehrautorität des alten Patriarchats noch nicht ersetzen und zog daher seinerseits weitere, anhaltende Erörterungen nach sich. Auch die Anordnung des Zaren zur Einrichtung des »allerhöchsten Patriarchenstuhls in Moskau« (1586) und die Ernennung eines Russen zum Moskauer Patriarchen (1589) konnten nicht unmittelbar Abhilfe schaffen. Die Meinungsunterschiede – und mit ihnen die Bemühungen um Korrektur der durch Fehler entstellten Schriften – schwelten weiter, vertieft durch die soziale Unrast und Verwilderung der »Zeit der Wirren« (»*smuta*«, »*smutnoe vremja*«), bis sie unter dem sechsten russischen Patriarchen, dem Patriarchen Nikon, zur Kirchenspaltung führten.

Das Moskau Nikons (1605–81, Patriarch von 1652–66), eines hochgebildeten, äußerst ambitiösen Mannes aus einfachster bäuerlicher Familie, zeigte manche Züge eines westlerischen

Reformismus. Die Dynastie der Romanov (seit 1613), die Rußland aus den Großen Wirren befreit hatte, war deutlich um Anschluß an das europäische Ausland bemüht. Nikon galt auf dem Kirchensektor als Reformist und war schon deshalb auf Wunsch des Zaren zum Patriarchen ernannt worden. Er war zugleich kirchengeschichtlich ausreichend gebildet, um die historische Rolle der griechischen Mutterkirche auch in einer Zeit nicht zu negieren, in der der nationalstaatliche Aufschwung und der Protest gegen den »Verrat« der griechischen Kirche dieses Bewußtsein weitgehend verdrängt hatten. So bekannte er nach wie vor, daß er seiner Herkunft nach Russe, seinem Glauben nach aber Grieche sei. Gleichermaßen suchte er die strittigen Fragen des zwei- oder dreifingrigen Kreuzzeichens, des zwei- oder dreifachen Hallelujas und der Korrektheit der (übersetzten) russischen Kirchenbücher durch die kritische Gegenüberstellung mit den griechischen Vorbildern und Quellen einerseits und mit den ursprünglichen russischen Formen andererseits zu entscheiden. Sein Bemühen um historische Authentizität fand beim Zaren uneingeschränkte Unterstützung. Anders verhielten sich die Kräfte, die – als Vertreter der wahren russischen Volksfrömmigkeit – in der selbständigen russischen Kirche auch den genuin nationalen Charakter ihrer Glaubenshaltung bewahrt wissen wollten. Im Protopopen *Avvakum Petrovič* (vor 1610–1681) und einem Kreise gleichgesinnter Geistlicher und Laien entstanden ihm mächtige Gegenspieler. Als Volkshirten, die einer Gelehrtenkirche entgegentraten, und zugleich als populistische Führer, die sich gegen die vermeintliche Überfremdung der Staats- und Kirchenführung zur Wehr setzten, sprachen Avvakum und seine Anhänger in der Tat für breite Massen von Moskovitern. Doch sie konnten sich gegen das Gewicht der Amtskirche nicht behaupten. Nikon, der über Jahre hinweg die Zustimmung des Hofes für seine Reformtätigkeit besaß, ließ die Revision der russischen Kirchenbücher durchführen und sprach sich für die Kanonisierung der nicht durch Volksfrömmigkeit und Aberglauben entstellten Formen aus. Seine Gegner, die »Altgläubigen« (*starovery*), wurden drakonischen Zwangsmaßnahmen unterworfen, die zunächst durch die versöhnliche und um Verständnis bemühte Haltung des Zaren gemildert wurden. Obgleich der »Fall« des selbstherrlichen Kirchenfürsten Nikon für den Zaren selbst zu einer wachsenden Belastungsprobe wurde (1666 verfügte der Zar seine Absetzung), ist sein Werk jedoch nicht in Frage gestellt worden. Zwar siegte mit der Verbannung Nikons in den hohen Norden (in das Belozerskij-Ferapontov-Kloster) die Dynastie Romanov über eine anmaßende kirchliche Obrigkeit und der Staat über die Kirche. Die Altgläubigen aber zogen aus dieser Entwicklung keinen dauerhaften Nutzen. Die Kirchenspaltung (*Raskol*) wurde zu einem Faktum, als die Synode von 1666/67 die Nikonschen Reformen bestätigte und die Einbeziehung der staatlichen Vollzugsorgane im Kampf gegen die Altgläubigen verfügte. Abschreckungsurteile und härteste Strafen, wie etwa die Verbrennung Avvakums auf dem Scheiterhaufen in seinem Verbannungsort Pustozersk, haben das Altgläubigentum aber nur in seiner unerbittlichen Ablehnung bestärken können. Es entstand – an den Orten der Verbannung sowie im Untergrund der offiziellen Kirche – die gewaltige Bewegung der Altgläubigen bzw. Raskolniki, die gegen Ende des 19. Jahrhunderts, noch immer im Zustand der Verfolgung, selbst nach offiziellen Angaben 13 Millionen Mitglieder zählte.

Wenn tiefe Unwissenheit und ein fundamentaler Konservatismus den Unwillen der Altgläubigen erklärt, die geliebten und geheiligten Bräuche und Schriften auch nur dem geringsten Zweifel auszusetzen, so spiegelt ihre Haltung zugleich auch eine große innere Dynamik des russischen Christentums wider: Ultrademokratische, populistische Tendenzen und ein selbstbewußter rebellischer Geist hatten im Moskauer Rußland an seiner Basis die Überhand gewonnen. In ihrer rohen, naturhaften Beharrlichkeit im angestammten Glauben, ihrer unbeugsamen Willenskraft, ihrer völligen Gleichgültigkeit gegenüber der staatlichen und kirchlichen Autorität und ihrer gleichmütigen Bereitschaft zum Martyrium kam – wie die großen russischen Denker des 19. Jahrhundert einhellig anerkannten – das »heilige Feuer« des genuinen russischen Volksglaubens zum Ausbruch. Die lebendige Volkskirche, für deren Verwirklichung sie und ihre Nachfolger bis in unser Jahrhundert hinein grausamste Martern, blutige Verfolgungen und bürokratische Unterdrückung erduldeten, trotzte einem in ihren Augen durch fremde Einflüsse pervertierten Staate und einer ihm sklavenhaft dienenden Kirche. Im Zaren und Imperator Peter dem Großen sollte sie das vollendete Gepräge des Antichristen erblicken.

Zar Peter I. (1672–1725) hat nicht nur das Fenster Rußlands nach Westen aufgestoßen, indem er eine wahre Revolution von oben durchführte – er hat auch die russische Kirche auf ein neues Fundament gestellt. Der Romanov, der es vorzog, Ausländer mit verantwortungsvollen Staatsämtern zu betrauen und dabei von dem in Rußland unbekannten und für Europa pionierhaften Grundsatz ausging, »daß ein jeder Christ (der in russische Dienste trete) auf seine eigene Verantwortung sich die Sorge seiner Seligkeit ... angelegen sein« lasse, etablierte seine Herrschaft nicht nur von den Anfängen an gegen den Widerstand der moskovitischen Traditionalisten, unter ihnen der Altgläubigen, die in den Strelitzen ihren verlängerten militärischen Arm besaßen; er häufte auch mit jeder seiner durchgreifenden Reformen ihr weiteres Anathema auf sein Haupt. Die Tatsache, daß die Raskolniki unter seiner Herrschaft – bei entsprechendem Wohlverhalten und doppeltem Steuersatz – offizielle Duldung genossen, konnte ihr Verdammungsurteil nicht mildern. Den Ausschlag gab dabei die Kirchenreform des Jahres 1721. Mit der Ausarbeitung dieser Reform beauftragte Peter gegen Ende seiner großen Umgestaltung Rußlands den Bischof von Pskov, *Feofan Prokopovič* (1681–1736), einen in Rom ausgebildeten Professor der Theologie und vormaligen Rektor der Geistlichen Akademie Kiev. Prokopovič war der herausragende Vertreter der ukrainischen Kirche, die der lateinischen Kirche in ihren Bildungsinstitutionen und ihrer Gelehrsamkeit am nächsten stand. Einen zweiten Ukrainer und hervorragenden, westlich gebildeten Theologen, den Bischof Stefan Javorskij, hatte der Zar im Jahre 1700 selbstherrlich zum Patriarchatsverweser bestellt. Prokopovič hatte durch seine Schrift »Das Recht des monarchischen Willens«, einer theologischen Grundlegung des modernen Absolutismus unter Verwendung byzantinischer Staatsideen, das Vertrauen des Zaren gewonnen. Sein »Reglement oder Statut eines geistlichen Kollegiums« nun entsprach ganz den Ideen des Zaren und wurde, von diesem eigenhändig korrigiert, im Jahre 1721 offiziell verabschiedet.

Das »Reglement« (russisch: *Reglâment*) bestimmte ein den übrigen Kollegien analoges, geistliches Kollegium als oberste Kirchenverwaltung, die »synodale Regierung«; der vom Zaren verwendete Name »Heiligster dirigierender Synod« täuschte nur oberflächlich darüber hinweg, daß diese Einrichtung in Wahrheit eine rein staatliche Kirchenleitung war. Denn sie bestand zwar aus Bischöfen, die formal die Autorität in Glaubensfragen besaßen; doch mußten diese als Staatsbeamte den Untertaneneid leisten, verloren also einen Großteil ihrer inneren und äußeren Unabhängigkeit. Die Rolle, die in diesem Kollegium dem »Ober-Prokuror« (der deutsche Name sprach für sich!) zufallen sollte, negierte die traditionellerweise an ihrer Basis demokratische russische Kirchenauffassung. Ohnedies ließ Peter keinen Zweifel darüber bestehen, mit welcher Intention er diese synodale Kirchenleitung ins Leben rief: »Der gemeine Mann«, so betonte die Präambel des »Reglâment«, »versteht den Unterschied zwischen der geistlichen und der souveränen weltlichen Gewalt nicht, sondern wird durch die große Ehre und Würde, die man dem obersten Hirten gibt, von Verwunderung dergestalt eingenommen, daß er denkt, ein solches Oberhaupt sei ein anderer Landesherr, in gleicher Würde mit dem Monarchen, oder auch noch größer als derselbe. Durch dergleichen Meinungen werden einfältige Herzen dergestalt verkehrt, daß sie nicht so wohl auf ihren Monarchen, als auf ihren Oberhirten in allen Dingen ihre Augen richten. Hören sie dann, daß diese beiden miteinander Streitigkeiten haben, so fallen sie alle mehr dem geistlichen als dem weltlichen Oberhaupte... bei«. Es wurde der heiligen russischen Kirche und allen ihren Gläubigen also ein für alle Male klargemacht, daß der Zar als »ein Christlicher Monarch und Beschützer des rechten Glaubens und aller guten Ordnungen in der Kirche« von nun an auch von Rechts wegen über der geistlichen Autorität stand und die Kirche nur eine unter anderen Staatsinstitutionen war. Damit war die Unterwerfung der Kirche unter die weltliche Macht vollendet.

Diese Reform, die von einem entschlossenen Vorgehen Prokopovičs gegen den angestammten Aberglauben und zweifelhafte Zeremonien der Volksfrömmigkeit begleitet wurde, forderte nicht nur das Selbstverständnis des moskovitischen Christen und den Haß der Altgläubigen heraus; diese einschneidenden Veränderungen, die sich so organisch in das kameralistische System der nach westeuropäischem Vorbild geschaffenen Hauptstadt St. Petersburg einfügten, wurden später auch von den großen religiösen Denkern des 19. Jahrhundert beklagt; sie sahen in dieser Reform von oben einen nicht wieder gutzumachenden Bruch mit den wahren Traditionen des russischen Christentums: »Nach deutschem Muster« und im Geiste des Protestantismus habe Peter der Große aus der Führung der wahren und lebendigen Kirche Rußlands ein Ministerium für geistliche Angelegenheiten gemacht. Er hatte damit tatsächlich die nationale Spaltung, die sich im Raskol ankündigte, verewigt.

Doch nicht nur die kirchliche Hierarchie und die Amtskirche erlitten grundsätzliche Kompetenzeinbußen; die Klosterreform tastete auch den Klosterbesitz an und verfolgte die Tendenz, das kontemplative Mönchtum in Krankenpflege- und Wohltätigkeitsorden zu verwandeln. Erneut zogen sich rein spirituelle Naturen besser in die Einöde zurück, wollten sie nicht mit den Exekutivorganen des Staates in Konflikt geraten. Ein neuer Aufschwung eines pneumatischen Starcentums kündete sich an.

Demgegenüber hat die Kirchenreform Peters des Großen zweifellos Fundamente für Bildung und Aufklärung, auch des geistlichen Standes, geschaffen, wie sie in Rußland bis dahin unbekannt waren. Die Reglementierung des kirchlichen Schulunterrichts, des Lehr- und Lernstoffes, der Didaktik und Methodik der Ausbildung haben zu gewaltigen Fortschritten geführt. Eine partielle Säkularisierung und Einbuße des »echt russischen« Bildungsideals waren freilich eine unvermeidliche Folge.

So ist es charakteristisch, daß die eigentlich theologischen

Werke der Zeit Peters des Großen, wie sie etwa Stefan Javorskij vorlegte, dem Geiste strenger Scholastik und einem lateinischen Rationalismus verpflichtet waren und das religiöse Denken – von den eher obskurantistischen Angriffen gegen den petrinischen Geist abgesehen – sich überwiegend in westlichen Formen vollzog.

Charakteristisch für das Erbe, das Peter der Große in dieser Hinsicht hinterließ, ist die Poesie von *Michail Vasil'evič Lomonosov* (1711–1765), dem großen Reformator der russischen Sprache und Wissenschaft. In ihr treten Formen von Pantheismus, Humanismus und Rationalismus in eine organische Verbindung mit einer noch immer zutiefst russischen Naturverbundenheit des freisinnen Bauernsohnes aus dem Gebiet des Weißen Meeres und einer ebenso aufrichtigen Bewunderung für die Werke des Schöpfers.

Desungeachtet ist es schwer, in der nachpetrinischen Zeit von *einem* russischen Christentum zu sprechen. Denn während sich der staatsfeindliche Widerstand der Raskolniki verhärtete und eine große Zahl neuer Volkssekten in den Untergrund gedrängt wurde, die synodale Kirche aber den Weg der westlichen Gelehrsamkeit beschritt, hob sich die Religiosität der gebildeten Schichten nun zusehends vom Volksglauben ab – die nationale Einheit im Glauben schien unwiederbringlich gebrochen.

Später, in den Zeiten des aufgeklärten Absolutismus unter der Herrschaft von Katharina der Großen, zog sich die gebildete Oberschicht des russischen Adels, aus den Ständereformen der Kaiserin gestärkt hervorgehend, aus den Kirchen in die Freimaurerlogen zurück. Dort nahm russische Spiritualistik auf neue Weise westliche Ideale der persönlichen Vervollkommnung in sich auf; und diese Verbindung brachte in den Logen von St. Petersburg und Moskau einen noch immer dominierend christlichen Geist hervor, in dem das ethische Ideal im Vordergrund stand. Dieser drängte – unangetastet vom Einfluß eines pietistisch bestimmten Mystizismus, der vom Hofe Alexanders I. ausging – zur politischen Aktion der Befreiung; doch im Zuge der Niederschlagung des Dekabristenaufstandes

(1825) erlitt er eine ernüchternde Niederlage. Der Kaiser der Heiligen Allianz, Nikolaj I., dessen Bruder, Alexander I., in seiner Jugend selbst die Träume von einer konstitutionellen Ordnung genährt hatte, ließ die nur allzu berechtigten Bestrebungen nach einer Begrenzung seiner Macht unter Einsatz seiner – großenteils fremdstämmigen – Generale und Gendarmen ersticken.

In der nach diesem Schock einsetzenden nationalen Selbstbesinnung suchte die russische Intelligenz, nun völlig auf sich selbst gestellt, nach den Wurzeln für die Entzweiung zwischen Staat und Volk, zwischen Amtskirche und Gläubigen, zwischen Intelligenz und arbeitenden Massen – eine Entzweiung, unter der ihre edelsten Vertreter krankhaft litten. Zwar trat auch bei der gemeinsamen Suche hervorragender Kräfte der russischen Intelligenz nach Lösungen zur Überbrückung dieser Kluft binnen kurzem eine neue Spaltung ein – in den großen Auseinandersetzungen der vierziger Jahre trennten sich die Slavophilen von den Westlern; doch bestand über alle Barrieren dieser tiefgreifenden Spaltung hinweg Einigkeit darin, daß die Kräfte der Gesundung in den gläubigen Volksmassen lägen. Die dem Volke verantwortliche russische Intelligenz suchte den durch die spezifische staatlich-historische Entwicklung Rußlands aufgerissenen Abgrund nun durch eine Rückbindung an die heilende und heiligende Kraft des russischen Volkes zu überwinden. Ihre gigantischen geistigen Anstrengungen zur (Wieder-)Herstellung der nationalen Einheit im Glauben – in der Fülle seiner religiösen, ethischen und ästhetischen Ausdrucksformen – forderten hohe Opfer. Begnadete Literaten, Schriftsteller und Philosophen waren bereit, sie unter Darbringung ihrer selbst, ihrer psychischen, sozialen und politischen Sicherheit, zu bringen. In der großen Zahl genialer Begabungen, die auf diese Weise den Geist des russischen Christentums neu heraufbeschworen, nehmen der Literat und Historiker Nikolaj Gogol', der Schriftsteller und Moralist Lev Tolstoj und der Religionsphilosoph Vladimir Solov'ev einen besonderen Platz ein.

Nikolaj Vasil'evič Gogol' (1809–1852), Kind einer verarmten polnisch-russischen Adelsfamilie der Ukraine, wurde durch seine innig religiöse, früh verwitwete Mutter in den Geist der Frömmigkeit und zugleich in die volkstümliche Schönheit des Landlebens eingeführt. Die leidenschaftliche Volksverbundenheit seiner frühen literarischen Werke ebnete seinen Weg in die besten Salons des literarischen St. Petersburg und Moskau. Im Kreise um Vasilij Andreevič Žukovskij und Aleksandr Sergeevič Puškin in der »nördlichen Palmyra«, der Haupt- und Residenzstadt, aufs nachdrücklichste gefördert, gewann er bald auch die Freundschaft der Moskauer slavophilen Historiker und Literaten, unter ihnen M. P. Pogodin und S. T. Aksakov. Als Geschichtsdozent am Patriotischen Institut empfahl er sich dem westlich orientierten geistigen St. Petersburg wie dem historisierenden und slavisierenden Moskauer Akademikertum durch seine ungebrochene Volksnähe, die über den ideologischen Parteien stand. Der Autor des »Revisor« und der »Toten Seelen« zog in den vierziger Jahren auch die rebellische studentische Jugend in seinen Bann. Mit wachsendem Ruhm in zunehmend einsame Höhen gehoben, erlangte das religiöse Streben in ihm, durch einen heiligen Schauder gegenüber der unendlichen, viel höheren, erhabenen Gottheit erweckt, um die Mitte der vierziger Jahre die Dominanz über das literarisch-ästhetische Schaffen. Seine aus dem Geiste provinzieller Natur- und Volkslyrik geborene Literatur war zugleich auf die Grenzen sozialer Gerechtigkeit und Reformierbarkeit gestoßen und trat in die Traditionen einer höheren, übergreifenden, gesamtrussischen Geistigkeit ein. Seinen Landsleuten teilte Gogol' nun im Vertrauen auf ihre Kongenialität mit: »Die Seele erstarrt vor Schrecken, wenn ich die jenseitige Majestät vorausfühle und die Stimme jener hohen himmlischen Geschöpfe Gottes, vor denen die ganze Glorie seiner sichtbaren, irdischen Schöpfung nur Staub ist... Mein ganzes sterbendes Wesen stöhnt in der Vorausahnung all des Wachstums und der Früchte, deren Samen wir in diesem Leben gesät haben, ohne zu wissen, was für Ungeheures aus ihnen aufgehen wird. ... Wir sind zum Streite geboren, und sinnlos ist es zu fragen, wo die Gefahren am geringsten sind. Jeder von uns muß sich wie ein braver Krieger dorthin werfen, wo der Kampf am heißesten tobt. Der himmlische Heerführer erleuchtet uns alle von oben... Es gibt keine höhere Berufung als das Mönchstum. Sein Kloster ist Rußland. Kleidet euch geistig mit dem Mönchsgewand, töte sich jeder ab um seinetwillen, nicht um Rußlands willen, und dann gehet und opfert euch für Rußland.« Doch der Versuch, seine bisherigen geistigen Weggenossen durch die Veröffentlichung solcher »Ausgewählter Stellen aus der Korrespondenz mit den Freunden« (1847) an diesem Wandel Anteil nehmen zu lassen, scheiterte. Vor der Kakophonie verständnisloser Kritik floh Gogol' ins Ausland. Nach einigen Jahren ruhelosen Wanderns und intensivsten Erlebens, in denen Rom zu seiner zweiten Heimat wurde, ertrug er die Trennung von der Heimat nicht länger. Nach Rußland zurückgekehrt, erlitt er den Hungertod, dem er sich wissentlich ausgesetzt hatte.

Seine »Betrachtungen über die göttliche Liturgie«, 1845 in Paris begonnen, sind in den Jahren dieses Wanderns entstanden. Sie sind nicht nur »die Schrift eines Mönches, eines östlichen Anachoreten« (Leo Kobilinskij-Ellis), sondern auch das Vermächtnis eines von seiner ländlichen Wurzel losgelösten Intellektuellen an seine Landsleute: die Botschaft, daß die alle sozialen Gegensätze überwindende, heiligende Kraft im religiös-ästhetischen Medium der göttlichen Liturgie liege.

Etwa dreißig Jahre nach Gogol's Tode bekannte der bereits weltberühmte Schriftsteller Lev Tolstoj in einem selbstkritischen Rückblick auf seine innere Entwicklung: »Ich wünschte, mit aller meiner Seele imstande zu sein, mich mit dem Volke für seine Glaubenszeremonien zu vereinigen, aber ich konnte das nicht.«

Lev Nikolaevič Tolstoj (1828–1910), dessen unmittelbarer Familienhintergrund all jene führenden russischen Adelsnamen vereinigte, die in seinen Romanen wiederkehren, hatte sich nach einer betont weltlichen, ja zum Teil frivolen Erziehung durch seine französisierenden Hauslehrer und Tanten sowie Studienjahren in Kazan' und St. Petersburg bereits in seinen frühen zwanziger Jahren – offenbar unabhängig von den stark demokratischen Tendenzen der späten vierziger Jahre – auf das mütterliche Gut Jasnaja Poljana im Süden von Moskau zurückgezogen, um in einer bauernfreundlichen Lokalreform die »Schuld« des adligen »Herrenstandes« zu sühnen. Er blieb dieser Sendung auch treu, als sich ihm, nach stürmischen Jugendjahren zu äußerstem literarischen und gesellschaftlichen Erfolg gelangt, gegen Ende der 70er Jahre mit einer alles in Frage stellenden Virulenz die »Sinnfrage« stellte. Auf der Höhe einer bis dahin in Rußland unübertroffenen Anerkennung setzte sich in seinem Innern die Stimme des einfachen russischen Landmannes – eines Anarchisten und Rebellen, eines Einsiedlers und schlichten Frommen – durch: »Nun gut, Du wirst noch 7000 Hektar Land im Gouvernement Samara haben, noch 300 Pferde, – und dann? ... Nun gut, Du wirst berühmter sein als Gogol', Puškin, Shakespeare, Molière, als alle Schriftsteller auf der Welt, – na und!« Dem nun über Jahre hinweg quälenden Verlangen nach Selbstmord begegnete Tolstoj mit einem vertieften Studium der Theologie. So suchte er Starcen und Priester auf und pilgerte zum Kloster Optina Pustyn' (im Gouvernement Kaluga), das um die Mitte des 19. Jahrhundert zu einem geistlichen Zentrum der suchenden russischen Intelligenz geworden war. Er erlernte die griechische und hebräische Sprache, um sich selbst über die christlichen Urtexte ein Bild zu machen. Er setzte sich mit Altgläubigen und Sektierern, wie Molokanen und Stundisten, in Verbindung und kehrte immer wieder in den Bauernhütten ein, um sich dort über die Bedeutung der religiösen Traditionen und Formen belehren zu lassen. Dabei erkannte er, daß ein Übel, an dem er krankte, aus dem übermäßig privilegierten Leben seines Standes resultierte; mit kompromißloser Konsequenz trennte er sich von vielen Annehmlichkeiten dieses Lebens, übertrug sein Vermögen auf die anderen Familienmitglieder, ging zu körperlicher Arbeit und vegetarischer Kost über. Dieser tiefgreifende Bruch mit seinem bisherigen Leben eröffnete ihm den Weg zu einer moralischen Erneuerung, in deren Zentrum seine religiöse Wiedergeburt in der Vereinigung mit den arbeitenden Massen des Volkes stand. Ein Zeugnis dieser Art der ethisch-religiösen Selbstfindung ist seine gegen Ende der 70er Jahre entstandene »Beichte« (auch »Bekenntnis«, russisch: *Izpoved'*) – ein Werk, das viele Jahre lang in Rußland nicht erscheinen durfte. Denn als Prophet der Lossagung von den moralisch entwürdigenden Standesprivilegien und der Fusion mit den werktätigen Massen in einer Art frühchristlichem Agrarsozialismus war Tolstoj mit der Amtskirche in Konflikt geraten: Konstantin Pobedonoscev, deren Oberprokuror (ab 1880) – der Prototyp des »Großinquisitors« in F. M. Dostoevskijs »Brüder Karamazov« – glaubte, die Einheit der Kirche in dieser zutiefst restaurativen Phase der russischen Monarchie mit eiserner Hand bewahren zu müssen. Zwanzig Jahre später wurde der Schöpfer von »Krieg und Frieden«, »Anna Karenina« und »Auferstehung« auf Betreiben desselben Oberprokurors des Heiligen Synod aus der orthodoxen Kirche ausgeschlossen. In der Bestimmung des Heiligen Synod vom Februar 1901 wurde »der aller Welt bekannte Schriftsteller, der rechtsgläubig nach seiner Geburt und Erziehung war«, aber durch die Verführungen seines stolzen Geistes zu einem Schänder der Traditionen des heiligen Rußland geworden sei, ja selbst vor der Schmähung ihrer allergrößten Geheimnisse, der heiligen Eucharistie, nicht haltgemacht habe, bis zu seinem Widerruf von der Gemeinschaft der Gläubigen ausgeschlossen.

Diesem Verdikt begegnete Tolstoj im stoischen Gleichmut seiner Lehre vom »Nichtwiderstehen gegen das Böse« (*neprotivlenie zlu*), in der sich russische Langmut und Duldung mit einer extrem pazifistischen Auslegung der Evangelien traf.

Es war diese Lehre, die den Widerspruch des Philosophen Solov'ev hervorrief, der Tolstoj in seinem moralischen Rigorismus und seiner Verwerfung des »Idols der ständischen Absonderung« so nahestand. Denn Solov'ev war der Ansicht, daß es nicht genüge, dem Bösen durch Erduldung Einhalt zu gebieten – in einer Welt, die durch Klassenhaß, Völkerhaß und Gotteshaß entstellt sei, bedürfe es vielmehr einer tätigen, praktisch-politischen »Rechtfertigung des Guten« (dies ist der Titel der ihm wichtigsten seiner zahlreichen Schriften).

In der Religionsphilosophie Solov'evs finden alle Versuche

der russischen Intelligenz des 19. Jahrhunderts, die nationale Einheit im Glauben wiederherzustellen, ihren Höhepunkt. Seine große Synthese geht zugleich im Zuge eines neuerstehenden russisch-slavischen Messianismus über die nationale Einheit hinaus und greift nach der universalen Einheit im Glauben, sie versteht sich als Wegbereiterin der universalen Theokratie. *Vladimir Sergeevič Solov'ev* (1853–1900) hatte von seinem Vater, dem großen liberalen Historiker Sergej Solov'ev, ein enzyklopädisches Wissen erhalten, das er mit brillanter Leichtigkeit umsetzte und mit spielerischer Elastizität vertiefte. Mit 20 Jahren zum Doktor promoviert, mit 21 Jahren durch eine Magisterthese über »Die Krise der westlichen Philosophie« bekannt geworden und im Alter von 27 Jahren mit einer epochemachenden Arbeit, der »Kritik der abstrakten Prinzipien«, habilitiert, erlangte der junge Gelehrte im Jahre 1881 durch eine öffentliche Rede über die Notwendigkeit der Abschaffung der Todesstrafe allgemeine Berühmtheit. Er zog sich bald aus dem öffentlichen Leben zurück, reiste ausgiebig im In- und Ausland und verbrachte einen Großteil seiner Zeit auf Gütern ihm befreundeter Wohltäter aus Kreisen des philosophisch gebildeten russischen Adels. Hier widmete er sich vollkommen einer seine körperlichen Kräfte erschöpfenden philosophisch-essayistischen Tätigkeit: Unter gänzlicher Mißachtung aller äußeren Güter und permanenter Überforderung seiner physischen und geistigen Kräfte lebte er in langen Monaten völliger Abgeschiedenheit das entsagungsvolle Leben des russischen Anachoreten; er lehnte es ab, bedient zu werden und verrichtete alle körperlichen Arbeiten selbst.

Alle Wissenschaften, von denen Solov'ev die Philosophie – die des Neuplatonismus sowie Kants, Schellings und Hegels – bevorzugte, hatten für ihn nur einen wegbereitenden Wert – sie waren Vorstufen zum eigentlichen, dem theologischen Wissen, der Weisheit *(sophia, mudrost')*. Diese charakterisiert die große Zahl seiner monumentalen Werke, die zugleich durch einen Abglanz poetischer Schönheit in Komposition und sprachlicher Gestaltung jene mystische Stimmungslage erreichen, die das große russische geistige Schrifttum dieser Epoche so unnachahmlich prägte. Bei all dem sah Solov'ev seine Hauptaufgabe im praktischen Ziel des russischen religiösen Denkens: »Den Glauben unserer Väter zu rechtfertigen, indem ich ihn auf eine neue Stufe der Vernunfterkenntnis emporhebe, zu zeigen, wie dieser alte Glaube, befreit von den Fesseln der lokalen Absonderung und der nationalen Selbstliebe, mit der ewigen und universalen Wahrheit zusammenfällt – dies ist die allgemeine Aufgabe meines Werks.« Dieser Aufgabe hat sich Solov'ev mit schonungsloser Wahrhaftigkeit gestellt.

Er hat dabei die Fehlentwicklungen aufgedeckt und zu korrigieren versucht, die die russische Kirche und das russische Christentum zu bestimmten Zeiten von ihrer wahren Sendung entfernt haben. Die antilateinische Tendenz wich seiner respektvollen Anerkennung der Nachfolger Petri als des Primus inter pares und dem innigen Wunsche nach Vereinigung der Kirchen. Die antijudaistische Tendenz sollte in uneingeschränkter Anerkennung des Erstgeborenen und gotterwählten Volkes überwunden werden. Die Raskolniki wurden bußfertig um Verzeihung für die an ihnen begangenen Sünden ersucht, und dies um so mehr, als sie das Feuer des wahren Glaubens auch in den Zeiten der Verdunkelung des Christentums durch die russische Staatskirche hüteten. Die Abneigung gegen die polnische und »kleinrussische« (ukrainische) Nation sowie der Haß gegen die Uniaten (die Gläubigen der mit Rom wiedervereinigten Provinzen der Ostkirche) sollten durch eine übergreifende, demütige Liebe vergessen gemacht, jeder Nationalismus – als ein Grundübel der sogenannten zivilierten Menschheit – an seinen Wurzeln, der Stammesabsonderung aus der Gesamtordnung, entfernt werden. Dieses Grundübel sah Solov'ev schon bei der Entstehung des byzantinischen und später russischen Staates wirken: »Die direkten Nachfolger der römischen Zäsaren vergaßen, daß sie damit zugleich Delegaten der höchsten Christlichen Macht waren. Statt den Staat zu den Höhen des christlichen Z(äs)arentums zu heben, erniedrigten sie ihn bis auf das Niveau der heidnischen selbstzufriedenen Staatlichkeit.«

Bei schärfster Ablehnung des byzantinischen Sendungsbewußtseins und seines Fortdauerns im großrussischen Chauvinismus sollte doch der wahre russische Messianismus in die universale Heilsgeschichte einfließen und seinen Teil zur Verherrlichung des Göttlichen im universalen Menschen beitragen. Die Idee des Gottmenschentums, die östlichem Denken seit dem frühen Christentum nahe war, wurde von Solov'ev in einer durchaus zeitgemäßen Synthese mit philosophischem Idealismus und theologischem Neuplatonismus zu einem neuen Postulat erhoben. Die philosophische Basis seiner historiosophisch-eschatologischen Schau bildete die Annahme der All-Einheit. Diese zentralen Ideen, die Idee des Gottmenschentums und der All-Einheit, sollten für die russische Religionsphilosophie des 20. Jahrhunderts bestimmend werden.

Der prophetische Seher Vladimir Solov'ev selbst nahm den Anfang dieses Jahrhunderts mit tiefstem Pessimismus zur Kenntnis; seinem vertrauten Freunde, dem Philosophen Fürst Sergej Nikolaevič Trubeckoj, teilte er wenige Monate vor seinem Tode seine Vorempfindung mit: »Die Magistrale der universalen Geschichte kam zu ihrem Ende... Alles ist beendet. ...Es gibt kein Christentum, und Ideen nicht mehr, als in der Zeit des trojanischen Krieges; nur damals gab es junge Helden, jetzt aber gehen schwächliche Greise umher.«

Man hat den Pessimismus, mit dem Solov'ev in sein letztes Lebensjahr, das erste Jahr des neuen Jahrhunderts, trat, als eine Vorahnung der großen Vernichtungskatastrophen unseres Jahrhunderts verstanden; aus russisch-christlicher Sicht hat man ihn primär im Zusammenhang mit den Ereignissen der russischen Revolution und dem scheinbaren Untergang der russischen Kirche im Zuge des Kirchenkampfes des Sowjetstaates gesehen. Die Plejade junger Denker, die in dem kurzen »silbernen Zeitalter« der russischen Philosophie im Radius der überragenden Größe Solov'evs Gestalt annahm, hat sich diesen Ereignissen gegenüber – nicht zuletzt aufgrund ihres tiefeingewurzelten Demokratismus, ihres unbeugsamen gesellschaftlichen Gleichheitsideals und ihres Strebens nach strenger sozialer Gerechtigkeit – als erstaunlich immun erwiesen. Es bedurfte eines Beschlusses der Sowjetregierung, um solche herausragenden Denker, wie Nikolaj A. Berdjaev, Pavel A. Florenskij, Sergej N. Bulgakov und Lev P. Karsavin, in den Jahren 1922/23 zum Verlassen ihrer Heimat zu zwingen. Einige von ihnen fanden im Westen keine dauerhafte Heimat.

Lev Platonovič Karsavin (1882–1952) hatte seit 1916 eine Professur für mittelalterliche und Religionsgeschichte an der Universität Petrograd inne, als er die russische Revolution in all ihren Phasen aus nächster Nähe miterlebte. Während seiner Studien an der historisch-philologischen Fakultät der Petersburger Universität stand er unter dem unmittelbaren Einfluß des reifen Vladimir Solov'ev, besonders seiner »Vorlesungen über das Gottmenschentum«. So bewegten sich seine religionsphilosophischen Überlegungen auch weiter im Umkreis der von Solov'ev vorgezeichneten Ideen der All-Einheit und des Gottmenschentums – der höchsten Vereinigung angestammter russischer Glaubensinhalte mit den konzeptuellen Formen moderner philosophisch-theologischer Erkenntnis. Seine »Noctes Petropolitanae«, 1922 noch in Petrograd veröffentlicht, setzen ebenso sehr den hohen, allumfassenden Gedankengang Solov'evs fort, wie sie zugleich die beste Tradition religiöser Schulphilosophie der Geistlichen Akademien aufrechterhielten; diese hatte der ihm gleichaltrige Pavel A. Florenskij wenige Jahre vor ihrem Untergang in Revolution und Bürgerkrieg in seiner Schrift »Säule und Beweis der Wahrheit. Versuch einer orthodoxen Theodizee in 12 Briefen« zu ihrem höchsten Ausdruck geführt.

Die Dualität von freier religionsphilosophischer Reflexion und geistlich-schulphilosophischer Bestimmtheit bleibt auch in den Schriften Karsavins dominierend, die er bereits im Exil verfaßte. Zweifellos hatte ihn die Erfahrung der Revolution, deren treibende Kraft als Volksbewegung er in der traditionellen »Sünde« des russischen Christen, seiner Trägheit und Passivität, sah, in eine stärker bewahrende, dogmatische Richtung gelenkt. Das Streben nach dogmatischer Festigkeit spiegelt sich auch in seinem Essay »Der Geist des russischen Christentums« wider, das während seiner Tätigkeit am Russischen Wissenschaftlichen Institut in Berlin (um 1924) entstand. In die

Auseinandersetzung mit dem westlichen Christentum eingetreten, erkennt er, der Kenner des westlichen christlichen Mittelalters und seines Mönchtums wie auch seiner Häretiker, die klassischen dogmatischen Formulierungen der Ostkirche zunehmend als den höchsten Ausdruck der Weisheit. Zwar tritt er damit hinter die große, geniale Synthese Solov'evs in seinem Postulat der universalen Kirche und alleinheitlichen Theokratie zurück. Doch sind seine philosophischen Erörterungen über die dogmatischen Formulierungen, welche die Kirchen trennen, allen voran die des *filioque*, ebenso originelle wie brillante Rechtfertigungen der Orthodoxie.

Karsavin, der einem Ruf an die Universität Kovno in Litauen folgte, wurde dort nach dem Einmarsch der Roten Armee im Zuge des Molotov-Ribbentrop-Pakts im Sommer 1940 von den sowjetischen Sicherheitsorganen verhaftet und in den hohen Norden deportiert. Im Lager Vorkuta bildete er eine religionsphilosophische Schule um sich, die auch seinen Tod (1952) überdauerte.

Der Lebensweg von *Sergej Nikolaevič Bulgakov* (1871–1944), als Priester Vater Sergij genannt, gibt paradigmatisch die große geistige Unruhe dieser Generation russischer Christen wieder. Der Sohn eines Geistlichen aus dem Gouvernement Orlov machte bereits als Absolvent eines strengen Knabenseminars eine geistige Krise durch, die den Adoleszenten zu einem »Nihilismus ohne Gott« führte. Eigenwillig wechselte er aus dem Seminar in ein Gymnasium und von diesem 1890 auf die Moskauer Universität über. Der Student der Wirtschaftswissenschaft wurde zu einem der führenden jungen Marxisten an der Moskauer Universität. In der zweiten Hälfte der 1890er Jahre während umfangreicher Auslandsstudien unter dem Einfluß Eduard Bernsteins zum Revisionismus konvertiert, trat er um die Jahrhundertwende mit seiner Dissertation über »Kapitalismus und Landwirtschaft«, einer kritischen Einschränkung der Gültigkeit des Marxismus in Hinblick auf die für Rußland entscheidende Entwicklung der Landwirtschaft, in die erste Reihe der russischen Nationalökonomen. Als Mitglied der Allrussischen Sozial-Demokratischen Arbeiterpartei und Freund Be-

bels, Kautskys und Liebknechts nahm er einen Ruf an das Kiever Polytechnische Institut an. In seiner fünfjährigen Kiever Lehrtätigkeit ereignete sich eine zweite, für die gelehrten russischen Marxisten seiner Generation schon charakteristische geistige Krise. Die Essay-Sammlung »Vom Marxismus zum Idealismus« (1903), in die gleichartige Überlegungen Nikolaj Berdjaevs, Petr B. Struves, Semen L. Franks und anderer desillusionierter Marxisten eingingen, beschreibt diesen geistigen Übergang zu neuen religiös-philosophischen Denkformen, die sich bei einer erneuten Lesung der Werke Solov'evs anboten. »Die Philosophie Solov'evs«, so schrieb Bulgakov in seinem Beitrag zu diesem Sammelband der großen Wende, »gibt dem gegenwärtigen Bewußtsein eine ganzheitliche und konsequente, entwickelte *christliche* Weltanschauung«. Nach dem Wendepunkt des Revolutionsjahres 1905/06 von der Sozialdemokratischen zur (links-)liberalen Konstitutionell-Demokratischen Partei (der »Partei der Volksfreiheit«) übergegangen, wurde er im Jahre 1907 als ihr Abgeordneter in die Zweite Staatsduma entsandt. Durch seine Bekanntschaft mit Florenskij wieder stärker an religiöses Gedankengut herangeführt, war er Mitverfasser der »Vechi«, einer Schrift, deren symbolischer Titel (»Markierungspfähle oder »Meilensteine«) dieser sich neu formierenden philosophisch-religiösen Bewegung den Namen gab. Das Erlebnis der Revolution von 1917 führte Bulgakov vollends zum Glauben seiner Väter zurück; 1918 nahm er die Priesterweihe entgegen. 1923 als unerwünschtes Element exiliert, gelangte er nach längeren Aufenthalten in Konstantinopel und Prag im Jahre 1925 nach Paris. Hier wurde er zum Dekan des neugegründeten Russischen Theologischen Instituts berufen, dem er bis zu seinem Tode vorstand.

Als Professor für Dogmatik veröffentlichte er eine große Zahl grundlegender Werke, unter ihnen eine Trilogie »Über das Gottmenschentum«. Mitte der dreißiger Jahre wurde dieser herausragende russische Theologe der Orthodoxie in Westeuropa von einem englischen Verlag um den russischen Beitrag zur Diskussion der Weltkirchen gebeten. Bulgakov erklärte sich dazu bereit und verfaßte, unter Verwendung bestimmter konzeptueller Formen der Dialogphilosophie, eine Abhand lung über den Prozeß der Offenbarung. Im Prozeß der Offenbarung in ihren unterschiedlichen mystischen, historischen und existentiellen Formen sah er die Grenze zwischen Mensch und Gott schwinden, Mensch und Gott sich zur ewigen Einheit zusammenfinden. »Die Sonne des Urbildes verbindet sein Licht mit seinem Ebenbild«; die Inkarnation dauert an.

Diese Feststellung bedeutete nach einer fast tausendjährigen Geschichte der Individuation der durch das Christentum historisch vermittelten Idee des Göttlichen in der russischen Nation sehr wohl das Bekenntnis zu ihrer Verwirklichung; sie enthielt – gemäß dem eminent praktischen Anspruch des russischen Christentums – die Forderung, daß jeder Mensch bereit sei, dieser Inkarnation Gestalt zu geben.

Bonn, im Advent 1987

Vorbemerkung des Herausgebers

Die Texte, die in dieses Lesebuch Eingang fanden, beziehen sich inhaltlich auf zehn Jahrhunderte – ein Jahrtausend geistiges Rußland. Aus der Fülle des Materials wurden vorzugsweise Texte ausgewählt, die von zentraler Bedeutung sowie repräsentativem Charakter für die verschiedenen Strömungen und Richtungen des russischen Christentums sind. Die große Mannigfaltigkeit seiner Ausformungen sollte durch eine möglichst breite Vielfalt von Textarten veranschaulicht werden; so sind die wesentlichen Genres durch charakteristische Beispiele vertreten: Legende und Chronik, erbauliche Schrift und Predigt, didaktische Schrift und geistiges »Testament«, Hagiographie und Sittenbuch, Sendschreiben und Autobiographie, Klosterordnung und staatliches Gesetz, theologische Streitschrift und Dichtung, Gebet und Beichte, historiosophische Reflexion und dogmatische Erörterung. Dabei stellt sich in all diesen literarischen Formen die spekulative Frage nach der besonderen Form der göttlichen Offenbarung für das russische Volk und Land.

Bei der Wahl der geeigneten deutschen Übersetzung wurden sprachliche, literarische und Textkriterien berücksichtigt. Aus der leider noch immer geringen Anzahl deutscher Übersetzungen, die einem hohen Anspruch genügen, wurden ferner jene verwendet, die dem russischen Original möglichst nahe und dem deutschen Leser leicht verständlich sind. In einigen Fällen konnten zeitgenössische deutsche Übersetzungen verwendet werden, deren sprachliche Besonderheiten Geist und Semantik der Epoche besonders schön zum Ausdruck bringen.

Durch die Aufnahme bereits vorliegender Übersetzungen entstand das Problem der Transkription. Während die vom Herausgeber stammenden Textteile die wissenschaftliche Transkription verwenden, wurde bei der Wiedergabe der Übersetzungen wohlweislich auf jeden Eingriff in Textstruktur und dort verwendete Transkription vermieden – die Treue zum Text, auch der Übersetzung, hat dies aus einer Vielzahl von Gründen unumgänglich gemacht. Der wissenschaftlich gebildete Leser wird um Nachsicht für die damit entstehende, möglicherweise störende Vielfalt von Schreibweisen gebeten. Eine Vereinheitlichung der Transkription war indes nicht möglich.

Leider konnte den Texten kein Register nachgestellt werden. Es hätte den Rahmen des Möglichen gesprengt. So will auch das Glossarium nur die allernotwendigsten Bedürfnisse erfüllen. Der kurze bio-bibliographische Anhang hingegen mag dem Leser, der tiefer in die hier angeschnittenen Fragen eindringen möchte, einen Weg weisen.

Erzählung der vergangenen Jahre

Die Taufe der Rus'

986–988

Im Jahre 6494. Es kamen die [Wolga-] Bulgaren mohammedanischen Glaubens und sprachen:

»Du bist ein weiser und verständiger Fürst, aber das Gesetz kennst du nicht. Also glaube an unser Gesetz und verehre Mohammed!«

Und Wladimir sagte: »Wie ist euer Glaube?«

Und sie erwiderten: »Wir glauben an Gott, und Mohammed lehrt uns folgendes: das männliche Glied zu beschneiden, kein Schweinefleisch zu essen und keinen Wein zu trinken. Nach dem Tode aber, so sagt er, darf man mit den Frauen der Fleischeslust frönen. Denn er [Mohammed] wird einem jeden 70 schöne Frauen geben, und eine Schöne wird er auserwählen und die Schönheit von allen auf diese eine übertragen, und diese wird sein Weib sein. Hier, so sagt er, wird es auch jedem gestattet sein, Unzucht zu treiben. Jeder, der auf dieser Welt arm ist, wird es auch dort sein.«

Und noch viele andere Verlockungen, über die man aber aus Scham nicht schreiben kann. Und Wladimir hörte sie an, denn er selber liebte die Frauen und jegliche Unzucht; so hörte er ihnen genüßlich zu. Aber dies gefiel ihm nicht: die Beschneidung sowie der Verzicht auf das Schweinefleisch, und der auf das Trinken schon gar nicht, und er sprach:

»Den Russen ist das Trinken eine Lust, ohne das können wir nicht sein.«

Dann kamen aus Rom die Deutschen und sagten: »Wir sind gekommen als Abgesandte des Papstes.« Und sie sprachen zu ihm: »Der Papst läßt dir folgendes sagen: ›Dein Land ist wie unser Land, aber euer Glaube ist nicht wie unser Glaube; denn unser Glaube ist das Licht: Wir verehren Gott, welcher schuf Himmel und Erde, die Sterne, den Mond und alles, was atmet, eure Götter aber sind nur Holz.‹«

Wladimir aber sprach: »Wie ist euer Gebot?«

Sie sagten: »Fasten nach Kräften, wenn aber jemand trinkt oder ißt, ist all das zu Gottes Ruhm, so sagte unser Lehrer Paulus.«

Da sprach Wladimir zu den Deutschen: »Geht heim, denn unsere Väter haben dieses nicht angenommen.«

Als das die chasarischen Juden hörten, kamen sie und sprachen: »Wir haben gehört, daß die Bulgaren und die Christen gekommen sind, jeder, um dich seinen Glauben zu lehren. Denn die Christen glauben an den, den wir gekreuzigt haben, wir aber glauben an den einen Gott Abrahams, Isaaks und Jakobs.«

Und Wladimir sagte: »Was ist euer Gesetz?«

Sie sprachen: »Die Beschneidung vornehmen zu lassen, weder Schweinefleisch noch Hasenfleisch zu essen, den Sabbat zu heiligen.«

Da sagte er: »Wo ist denn euer Land?«

Sie aber sprachen: »In Jerusalem.«

Er erwiderte: »Ist es denn auch dort?«

Sie aber sprachen: »Gott erzürnte sich über unsere Väter und verstreute uns über die Länder unserer Sünden wegen; und unser Land ward den Christen übergeben.«

Da sagte er: »So wollt ihr also andere belehren, selber aber seid ihr von Gott verworfen und verstreut? Wenn Gott euch geliebt hätte und euer Gesetz, dann wäret ihr nicht über fremde Länder verstreut worden. Seid ihr darauf bedacht, daß auch wir dasselbe erleben?«

Daraufhin sandten die Griechen zu Wladimir einen Philosophen, der sagte: »Wir haben gehört, daß die Bulgaren gekommen sind, um dich zu lehren, ihren Glauben anzunehmen; ihr Glaube aber besudelt Himmel und Erde, und sie sind verflucht weit mehr als alle [übrigen] Menschen, sie wurden ähnlich Sodom und Gomorra; auf diese aber ließ der Herr brennende Gesteinsmassen herniedergehen und ließ sie untergehen, und sie versanken. Auch jene erwartet der Tag ihres Unterganges, wenn Gott kommen wird, die Erde zu richten und alle, die Ungesetzliches tun und Schändliches begehen, auszurotten. Denn jene waschen ihren After, gießen es in den Mund und schmieren sich damit den Bart, wobei sie Mohammed anrufen. Aber auch die Frauen begehen dieselbe Schändlichkeit und noch weit mehr: Sie kosten vom Beischlaf des Mannes und der Frau.«

Als Wladimir dies gehört hatte, spie er auf den Boden und sagte: »Das ist eine unsaubere Sache.«

Der Philosoph sprach: »Wir haben auch gehört, daß sie aus Rom gekommen sind, um euch ihren Glauben zu lehren. Ihr Glaube aber unterscheidet sich nur wenig von unserem: Sie halten ihren Gottesdienst mit ungesäuerten Broten, das heißt mit Oblaten, die aber Gott nicht überliefert hat, sondern er befahl, mit Brot Gottesdienst zu halten und gab [den Brauch] an die Apostel weiter, wobei er das Brot nahm und sprach: ›Dies ist mein Leib, der für euch gebrochen wird.‹ So nahm er auch den Kelch und sprach: ›Dies ist mein Blut des Neuen Testaments.‹ Diese aber halten sich nicht daran und haben nicht den rechten Glauben bewiesen.«

Wladimir sagte: »Es sind zu mir die Juden gekommen und sprachen: ›Die Deutschen und Griechen glauben an den, den wir gekreuzigt haben.‹«

Der Philosoph aber sprach: »Wahrlich, wir glauben an ihn; denn die Propheten haben geweissagt, daß Gott geboren werde, und andere, daß er gekreuzigt und begraben und am dritten Tage auferstehen und gen Himmel fahren werde. Sie aber haben jene Propheten getötet, andere gemartert. Als sich aber deren Prophezeiung erfüllte, stieg er auf die Erde hernieder und empfing die Kreuzigung, und nachdem er auferstanden war, fuhr er zum Himmel empor. Auf ihre Reue aber wartete er 46 Jahre, und sie taten keine Buße. Und da sandte er die Römer gegen sie, und diese zerstörten deren Stadt, und sie selbst zerstreuten sie über die Länder; so fronen sie in [fremden] Ländern.«

Wladimir aber sprach: »Warum ist denn Gott auf die Erde herabgestiegen und hat solches Leiden auf sich genommen?«

Darauf antwortete der Philosoph und sprach: »Wenn du zuhören willst, werde ich dir von Anfang an erzählen, warum Gott auf die Erde herabstieg.«

Er sagte: »Ich möchte es gern hören.«

Und der Philosoph begann folgendermaßen zu reden:»Am Anfang schuf Gott Himmel und Erde am ersten Tag. Und am 2. Tag schuf er die Feste, die inmitten des Wassers ist. Am selben Tag schieden sich die Wasser: Ihre eine Hälfte stieg über die Feste hinauf, und ihre andere Hälfte sank unter die Feste. Am 3. Tag schuf er das Meer und die Flüsse und die Quellen und die Saaten, am 4. Tag die Sonne und den Mond und die Sterne, und Gott schmückte den Himmel. Als das aber der Erste der Engel, der Älteste der Engelschar sah, dachte er bei sich und sprach: ›Ich werde auf die Erde hinabsteigen und mir die Erde aneignen, und ich werde Gott gleich sein und werde meinen Thron auf den Wolken im Norden aufstellen.‹ Da schleuderte Gott ihn sogleich vom Himmel herab, und nach ihm fielen diejenigen hinab, die unter ihm standen, der zehnte Engelsrang. Der Name des Widersachers aber war Satanael, an dessen Stelle aber setzte er als Ältesten Michael ein. Satan aber, nachdem seine Absicht fehlgeschlagen und sein früherer Ruhm verloren war, ward Gottes Feind genannt. Danach aber, am 5. Tage, schuf Gott Walfische und Fische und kriechendes Getier und gefiederte Vögel. Am 6. Tage schuf Gott die wilden Tiere und das Vieh und das Gewürm der Erde. Dann schuf er auch den Menschen. Am 7. Tag ruhte Gott von allen seinen Werken aus, das ist der Sabbat. Und Gott pflanzte das Paradies im Osten in Eden und führte dort den Menschen hinein, den er geschaffen hatte; und er gebot ihm, von jeglichem Baume zu essen, nur von einem Baume nicht, der da ist, das Gute und das Böse zu erkennen. Und Adam war im Paradies, sah Gott und pries ihn, wenn die Engel ihn priesen. Und Gott versenkte Adam in einen Schlaf, und Adam schlief ein, und Gott nahm von Adam eine Rippe und erschuf ihm das Weib und führte es zu Adam ins Paradies, und Adam sprach: ›Dies ist Bein von meinem Bein und Fleisch von meinem Fleisch, sie wird Weib heißen.‹ Und Adam gab dem Vieh und den Vögeln und dem Wild und dem Gewürm Namen, und ein Engel gab ebendiesen beiden Namen. Und Gott machte Adam das Wild und das Vieh untertan, und er war Herr über alle, und sie gehorchten ihm. Als aber der Teufel sah, wie Gott den Menschen ehrte, wurde er neidisch auf ihn, und er verwandelte sich in eine Schlange und ging zu Eva und sprach zu ihr: ›Warum eßt ihr nicht von dem Baum, der mitten im Paradies steht?‹ Und das Weib sagte zur Schlange: ›Gott sprach: Ihr dürft davon nicht essen, sonst werdet ihr des Todes sterben.‹ Und die Schlange sprach zum Weibe: ›Ihr werdet nicht des Todes sterben; denn Gott wußte, wenn ihr von ihm essen werdet, werden sich eure Augen öffnen, und ihr werdet sein wie Gott und Gutes und Böses erkennen.‹ Und das Weib sah, daß der Baum gut sei zum Essen; und sie nahm [eine Frucht] und aß und gab [sie] ihrem Manne, und beide aßen. Und ihre Augen taten sich auf, und sie erkannten, daß sie nackt waren; und sie nähten sich aus Feigenblättern einen Lendenschurz. Und Gott sprach: ›Verflucht sei der Acker für deine Taten. In Kummer sollst du dich nähren alle Tage deines Lebens!‹ Gott der Herr sprach: ›Daß ihr nur nicht die Hand ausstreckt und vom Baum des Lebens nehmt und ewig lebt!‹ Gott der Herr vertrieb Adam aus dem Paradies. Und dieser ließ sich gegenüber dem Paradies nieder, weinte und bearbeitete das Feld; und Satan freute sich über die Verfluchung der Erde. So war über uns der erste [Sünden-Fall] gekommen und die bittere Vergeltung: der Abfall von einem engelgleichen Leben. Adam zeugte Kain und Abel. Und Kain war Ackersmann, Abel aber Schafhirt. Und Kain brachte Gott von den Früchten des Feldes dar, doch Gott nahm seine Gaben nicht an. Abel aber gab von den erstgeborenen Lämmern, und Gott nahm Abels Gaben an. Der Satan aber fuhr in Kain und stiftete Kain an, Abel zu erschlagen. Und Kain sagte zu Abel: ›Laß uns aufs Feld gehen!‹ Und Abel hörte auf ihn, und als sie hinausgegangen waren, erhob sich Kain und wollte ihn töten, aber er wußte nicht, wie er ihn töten könnte. Da sprach der Satan zu ihm: ›Nimm einen Stein und versetz ihm einen Schlag!‹ Er nahm einen Stein und erschlug ihn. Und Gott sprach zu Kain: ›Wo ist dein Bruder?‹ Er aber sagte: ›Bin ich denn meines Bruders Hüter?‹ Und Gott sprach: ›Das Blut deines Bruders schreit zu mir; stöhnen und zittern wirst du bis an dein Lebensende!‹ Adam und Eva weinten, doch der Teufel freute sich und sagte: ›Siehe, den Gott ehrte, den brachte ich dazu, daß er von Gott abfiel, und jetzt habe ich für ihn das Weinen gefunden.‹ Und sie weinten beide um Abel 30 Jahre, und sein Leib verweste nicht; und beide verstanden sie nicht, ihn zu begraben. Da flogen auf Gottes Befehl 2 Vöglein herbei, und eines von ihnen starb, das andere aber hob eine Grube aus, legte das verstorbene hinein und begrub es. Als Adam und Eva dies sahen, hoben sie beide eine Grube aus, legten Abel hinein und begruben ihn unter Weinen. Im Alter von 230 Jahren zeugte Adam Seth und 2 Töchter; Kain nahm die eine zur Frau und Seth die andere. So pflanzten sich die Menschen fort und wurden mehr und mehr auf der Erde. Und sie erkannten ihren Schöpfer nicht, waren erfüllt von Unzucht und jedweder Abscheulichkeit sowie Mord und Neid, und die Menschen lebten wie das Vieh. Und Noah war der einzige Gerechte in diesem Geschlecht, allein Noah. Und er zeugte 3 Söhne: Sem, Ham und Japhet. Und Gott sprach: ›Mein Geist soll nicht immerdar in diesen Menschen walten.‹ Und er sprach: ›Und ich will den Menschen, den ich geschaffen habe, vertilgen, vom Menschen an bis hin zum Vieh.‹ Und Gott der Herr sprach zu Noah: ›Erbaue eine Arche, 300 Ellen lang und 80 Ellen breit und 30 Ellen hoch!‹ Denn die Ägypter nennen den Sashen Elle. Die Arche aber wurde in 100 Jahren erbaut, wobei Noah verkündete, es werde eine Sintflut kommen, und man lachte ihn aus. Als er nun die Arche fertiggebaut hatte, sprach der Herr zu Noah: ›Steige hinein, du, dein Weib, deine Söhne und Schwiegertöchter; und hol zu dir hinein je ein Paar von allem Vieh und von den Vögeln und von allem Gewürm!‹ Und Noah brachte hinein, wie ihm Gott befohlen hatte. Da ließ Gott eine Sintflut über die Erde kommen, und alles Fleisch ging unter, die Arche aber schwamm auf dem Wasser. Als aber das Wasser sank, stieg Noah heraus und seine Söhne und sein Weib. Von ihnen ward die Erde bevölkert. Und der Menschen wurden viele, und sie hatten eine gemeinsame Sprache, und sie sagten zueinander: ›Laßt uns einen Turm bis zum Himmel erbauen!‹ Sie fingen an zu bauen, und ihr Ältester war Nimrod. Da sprach Gott der Herr: ›Siehe, die Menschen haben sich vermehrt, und ihre Vorhaben sind eitel.‹ Und Gott stieg herab und verwirrte die Sprache in 72 Sprachen. Eber aber ward Adams Sprache nicht genommen, denn er allein hatte sich nicht an ihrem Frevel beteiligt und geäußert: ›Wenn Gott den Menschen bedeutet hätte, einen Turm zum Himmel hinauf zu bauen, so hätte Gott selbst es mit einem Wort befohlen, so wie er den Himmel und die Erde und das Meer, alles Sichtbare und Unsichtbare geschaffen hat.‹ Darum wurde seine Sprache nicht verändert; von ihm stammen die Hebräer. In 71 Sprachen wurden sie geteilt, und sie verstreuten sich über die Länder, jedes [Volk] nahm eigene Sitten an. Nach der Lehre des Teufels brachten sie den Wäldern, den Quellen und Flüssen Opfer dar und erkannten Gott nicht. Von Adam bis zur Sintflut aber sind es 2242 Jahre und von der Sintflut bis zur Verwirrung der Sprache 529 Jahre. Danach stürzte der Teufel die Menschen in noch größere Verführung, und sie begannen Götzenbilder zu machen: die einen hölzerne, die anderen metallene und noch andere marmorne und goldene und silberne. Und sie beteten sie an und führten ihre Söhne und Töchter dahin und schlachteten sie vor ihnen ab, und die gesamte Erde ward besudelt. Anstifter der Götzenbildnerei aber war Serug, denn er machte Götzenbilder zu Ehren verstorbener Menschen, von denen die einen Könige, die anderen Helden und Zauberer und buhlerische Weiber waren. Dieser Serug aber zeugte Tharah, Tharah aber zeugte drei Söhne: Abraham und Nahor und Aaron. Tharah aber machte Götzenbilder, wie er es bei seinem Vater gelernt hatte. Abraham aber, der zu Verstand gekommen war, betrachtete den Himmel, und er sah die Sterne und den Himmel und sprach: ›Gott ist in Wahrheit der, der als Schöpfer gewirkt hat, mein Vater aber verführt die Menschen.‹ Und Abraham sprach: ›Ich will meines Vaters Götter auf die Probe stellen.‹ Und er sagte: ›Vater! Was verführst du die Menschen, indem du hölzerne Götzenbilder machst? Gott ist der, der Himmel und Erde geschaffen hat.‹ Und Abraham nahm Feuer und zündete die Götzenbilder im Hause an. Als Aaron, Abrahams Bruder, das sah, wollte er im Eifer um die Götzenbilder eilends die Götzenbilder hinausschaffen; aber dabei verbrannte Aaron selbst und starb noch vor dem Vater; vordem nämlich war noch niemals der Sohn vor dem Vater gestorben, sondern der Vater vor dem Sohn; und von diesem an begann der Sohn vor dem Vater zu sterben. Und Gott hatte Abraham liebgewonnen, und Gott sprach zu Abraham: ›Geh aus dem Hause deines Vaters in ein Land, das ich dir zeigen werde. Und ich will dich zum großen Volk machen, dich sollen segnen die Geschlechter der Erde.‹ Und Abraham tat, wie ihn Gott geheißen hatte. Und Abraham nahm seinen Neffen Lot; Lot war ja sein Schwager und sein Neffe, denn Abraham hatte die Tochter seines Bruders Aaron, Sara, geheiratet. Und er kam in das Land Kanaan zu einer hohen Eiche, und Gott sprach zu Abraham: ›Deinem Samen will ich dieses Land geben.‹ Und Abraham pries Gott. Abraham war 75 Jahre, als er von Haran auszog. Sara aber war ein unfruchtbares Weib. Da sie an der Unfruchtbarkeit litt, sprach Sara zu Abraham: ›Gehe hinauf zu meiner Sklavin!‹ Und Sara nahm Hagar und gab sie ihrem Mann, und Abraham ging zu Hagar ein. Hagar empfing und gebar einen Sohn, und Abraham nannte ihn Ismael. Und Abraham war 86 Jahre, als Ismael geboren wurde. Danach empfing Sara und gebar einen Sohn, und er gab ihm den Namen Isaak. Und Gott befahl Abraham, den Knaben zu beschneiden, und er beschnitt ihn am 8. Tage. Und Gott fand Wohlgefallen an Abraham und seinem Stamme und nannte sie sein Volk, und da er sie sein Volk nannte, sonderte er sie von den [anderen] Völkern. Als dieser Isaak zum Manne herangewachsen war und Abraham 175 Jahre gelebt hatte, starb er und ward begraben. Als Isaak 60 Jahre alt war, zeugte er 2 Söhne, Esau und Jakob. Esau war sündig, Jakob aber gerecht. Dieser Jakob diente bei seinem Oheim 7 Jahre um dessen jüngere Tochter, und Laban, sein Oheim, gab sie ihm nicht. Er sagte: ›Nimm die ältere!‹ Und er gab ihm Lea, die ältere, aber wegen der zweiten [sprach er zu ihm]: ›[Diene mir] weitere 7 Jahre!‹ Da diente er weitere 7 Jahre um Rahel. Und er nahm zur Frau beide Basen, mit ihnen aber zeugte er 7 Söhne: Ruben, Simeon, Levi, Juda, Isaschar, Joseph, Benjamin, und mit zwei Sklavinnen: Dan, Naphthali, Gad und Asser. Von diesem stammen die Juden her. Im Alter von 130 Jahren ging Jakob mit seiner Sippe, 65 Seelen an der Zahl, nach Ägypten. Er lebte noch 17 Jahre und entschlief, und man knechtete ihren Stamm 400 Jahre lang. Nach diesen Jahren wurde das jüdische

Volk stärker und zahlreicher, und die Ägypter hielten sie gewaltsam in Knechtschaft.

Zu dieser Zeit aber ward bei den Juden Mose geboren, und es sprachen die ägyptischen Zauberer zum Herrscher: ›Es ist ein Kind bei den Juden geboren worden, welches Ägypten vernichten wird.‹ Daraufhin ließ sogleich der Herrscher die neugeborenen jüdischen Kinder in den Fluß werfen. Die Mutter Moses aber nahm aus Furcht vor seiner Ermordung den Säugling, legte ihn in ein Körbchen, trug es und stellte es in der Flußniederung ab. Zu ebendieser Zeit ging die Tochter Pharaos, Phermuphis, hinab, um zu baden, und sie sah das weinende Knäblein, nahm es und hatte Erbarmen mit ihm, gab ihm den Namen Mose und zog es auf. Das Knäblein wurde schön, und im Alter von 4 Jahren brachte es Pharaos Tochter ihrem Vater. Als Pharao Mose sah, begann er das Knäblein gern zu haben. Mose aber, der ihm um den Hals fiel, warf die Krone vom Haupt des Herrschers und trat auf sie. Ein Zauberer, der dies sah, sagte zum Herrscher: ›O Herrscher, laß dieses Knäblein umbringen! Wenn du es nicht umbringst, wird es ganz Ägypten zugrunde richten.‹ Aber der Herrscher hörte nicht auf ihn, sondern ordnete vielmehr an, die jüdischen Kinder nicht umzubringen. Als Mose herangewachsen war, wurde er ein Mächtiger im Hause Pharaos. Als dann ein anderer die Herrschaft übernahm, wurden die Würdenträger auf ihn neidisch. Mose aber, da er einen Ägypter erschlug, der einem Hebräer unrecht getan hatte, floh aus Ägypten und kam in das Land Midian. Und auf seinem Weg durch die Wüste belehrte ihn der Engel Gabriel über die Entstehung der ganzen Welt und über den ersten Menschen und darüber, was danach war, und über die Sintflut und über die Verwirrung der Sprachen und auch wieviel Jahre jeder gelebt hat, über den Lauf und die Anzahl der Sterne, das Maß der Erde und jegliche Weisheit. Danach aber erschien ihm Gott als Feuer im Dornbusch und sprach zu ihm: ›Ich habe das Elend meines Volks in Ägypten gesehen und bin herniedergefahren, daß ich sie errette aus der Ägypter Hand und sie herausführe aus diesem Lande. Du aber gehe zu Pharao, dem ägyptischen Herrscher, und sage ihm: ›Laß Israel ziehen, daß es drei Tage lang Gott dem Herrn ein Opfer darbringe‹. Wenn der ägyptische Herrscher nicht auf dich hört, werde ich ihn mit allen meinen Wundern schlagen.‹ Als Mose kam, hörte Pharao nicht auf ihn. Da schickte Gott 10 Plagen über Pharao: 1. Flüsse [wurden] zu Blut, 2. Frösche, 3. Mücken, 4. Hundsfliegen, 5. Viehseuche, 6. brennende Geschwüre, 7. Hagel, 8. Heuschrecken, 9. Finsternis, 10. Pest unter den Menschen. 10 Plagen kamen deshalb über sie, da sie 10 Monate lang die jüdischen Kinder ertränkt hatten.

Als nun aber die Pest in Ägypten war, sagte Pharao zu Mose und seinem Bruder Aaron: ›Ziehet rasch von dannen!‹ Mose aber versammelte das jüdische Volk und zog aus Ägyptenland. Und Gott führte sie durch die Wüste den Weg zum Roten Meer; nachts zog vor ihnen eine Feuersäule her und tags eine Wolkensäule. Als Pharao hörte, daß die Menschen flohen, setzte er ihnen nach und drängte sie ans Meer. Als aber das jüdische Volk dies sah, schrie es Mose die Worte entgegen: ›Warum hast du uns in den Tod hinausgeführt?‹ Und Mose schrie auf zu Gott, und der Herr sprach: ›Warum schreiest du zu mir? Schlage mit dem Stab ins Meer!‹ Und Mose tat also, und das Wasser trat nach beiden Seiten auseinander, und die Kinder Israel zogen ins Meer hinein. Als aber Pharao dies sah, setzte er ihnen nach, die Kinder Israel aber gingen auf dem Trockenen hindurch. Und als sie ans Ufer hinausstiegen, trat das Meer über Pharao und seine Krieger zusammen. Und Gott der Herr fand Gefallen an Israel. Sie zogen fort vom Meer – 3 Tage durch die Wüste – und kamen nach Mara. Und hier war das Wasser bitter, und die Menschen murrten gegen Gott, und der Herr zeigte ihnen ein Holz, und Mose legte es ins Wasser, und die Wasser wurden süß. Danach aber murrten sie wiederum gegen Mose und Aaron mit den Worten: ›Besser war es für uns in Ägypten, wo wir Fleisch und Zwiebeln und Brot zum Sattessen hatten!‹ Und der Herr sprach zu Mose: ›Ich habe das Murren der Kinder Israel gehört‹, und er gab ihnen Manna zu essen. Danach aber gab er ihnen das Gesetz auf dem Berge Sinai. Als Mose auf den Berg hinaufgestiegen war zu Gott, gossen sie einen Kalbskopf und beteten ihn wie einen Gott an. Von ihnen ließ Mose 3000 niedermachen. Danach murrten sie abermals gegen Mose und Aaron, da es kein Wasser gab. Und der Herr sprach zu Mose: ›Schlag mit dem Stab gegen den Felsen!‹ Und er sagte: ›Ob wir beide wohl daraus Wasser fließen lassen können?‹ Und der Herr erzürnte sich über Mose, der die Größe des Herrn nicht gepriesen hatte. Und des Murrens jener wegen kam dieser nicht in das Gelobte Land, sondern er führte ihn auf den Berg Nebo und zeigte ihm das Gelobte Land. Und Mose ist hier auf dem Berg gestorben.

Da übernahm Josua, der Sohn Nuns, die Führung. Dieser zog voran und kam ins Gelobte Land und zerschlug den Stamm der Kanaaniter und siedelte an ihrer Stelle die Kinder Israels an. Als Josua starb, ward Juda an seiner Stelle Richter, und es wurden noch 14 andere Richter. Zu deren Zeit aber vergaßen sie Gott, der sie aus Ägypten geführt hatte, und sie begannen den Götzen zu dienen. Und Gott erzürnte sich und lieferte sie Fremdstämmigen zum Raub aus. Wenn sie zu bereuen begannen, erbarmte er sich ihrer. Hatte er sie befreit, wandten sie sich abermals dem Götzendienst zu. Nach ihnen aber ward Richter der Priester Eli und nach ihm der Prophet Samuel. Und sie sagten zu Samuel: ›Setze über uns einen König ein!‹ Und der Herr erzürnte sich über Israel und setzte über sie Saul zum König. Saul jedoch wollte nicht nach dem Gesetz des Herrn wandeln, und der Herr erwählte David und setzte ihn als König über Israel, und David war Gott wohlgefällig. Diesem David schwor der Herr, daß von seinem Stamme Gott geboren werden solle. Da prophezeite er erstmals die Fleischwerdung Gottes und sprach: ›Aus dem Leibe habe ich dich vor dem Morgenstern geboren.‹ Dieser aber prophezeite 40 Jahre lang und starb. Und nach ihm prophezeite sein Sohn Salomo, der Gott einen Tempel errichtete und ihn das Allerheiligste nannte. Er war weise, doch verfiel er schließlich der Sünde. Er herrschte 40 Jahre und starb. Nach Salomo aber herrschte sein Sohn Rehabeam. Unter ihm teilte sich das jüdische Königreich in zwei Teile: das eine zu Jerusalem, das andere zu Samaria. In Samaria aber herrschte Jerobeam, Salomos Diener, der zwei goldene Kühe schuf. Die eine stellte er in Bethel auf dem Hügel auf und die andere in Dan, und er sprach: ›Dies sind deine Götter, Israel!‹ Und die Menschen beteten sie an und vergaßen Gott. Auch in Jerusalem begannen sie Gott zu vergessen und Baal anzubeten, das heißt den Kriegsgott, der Ares ist, und sie vergaßen den Gott ihrer Väter. Und Gott schickte sich an, zu ihnen Propheten zu senden. Die Propheten aber bezichtigten sie der Gesetzlosigkeit und des Götzendienstes. Sie aber gingen daran, die Propheten zu erschlagen, da sie von ihnen entlarvt worden waren. Da erzürnte sich Gott über Israel und sprach: ›Ich werde sie von meiner Seite verstoßen und andere Völker berufen, die auf mich hören. Wenn diese auch sündigen, so werde ich ihrer Gesetzlosigkeit nicht achten.‹ Und er sandte Propheten aus und sprach zu ihnen: ›Prophezeit die Verstoßung der Juden und die Berufung der [anderen] Völker!‹

Als erster begann Hosea zu prophezeien mit den Worten: ›Ich will mit dem Königreich des Hauses Israel ein Ende machen und den Bogen Israels zerbrechen. Und ich will mich nicht mehr über das Haus Israel erbarmen, sondern sie verwerfen und mich von ihnen lossagen, spricht der Herr, und sie werden unter den Heiden umherirren.‹ Und Jeremia sagte: ›Wenn auch Samuel und Mose vor mir stünden, ich werde mich ihrer nicht erbarmen.‹ Und wiederum sprach dieser Jeremia: ›So spricht der Herr: Siehe, ich habe bei meinem großen Namen geschworen, daß [von nun an] mein Name nicht mehr genannt werden soll durch [irgendeines Menschen] Mund aus Juda.‹ Hesekiel aber sprach: ›Also spricht der Herr Adonai: Ich will euch in alle Winde zerstreuen, alle, die übriggeblieben sind, weil ihr mein Heiligtum mit all euren Greueln unrein gemacht habt; ich aber will dich verstoßen [und] werde mich deiner nicht wieder erbarmen.‹ Maleachi aber sagte: ›So spricht der Herr: Ich habe keinen Gefallen mehr an euch, denn vom Aufgang [der Sonne] bis zum Niedergang ist mein Name verherrlicht worden unter den Menschen, an jeglichem Orte wird meinem Namen Weihrauch dargebracht und ein reines Opfer, denn mein Name ist groß unter den Heiden.‹ – ›Darum überlasse ich euch den Schmähungen und der Zerstreuung unter alle Völker.‹ Der große Jesaja aber sagte: ›So spricht der Herr: Ich will meine Hand ausstrekken wider dich, ich will dich vernichten und dich zerstreuen und dich nicht wieder herführen.‹ Und abermals sprach jener: ›Ich habe zu hassen begonnen eure Feste sowie eure Neumonde, und eure Sabbate nehme ich nicht an.‹ Der Prophet Amos aber sprach: ›Höret das Wort des Herrn: Ich muß das Klagelied über euch anstimmen; das Haus Israel ist gefallen und wird nicht mehr aufstehen.‹ Maleachi aber sprach: ›Also sagte der Herr: Ich werde den Fluch unter euch schicken und euren Segen verfluchen, und ich will ihn zerstören, und er wird nicht unter euch sein.‹ Und sie haben viel prophezeit über deren Verstoßung.

Diesen Propheten befahl Gott, die Berufung anderer Völker an ihrer Statt zu prophezeien. Jesaja erhob seine Stimme und sprach: ›Denn ein Gesetz wird von mir ausgehen, und mein Gericht ist den Völkern Licht. Meine Gerechtigkeit kommt rasch herbei und hervortreten wird [wie Licht mein Heil], auf meinen Arm vertrauen die Völker.‹ Jeremia aber sprach: ›So sagt der Herr: Ich will dem Hause Juda einen neuen Bund machen, wobei ich die Gesetze in ihren Sinn gebe, und in ihre Herzen werde ich sie schreiben. Ich will ihr Gott sein, und sie sollen mein Volk sein.‹ Jesaja aber sprach: ›Das Alte ist vergangen, so verkündige ich Neues, vor der Verkündigung [ward es euch offenbart]. Singet Gott ein neues Lied.‹ – ›Denen, die mir dienen, wird ein neuer Name gegeben werden, der gesegnet wird.‹ – ›Das Haus meiner Häuser wird ein Bethaus heißen für alle Völker.‹ Derselbe Jesaja spricht: ›Der Herr wird seinen heiligen Arm vor allen Völkern offenbaren, und aller Welt Enden werden unseres Gottes Heil sehen.‹ David: ›Lobet den Herrn, alle Heiden, und preiset ihn, alle Völker!‹

Da also Gott die neuen Menschen liebgewann, sprach er zu ihnen [den Propheten]: ›Ich werde selbst zu ihnen herabsteigen und mich den Menschen im Fleische offenbaren und für Adams Übertretung leiden.‹ Und sie begannen die Fleischwerdung Gottes zu prophezeien, zuerst David: ›Der Herr sprach zu meinem Herrn: Setze dich zu meiner Rechten, bis ich deine Feinde zum Schemel deiner Füße mache!‹ Und weiter: ›Der Herr sprach zu mir: Du bist mein Sohn, heute habe ich dich gezeugt.‹ Jesaja aber sagte: ›Weder ein Bote noch ein Engel, sondern Gott selbst ist gekommen, uns zu erlösen.‹ Und wiederum: ›Ein Kind ward uns geboren, und die Herrschaft ruhte auf seinen Schultern, er heißt Großer Rat der Engel. Groß ist seine Herrschaft, und seines Friedens ist kein Ende.‹ Und weiter: ›Siehe, eine Jungfrau ist schwanger [und wird einen Sohn gebären], man wird seinen Namen Immanuel nennen.‹ Micha aber sprach: ›Und du, Bethlehem, Haus Ephratha, wenn du auch gering bist unter den Tausenden [von Städten] in Juda; aus dir soll der kommen, der unter den Fürsten in Israel der Älteste sei; sein Ausgang ist von den Tagen und von Ewigkeit her gewesen. Darum gibt er sie preis bis zu der Zeit, wo die, die gebären soll, gebiert; da werden die übrigen seiner Brüder sich wieder hinwenden zu den Kindern Israel.‹ Jeremia aber sprach: ›Das ist unser Gott, und kein anderer ist ihm zu vergleichen. Er hat jeden Weg der Erkenntnis gefunden und hat sie Jakob, seinem Diener, gegeben. Danach ist sie auf Erden erschienen und hat bei den Menschen gewohnt.‹ Und wiederum: ›Er ist Mensch: Wer wird erkennen, daß er Gott ist? Wie ein Mensch stirbt er.‹ Sacharja aber sprach: ›Sie haben auf meinen Sohn nicht gehört, so will auch ich auf sie nicht hören, spricht der Herr.‹ Hosea hat gesagt: ›So spricht der Herr: Mein Fleisch kommt von ihnen.‹

Sie prophezeiten aber auch sein Leiden, indem sie sprachen, wie Jesaja sagte: ›O wehe ihrer Seele! Denn einen bösen Beschluß haben sie gefaßt, indem sie sagen: Binden wir den Gerechten.‹ Und wiederum sagte jener: ›Also spricht der Herr: Ich will mich nicht widersetzen, noch rede ich dagegen. Meinen Rücken bot ich dar den Hieben und meine Wangen den Schlägen. Mein Angesicht verbarg ich nicht vor Schmach und Speichel.‹ Jeremia sprach: ›Kommet her, laßt uns [giftiges] Holz in sein Brot tun und ihn aus dem Lande der Lebendigen ausrotten.‹ Mose aber sagte von seiner Kreuzigung: ›Ihr werdet euer Leben vor euren Augen hangen sehen.‹ Und David sprach: ›Warum tobten die Heiden?‹ Jesaja sprach: ›Wie ein Lamm ward er zur Schlachtbank geführt.‹ Esra aber sprach: ›Gepriesen sei Gott, der seine Arme ausstreckte und die Seinen aus Jerusalem errettete!‹

Von der Auferstehung haben sie gesprochen. David sagte: ›Gott, mache dich auf und richte die Erde, denn du bist Erbherr über alle Heiden!‹ Und wiederum: ›Der Herr erhob sich wie aus dem Schlaf.‹ Und wiederum: ›Es stehe Gott auf, und seine Feinde werden zerstreut!‹ Und wiederum: ›Stehe auf, Herr! Mein Gott, deine Hand möge sich erheben.‹ Jesaja sprach: ›Die ihr wandelt in Land und Schatten des Todes, das Licht leuchtet über euch.‹ Sacharja aber [sprach]: ›Um des Blutes deines Bundes willen hast du deine Gefangenen aus der Grube gelassen, in der kein Wasser ist.‹ Vieles prophezeiten sie über ihn, was sich auch alles erfüllt hat.«

Da sagte Wladimir: »Zu welcher Zeit hat sich dies erfüllt? Ist dies schon geschehen oder soll dies erst geschehen?« Der [Philosoph] aber antwortete und sagte zu ihm: »Alles hat sich schon zuvor erfüllt, als Gott Fleisch ward. Wie ich schon früher gesagt habe, als die Juden die Propheten erschlugen und ihre Könige die Gesetze übertraten, gab sie Gott dem Raub preis, und sie wurden um der Sünden willen in die Gefangenschaft nach Assyrien verschleppt und verrichteten dort 70 Jahre Sklavendienste. Danach kehrten sie in ihr Land zurück, und sie hatten keinen König, sondern Hohepriester herrschten über sie bis zu dem fremdstämmigen Herodes, der dann über sie herrschte.

Unter dessen Herrschaft, im Jahre 5500, ward Gabriel nach Nazareth geschickt zur Jungfrau Maria aus dem Geschlechte Davids, der ihr sagen sollte: ›Freue dich, du Gnadenreiche, der Herr ist mit dir!‹ Und von diesem Wort empfing sie das Wort Gottes in ihrem Leibe und gebar einen Sohn und gab ihm den Namen Jesus. Und siehe, Weise kamen aus dem Osten und sagten: ›Wo ist der neugeborene König der Juden? Denn wir haben seinen Stern im Osten gesehen und sind gekommen, ihn anzubeten.‹ Da das der König Herodes hörte, erschrak er und mit ihm das ganze Jerusalem; und er ließ die Schriftgelehrten und Ältesten unter dem Volk zusammenrufen und fragte: ›Wo wird Jesus geboren?‹ Sie aber sagten: ›Zu Bethlehem in Judäa.‹ Als Herodes dies aber vernommen hatte, sandte er aus mit den Worten: ›Tötet die Knäblein, die bis zwei Jahre alt sind!‹ Da gingen sie und töteten die Knäblein. Maria aber, voller Furcht, hatte das Kindlein verborgen. Joseph und Maria nahmen nun das Kindlein, flohen nach Ägypten und blieben bis zum Tode des Herodes. In Ägypten aber erschien Joseph der Engel und sprach: ›Stehe auf, nimm das Kindlein und seine Mutter und gehe in das Land Israel.‹ Nach seiner Rückkehr ließ er sich in Nazareth nieder.

Als er [Jesus] erwachsen und 30 Jahre alt war, fing er an, Wunder zu tun und das Himmelreich zu verkünden. Und er wählte 12 aus, die er seine Jünger nannte, und begann große Wunder zu wirken: Tote aufzuerwecken, Aussätzige zu reinigen, die Lahmen gehen zu lassen, die Blinden sehend zu machen, und viele andere große Wunder, wie es die Propheten von ihm vorausgesagt hatten mit den Worten: ›Er heilte unsere Leiden und nahm auf sich unsere Schmerzen.‹ Und er wurde von Johannes im Jordan getauft und zeigte den neuen Menschen die Erneuerung. Da er getauft war, siehe, da taten sich die Himmel auf, und der Geist [Gottes] ging auf ihn herab in Gestalt einer Taube, und eine Stimme sprach: ›Dies ist mein lieber Sohn, an welchem ich Wohlgefallen habe.‹ Und er sandte seine Jünger, zu verkünden das Himmelreich, die Buße zur Vergebung der Sünden. Und da er die Prophezeiung erfüllen wollte, kündigte er an, daß der Menschensohn leiden müsse und daß er gekreuzigt werden würde und am dritten Tag auferstehen werde. Als er dann im Tempel lehrte, wurden die Hohenpriester und Schriftgelehrten von Neid erfüllt und suchten ihn zu töten, sie nahmen ihn und führten ihn zum Landpfleger Pilatus. Nachdem Pilatus aber erkannt hatte, daß sie ihn ohne Schuld überantwortet hatten, wollte er ihn freilassen. Sie aber sagten zu ihm: ›Läßt du diesen los, so wirst du nicht des Kaisers Freund sein.‹ Da befahl Pilatus, daß man ihn kreuzige. Sie aber ergriffen Jesus, führten ihn an die Schädelstätte und kreuzigten ihn dort. Und es ward eine Finsternis über dem ganzen Lande von der 6. bis zur 9. Stunde, und in der neunten Stunde gab Jesus seinen Geist auf. Da riß der Vorhang im Tempel in zwei Stücke, und viele Tote standen auf, denen er gebot, ins Paradies zu gehen. Sie nahmen ihn vom Kreuz ab und legten ihn ins Grab, und mit Siegeln versiegelten die Juden das Grab und stellten Wachen auf und sprachen: ›Damit ihn nicht seine Jünger stehlen!‹ Er aber ist am 3. Tage auferstanden und erschien den Jüngern, auferstanden von den Toten. Er sprach zu ihnen: ›Gehet hin zu allen Völkern und lehret alle Lande die Taufe auf den Namen des Vaters und des Sohnes und des Heiligen Geistes!‹ Er weilte unter ihnen 40 Tage, als er ihnen nach der Auferstehung erschien. Als die 40 Tage erfüllt waren, befahl er ihnen, auf den Ölberg zu gehen. Und dort erschien er ihnen, segnete sie und sprach zu ihnen: ›Laßt euch in der Stadt Jerusalem nieder, bis ich die Verheißung meines Vaters senden werde.‹ Und da er solches gesagt hatte, ward er aufgehoben gen Himmel. Sie aber beteten zu ihm und kehrten zurück und waren ständig im Tempel. Als nun 50 Tage vorüber waren, kam der Heilige Geist auf die Apostel herab. Da empfingen sie die Verheißung des Heiligen Geistes und gingen aus über die ganze Erde, zu lehren und mit Wasser zu taufen.«

Wladimir aber sagte: »Warum ward er vom Weibe geboren und am Holz gekreuzigt und mit Wasser getauft?«

Da sprach jener zu ihm: »Deshalb, weil am Anfang das Menschengeschlecht durch das Weib in Sünde fiel, der Teufel Adam durch Eva überlistete und er das Paradies verlor. So hat nun Gott Vergeltung geübt am Teufel: Durch das Weib erfuhr der Teufel die erste Niederlage. Zwar war durch das Weib Adam zuerst aus dem Paradies vertrieben worden. Durch das Weib aber ward Gott Mensch und gebot den Gläubigen, ins Paradies einzugehen. Und wenn er am Holz gekreuzigt ward, so deshalb, weil er vom Baum gegessen hatte und aus dem Paradies vertrieben worden war. Gott aber nahm am Holz das Leiden auf sich, damit der Teufel durch das Holz besiegt werde und [die Gerechten] vom Baum des Lebens empfangen. Durch das Wasser aber geschah die Erneuerung, weil Gott zu Noahs Zeit wegen der sich mehrenden Sünden bei den Menschen die Sintflut über die Erde gebracht und die Menschen durch das Wasser ertränkt hat; deshalb sprach Gott: ›Weil ich, der Herr, [durch Wasser] die Menschen umbrachte um ihrer Sünden willen, will ich jetzt wieder durch Wasser die Menschen von ihren Sünden reinigen, durch die Erneuerung mit dem Wasser.‹ Denn das Volk der Juden war im Meer gereinigt worden von dem schlimmen Treiben der Ägypter, weil das Wasser das erste war von Anbeginn; denn es heißt: ›Der Geist Gottes schwebte auf dem Wasser‹; deshalb wird man auch jetzt mit Wasser und Geist getauft. Die erste Wandlung geschah mit Wasser, wofür Gideon das Vorbild gegeben hat: Als zu ihm der Engel kam und ihm befahl, gegen Midian zu ziehen, sprach er [Gideon] zu Gott, um ihn zu versuchen: ›Ich will abgeschorene Wolle auf die Tenne legen.‹ Und er sagte: ›Erst [dann will ich ziehen], wenn auf dem ganzen Boden Tau, auf der Wolle aber Trockenheit sein wird.‹ Und so geschah es. Dafür hat er also das Vorbild gegeben; wie alle Fremden früher die Trockenheit, die Juden aber die abgeschorene Wolle waren, war hernach aber bei den [fremden] Völkern der Tau, was die heilige Taufe ist, und bei den Juden die Trockenheit. Und die Propheten verkündeten, daß durch das Wasser die Erneuerung kommen werde. Da die Apostel aber auf der ganzen Erde lehrten, an Gott zu glauben, haben wir Sünder ihre Lehre angenommen; die ganze Welt glaubt ihrer Lehre. Gott aber hat einen Tag bestimmt, an dem er vom Himmel herabkommen will, zu richten die Lebenden und die Toten. Er wird einem jeden nach seinen Werken geben – den Gerechten das Himmelreich und unsagbare Schönheit, Freude ohne Ende und das ewige Leben, den Sündern die Qual des Höllenfeuers und den nimmermüden Wurm, und der Qual wird kein Ende sein. Diese Qualen aber werden für jenen sein, der nicht an unseren Herrn Jesus Christus glaubt. Es werden im Feuer gepeinigt werden, die sich nicht taufen lassen.«

Und nachdem er dies gesagt hatte, zeigte er Wladimir einen Vorhang, auf dem das Gericht des Herrn gemalt war. Er zeigte ihm rechts die Gerechten, die voller Freude ins Paradies gehen, und links die Sünder, die der Höllenqual entgegengehen. Wladimir aber seufzte und sprach:

»Gut geht es denen zur Rechten, aber wehe den Sündern zur Linken.«

Jener aber sprach: »Wenn du zur Rechten bei den Gerechten stehen willst, dann lasse dich taufen.«

Wladimir nahm sich dies zu Herzen und sprach: »Ich werde noch etwas warten«, da er alle Glaubensbekenntnisse prüfen wollte. Wladimir überreichte ihm viele Geschenke und entließ [ihn] mit großen Ehren.

Im Jahre 6495. Wladimir rief seine Bojaren und die Stadtältesten zusammen und sprach zu ihnen:

»Die Bulgaren kamen zu mir und sagten: ›Nimm unsere Religion an!‹ Danach kamen auch die Deutschen, sie lobten ebenfalls ihre Religion, und nach diesen kamen die Juden. Schließlich aber kamen die Griechen, die alle Religionen schmähten, ihre hingegen lobten und viel redeten, wobei sie vom Anfang der Welt, von der Entstehung des gesamten Weltalls erzählten.

Sie verstehen klug zu erzählen, und es ist wunderbar, ihnen zuzuhören, und für jeden angenehm. Sie erzählen, es gäbe eine andere Welt: ›Und so sich jemand‹, sagen sie, ›zu unserem Glauben bekennt, der wird, auch wenn er stirbt, wieder auferstehen und das ewige Leben haben. Wenn er aber eine andere Religion annimmt, so wird er in jener Welt im Feuer brennen.‹ Wem neigt sich nun euer Sinn zu?«

Die Bojaren und die Ältesten sagten: »Du weißt, Fürst, daß niemand das Seinige schmäht, sondern lobt. Wenn du es ernsthaft erkunden willst, so hast du ja deine Gefolgsleute. Sende sie aus und erkunde eines jeden Gottesdienst und auf welche Weise ein jeder Gott dient.«

Diese Rede gefiel dem Fürsten und allen Leuten. Sie wählten kluge und verständige Gefolgsleute aus, 10 an der Zahl und sagten zu ihnen:

»Geht zuerst zu den Bulgaren und erforscht ihren Glauben.«

Da gingen sie, und als sie angekommen waren, sahen sie abscheuliche Dinge und die Verneigungen in den Moscheen. Und sie kehrten in ihr Land zurück.

Und Wladimir sprach zu ihnen: »Geht nunmehr zu den Deutschen und seht euch um und geht von dort zu den Griechen!«

Sie aber gelangten zu den Deutschen und sahen sich deren Gottesdienst an, und sie kamen nach Zargrad und gingen zum Kaiser. Der Kaiser forschte sie aus, aus welchem Grunde sie gekommen seien. Da erzählten sie ihm alles Geschehene. Als nun der Kaiser dies gehört hatte, ward er froh und erwies ihnen noch am selbigen Tag große Ehre. Am anderen Morgen schickte er zum Patriarchen und ließ sagen:

»Also, die Russen sind gekommen, um unseren Glauben zu erkunden. Richte die Kirche her und den Platz für den Chor in der Kirche, und du selbst lege deinen Bischofsornat an, damit sie die Herrlichkeit unseres Gottes sehen.«

Als dies der Patriarch gehört hatte, gebot er, den Klerus zusammenzurufen, und man veranstaltete dem Brauche gemäß einen Festgottesdienst. Man zündete Weihrauch an und stellte Gesänge und Chöre zusammen. Und er ging mit ihnen in die Kirche, und man stellte sie an einem sich weithin öffnenden

Platz auf, wies sie auf die Schönheit der Kirche hin sowie auf den Gesang und die bischöfliche Liturgie und das sakrale Wirken der Diakone und erklärte ihnen, wie sie ihrem Gott dienen. Jene aber waren voller Staunen und Bewunderung und lobten ihren Gottesdienst. Und die Kaiser Basileios und Konstantin riefen sie zu sich und sprachen zu ihnen:

»Gehet in euer Land.«

Und entließen sie mit großen Geschenken und in großen Ehren. Sie kamen in [ihr] Land zurück, und der Herrscher rief seine Bojaren und Ältesten zusammen.

Und Wladimir sagte: »Seht, die von uns entsandten Männer sind zurückgekehrt. Laßt uns also von ihnen hören, was geschehen ist.«

Und er sagte: »Erzählt vor der Drushina!«

Sie sagten nunmehr folgendes: »Wir gingen zu den Bulgaren und sahen, wie sie sich im Tempel, das heißt in den Moscheen, verneigen und ohne Gürtel dastehen. Wer sich verneigt hat, setzt sich und blickt wie besessen hierhin und dorthin. Und es gibt keine Fröhlichkeit bei ihnen, sondern Betrübnis und großen Gestank. Ihre Religion ist nicht gut. Und wir kamen zu den Deutschen und sahen, daß sie in der Kirche Gottesdienste halten, aber wir sahen keinerlei Herrlichkeit. Wir kamen schließlich zu den Griechen, und man führte uns dorthin, wo sie ihrem Gott dienen. Wir wußten nicht, ob wir im Himmel waren, denn auf der Erde gibt es keinen solchen Anblick, auch nicht eine derartige Pracht. Wir sind außerstande, darüber zu berichten, wir wissen nur, daß Gott richtig unter den Menschen weilt und daß ihr Gottesdienst besser als der aller [anderen] Völker ist. Denn wir können dessen Pracht nicht vergessen. Jeder Mensch, sobald er vom Süßen gekostet hat, wird hernach nichts Bitteres mehr zu sich nehmen. Auch wir hier wollen nicht mehr so leben.«

Die Bojaren erwiderten darauf: »Wenn die griechische Religion schlecht gewesen wäre, so hätte sie deine Großmutter Olga nicht angenommen, die die Weiseste aller Menschen war.«

Und Wladimir antwortete und sprach: »Wo wollen wir die Taufe empfangen?«

Sie aber sagten: »Wo es dir beliebt.«

Und nachdem ein Jahr vergangen war, im Jahre 6496, zog Wladimir mit seinem Heer gegen Korsun, die Stadt der Griechen, und die Korsuner schlossen sich in der Stadt ein. Und Wladimir blieb auf jener Seite der Stadt am Hafen stehen, nur einen Pfeilschuß von der Stadt entfernt. Und die Stadtbewohner kämpften erbittert. Wladimir aber belagerte die Stadt. Die Kräfte der Menschen in der Stadt waren erschöpft, und Wladimir sprach zu den Stadtbewohnern:

»Wenn ihr euch nicht ergebt, werde ich 3 Jahre verharren.«

Sie aber hörten nicht darauf. Wladimir stellte nun sein Heer auf und befahl, Erde zur Stadt hin aufzuschütten. Während man diese aufschüttete, gruben sich die Korsuner unter der Stadtmauer hindurch und brachten heimlich die aufgeschüttete Erde weg und trugen sie zu sich in die Stadt und schütteten sie mitten in der Stadt auf. Die Krieger aber schütteten immer mehr auf, und Wladimir verharrte. Und siehe, ein Mann aus Korsun namens Anastas schoß einen Pfeil herüber, auf den er folgendes geschrieben hatte: ›Die Quellen, die hinter dir im Osten sind, davon fließt Wasser in Röhren in die Stadt. Grab nach und fang es ab!‹

Als Wladimir das vernommen hatte, blickte er gen Himmel und sprach: »Wenn sich dies verwirklichen läßt, will ich mich taufen lassen.«

Und sogleich befahl er, durch Graben die Wasserleitung zu unterbrechen und man leitete das Wasser ab. Die Menschen kamen durch den Durst nach Wasser von Kräften und ergaben sich. Wladimir zog mit seiner Drushina in die Stadt ein. Dann sandte Wladimir zu den beiden Kaisern, Basileios und Konstantin, und ließ folgendes sagen:

»Seht, ich habe eure ruhmreiche Stadt eingenommen. Nun höre ich, daß ihr eine jungfräuliche Schwester habt. Wenn ihr sie mir nicht zur Frau gebt, werde ich mit eurer Stadt das gleiche tun, wie ich es mit dieser getan habe.«

Als das die Kaiser hörten, wurden sie traurig und sandten ihm eine Botschaft, die solchermaßen lautete:

»Für Christen ziemt es sich nicht, [jemanden] an Heiden zu verheiraten. Wenn du dich taufen läßt, wirst du sie bekommen, und du wirst das Himmelreich empfangen und mit uns eines

Glaubens sein. Willst du dies aber nicht tun, können wir dir als Heiden unsere Schwester nicht zur Frau geben.«

Als Wladimir das hörte, sprach er zu den Gesandten der Kaiser:

»Sagt den Kaisern folgendes: Ich will mich taufen lassen, denn ich habe schon früher eure Religion erforschen lassen, und euer Glaube und Gottesdienst sagen mir zu, denn davon haben mir die von uns entsandten Männer erzählt.«

Als dies nun die Kaiser hörten, wurden sie froh und beschworen ihre Schwester Anna und sandten zu Wladimir und ließen sagen:

»Lasse dich taufen, dann schicken wir unsere Schwester zu dir!«

Wladimir aber sagte: »So sollen die, die mit eurer Schwester herkommen, mich taufen!«

Und die Kaiser hörten auf ihn, und sie schickten ihre Schwester, einige Würdenträger und Priester. Sie aber wollte nicht gehen:

»Wie unter Heiden gehe ich«, sagte sie, »besser wäre es für mich, hier zu sterben!«

Und es sprachen ihre Brüder zu ihr: »Es könnte sein, daß Gott durch dich das Russische Land zur Buße bekehrt und daß du das Griechische Land vor einem grausamen Krieg bewahrst! Du siehst doch, wieviel Böses die Russen den Griechen angetan haben. Und wenn du jetzt nicht gehst, werden sie uns das gleiche antun.«

Nur mit Mühe konnte man sie dazu bringen. Sie stieg auf eine Galeere, küßte unter Tränen ihre Angehörigen und fuhr übers Meer. Und als sie Korsun erreicht hatte, da kamen die Korsuner ihr entgegen, um sie zu begrüßen, und man geleitete sie in die Stadt und brachte sie im Palast unter. Durch Gottes Vorsehung erkrankte aber Wladimir zu dieser Zeit an den Augen, er konnte nichts sehen, und er härmte sich sehr und kam nicht darauf, was zu tun sei.

Und die Kaisertochter schickte zu ihm und ließ sagen: »Wenn diese Krankheit von dir genommen werden soll, laß dich alsbald taufen; wenn nicht, dann wirst du dieses Leiden nicht loswerden.«

Als Wladimir dies hörte, sagte er: »Wenn das wahr wird, dann ist der Gott der Christen wirklich groß.«

Und er befahl, daß man ihn taufe. Der Bischof von Korsun taufte gemeinsam mit den Priestern der Kaisertochter Wladimir, nachdem er ihn unterwiesen hatte. Als er ihm die Hand auflegte, konnte er auf der Stelle sehen. Da sich nun Wladimir seiner plötzlichen Heilung bewußt wurde, pries er Gott mit den Worten: »Jetzt habe ich den wahren Gott erkannt.«

Als das aber seine Drushina sah, ließen sich viele taufen. Man hat ihn in der Kirche der heiligen Gottesmutter getauft, die Kirche aber steht in der Stadt Korsun, mitten in der Stadt, an der Stelle, wo die Korsuner ihren Handel treiben. Wladimirs Palast steht bis auf diesen Tag neben der Kirche, der Palast der Kaisertochter aber hinter dem Altarraum. Nach der Taufe führte er die Kaisertochter zur Trauung. Die dies nicht richtig wissen, sagen, daß er in Kiew getauft worden sei, andere aber sagen, in Wassiljew, wieder andere erzählen es noch anders.

Als nun Wladimir getauft worden war, vermittelten sie ihm den christlichen Glauben mit folgenden Worten: »Laß dich nicht von gewissen Häretikern verleiten, sondern glaube, indem du dieses sagst:

›Ich glaube an den einen Gott, den Vater, den Allmächtigen, Schöpfer des Himmels und der Erden‹, dieses Glaubensbekenntnis bis zu Ende. Und wiederum: ›Ich glaube an den einen Gott, den Vater, der nicht gezeugt ist, und an einen Sohn, der gezeugt ist, und an einen Heiligen Geist, der ausgeht, drei vollkommene vernünftige Wesen, teilbar an Zahl und Wesenheit, aber nicht an Göttlichkeit; denn unteilbar teilt sie sich und unvermischbar vereinigt sie sich. Der Vater ist also Gott-Vater, auf ewig bleibt er im Vatertum, nicht gezeugt, ohne Anfang, Anfang und Ursache von allem, nur durch das Nichtgeborensein älter als Sohn und Geist. Von ihm wird gezeugt der Sohn vor allen Zeiten, geht aus der Heilige Geist ohne Zeit und ohne Leib; zugleich Vater, zugleich Sohn, zugleich Heiliger Geist. Der Sohn ist von ähnlichem Wesen [und gleicherweise ohne Anfang] wie der Vater, nur durch die Zeugung von Vater und Heiligem Geist unterschieden. Der Geist ist der hochheilige Geist, ähnlich vollkommen und gleich ewig. Des Vaters ist das

Vatertum, des Sohnes das Sohntum, des Heiligen Geistes das Ausgehen. Weder der Vater geht also über in den Sohn oder in den Geist, noch der Sohn in den Vater und in den Geist, noch der Geist in den Sohn oder in den Vater; denn ihre Eigenschaften sind nicht übertragbar. Nicht drei Götter, *ein* Gott, weil *eine* Gottheit in dreifacher Gestalt. Durch den Willen des Vaters und des Geistes, die eigene Kreatur zu erlösen, herabgestiegen aus dem väterlichen Schoß, von dem er sich nicht trennte, und eingegangen als göttlicher Same in den gänzlich reinen jungfräulichen Schoß, nahm er einen mit Seele und Wort und Verstand begabten Körper an, wie es ihn zuvor nicht gegeben hatte, ging heraus als fleischgewordener Gott und wurde geboren auf geheimnisvolle Weise und bewahrte makellos die Jungfräulichkeit der Mutter. Er erlitt keine Vermengung noch Vermischung noch Veränderung, sondern blieb, was er war, wurde, was er nicht war, als er in Wahrheit und nicht nur in der Einbildung Knechtsgestalt annahm, uns ähnlich geworden in allem außer der Sünde. Freiwillig nämlich ward er geboren, freiwillig hungerte er, freiwillig litt er Durst, freiwillig mühte er sich, freiwillig fürchtete er sich, freiwillig starb er, wirklich und nicht nur in der Einbildung sind alle natürlichen und untadeligen Leiden seines Menschentums. Er, der Sündenlose, ließ sich kreuzigen und schmeckte den Tod, ist auferstanden im eigenen Fleisch, das keine Verwesung kannte, fuhr auf gen Himmel und setzte sich zur Rechten des Vaters, wird wiederkommen in Herrlichkeit, zu richten die Lebenden und die Toten. Wie er aufgefahren ist in Herrlichkeit und im Fleisch, so wird er auch hinabsteigen.

Damit bekenne ich mich zu einer Taufe, einer Taufe durch Wasser und Geist. Ich nahe mich den heiligen Sakramenten in dem Glauben, daß sie in Wahrheit Leib und Blut seien.

Ich nehme die Überlieferungen der Kirche an, erweise den heiligen Sakramenten Verehrung und erweise dem Holz des heiligen Kreuzes und jeglichem Kreuz sowie den heiligen Reliquien und auch den heiligen Reliquien der Märtyrer Verehrung. Ich glaube auch an die 7 Konzile der heiligen Väter, deren erstes in Nicaea war mit 318 [heiligen Vätern], die den Arius verfluchten und den makellosen und rechten Glauben verkündeten. Das zweite Konzil war in Konstantinopel mit 150 heiligen Vätern, die den Duchoborzen Makedonios verfluchten und die Wesensgleichheit der Dreieinigkeit verkündeten. Das dritte Konzil war in Ephesus mit 200 heiligen Vätern wider den Nestorios, den sie verfluchten, verkündend die Heiligkeit der Gottesgebärerin. Das vierte Konzil war in Chalkedon mit 630 heiligen Vätern wider den Eutyches und den Dioskoros; die heiligen Väter verfluchten diese beiden und verkündeten unseren Herrn Jesus Christus als vollkommenen Gott und vollkommenen Menschen. Das 5. Konzil war in Zargrad mit 165 Vätern wider die Origenistischen Lehren und gegen den Euagrios, und die heiligen Väter verfluchten sie. Das 6. Konzil war in Zargrad mit 170 heiligen Vätern wider Sergios und Kyros, und die heiligen Väter verfluchten sie. Das 7. Konzil war in Nicaea mit 318 heiligen Vätern: Sie verfluchten die, so die Ikonen nicht verehren.‹

Übernimm nicht die Lehre von den Lateinern, da ihre Lehre entstellt ist: Wenn sie in die Kirche gehen, verneigen sie sich nicht vor den Ikonen, sondern im Stehen verneigt [jeder] sich, und nach der Verneigung zeichnet er ein Kreuz auf die Erde und küßt es. Nachdem er sich wieder erhoben hat, stellt er sich mit seinen Füßen darauf; wenn er sich also niedergeworfen hat, küßt er es, und wenn er sich erhoben hat, tritt er es mit Füßen.

Dies aber haben die Apostel nicht überliefert; die Apostel haben überliefert, ein aufgestelltes Kreuz zu küssen, und sie haben die Ikonen überliefert. Der Evangelist Lukas hat sie nämlich als erster gemalt und schickte sie nach Rom, wie Basileios sagt: ›Die Ikone geht auf das Urbild zurück.‹ Zudem nennen sie auch die Erde Mutter. Wenn aber für sie die Erde die Mutter ist, dann ist auch für sie der Himmel der Vater. Denn am Anfang schuf Gott den Himmel und auch die Erde. Deshalb sagt man: ›Vater unser, der du bist im Himmel.‹ Wenn somit aber nach ihrer Meinung die Erde die Mutter ist, warum spuckt ihr dann auf eure Mutter? Nun küßt ihr sie zuerst, doch dann besudelt ihr sie. Dies aber haben die Römer früher nicht getan, sondern sie verbesserten [den Glauben] auf allen Konzilen, wenn sie aus Rom und von allen Bischofssitzen zusammenkamen: [so] auf dem ersten Konzil, das in Nicaea gegen Arius stattfand; Silvester sandte aus Rom Bischöfe und Priester, [ebenso] Athanasios aus Alexandria, aus Zargrad sandte Metrophanes von sich aus Bischöfe. So verbesserten sie den Glauben. Auf dem zweiten Konzil waren Damasus aus Rom und Timotheos aus Alexandria, Meletios aus Antiochia, Kyrillos von Jerusalem, Gregorios der Theologe; auf dem dritten Konzil aber Coelestinus von Rom, Kyrillos von Alexandria, Juvenalis von Jerusalem; auf dem vierten Konzil Leo von Rom, Anatolios von Zargrad, Juvenalis von Jerusalem; auf dem fünften Konzil Vigilius von Rom, Eutychios von Zargrad, Apollinaris von Alexandria, Domnus von Antiochia; auf dem 6. Konzil von Rom Agathon, Georgios von Zargrad, Theophanes von Antiochia, von Alexandria Petros der Mönch; auf dem 7. Konzil Hadrian von Rom, Tarasios von Zargrad, Politianus von Alexandria, Theodoretos von Antiochia, Elias von Jerusalem. Und diese alle versammelten sich mit ihren Bischöfen und verbesserten [den Glauben]. Aber nach diesem [siebenten] Konzil kam Petrus der Stotterer mit anderen nach Rom, bemächtigte sich des Bischofssitzes und verdarb den Glauben, nachdem er sich von dem Bischofssitz in Jerusalem und Alexandria und Zargrad und Antiochia losgesagt hatte. Sie brachten ganz Italien in Aufruhr, da sie ihre gegensätzlichen Lehren aussäten; denn die einen Priester, die nur mit einer Frau verheiratet sind, verrichten ihren Dienst, und die anderen, die bis zu 7 Frauen nehmen, verrichten [ebenfalls] ihren Dienst. Vor ihrer Lehre muß man sich hüten. Gegen ein Geschenk vergeben sie die Sünden, das ist das Schlimmste von allem. Bewahre dich Gott davor!«

Wladimir nahm danach die Kaisertochter und den Anastas und die Korsuner Priester mit den Reliquien des heiligen Clemens und seiner beiden Jünger, nahm die Kirchengefäße und Ikonen sich zum Segen. Er erbaute auch eine Kirche in Korsun auf dem Hügel, den sie mitten in der Stadt aufgeschüttet hatten, als sie vom Damm die Erde wegholten. Diese Kirche steht bis auf den heutigen Tag. Als er aber abzog, nahme er 2 eherne Götterbilder und vier eherne Pferde mit, die jetzt hinter der [Kirche der] heiligen Gottesmutter stehen; für Unwissende sind sie aus Marmor. Er gab als Morgengabe für die Kaisertochter den Griechen Korsun zurück, er selbst aber ging wieder nach Kiew. Und als er zurückgekehrt war, befahl er, die Götzenbilder umzustürzen, die einen zu zerschlagen und die anderen dem Feuer zu übergeben. Den Perun aber befahl er an den Schwanz eines Pferdes zu binden und ihn von der Anhöhe herab durch den Boritschew zum Rutschai zu schleifen; 12 Männer bestellte er, ihn mit Ruten auszupeitschen; dies aber nicht, weil das Holz etwas fühlen würde, sondern den Dämon zu verhöhnen, der in dieser Gestalt die Menschen täuschte, auf daß er seinen Lohn erhalte von den Menschen. Heutzutage wird er geschmäht. Als er nun durch den Rutschai zum Dnepr geschleift wurde, beweinten ihn die ungläubigen Menschen, denn sie hatten die Taufe noch nicht empfangen. Und nachdem man ihn herangeschleppt hatte, warf man [ihn] in den Dnepr.

Und Wladimir gab Befehl und sagte: »Wenn er irgendwo an Land kommt, dann stoßt ihr [ihn] vom Ufer weg, bis er durch die Stromschnellen hindurch ist, weiter kümmert euch nicht mehr um ihn!«

Da taten sie das Befohlene. Und als sie ihn losließen, trieb er durch die Stromschnellen, und der Wind warf ihn auf eine Sandbank, weshalb sie bis auf den heutigen Tag Peruns Sandbank heißt. Danach schickte Wladimir durch die ganze Stadt und ließ sagen:

»Wer sich morgen nicht am Fluß einfindet, sei er reich oder arm, Bettler oder Sklave, der wird mein Feind sein.«

Als dies die Leute hörten, gingen sie voller Freude, sie frohlockten und sprachen:

»Wäre dies nicht gut, hätten es der Fürst und die Bojaren nicht angenommen.«

Am nächsten Morgen ging Wladimir gemeinsam mit den Priestern, der Kaisertochter und mit denen von Korsun hinaus an den Dnepr, und es waren unzählige Menschen zusammengekommen. Und sie stiegen ins Wasser, die einen standen bis an den Hals darin und die anderen bis zur Brust, die kleinen Kinder aber beim Ufer bis zur Brust, wieder andere hielten ihre kleinen Kinder. Die Erwachsenen wateten, die Priester standen da und verrichteten die Gebete. Es war im Himmel und auf Erden große Freude, soviel gerettete Seelen zu schauen.

Jedoch der Teufel sagte unter Stöhnen: »Wehe mir, der ich von hier vertrieben bin, wo ich doch meine Heimstatt haben sollte, denn hier gibt es nicht die Lehren der Apostel, und es sind auch keine da, die von Gott wissen; aber ich erfreute mich ihres Dienstes, den sie mir erwiesen haben. Und siehe, nun bin ich von diesen Einfältigen besiegt worden und nicht von den Aposteln und auch nicht von den Märtyrern. Ich werde hinfort nicht mehr in diesen Ländern herrschen.«

Nachdem nun die Menschen sich hatten taufen lassen, ging ein jeder in sein Haus. Wladimir aber war voller Freude, daß er selbst und sein Volk Gott erkannt hatten; er blickte zum Himmel empor und sprach:

»Großer Gott, der du Himmel und Erde geschaffen hast, blicke auf deine neuen Menschen, laß sie dich, Herr, den wahren Gott, schauen, wie dich auch die christlichen Länder erkannt haben. Festige in ihnen den rechten und unverderbten Glauben und hilf mir, Herr, gegen den bösen Feind, damit ich im Vertrauen auf dich und deine Macht seine Ränke besiege.«

Und nachdem er dies gesagt hatte, befahl er, Kirchen zu zimmern und an den Stellen zu errichten, wo Götzenbilder gestanden hatten. Und er errichtete die Kirche des heiligen Basileios auf jenem Hügel, wo das Götzenbild Peruns und die anderen gestanden und wo der Fürst und seine Leute Opfer dargebracht hatten. Und er ließ in den Städten Kirchen errichten und setzte Priester ein und ließ die Menschen in allen Städten und Dörfern zur Taufe führen. Dann schickte er aus und ließ von den angesehensten Männern die Kinder zur Unterweisung in den Schriften holen. Die Mütter dieser Kinder aber weinten um sie, denn sie waren noch nicht fest im Glauben, und so beweinten sie sie wie Tote.

Da diese nun zur Unterweisung in den Schriften weggegeben wurden, erfüllte sich im Russischen Land die Prophezeiung, die da heißt: ›In jenen Tagen werden die Tauben hören die Worte des Buches, die Zunge der Stammelnden wird deutlich sein.‹ Denn sie hatten vorher kein Wort aus der Schrift gehört, aber nach seinem göttlichen Ratschluß und in seiner Barmherzigkeit erbarmte sich Gott, wie der Prophet gesagt hat: ›Ich erbarme mich, wessen ich will.‹ Denn er erbarmte sich unser,

›durch das Bad der Wiedergeburt und die Erneuerung im Heiligen Geist‹ nach göttlichem Ratschluß, nicht aber unserer Werke wegen. Gepriesen sei der Herr Jesus Christus, der Gefallen fand an den neuen Menschen, am Russischen Land und der es durch die heilige Taufe erleuchtete. Deshalb fallen wir auch vor ihm nieder und sprechen: ›Herr Jesus Christus! Wie können wir dir alles vergelten, was du uns gewährt hast, die wir Sünder sind? Wir vermögen es nicht, deine Gaben zu vergelten.‹ – ›Denn du bist groß, und wunderbar sind deine Werke, deiner Größe ist kein Ende. Von Geschlecht zu Geschlecht preisen wir deine Werke.‹ Um mit David zu sprechen: ›Kommt herzu, laßt uns dem Herrn frohlocken und jauchzen Gott unserm Erlöser. Laßt uns bekennend vor sein Angesicht kommen‹ und ihn preisen, ›denn er ist freundlich, und seine Güte währet ewiglich‹; denn ›er erlöste uns von unseren Feinden‹, das heißt von den Götzendienern. Und wiederum wollen wir mit David sagen: ›Singet dem Herrn ein neues Lied, singet dem Herrn, alle Welt! Singet dem Herrn, lobet seinen Namen, verkündet von Tag zu Tag sein Heil! Erzählet unter den Heiden von seiner Herrlichkeit, unter allen Völkern von seinen Wundern! Denn der Herr ist groß und hoch zu loben, seiner Herrlichkeit ist kein Ende.‹ So groß ist da die Freude! Nicht einer, nicht zwei werden gerettet. Denn der Herr sprach: ›Es herrscht Freude im Himmel über *einen* Sünder, der Buße tut.‹ Aber hier ist es nicht einer, nicht zwei, sondern eine unzählbare Menge trat hin zu Gott, durch die heilige Taufe erleuchtet, wie der Prophet sagte: ›Ich will reines Wasser über euch sprengen; ihr werdet rein von euren Götzen und von euren Sünden.‹ Und auch ein anderer Prophet sagte: ›Wer ist wie Gott, der die Sünden vergibt und über das Unrecht hinweggeht? Denn er ist aus freien Stücken barmherzig. Er wird uns bekehren und sich unser erbarmen und unsere Sünden in die Tiefe versenken.‹ Denn der Apostel Paulus spricht: ›Brüder! Wir alle, die wir in Jesus Christus getauft sind, sind in seinen Tod getauft. So sind wir ja mit ihm begraben durch die Taufe in den Tod, damit, gleichwie Christus ist auferstanden von den Toten durch die Herrlichkeit des Vaters, also sollen auch wir in einem neuen Leben wandeln.‹ Und weiter: ›Das Alte ist vergangen, das Neue ist entstanden.‹ –

›Jetzt ist das Heil uns nahe. Die Nacht ist vorgerückt, der Tag aber nahe herbeigekommen‹, ›durch welchen wir im Glauben den Zugang gefunden haben zu dieser Gnade, darin wir stehen und uns rühmen‹, ›nun aber von der Sünde frei und Knechte des Herrn geworden‹, uns in ihm freuend. Denn David sprach: ›Dienet dem Herrn mit Furcht und freuet euch seiner mit Zittern.‹ Wir aber rufen Gott, unseren Herrn, an und sprechen: ›Gelobt sei der Herr, daß er uns nicht gibt zum Raub in ihre Zähne! Das Netz ist zerrissen, und wir sind frei geworden‹ von des Teufels Arglist. ›Und das Gedenken an ihn ist mit Lärm vergangen. Der Herr aber bleibt ewiglich‹, gepriesen von den Söhnen der Rus, besungen in der Dreieinigkeit, die Dämonen aber werden verflucht sein von den rechtgläubigen Männern und von den gläubigen Frauen, die die Taufe empfangen haben und die Buße zur Vergebung der Sünden, als den neuen Christenmenschen, die von Gott auserwählt worden sind.

Wladimir ward selbst erleuchtet und seine Söhne und sein Land.

Metropolit Ilarion

Die Rede vom Gesetz und von der Gnade

um 1046–1050

Von dem ›Gesetz, das durch Mose gegeben ist, und von der Gnade und Wahrheit, die durch Jesum Christum geworden ist‹; und wie das Gesetz vergangen ist, die Gnade und Wahrheit aber die ganze Welt erfüllt und der Glaube sich zu allen Völkern verbreitet hat, auch bis zu unserem russischen Volke; und Lobpreis auf unseren Kagan Volodimer, von dem wir getauft worden sind; und Gebet zu Gott von unserem ganzen Lande.

Herr, segne, Vater!

›Gesegnet sei der Herr, der Gott Israels‹, der Gott der Christen, ›denn er hat besucht und erlöst sein Volk‹, denn er hat seine Kreatur nicht mißachtet, daß sie für immer umfangen sei vom Dunkel der Götzenverehrung und zugrunde gehe im Dienste der Dämonen; sondern er hat zuvor das Geschlecht des Abraham gerechtfertigt durch die Tafeln und das Gesetz, hernach aber durch seinen Sohn alle Völker gerettet, indem er sie durch das Evangelium und die Taufe in die Erneuerung der Wiedergeburt zum ewigen Leben führte.

Loben wir also und rühmen den, der von den Engeln gelobt wird ohn' Unterlaß, und neigen wir uns vor dem, vor dem sich ohn' Unterlaß neigen die Cherubim und Seraphim; denn angesehen, ja angesehen hat er sein Volk; und ›nicht ein Gesandter, noch ein Bote, sondern er selbst hat uns gerettet‹, indem er auf die Erde kam, nicht als [bloße] Erscheinung, sondern wahrhaft, indem er für uns gelitten hat am Fleische, bis hin zum Grabe, und indem er mit sich uns auferweckt hat. Denn zu den auf der Erde lebenden Menschen ist er gekommen, indem er sich ins Fleisch kleidete; zu den im Hades Weilenden aber ist er durch die Kreuzigung und das Liegen im Grabe hinabgestiegen, auf daß beide, die Lebenden wie die Toten ihre Heimsuchung und das Kommen Gottes erkennen und verstehen sollten, daß dieser für die Lebenden und die Toten ein kräftiger und starker Gott ist.

›Denn wer ist groß wie unser Gott? Er allein ist es, der Wunder tut‹, der das Gesetz gegeben hat zur Vorbereitung der Wahrheit und Gnade, auf daß in ihm [dem Gesetz] die menschliche Natur, sich abwendend von der Vielgötterei des Götzendienstes, sich gewöhne, an den einen Gott zu glauben, auf daß die Menschheit, wie ein schmutziges Gefäß, gewaschen vom Wasser – vom Gesetz und von der Beschneidung –, die Milch aufnehme – die Gnade und *die* Taufe –. Denn das Gesetz war Vorläufer und Diener der Gnade und Wahrheit; die Wahrheit aber und Gnade ist Diener der zukünftigen Welt, des unverweslichen Lebens. Denn das Gesetz führte die, so unter dem Gesetze waren, zur gnadenhaften Taufe, die Taufe aber leitet ihre Söhne zum ewigen Leben. Denn Mose und die Propheten haben vom Kommen Christi gekündet, Christus aber und seine Apostel von der Auferstehung und von der zukünftigen Welt.

Aber in dieser Schrift auch der Voraussagen der Propheten über Christus und der Lehren der Apostel über die zukünftige Welt zu gedenken, das wäre überflüssig und zur Eitelkeit sich neigend. Denn hier darzulegen, was in anderen Büchern geschrieben ist und von euch gewußt wird, das wäre ein Muster von Vermessenheit und Ruhmsucht. Denn nicht an Unwissende wende ich mich, sondern an solche, die sich über die Maßen ersättigt haben an der Süße der Bücher, nicht an andersgläubige Feinde Gottes, sondern an seine eigenen Söhne, nicht an Fremde, sondern an Erben des himmlischen Reiches.

Aber ›vom Gesetz, das durch Mose gegeben ist, und von der Gnade und Wahrheit, die durch Jesum Christum geworden ist‹, handelt dieser Bericht.

Und was vermochte das Gesetz? Was die Gnade? Zuerst das Gesetz, dann die Gnade; zuerst der Schatten, alsdann die Wahrheit.

Ein Bild aber für das Gesetz und die Gnade sind Hagar und

Sara: die Sklavin Hagar und die Freie Sara, – die Sklavin zuerst, alsdann die Freie. ›Es verstehe wohl, der es liest!‹

Denn Abraham hatte von seiner Jugend an Sara zum Weibe: die Freie, und nicht die Sklavin. – Denn auch Gott hatte vor Anbeginn der Welt den Willen und Plan, seinen Sohn in die Welt zu senden und dadurch die Gnade erscheinen zu lassen.

›Sara aber gebar nicht, da sie unfruchtbar war‹; nicht unfruchtbar war sie, sondern sie [ihr Leib] war verschlossen von der göttlichen Vorsehung, auf daß sie im Alter gebäre. – Das ›Unbekannte aber und Verborgene der‹ göttlichen ›Weisheit‹ war verborgen vor Engeln und Menschen, – nicht, als ob es nicht hätte erscheinen sollen, sondern als etwas, das verborgen worden war und am Ende der Welt erscheinen sollte.

›Sara aber sprach zu Abraham: »Siehe, Gott der Herr hat mich verschlossen, daß ich nicht gebären kann; so gehe doch ein zu meiner Sklavin Hagar und zeuge von ihr.«‹ – Die Gnade aber sprach zu Gott: »Wenn die Zeit [noch] nicht da ist, daß ich auf die Erde hinab gehe und die Welt errette, so geh hinab auf den Berg Sinai und gib das Gesetz!«

›Und Abraham gehorchte der Rede Saras‹ und ›ging ein zu‹ ihrer Sklavin ›Hagar‹. – Es gehorchte auch Gott den Worten der Gnade und ging hinab auf den Sinai.

›Es gebar aber Hagar‹, die Sklavin, von Abraham den Sklavinnensohn, und ›Abraham nannte seinen Namen: Ismael‹. – Und es brachte Mose vom Berge Sinai das Gesetz herab, und nicht die Gnade, den Schatten, und nicht die Weisheit.

Danach aber, als Abraham und Sara schon alt waren, ›erschien Gott dem Abraham, da dieser saß vor der Tür seiner Hütte, zu Mittag, an der Eiche von Mamre‹; ›Abraham aber lief ihm entgegen und verneigte sich vor ihm bis zur Erde‹ und nahm ihn auf in seine Hütte. – Da aber diese Weltzeit ihrem Ende nahe kam, suchte der Herr das Menschengeschlecht heim und kam herab vom Himmel, indem er einging in den Leib der Jungfrau; die Jungfrau aber nahm ihn auf mit Verneigung in die Hütte aus Fleisch, nichts leidend, und sprach zum Engel: »Siehe, ich bin die Magd des Herrn, mir geschehe nach deinem Worte.«

Jetzt nun öffnete Gott den Schoß der Sara, und ›sie empfing

und gebar‹ Isaak, die Freie den Freien. – Da Gott die Menschennatur heimsuchte, ›wurde nunmehr offenbar das Unbekannte und Verborgene‹, und es wurde geboren die Gnade und Wahrheit, und nicht das Gesetz, – der Sohn, und nicht der Sklave.

Als der Knabe Isaak entwöhnt wurde und kräftig geworden war, ›da machte Abraham ein großes Gastmahl [am Tage], da sein Sohn Isaak entwöhnt wurde‹. – Als Christus [schon] auf Erden war, da war die Gnade [zunächst] noch immer nicht kräftig geworden, sondern wurde noch mit Milch genährt, die dreißig Jahre lang, in denen Christus verborgen war; als sie aber entwöhnt wurde und kräftig geworden war, da ›erschien die allen Menschen heilsame Gottesgnade‹ im Jordanflusse; Gott machte ein großes Gastmahl und ein großes Gelage mit dem von Ewigkeit her gemästeten Kalb, seinem geliebten Sohne Jesus Christus, nachdem er zu e i n e m Feste geladen, die im Himmel und die auf Erden sind, nachdem er Engel und Menschen innig vereint.

Danach aber, als ›Sara Ismael sah, den Sohn der Hagar, wie er spielte mit ihrem Sohne Isaak und wie Isaak gekränkt wurde durch Ismael, sagte sie zu Abraham: Verjage die Sklavin mit ihrem Sohne; denn der Sohn der Sklavin soll nicht erben *mit dem Sohne*‹ der Freien. – Nach der Himmelfahrt des Herrn Jesus, als die Jünger und andere, die schon an Christus glaubten, in Jerusalem waren, und beide, Juden sowohl wie Christen, beieinander waren, da wurde die gnadenhafte Taufe gekränkt von der gesetzmäßigen Beschneidung, und die christliche Kirche in Jerusalem nahm niemanden als Bischof an, der nicht aus der Beschneidung war; denn indem sich die aus der Beschneidung als die Älteren ausgaben, übten sie Gewalt an den Christen, die Söhne der Sklavin an den Söhnen der Freien, und es waren zwischen ihnen viele Zwistigkeiten und Streitereien. Da aber die freie Gnade ihre Kinder, die Christen, gekränkt sah von den Juden, den Söhnen des sklavenhaften Gesetzes, schrie sie zu Gott: Verjage die Juden mit dem Gesetz, verstreue [sie] über die Länder! Denn welche Gemeinschaft hat der Schatten mit der Wahrheit, das Judentum mit dem Christentum?

Und verjagt wurde Hagar, die Sklavin, mit ihrem Sohne Ismael, und Isaak, der Sohn der Freien, wurde Erbe seines Vaters Abraham. – Und verjagt wurden die Juden und verstreut über die Länder, und die Kinder der Gnade, die Christen, wurden Erben Gottes und des Vaters.

Vergangen nun ist das Licht des Mondes, da die Sonne aufstrahlte, so auch das Gesetz, da die Gnade erschien; und die Kälte der Nacht ist gewichen, da die Sonnenglut die Erde erwärmte. Und nicht mehr ist die Menschheit unter dem Gesetz am Gehen gehindert, sondern unter der Gnade schreitet sie frei aus. Denn die Juden schufen bei der Kerze des Gesetzes ihre Rechtfertigung, die Christen aber schaffen beim Sonnenlicht der Gnade ihre Errettung. Denn das Judentum wurde durch den Schatten und das Gesetz gerechtfertigt, aber nicht gerettet, die Christen aber werden durch die Wahrheit und die Gnade nicht gerechtfertigt, sondern gerettet. Denn bei den Juden ist Rechtfertigung, bei den Christen aber Rettung; denn die Rechtfertigung gilt in diesem irdischen Leben, unsere Rettung aber in der zukünftigen Welt. Denn die Juden freuten sich der irdischen Dinge, die Christen aber derer, die im Himmel sind. Und desgleichen war die jüdische Rechtfertigung kärglich um des Neides willen; denn sie erstreckte sich nicht zu anderen Völkern, sondern galt nur in dem einen Judäa. Der Christen Rettung aber ist gütig und freigebig, sich erstreckend über ›alle Enden der Erde‹.

Und es erfüllte sich der Segen über Manasse an den Juden, der über Ephraim aber an den Christen. Denn der Altersvorrang des Manasse wurde von der Linken Jakobs gesegnet, das geringere Alter des Ephraim aber von der Rechten. Wenn Manasse auch älter war als Ephraim, so wurde er durch den Segen Jakobs doch geringer. So auch das Judentum: wenn es auch zuvor dagewesen ist, so sind durch die Gnade Christi die Christen doch mehr geworden. Denn ›da Joseph zu Jakob sagte: »Auf diesen, Vater, lege die Rechte; denn dieser ist älter«‹, ›antwortete Jakob: »Ich weiß wohl, mein Kind, ich weiß wohl Auch dieser wird zu einem Volk werden und wird erhöht werden; aber sein kleinerer Bruder wird größer sein denn er, und sein Stamm wird zu einer Menge von Völkern werden«‹, wie es denn auch geschah. Denn das Gesetz war zuvor da und wurde eine kurze Zeit lang erhöht und verging. Der christliche Glaube aber, der später erschienen ist, wurde größer als der erste [Glaube] und trug Frucht für eine Menge von Völkern, und die Gnade Christi umfing die ganze Erde und bedeckte sie wie Meereswasser, und alle haben das Alte abgelegt, das veraltet war durch jüdischen Neid, und halten das Neue, nach der Prophezeiung des Jesaja: ›»Das Alte ist vergangen, und Neues verkünde ich euch‹. ›Singet Gott ein neues Lied‹ und ›*rühmt* seinen Namen von den Enden der Erde, die ihr zum Meere hinabsteigt und auf ihm schwimmt‹, ›und‹ alle ›Inseln‹«. Und an anderer Stelle: »Denen, die mir dienen, wird ein neuer Name gegeben werden, der gesegnet sein wird auf Erden; denn segnen werden sie den wahren Gott.«

Denn zuvor war allein ›in Jerusalem die Stätte, anzubeten‹, jetzt aber auf der ganzen Erde, wie ›Gideon zu Gott sagte‹: »›Wenn du durch meine Hand Israel errettest‹, ›so sei Tau allein auf dem Fell, auf der ganzen Erde aber Trockenheit‹«, ›und es geschah also‹. Denn auf der ganzen Erde war zuvor Trockenheit, da der Trug des Götzendienstes die Völker beherrschte und sie den Tau der Gnade nicht annahmen. Denn nur ›in Judäa war Gott gekannt und in Israel sein Name groß‹, und allein in Jerusalem war Gott gerühmt. Wiederum aber ›sprach Gideon zu Gott‹: »Es sei Trockenheit nur auf dem Fell, auf der ganzen Erde aber Tau.« Und es geschah also. Denn das Judentum hörte auf, und das Gesetz verging; die Opfer hörten auf, und die Lade und die Tafeln und der Gnadenstuhl wurden hinweggenommen. »Auf der ganzen Erde aber Tau«; denn auf der ganzen Erde verbreitete sich der Glaube, der Regen der Gnade spendete Tau, das Bad der Wiedergeburt kleidet seine Söhne in Unverweslichkeit.

So hat auch der Heiland zur Samariterin gesagt: »›Es kommt die Stunde‹ ›und ist schon jetzt‹, ›da man weder auf diesem Berge noch in Jerusalem den Vater anbeten wird‹, ›sondern es werden wahre Anbeter dasein, die den Vater anbeten werden im Geiste und in der Wahrheit. Denn der Vater sucht, die ihn also anbeten‹« (das heißt mit dem Sohn und mit dem Heiligen Geist), – wie es denn auch ist:

Schon wird auf der ganzen Erde die heilige Dreifaltigkeit gerühmt und empfängt Anbetung von aller Kreatur, und Kleine und Große rühmen Gott, gemäß der Prophezeiung: »Und es wird niemand seinen Nächsten noch ein Mensch seinen Bruder lehren, indem er spricht: ›Erkenne den Herrn!‹; denn sie werden mich kennen beide, klein und groß«. Wie ja auch der Heiland Christus zum Vater gesagt hat: »Ich bekenne dir, Vater, Herr Himmels und der Erden, daß du [es] verborgen hast vor den Weisen und Verständigen und hast es offenbart den Unmündigen: ja Vater, denn also ist es wohlgefällig gewesen vor dir«. Und so sehr hat der gütige Gott sich des Menschengeschlechtes erbarmt, daß die Menschen sogar [schon hier, solange sie noch] im Fleische [sind,] durch die Taufe und durch gute Werke zu Söhnen Gottes und Christi teilhaftig werden. »Denn wieviele ihn aufnahmen«, *sagt* der Evangelist, »denen gab er Macht, Gottes Kinder zu sein, die an seinen Namen glauben, welche nicht von dem Geblüt noch von dem Willen des Fleisches noch von dem Willen eines Mannes, sondern von Gott geboren sind« durch den Heiligen Geist in der heiligen Taufe. ›All dies hat unser Gott im Himmel und auf Erden, so vieles er wollte, auch geschaffen.‹

Darum – wer wird nicht rühmen, wer wird nicht loben, wer wird nicht anbeten die Majestät seines Ruhmes, und wer wird sich nicht wundern seiner unermeßlichen Menschenliebe?

Vor der Zeit vom Vater geboren – er, der allein mit dem Vater eines Thrones und eines Wesens ist, wie das Licht mit der Sonne –, kam er herab auf die Erde, suchte heim sein Volk, ohne sich vom Vater zu trennen, und wurde Fleisch von einer reinen, unbefleckten Jungfrau, die von keinem Manne wußte. Nachdem er eingegangen war [in ihren Schoß], wie [nur] er selbst weiß, und Fleisch angenommen hatte, ging er hinaus, wie er hineingegangen war, als einer von der Dreifaltigkeit, in zwei Naturen, der Gottheit und der Menschheit: ganz Mensch, nach der Menschwerdung, doch nicht [nur] scheinbar; aber *auch* ganz Gott, nach der Gottheit, nicht aber einfacher Mensch, und zeigte auf Erden Göttliches und Menschliches:

Denn als Mensch ließ er den Leib seiner Mutter wachsen, und als Gott ging er [aus ihm] hinaus, ohne ihre Jungfräulichkeit zu verletzen.

Als Mensch empfing er die Muttermilch; und als Gott ließ er die Engel bei den Hirten singen: »Ehre sei Gott in der Höhe.«

Als Mensch wurde er ›in Windeln gewickelt‹; und als Gott ›führte‹ er ›die Magier‹ durch den ›Stern‹.

Als Mensch wurde er ›niedergelegt in der Krippe‹; und als Gott empfing er von den Magiern ›Gaben‹ und ›Anbetung‹.

Als Mensch ›floh er nach Ägypten‹; und vor ihm als Gott verneigten sich die mit Händen gemachten ägyptischen [Götzenbilder].

Als Mensch ›kam er zur Taufe‹; und vor ihm als Gott erschreckend ›wandte der Jordan sich zurück‹.

Als Mensch entkleidete er sich und trat in das Wasser; und als Gott empfing er vom Vater das Zeugnis: »Dies ist mein geliebter Sohn.«

Als Mensch ›fastete er vierzig Tage‹, und ›es hungerte ihn‹; und als Gott besiegte er den Versucher.

Als Mensch ging er zur ›Hochzeit nach Kana in Galiläa‹; und als Gott ›verwandelte er das Wasser in Wein‹.

Als Mensch ›schlief er im Schiffe‹; und als Gott ›gebot er den Winden und dem Meer‹, und ›sie gehorchten ihm‹.

Als Mensch ›weinte er‹ über Lazarus; und als Gott erweckte er ihn von den Toten.

Als Mensch ›setzte er sich auf ein Eselsfüllen‹; und ihm als Gott ›rief man zu: »Gesegnet sei, der da kommt im Namen des Herrn«‹.

Als Mensch ›wurde er gekreuzigt‹; und als Gott ließ er den mit ihm Gekreuzigten aus eigener Vollmacht ›ins Paradies‹ ein.

Als Mensch ›kostete er Essig‹ und ›gab seinen Geist auf‹; und als Gott ließ er ›die Sonne sich verfinstern‹ und die ›Erde beben‹.

Als Mensch ›wurde er im Grabe niedergelegt‹; und als Gott zerstörte er den Hades und befreite die Seelen.

Ihn als Menschen ›versiegelte man im Grabe‹; und als Gott ging er hinaus, die Siegel unversehrt bewahrend.

Ihm als Menschen widerfuhr, daß die Juden seine Auferstehung zu verheimlichen suchten, indem sie ›die Wächter bestachen‹; aber als Gott wurde er bekannt und erkannt von allen Enden der Erde.

In Wahrheit: ›welcher Gott ist groß wie unser Gott? Er ist der Gott, der Wunder tut‹. ›Er vollbrachte die Errettung in der Mitte der Erde‹ durch Kreuz und Qual, an der Schädelstätte, kostete Essig und Galle, auf daß er Adams Übertretung und Sünde, da dieser mit sinnlichem Verlangen vom Baume aß, durch Essen der Bitternis hinwegtue.

Die ihm aber dieses taten, stießen sich an ihm wie an einem Stein und zerschellten, wie der Herr sagte: »Wer auf diesen Stein fällt, der wird zerschellen; auf wen er aber fällt, den wird er zermalmen«. Denn er kam zu ihnen, die Prophezeiungen erfüllend, die über ihn prophezeit waren, wie er auch sagte: »Ich bin nicht gesandt denn nur zu den verlorenen Schafen von dem Hause Israel«, und ein ander Mal: »Ich bin nicht gekommen, das Gesetz aufzulösen, sondern zu erfüllen.« Und zu der fremdvölkischen Kanaanäerin, die ihn bat um Heilung ihrer Tochter, sagte er: »Es ist nicht gut, daß man den Kindlein das Brot wegnehme und werfe ès vor die Hunde«. Sie aber nannten ihn einen Betrüger und sagten, er sei aus Buhlerei geboren und ›treibe die Teufel mit Beelzebub aus‹. Christus machte ihre Blinden sehend, die Aussätzigen rein, die Krummen richtete er auf, die Besessenen heilte er, die Gichtbrüchigen festigte er, die Toten weckte er auf; sie aber, – wie einen Missetäter quälten sie ihn und nagelten ihn ans Kreuz. Deswegen kam über sie der endgültige Zorn Gottes, wie sie auch selbst Zeugnis gaben ihrem Verderben: da der Heiland das Gleichnis von dem Weinberg und den Weingärtnern erzählte [und sie fragte]: »Was wird er diesen Weingärtnern tun?«, antworteten sie: »Er wird die Bösewichte übel umbringen und den Weinberg anderen Weingärtnern austun, die ihm die Früchte zu rechter Zeit geben« – und wurden [so] selbst Propheten ihres Untergangs. Denn er kam auf die Erde, sie zu besuchen, und ‹sie nahmen ihn nicht auf‹. ›Da ihre Werke dunkel waren‹, ›liebten sie das Licht nicht, damit über ihre Werke nicht offenbar würde, daß sie dunkel seien‹. Deswegen, als Jesus nach Jerusalem kam, da er die Stadt sah, weinte er über sie und sagte: »Wenn du doch erkenntest an diesem deinem Tage, was zu deinem Frieden dient; aber nun ist's vor deinen Augen verborgen. Denn es werden Tage über dich kommen, daß deine Feinde um dich werden eine Wagenburg schlagen und dich ganz umzingeln und dich zerschlagen und deine Kinder in dir; darum, daß du deine Heimsuchung nicht erkannt hast«. Und an anderer Stelle: »Jerusalem, Jerusalem, die du tötest die Propheten und steinigst, die zu dir gesandt sind! Wie oft habe ich deine Kinder versammeln wollen, wie eine Henne versammelt ihre Küchlein unter ihre Flügel, und ihr habt nicht gewollt. Siehe, euer Haus soll euch wüst gelassen werden«, – wie es denn auch geschah; denn die Römer kamen, eroberten Jerusalem und zerstörten es bis auf den Grund. Und das Judentum ging unter von da an, und alsdann erlosch das Gesetz wie die Abendröte, und die Juden wurden zerstreut über die Länder, damit das Böse nicht zusammenbleibe.

Denn der Heiland kam, und er wurde nicht angenommen von Israel, nach den Worten des Evangeliums: »Er kam in sein Eigentum, und die Seinen nahmen ihn nicht auf«; von den [heidnischen] Völkern aber wurde er aufgenommen, wie Jakob gesagt hat: »Und er ist die Erwartung für die [heidnischen] Völker«. Denn auch bei seiner Geburt ›beteten die Magier‹ aus den [heidnischen] Völkern ›ihn‹ zuerst ›an‹, die Juden aber ›suchten ihn zu töten‹, weshalb sie auch ›die Kinder mordeten‹. Und es erfüllte sich das Wort des Heilands: »Viele werden kommen vom Aufgang und vom Niedergang und mit Abraham und Isaak und Jakob im Himmelreiche zu Tische liegen, aber die Söhne des Reiches werden ausgestoßen in die äußerste Finsternis«. Und ein ander Mal: »Das Reich Gottes wird von euch genommen und Völkern gegeben werden, die seine Früchte bringen«. Zu ihnen sandte er seine Jünger, indem er sagte: »Gehet hin in alle Welt und prediget das Evangelium aller Kreatur, auf daß, wer da glaubet und getauft wird, gerettet werde«; und: »Gehet hin und lehret alle Völker und taufet sie im Namen des Vaters und des Sohnes und des Heiligen Geistes und lehret sie halten alles, was ich euch befohlen habe.«

Denn es geziemte sich, daß die Gnade und Wahrheit über ein neues Volk erstrahlte; denn man ›gießt nicht‹, nach dem Worte des Herrn, ›neuen Wein‹ – die gnadenhafte Lehre – ›in alte Schläuche‹ – was veraltet war im Judentum –; ›tut man es aber, so werden die Schläuche durchlässig, und der Wein wird vergossen‹.

Denn welche des Gesetzes Schatten nicht haben halten können, sondern sich oftmals vor den Idolen verneigt haben, wie werden sie die Lehre *der Wahrheit und* der Gnade festhalten? Sondern ›*der neue Wein*‹ – die neue Lehre – ›in neue Schläuche‹ – neue Völker –, ›und beides wird erhalten werden‹.

Wie es auch ist: denn der gnadenhafte Glaube hat sich über die ganze Erde erstreckt und ist auch bis zu unserem russischen Volke gekommen, und der See des Gesetzes ist ausgetrocknet, die Quelle aber des Evangeliums ist übergelaufen, hat die ganze Erde [mit Wasser] bedeckt und sich auch bis zu uns hin ergossen. Denn siehe: schon rühmen auch wir mit allen Christen die heilige Dreifaltigkeit, Judäa aber schweigt. Christus wird gerühmt, die Juden aber werden verflucht; die [heidnischen] Völker sind herangeführt, die Juden aber verstoßen, wie der Prophet Maleachi gesagt hat: »Ich habe kein Gefallen an den Kindern Israel, und die Opfer von ihren Händen werde ich nicht annehmen; denn vom Aufgang der Sonne und von ihrem Niedergang wird mein Name gerühmt unter den Völkern, und an jeglichem Orte wird meinem Namen Rauchopfer dargebracht, denn mein Name ist groß unter den Völkern«. Und David: »Die ganze Erde wird dich anbeten und lobsingt dir«. Und »Herr, unser Herrscher, wie herrlich ist dein Name über die ganze Erde hin«.

Und schon heißen wir nicht mehr Götzendiener, sondern Christen; und nicht mehr sind wir Hoffnungslose, sondern solche, die hoffen auf das ewige Leben. Und nicht mehr errichten wir einen Satanstempel, sondern bauen Kirchen Christi, nicht mehr schlachten wir einander den Dämonen, sondern Christus wird für uns geschlachtet und gebrochen zum Opfer für Gott und den Vater. Und nicht mehr gehen wir, Opferblut trinkend, zugrunde, sondern das ganz reine Blut Christi trinkend werden wir gerettet.

›Aller‹ [anderen] Völker hat sich der gütige Gott erbarmt, und auch uns hat er nicht übersehen; ›er wollte‹ es also, und er hat uns ›gerettet und uns zum Verstehen der Wahrheit geführt‹. Denn als unser Land wüst war und ganz ausgedörrt, weil die Glut des Götzendienstes es ausdörrte, da begann plötzlich die Quelle des Evangeliums zu fließen, die unser ganzes Land tränkte, wie Jesaja gesagt hat: »Wasser wird sich auftun für die, so da gehen durch *wasserlose Wüste*, und wasserlose Wüste wird zu feuchtem Grund werden, und im dürstenden Lande wird eine Wasserquelle sein«.

Und als wir blind waren, weil wir das wahre Licht nicht sahen, sondern im Trug des Götzendienstes umherirrten, dazu auch taub gegenüber der rettenden Lehre, da erbarmte Gott sich unser und ließ auch bei uns aufstrahlen das Licht des Verstandes, ihn zu erkennen, gemäß der Prophezeiung: »Alsdann werden der Blinden Augen aufgetan, und der Tauben Ohren werden hören.«

Und da wir anstießen auf den Wegen des Verderbens, daß wir den Dämonen folgten, und den Weg nicht kannten, der zum Leben führt, dazu auch stammelten mit unseren Zungen, als wir zu den Idolen beteten und nicht zu unserem Gott und Schöpfer, da ‹besuchte uns die Menschenliebe Gottes‹, und wir folgen nicht mehr den Dämonen, sondern klar rühmen wir Christus, unseren Gott, gemäß der Prophezeiung: »Alsdann wird der Lahme springen wie ein Hirsch, und klar wird sein die Zunge der Stammelnden.«

Und da wir zuvor waren wie wilde Tiere und Vieh und ›nicht wußten, was rechts oder links ist‹, und irdischen Dingen oblagen und uns nicht im mindesten um die himmlischen kümmerten, da sandte der Herr auch zu uns die Gebote, die zum ewigen Leben führen, gemäß der Weissagung des Hosea: »›Und es wird geschehen an jenem Tag, spricht der Herr‹, ›daß ich ihnen einen Bund mache mit den Vögeln unter dem Himmel und den Tieren auf der Erde‹, ›und will sagen zu dem, das nicht mein Volk war: Du bist mein Volk, und es wird mir sagen: Du bist der Herr, unser Gott!‹«

Und also wurden wir, die wir Fremde waren, Gottes Volk geheißen, und die wir Feinde waren, wurden seine Söhne genannt. Und nicht schmähen wir auf jüdische Weise, sondern auf christliche Weise segnen wir; wir ›halten‹ keinen ›Rat, daß wir ihn kreuzigen‹, sondern daß wir den Gekreuzigten anbeten. Wir kreuzigen den Heiland nicht, sondern heben unsere Hände zu ihm auf. Wir ›durchbohren seine Rippen‹ nicht, sondern trinken aus ihnen den Quell der Unverweslichkeit. Wir nehmen nicht ›dreißig Silberlinge‹ für ihn, sondern wir bringen einander und unser ganzes Leben ihm dar. Wir verheimlichen nicht die Auferstehung, sondern rufen in allen unseren Häusern: »Christus ist auferstanden von den Toten.« Wir sagen nicht, ›daß er gestohlen sei‹, sondern daß er aufgefahren ist [dahin], wo er auch [zuvor] war. Wir sind nicht ungläubig, sondern wie Petrus sagen wir zu ihm: »Du bist Christus, der Sohn des lebendigen Gottes«; mit Thomas: »Unser Herr und Gott bist du«; mit dem Räuber: »Gedenke an uns, Herr, wenn du in dein Reich kommst«. Und also an ihn glaubend und die Überlieferung der sieben Konzilien der heiligen Väter haltend beten wir zu Gott, *er wolle uns auch weiterhin* fördern und uns leiten auf den ›Weg seiner Gebote‹.

Und es erfüllte sich an uns, den [ehemals heidnischen] Völkern, was da gesagt ist: »Der Herr wird offenbaren seinen heiligen Arm vor allen Völkern, und alle Enden der Erde werden das Heil unseres Gottes sehen«. Und ein anderes: »Ich lebe, sagt der Herr, denn mir wird sich beugen jegliches Knie, und jegliche Zunge wird Gott bekennen«. Und das [Wort] des Jesaja: »Jedes Tal soll erhöht, und jeder Berg und Hügel soll erniedrigt werden, und was ungleich ist, soll eben, und was hökkericht ist, schlicht werden; und die Herrlichkeit des Herrn soll offenbart werden, und alles Fleisch wird das Heil unseres Gottes schauen«. Und Daniel: »Alle [heidnischen] Völker, alle [heiligen] Völker, alle Stämme sollen ihm dienen«. Und David: »Es sollen dich preisen die [heiligen] Völker, o Gott, es sollen dich preisen alle [heiligen] Völker; es sollen sich freuen und fröhlich sein die [heidnischen] Völker«. Und: »Klatscht mit den Händen, alle [heidnischen] Völker; jauchzet Gott mit fröhlichem Schall! Denn der Herr, der Allerhöchste, ist erschrecklich, ein großer König auf dem ganzen Erdboden«. Und kurz danach: »Lobsinget unserm Gott; lobsinget, lobsinget unserm König; lobsinget, denn Gott ist König auf dem ganzen Erdboden; lobsinget ihm klüglich. Gott ist König geworden über die [heidnischen] Völker«. Und: »Alles Land bete dich an und lobsinge dir, lobsinge deinem Namen, du Höchster!« Und: »Lobet den Herrn, alle [heidnischen] Völker; preiset ihn, alle [heiligen] Völker!« Und noch einmal: »Vom Aufgang der Sonne bis zu ihrem Niedergang sei gelobet der Name des Herrn. Der Herr ist hoch über allen [heidnischen] Völkern, höher als der Himmel ist seine Ehre«. Und: »Gott, wie dein Name, so ist auch dein Ruhm bis an der Welt Ende«. *Und:* »Erhöre uns, Gott, unser Heiland, der du bist die Zuversicht für alle Enden der Erde und für die, die fern sind im Meer«. Und: »Daß wir erkennen auf Erden deinen Weg und unter allen [heidnischen] Völkern dein Heil«. Und: »Ihr Könige auf Erden und alle [heiligen] Völker, Fürsten und alle Richter auf Erden; Jünglinge und Jungfrauen, Alte mit den Jungen: die sollen loben den Namen des Herrn«. Und das [Wort] des Jesaja: »Höre auf mich, mein Volk, sagt der Herr, und ihr Könige, merket auf mich! Denn von mir wird ein Gesetz ausgehen, und mein Gericht als Licht den Ländern. Denn meine Gerechtigkeit nähert sich schnell, und mein Heil zieht aus wie Licht. Die Inseln harren mein, und die Länder hoffen auf meinen Arm«.

Es preist aber mit preisenden Stimmen das römische Land den Petrus und Paulus, durch die sie zum Glauben an Jesus Christus, den Sohn Gottes, gekommen sind; Asien und Ephesus und Patmos Johannes den Theologen, Indien den Thomas, Ägypten den Markus, – alle Länder und Städte und Völker ehren und rühmen ein jegliches den Lehrer, der es im orthodoxen Glauben unterwiesen hat. Preisen denn auch wir nach unserer Kraft mit geringem Lobpreis den, der Großes und Wunderbares vollbracht hat, unseren Lehrer und Unterweiser, den großen Kagan unseres Landes, Volodimer, den Enkel des alten Igor und Sohn des ruhmreichen Svjatoslav, die, in ihren Jahren herrschend, durch Mannhaftigkeit und Tapferkeit berühmt wurden in vielen Ländern und von deren Siegen und Festigkeit man noch heute kündet und sagt. Denn nicht in einem geringen und nicht in einem unbekannten Lande haben sie geherrscht, sondern im russischen, von dem man weiß und hört an allen vier Enden der Erde. Geboren als Ruhmreicher von Ruhmreichen, als Edler von Edlen, wuchs unser Kagan Volodimer auf, erstarkte von Kindesbeinen an, ja vielmehr wurde Mann in Stärke, nahm zu an Kraft, schritt fort in Mannhaftigkeit und Verstand, wurde Alleinherrscher seines Landes, unterwarf sich die Länder ringsum, die einen im Frieden, die ungehorsamen aber durchs Schwert. Und da er also lebte in seinen Tagen und sein Land weidete mit Gerechtigkeit, Mannhaftigkeit und Verstand, da kam auf ihn die Heimsuchung des Höchsten, da schaute auf ihn das allerbarmende Auge des gütigen Gottes, und in seinem Herzen strahlte auf das Verständnis, zu verstehen die Eitelkeit des Truges der Götzenverehrung und zu suchen den einen Gott, der alle Kreatur geschaffen hat, die sichtbare und die unsichtbare. Ja, und mehr: immerdar kam ihm zu Gehör von dem frommen griechischen Lande, dem christusliebenden und glaubensstarken, wie man dort den einen Gott in drei *Hypostasen* ehrt und anbetet; wie unter ihnen [den Griechen] Krafttaten geschehen und Zeichen und Wunder; wie die Kirchen voll sind von [heiligem] Volk, wie die Dörfer und Städte fromm sind, wie alle eifrig sind im Gebet, alle [im Gottesdienst] vor Gott stehen. Und da er dies hörte, erwachte in seinem Herzen der Wunsch und entbrannte er im Geiste [vor Verlangen], daß [auch] er Christ werde und sein Land, – wie es denn auch geschah, da es Gott also gefiel und er die Menschennatur liebte. So entkleidete sich denn unser Kagan, und mit den Kleidern legte er ab *das Verderben* des alten Menschen, schüttelte ab den Staub der Ungläubigkeit, stieg ein in das heilige Bad und wurde wiedergeboren von Geist und von Wasser. Auf Christus getauft, zog er Christus an und stieg heraus aus dem Bade in weißer Gestalt – ein Sohn der Unvergänglichkeit, ein Sohn der Auferstehung war er geworden und hatte einen Namen empfangen, der ewig ist und namhaft von Geschlecht zu Geschlecht: Vasilij, mit dem er eingeschrieben ist in die Bücher des Lebens, in der oberen Stadt, dem unvergänglichen Jerusalem.

Da dies aber geschehen war, ließ er hier nicht enden das Werk seiner Frömmigkeit, offenbarte er nicht nur hiermit die Liebe zu Gott, die in ihm war, sondern wirkte mehr und gebot über sein ganzes Land hin, daß man sich taufen lasse auf den Namen des Vaters und des Sohnes und des Heiligen Geistes und daß die heilige Dreifaltigkeit in allen Städten klar und lautstimmig gepriesen werde und daß alle Christen seien, die Kleinen und die Großen, die Sklaven und die Freien, die Jungen und die Alten, die Bojaren und die einfachen Leute, die Reichen und die Armen. Und da war auch nicht einer, der sich seinem frommen Befehl widersetzt hätte. Und wenn jemand sich auch nicht aus Liebe taufen ließ, so aus Furcht vor dem, der es gebot, denn seine Frömmigkeit war mit Macht verbunden. Und zu einer Zeit begann unser ganzes Land, Christus zu rühmen mit dem Vater und dem Heiligen Geiste.

Da begann das Dunkel der Götzenverehrung von uns zu weichen, und die Morgenröte der Frömmigkeit erschien. Da ging die Finsternis des Dämonendienstes unter, und die Sonne des Evangeliums bestrahlte unser Land; Götzentempel wurden zerstört, und Kirchen wurden errichtet; Idole wurden zerbrochen, und Ikonen der Heiligen erschienen; die Dämonen flohen davon, das Kreuz heiligte die Städte; die Hirten der geistlichen Schafe Christi, die Bischöfe, traten vor den heiligen Altar, darbringend das unblutige Opfer; Priester und Diakone und der ganze Klerus schmückten die heiligen Kirchen und kleideten sie in Schönheit; die Trompete der apostolischen Predigt und der Donner des Evangeliums erfüllten alle Städte mit ihrem Klang; Weihrauch, Gott dargebracht, heiligte die Luft; Klöster erhoben sich auf den Bergen; Mönche erschienen; Männer und Weiber, klein und groß, – das ganze Volk füllte die heiligen Kirchen und rühmte, indem es sprach: »Einer ist heilig, einer der Herr, Jesus Christus, zum Ruhme Gottes des Vaters. Amen.« Christus hat gesiegt, Christus hat überwunden, Christus ist König geworden, Christus ist verherrlicht. Groß bist du, Herr, und ›wunderbar sind deine Werke‹. Unser Gott, Ruhm sei dir!

Vladimir Monomach

Unterweisung
um 1117

Ich Armseliger, von meinem Großvater, dem gesegneten und rühmlichen Jaroslaw, in der Taufe Wassilij genannt, mit russischem Namen Wolodimir heißend, und nach meinem geliebten Vater und meiner Mutter ein Monomach [Lücke im Original]

[...] und wegen der getauften Menschen, die er doch oft nach seiner Barmherzigkeit und wegen der Gebete der Väter vor allem Übel behütet hat! Im Schlitten sitzend, dachte ich in meiner Seele nach und lobte Gott, welcher mich Sünder bis zu diesen Tagen geleitet hat. Mögen meine Kinder, oder wer auch sonst, beim Vernehmen dieses Schreibens nicht darüber lachen, vielmehr, wenn es jemandem von meinen Kindern wohlgefällt, so wolle dieses es sich zu Herzen nehmen und nicht müßig sein, sondern sich rechtschaffen mühen.

Zuallererst habt um Gottes und eurer Seele willen Gottesfurcht in eurem Herzen und übt unerschöpflich die Werke der Mildtätigkeit, denn das ist der Anfang zu allem Guten. Wem aber dieses Schreiben nicht wohlgefällt, der spotte nicht, sondern sage sich: Auf seinem weiten Wege, schon im Schlitten sitzend, hat er eben allerlei Unsinn geredet.

Einst suchten mich an der Wolga Abgesandte meiner Brüder auf und sagten:

»Eile zu uns, und wir werden die Rostislawsöhne verjagen und ihnen ihr Gebiet nehmen. Willst du aber nicht mit uns ziehen, so werden wir für uns bleiben und du für dich.«

Und ich sagte:

»Ob ihr auch grollen mögt, ich kann nicht mit euch gehen und den Kreuzesschwur brechen.«

Ich verabschiedete sie, nahm den Psalter, öffnete ihn betrübt und traf auf die Stelle: »Was betrübst du dich, meine Seele, und bist so unruhig in mir?« und des weiteren. Und danach sammelte ich diese teuren Worte, wählte, fügte sie der Reihe nach zusammen und schrieb sie auf: Wenn euch die letzten Worte nicht gefallen, so nehmt die vorhergehenden.

»Was betrübst du dich, meine Seele, und bist so unruhig in mir? Harre auf Gott, denn ich werde ihm noch danken. Erzürne dich nicht über die Bösen; sei nicht neidisch auf die Übeltäter. Denn die Bösen werden ausgerottet; die aber des Herrn harren, werden das Land erben. Es ist noch um ein kleines, so ist der Gottlose nimmer; und wenn du nach seiner Stätte sehen wirst, wird er weg sein. Aber die Elenden werden das Land erben und Lust haben in großem Frieden. Der Gottlose droht dem Gerechten und beißt seine Zähne zusammen über ihn. Aber der Herr lachet sein; denn er siehet, daß sein Tag kommt. Die Gottlosen ziehen das Schwert aus und spannen ihren Bogen, daß sie fällen den Elenden und Armen und schlachten die Frommen. Aber ihr Schwert wird in ihr Herz gehen, und ihr Bogen wird zerbrechen. Das wenige, das ein Gerechter hat, ist besser denn das große Gut vieler Gottloser. Denn der Gottlosen Arm wird zerbrechen; aber der Herr erhält die Gerechten. Denn die Gottlosen werden umkommen. Der Gerechte aber ist barmherzig und gibt. Denn seine Gesegneten erben das Land; aber seine Verfluchten werden ausgerottet. Von dem Herrn wird solches Mannes Gang gefördert. Fällt er, so wird er nicht weggeworfen, denn der Herr hält ihn bei der Hand. Ich bin jung gewesen und alt geworden und habe noch nie gesehen den Gerechten verlassen oder seinen Samen nach Brot gehen. Er ist allezeit barmherzig und leihet gerne, und sein Same wird gesegnet sein. Laß ab vom Bösen und tue Gutes; suche Frieden und jage ihm nach und bleibe wohnen immerdar. Wenn die Menschen sich wider uns setzen: so verschlängen sie uns lebendig; wenn ihr Zorn über uns ergrimmte; so ersäufte uns Wasser, Ströme gingen über unsre Seele. Gott, sei mir gnädig, denn Menschen schnauben wider mich: täglich streiten sie und ängstigen mich. Meine Feinde schnauben täglich; denn viele streiten stolz wider mich. Der Gerechte wird sich freuen, wenn er solche Rache sieht, und wird seine Füße baden in des Gottlosen Blut, daß die Leute werden sagen: Der Gerechte wird ja seine Frucht genießen; es ist ja noch Gott Richter auf Erden. Errette mich, Gott, von meinen Feinden und schütze mich vor denen, so sich wider mich setzen. Errette mich von den Übeltätern und hilf mir von den Blutgierigen. Denn siehe, Herr, sie lauern auf meine Seele. Sein Zorn währt einen Augenblick und lebenslang seine Gnade; den Abend lang währt das Weinen, aber des Morgens ist Freude. Denn deine Güte ist besser denn Leben; meine Lippen preisen dich. Daselbst wollte ich dich gerne loben mein Leben lang und meine Hände in deinem Namen aufheben. Verbirg mich vor der Versammlung des Bösen, vor dem Haufen der Übeltäter. Freuet euch des Herrn und seid fröhlich, ihr Gerechten. Ich will den Herrn loben allezeit; sein Lob soll immerdar in meinem Munde sein.« Und so weiter.

So lehrt auch Basilios, der die Jünglinge sammelte, die Seele rein und ohne Fehl, den Leib mager zu halten, Sanftes zu reden und auf das Wort des Herrn zu achten: »Essen und Trinken gehe ohne großes Gelärm vor sich, man soll vor den Alten schweigen, auf die Weisen hören, den Älteren gehorchen, mit Gleichen und Geringeren liebevoll umgehen, ohne List reden, vielmehr mancherlei bedenken, nicht mit Worten wüten, nicht mit Reden verunglimpfen, nicht schwelgerisch lachen, sich vor den Älteren bescheiden, mit schamlosen Frauen nicht schwatzen, die Augen niederschlagen, die Seele aber erheben, um ihnen zu entgehen. Man werde nicht müde, die leicht dem Wunsch nach Macht Erliegenden zu belehren, und achte es für nichts, von allen geehrt zu werden. Kann aber einer von euch den anderen beistehen, so darf er von Gott Vergeltung erwarten und wird sich der ewigen Güter erfreuen.«

»O Herrin Gottesgebärerin! Nimm von meinem armseligen Herzen den Stolz und die Dreistigkeit, auf daß ich mich nicht vermesse in der Eitelkeit dieser Welt, in diesem leeren Leben.«

Lerne, gläubiger Mensch, ein Täter der Frömmigkeit zu sein, lerne nach dem Wort des Evangeliums, die Augen zu bändigen, die Zunge zu zügeln, den Verstand zu bescheiden, den Leib zu knechten, den Zorn niederzuschlagen, das Gemüt rein zu halten, nach guten Werken zu trachten um des Herrn willen; als

Beraubter – dich nicht zu rächen, als Gehaßter – zu lieben, als Verfolgter – zu erdulden, als Beschimpfter – zu beten, töte die Sünde ab. »Helfet dem Unterdrückten, schaffet dem Waisen Recht, führet der Witwe Sache. So kommt denn und laßt uns miteinander rechten, spricht der Herr. Wenn eure Sünde gleich blutrot ist, soll sie doch schneeweiß werden«, und so weiter. »Es erstrahlt der Frühling des Fastens und die Blume der Buße, reinigen wir uns, Brüder, von allen Blutflecken des Fleisches und der Seele. Rufen wir zum Geber des Lichts, also sprechend: ›Ruhm sei dir, der du die Menschen liebst!‹«

Fürwahr, meine Kinder, begreift, wie gnädig, wie übergnädig der menschenliebende Gott ist. Wollen doch wir Menschen, sündig und sterblich, wenn uns einer Übel zufügt, ihn sogleich verschlingen und sein Blut vergießen; unser Herr aber, der sowohl das Leben als auch den Tod regiert, erträgt unsere Sündenmenge, welche über unser Haupt geht, solange unser Leben währt. Gleich dem Vater, der sein Kind liebt und es schlägt und dann wieder an sich zieht, so hat auch unser Herr uns geheißen, den Feind zu überwinden, durch drei gute Werke von ihm frei zu werden und ihn zu überwältigen: durch Buße, Tränen und Mildtätigkeit. Dieses aber, meine Kinder, ist kein schweres Vermächtnis Gottes, also durch diese drei Werke von unseren Sünden frei zu werden und das Reich Gottes nicht zu verlieren.

Und um Gottes Willen seid nicht träge, dieses bitte ich euch, vergeßt nicht diese drei Werke: sind sie doch wahrlich nicht schwer. Nicht Einsiedlertum noch mönchisches Leben noch Hunger braucht man, wie andere gute Menschen es pflegen, vielmehr ist durch geringes Tun Gottes Gnade zu erwerben.

»Was ist der Mensch, daß du dich seiner annimmst? Herr, mein Gott, du bist sehr herrlich. Herr, wie sind deine Werke so groß! Deine Gedanken sind so sehr tief. Ein Törichter glaubt das nicht.« Und wiederum sprechen wir: »Herr, mein Gott, du bist sehr herrlich. Herr, wie sind deine Werke so groß und viel! Lobet den Herrn, alle seine Werke, an allen Orten seiner Herrschaft!« Wer möchte nicht deine Macht und deine großen Wunder loben und rühmen und deine guten Werke, die in dieser Welt geschaffen wurden: Wie der Himmel, wie die Sonne, der

Mond und die Sterne, wie die Finsternis und das Licht erschaffen wurden, und wie die Erde auf die Wasser gebettet wurde, Herr, nach deinem Ratschluß! Die mannigfaltigen Tiere, Vögel und Fische sind aufs schönste geschmückt nach deinem Ratschluß, Herr! Und wir erstaunen über das Wunder, wie du den Menschen aus Erde gemacht hast, und wie verschieden die Gestaltung des menschlichen Angesichts ist – nähme man auch die ganze Welt zusammen, so hätten sie alle nicht die gleiche Gestalt, vielmehr wäre ein jeglicher anders von Gesicht, nach göttlicher Weisheit. Und wir verwundern uns, wie die Vögel des Himmels aus den warmen Ländern kommen und zuerst zu uns ziehen und sich nicht in einem einzigen Lande niederlassen, sondern daß die starken und die schwachen nach Gottes Ratschluß über alle Lande dahinziehen, auf daß Wälder und Felder von ihnen voll werden. Solches alles gab Gott den Menschen zum Wohl, zur Nahrung und zur Erfreuung. Groß ist deine Gnade zu uns, Herr, der du solche Wohltat für den sündigen Menschen geschaffen hast. Und sogar die Vögel des Himmels bekamen ihr Wissen von dir; auf dein Geheiß singen sie und ergötzen die Menschen. Befiehlst du es ihnen aber nicht, so verharren sie in Stummheit trotz ihrer Zungen. »Du aber, Herr, bist gebenedeit und hochgelobt«, da du jegliches Wunder und das Gute allzumal getan und vollbracht hast. »Wer dich, Herr, aber nicht preiset und nicht von ganzem Herzen an den Namen des Vaters, des Sohnes und des Heiligen Geistes glaubt, der sei verflucht.«

Wenn ihr, meine Kinder, diese göttlichen Worte gelesen habt, so lobet Gott, welcher uns seiner Gnade teilhaftig werden ließ. Nun aber folgt die Unterweisung aus meiner eigenen schwachen Unverständigkeit. Hört mich: Nehmt ihr auch nicht alles an, so doch die Hälfte.

Sobald Gott euch das Herz weichmacht, dann vergießt Tränen um eurer Sünden willen und sprecht: »Gleichwie du dich der Hure, des Räubers und des Zöllners erbarmt hast, so erbarme dich auch über uns Sünder!« So haltet es in der Kirche wie auch vor dem Schlafengehen. Versäumt, wenn ihr könnt, keine einzige Nacht eure Gebetsverneigungen; könnt ihr aber wegen Krankheit nicht, so doch wenigstens dreimal. Das vergeßt nicht, laßt nicht nach, denn durch die Gebetsverneigung in der Nacht überwindet der Mensch den Teufel und wird von den Sünden des Tages frei. Seid ihr zu Pferde und habt ihr mit niemandem etwas zu schaffen und entsinnt ihr euch keines anderen Gebets, so sprecht bei euch insgeheim ständig: »Herr, erbarme dich!«, denn dieses ist das beste unter den Gebeten, und besser ist es, als unterwegs an allerlei Unsinn zu denken.

Zu allermeist aber vergeßt nicht die Bedürftigen, vielmehr sollt ihr sie nach Kräften speisen, spendet für die Waisen, vertretet selbst das Recht der Witwen und laßt nicht zu, daß die Machthaber einem Menschen Verderben bringen. Weder einen Gerechten noch einen Schuldigen dürft ihr töten und ihr sollt auch nicht befehlen, daß man ihn töte. Sogar wenn einer den Tod verdient hätte, bringt keine Christenseele um. Ob ihr Schlimmes oder Gutes sagt, schwört nicht bei Gott und bekreuzigt euch nicht dazu, denn das ist nicht nötig. Wollt ihr aber euren Brüdern oder anderen etwas mit dem Kuß aufs Kreuz schwören, so erforscht euer Herz zuvor und schwört nur, was ihr wirklich halten könnt; nach dem Schwur aber habt acht, daß ihr eure Seele nicht durch Übertretungen zugrunde richtet. Nehmt liebevoll den Segen von Bischöfen, Priestern und Äbten entgegen, weicht ihnen nicht aus, seid ihnen wohlgesonnen und sorgt für sie nach Kräften, auf daß euch durch ihr Gebet der Segen Gottes zuteil werde. Zuallermeist aber pflegt keine Hoffart in Herz und Gemüt, sprechen wir vielmehr: »Sterblich sind wir, heute leben wir, doch morgen kommen wir ins Grab. Alles von dir Gegebene ist nicht unser, sondern dein, uns nur für kurze Tage von dir überlassen.« Und vergrabt nichts in der Erde, das gilt als große Sünde für uns. Die Alten ehre gleichwie einen Vater, die Jungen aber wie Brüder. Seid nicht müßig in eurem Hause, sondern seht selbst nach allem; verlaßt euch nicht auf den Hausverwalter oder auf den jungen Diener, auf daß, die euch besuchen, weder euer Haus noch eure Mahlzeit verlachen. Auf Kriegsfahrt seid nicht faul und verlaßt euch nicht auf die Heerführer. Verfallt nicht dem Essen, dem Trinken, auch nicht dem Schlafen. Teilt selbst die Wachen ein. Legt euch nachts erst dann schlafen, wenn ihr nach allen Seiten ringsherum Krieger aufgestellt habt, und steht frühzeitig auf.

Legt nicht zu früh die Waffen ab, nämlich wenn ihr aus Bequemlichkeit nicht richtig Umschau gehalten habt; sehr schnell kann der Mensch umkommen. Hüte dich vor Lüge, Sauferei und Hurerei, denn das bringt Verderb für Leib und Seele. Wohin ihr auch in eurem Lande unterwegs seid, erlaubt weder euren noch fremden Untergebenen, in den Siedlungen oder auf den Kornfeldern Schaden anzurichten, auf daß man euch nicht verfluche. Speisen und tränken sollt ihr den anderen, wo ihr auch geht und steht! Ehret insonderheit euren Gast, von wo er auch zu euch komme, ob er ein Einfacher sei, ein Vornehmer oder ein Abgesandter. Könnt ihr ihm keine Geschenke bieten, so gebt ihm Speise und Trank, denn durch die Lande verbreiten sie unterwegs des Menschen Ruf, gut oder schlecht. Besucht den Kranken, geleitet den Toten, sind wir doch allesamt sterblich. Geht an keinem Menschen ohne Begrüßung vorbei, sagt ihm vielmehr ein gutes Wort. Liebt eure Frau, aber laßt nicht zu, daß sie euch beherrsche. Dies aber sei euch bei allem das A und O: Achtet die Gottesfurcht höher denn alles.

Wenn ihr dieses vergeßt, so lest es öfters wieder: mir gereicht es nicht zur Schande, euch aber zum Guten.

Von dem, was ihr euch eigen gemacht habt, vergeßt nicht das Gute, und was ihr euch nicht eigen gemacht habt, das lernt – gleichwie mein Vater, der, wenn er daheim saß, fünf Sprachen erlernte; das bringt nämlich Ehre von anderen Ländern ein. Denn Faulheit ist die Mutter von alledem: Verstandenes wird vergessen, Unverstandenes wird nicht gelernt. Beim Tun des Guten seid nicht faul im Guten, vor allem aber hinsichtlich des Kirchgangs. Daß euch nie die Sonne noch auf dem Lager antreffe! So pflegten es mein Vater und alle guten und vollkommenen Männer zu halten. Hat man Gott in der Morgenandacht gelobt und geht dann die Sonne auf, so preise man, die Sonne anschauend, Gott mit Freuden und spreche: »Erleuchte meine Augen, Christe mein Gott, der du mir dein schönes Licht gegeben hast!« Und weiterhin: »Herr, füge für mich Jahr an Jahr, auf daß ich, wenn ich meine Sünden bereut habe, mein übriges Leben rechtfertige«: Also preise ich Gott. Danach setze man sich mit seinen Männern zur Beratung oder weise die Leute an oder begebe sich auf die Jagd oder reite aus oder lege sich schlafen: Der Schlaf am Mittag ist von Gott angeordnet. Denn von ihrem Tun ruhen sich die Tiere aus, die Vögel – und auch die Menschen.

Jetzt aber, meine Kinder, erzähle ich euch von meinen Mühen, wie ich mich seit dem dreizehnten Lebensjahr auf Fahrten und auf der Jagd gemüht habe. Zuerst zog ich durchs Wjatitschenland, vom Vater entsandt, nach Rostow; er selbst zog indessen nach Kursk. Zum zweiten zog ich dann nach Smolensk, mit Stawko Gordjatitsch, demselben, der dann mit Isjaslaw nach Berestje zurückkehrte, mich aber hat er nach Smolensk geschickt; von Smolensk kam ich nach Wladimir. In eben dem Winter entsandten mich meine Brüder nach Berestje zu den Brandstätten, wo die Polen gesengt hatten, und ich schützte die Ruhe der Stadt. Dann begab ich mich nach Perejaslawl zu meinem Vater und nach den Ostertagen von Perejaslawl nach Wladimir, um in Sutejsk mit den Polen Frieden zu schließen, und von dort für den Sommer wieder nach Wladimir.

Später entsandte mich Swjatoslaw nach Polen. Ich kam über Glogau zum Böhmerwald, vier Monate zog ich durch ihr Land. In diesem Jahr wurde mein ältestes Kind geboren, der Nowgoroder. Und von dort zog ich nach Turow und im Frühling nach Perejaslawl und wiederum nach Turow.

Und Swjatoslow starb, und ich ging wieder nach Smolensk, dann noch in demselben Winter von Smolensk nach Nowgorod, im Frühling kam ich Gleb zu Hilfe. Im Sommer zog ich mit dem Vater gen Polozk und im nächsten Winter mit Swjatopolk nach Polozk, und wir brannten Polozk nieder. Er zog weiter nach Nowgorod und ich kämpfend samt den Polowzern gen Odresk, danach ging ich nach Tschernigow. Noch einmal kam ich von Smolensk nach Tschernigow zum Vater. Oleg, aus Wladimir ausgewiesen, kam, und ich lud ihn mit dem Vater zu mir ein, zum Gastmahl in Krasnyj Dwor zu Tschernigow. Ich gab dem Vater dreihundert Griwnen Gold. Abermals kam ich von Smolensk und kämpfte mich durch ein Polowzerheer nach Perejaslawl durch, wo ich den Vater antraf, der vom Kriegszug zurückgekehrt war. In jenem Jahr machte ich mich später nochmals mit dem Vater und Isjaslaw nach Tschernigow auf, gegen Boris zu kämpfen, und wir schlugen Boris wie auch Oleg. Danach zogen wir wiederum nach Perejaslawl und machten bei Obrow halt.

Wseslaw aber brannte Smolensk nieder, und ich verfolgte ihn mit den Tschernigowern, mit doppelten Pferden, aber wir trafen ihn nicht in Smolensk. Während Wseslaw so verfolgte, verheerte ich das Land mit Bränden und zog kämpfend bis nach Lukoml und Logoshsk. Dann kämpfte ich gegen Drjuzk und zog nach Tschernigow.

Aber in jenem Winter wurde ganz Starodub von Polowzern kriegerisch verwüstet, und ich rückte mit den Tschernigowern und mit [anderen] Polowzern vor, an der Desna nahmen wir die Fürsten Aßaduk und Sauk gefangen, während ihr Kriegsgefolge erschlagen wurde. Am anderen Morgen vertrieben wir hinter Nowy Gorod Belkatgins starkes Heer und jagten ihm alle Knechte und Gefangenen ab.

In Wjatitschenland gegen Chodota und seinen Sohn zogen wir in zwei Wintern, im ersten Winter kam ich bis Kordno. Danach verfolgten wir eilends die Isjaslawsöhne bis hinter Mikulin, holten sie aber nicht ein. Im Frühling traf ich mich mit Jaropolk in Brody.

In demselben Jahr setzten wir den Polowzern nach bis hinter den Fluß Chorol, nachdem sie Goroschin genommen hatten. Und in dem gleichen Herbst rückten wir mit Tschernigowern und Polowzern und den Tschitjewitschen gen Minsk. Wir nahmen die Stadt und hinterließen daselbst weder Gesinde noch Vieh.

In demselben Winter aber traf ich mich mit Jaropolk in Brody, und wir einigten uns aufs freundschaftlichste.

Und im Frühling setzte mich der Vater in Perejaslawl über die Brüder, und wir überquerten den Fluß Supoj. Wir waren unterwegs nach der Stadt Priluk, da begegneten wir unerwartet einigen Polowzerfürsten mit achttausend Mann, hätten mit Freuden gegen sie gekämpft, hatten aber die Waffen auf den Wagen schon vorausfahren lassen, gingen also in die Stadt. Es wurden nur ein Knecht und etliche Bauern lebend gefangengenommen. Die Unseren aber töteten und fingen eine größere Menge. Die Polowzer trauten sich nicht, ihre Pferde am Zügel zu nehmen, und flohen noch in jener Nacht bis an den Sulafluß.

Am nächsten Tag, es war am Festtag der Himmelfahrt der Heiligen Herrin, zogen wir gen Bjelaja Wjesha, und Gott und die Heilige Gottesgebärerin standen uns bei: neunhundert Polowzer töteten wir, und zwei Fürsten nahmen wir gefangen, nämlich Bagubars' Brüder Assin und Saks. Und nur zwei Mann entkamen.

Dann verfolgten wir die Polowzer gen Swjatoslawl, dann auf die Stadt Tortschesk zu, dann weiter gen Jurjew, den Polowzern nach. Und wiederum siegten wir diesseits [des Dnjepr] bei Krasen über die Polowzer, danach eroberte ich mit Rostislaw das Feldlager bei Warin. Darauf zog ich nach Wladimir, und ich setzte Jaropolk wiederum ein. Jaropolk aber starb.

Und abermals, nach des Vaters Tod, zu Swjatopolks Zeit, kämpften wir am Stugnafluß gegen die Polowzer bis zum Abend, auch so bei Chalepje, und schließlich machten wir mit Tugorkan und anderen polowzischen Fürsten Frieden. Denen von Gleb nahmen wir unser ganzes Kriegsgefolge wieder ab.

Und danach zog Oleg mit den gesamten Polowzern gegen mich auf Tschernigow zu. Da umkämpfte meine Kriegerschaft mit ihnen acht Tage lang einen kleinen Damm und ließ jene Krieger nicht in die Umwallung hinein. Mir war weh um die Christenseelen, die brennenden Dörfer und Klöster, und ich sagte: »Daß doch die Heiden nicht prahlen!« Ich übergab dem Bruder seines Vaters Sitz, während ich selbst in meines Vaters Stadt Perejaslawl ging. Am Tage des heiligen Boris verließen wir Tschernigow, an etlichen polowzischen Kriegerscharen kamen wir mit einer Schar von hundert Mann, samt den Kindern und Frauen, vorbei. Sie leckten sich das Maul nach uns gleichwie Wölfe, während sie an der Fähre und in den Bergen standen; Gott aber und der heilige Boris ließen sie meiner nicht habhaft werden, und wir kamen unversehrt nach Perejaslawl.

Und in Perejaslawl blieb ich drei Sommer und drei Winter mit meiner Kriegerschaft, und wir hatten viel Not vom Krieg und vom Hunger durchzumachen. Wir rückten gegen das Heer jener [Polowzer] bis hinter Rimow, und Gott stand uns bei; die einen töteten wir, die anderen nahmen wir gefangen.

Wiederum machten wir Itlars Leute nieder, und nachdem wir ihr Lager genommen hatten, zogen wir hinter Goltaw.

Und dann rückten wir gen Starodub gegen Oleg, weil er sich mit den Polowzern verbündet hatte. Und an den Bug zogen wir mit Swjatopolk gegen Bonjak, bis hinter den Fluß Ros.

Und nach Smolensk gingen wir, nachdem mit David Frieden geschlossen war. Wiederum, zum zweitenmal, zogen wir von Woronitza aus.

Damals kamen auch die Torken zu mir, die Tschitjewizen nach dem Feldzug gegen die Polowzer, wir zogen ihnen an die Sula entgegen.

Und dann gingen wir wieder für einen Winter nach Rostow und in drei Wintern nach Smolensk. Von Smolensk begab ich mich wiederum nach Rostow.

Abermals verfolgten Swjatoslaw und ich den Bonjak [...], und wir erreichten sie nicht. Danach verfolgten wir Bonjak bis über den Fluß Ros, erreichten ihn aber nicht.

Zum Winter begab ich mich nach Smolensk und verließ es wieder nach Ostern. Zu der Zeit starb Jurijs Mutter.

Als ich im Sommer nach Perejaslawl zurückgekommen war, versammelte ich meine Brüder.

Bonjak war mit allen Polowzern bis vor Ksnjatin gekommen. Wir zogen von Perejaslawl gegen sie hinter die Sula, und Gott stand uns bei. Wir siegten über ihre Kriegerscharen und nahmen ihre vornehmsten Fürsten gefangen, und nach Weihnachten machten wir Frieden mit Ajepa. Wir nahmen seine Tochter mit uns und zogen nach Smolensk. Danach ging ich nach Rostow.

Ich kam aus Rostow, wiederum zog ich mit Swjatopolk gegen die Polowzer, gegen den Chan Urußoba, und Gott stand uns bei. Und dann ging es abermals gegen Bonjak nach Lubnyj, und Gott stand uns bei.

Und dann zog ich mit Swjatopolk nach Wojin und dann wiederum an den Don mit Swjatopolk und David, und Gott stand uns bei.

Und gen Wyra rückten Ajepa und Bonjak an und wollten die Stadt erobern, und ich zog mit Oleg und mit den Kindern nach Romny gegen sie, und als sie das vernommen hatten, flohen sie.

Und dann zogen wir nach Minsk gegen Gleb, denn er hatte

etliche unserer Leute gefangengenommen. Und Gott stand uns bei, und wir vollbrachten unser Vorhaben.

Und dann zogen wir nach Wladimir gegen Jaroslawetz, seine Übeltaten waren nicht mehr zu ertragen.

Von Tschernigow bin ich wohl hundertmal nach Kiew zum Vater geritten, jeweils einen ganzen Tag bis zum Abendgottesdienst. Und insgesamt führte ich dreiundachtzig große Feldzüge; an die übrigen, die kleineren, erinnere ich mich nicht mehr. Und Frieden mit polowzischen Fürsten schloß ich neunzehnmal, noch unter meinem Vater und auch ohne den Vater; viel Vieh und viele von meinen Gewändern habe ich ihnen zum Geschenk gegeben. Ich entließ auch viele der vornehmsten Polowzerfürsten aus den Fesseln, so: zwei Brüder Scharukans, drei Brüder Bagubars', vier Brüder Oßens und außerdem hundert von ihren vornehmsten Fürsten. Auch ließ Gott mir noch diese Fürsten lebend in die Hände gelangen: Koksus samt Sohn, Aklan Burtschewitsch, Asguluj Fürst von Tarew, dazu andere fünfzehn junge Kämpen, die ich lebend wegführte, erschlug und in das Flüßchen Salnja warf. Damals wurden nacheinander an die zweihundert ihrer Vornehmsten erschlagen.

Und wißt, der Jagd oblag ich mit Eifer, während mein Sitz in Tschernigow war. Bis zu diesem Jahr habe ich, nachdem ich Tschernigow verlassen habe, wohl gut hundert Tiere erjagt und das mit geringer Mühe, nicht mitgerechnet die Jagden bei Turow, wo ich mit dem Vater auf allerlei Wild Jagd machte.

Wißt also, was ich in Tschernigow schaffte: Zehn bis zwanzig Wildpferde habe ich mit eigenen Händen im Wälderdickicht zusammengebunden, übrigens hatte ich diese Wildpferde unterwegs reitenderweise in Wald und Feld mit eigenen Händen gefangen. Zwei Auerochsen haben mich und mein Pferd dazu auf die Hörner genommen, ein Hirsch ging mit dem Geweih auf mich los, und zwei Elche waren es, einer, der mich mit den Läufen trat, einer, der mit dem Geweih auf mich losging. Ein Wildeber riß mir das Schwert von der Hüfte ab, ein Bär zerbiß mir den Schurz am Knie, ein wütender Irbis sprang mir an die Hüfte und riß das Pferd und mich um. Aber Gott bewahrte mich unversehrt. Und oft bin ich vom Pferd gestürzt, den Kopf schlug ich mir zweimal auf, Arme und Beine verletzte ich mir;

in meiner Jugend kam es zu diesen Verletzungen, als ich weder um mein Leben besorgt war noch meinen Kopf hütete.

Arbeiten, die mein Knecht hätte verrichten müssen, tat ich selbst, im Krieg und auf der Jagd, bei Tag und Nacht, in Hitze und Kälte, ohne mir Ruhe zu lassen. Auf die Statthalter und die Ordnungshüter baute ich nicht, ich tat selbst, was nötig war, und traf auch in meinem Hause alle Anordnungen selbst. Und für die Jäger gab ich bei der Jagd selbst die Anweisungen, ich beaufsichtigte die Pferdeknechte und die Wartung der Falken und Habichte.

Auch ließ ich den elenden Bauern und die arme Witwe nicht von den Mächtigen behelligen. Kirchenordnung und Gottesdienst habe ich selbst überwacht.

Tadelt mich nicht, meine Kinder, oder wer auch immer dieses liest, ich lobe ja nicht mich noch meine Tapferkeit, vielmehr lobe ich Gott und rühme seine Barmherzigkeit, denn er hat mich Sündigen und Armseligen in so manchen Zeiten der Todesgefahr behütet und hat mich Elenden nicht zum Faulenzer, sondern zu allem menschlichen Tun brauchbar gemacht. Wenn ihr dieses Schreiben gelesen habt, bemüht euch um alle guten Taten und rühmt dabei Gott samt seinen Heiligen. Habt nicht Furcht vor dem Tode, Kinder, nicht vor dem Kampf noch vor wilden Tieren, sondern schafft Mannestaten, wie Gott es euch gebietet. Denn wie mir weder durch Wasser noch durch Sturz vom Pferde Schaden widerfuhr, so kann auch euch keiner schaden oder euch töten, solange es nicht in Gottes Ratschluß liegt. Wenn aber von Gott der Tod zu euch kommt, dann vermögen weder Vater noch Mutter noch Brüder ihn abzuwenden. Zwar ist es gut, sich zu hüten, aber die Hut Gottes ist doch besser als die menschliche.

Kirill von Turov

Predigt am Weißen Sonntag

um 1150–1183

Die Kirche bedarf eines großen Lehrers und weisen Redners, wir aber sind arm an Worten und trüb in der Geistigkeit, denn wir haben nicht das Feuer des Heiligen Geistes: Nicht erfreuen wir uns der [Macht über] Worte, welche der Seele nützlich sind. Dennoch werden wir um der Liebe willen, welche ich zu meinen Brüdern, die um mich sind, hege, etliches von der Erneuerung in der Auferstehung des Herrn sagen.

In der vergangenen Woche der Ostern gab es Freude im Himmel und Schrecken in den untersten Bereichen, die Zerstörung der Hölle und den Sieg über den Tod, eine Totenauferstehung und die Vernichtung der Verführungsmacht des Teufels, die Erlösung des Menschengeschlechts durch Christi Auferstehung; Verarmung des Alten Testaments und Knechtung des Sabbaths, Reicherwerden der Kirche Christi und die Inthronisation des Sonntags.

In der letzten Woche gab es eine Wandlung aller Dinge, denn die Erde, gereinigt von ihrer satanischen Unreinheit, ward durch den Himmel aufgeschlossen, und die Engel samt den Frauen dienten demütig bei der Auferstehung. Alle Kreatur ward erneut, denn nicht länger erachtet man die Luft, die Sonne, das Feuer, die Quellen, die Bäume für Götter; nicht länger empfängt die Hölle ihren Tribut an Kindlein, welche von ihren Vätern geopfert werden, noch der Tod seine Ehrungen, denn der Götzendienst ist zu Ende gegangen, und die satanische Macht ist durch das Geheimnis des Kreuzes bezwungen. Das Alte Testament ist verarmt durch die Verweigerung von Kälberblut und von geopferten Zicklein, denn Christus hat sich selbst als Opfer für alle dem Herrn dargebracht. Und somit hörte der Sonntag auf, ein gewöhnlicher Feiertag zu sein, vielmehr ward der Sonntag durch die Auferstehung geheiligt, und nun ist der Sonntag höchsterhaben, denn an diesem Tage ist Christus auferstanden von den Toten...

Heute sind die Himmel gereinigt von den dunklen Wolken, welche sie in einen schweren Schleier eingehüllt hatten, und sie verkünden mit ihren klaren Lüften Gottes Ruhm...

Heute steigt die Sonne, Schönheit ausstrahlend, in die Höhe, und freudiglich erwärmt sie die Erde: Aus dem Grabe stieg für uns die gerechte Sonne auf, Christus, und erlöst alle, die an ihn glauben.

Heute erweist der Mond, nachdem er von der höchsten Stufe niedergestiegen ist, der größeren Himmelsleuchte die Ehre: Schon, wie geschrieben steht, hörte das Alte Testament samt dem Sabbath auf und erweist mit den Propheten dem Testament Christi mit dem Sonntag die Ehre.

Heute ist der Winter der Sünde durch die Reue beendet, und das Eis des Unglaubens ist durch die Gotteserkennung aufgetaut: Das heißt, der Winter des heidnischen Götzendienstes ist beendet durch die apostolische Lehre und den Christusglauben, das Eis der Thomas-Ungläubigkeit aber ist aufgetaut durch das Zeugnis der Seite Christi.

Heute strahlt der Frühling Schönheit aus und belebt alles irdische Dasein, die stürmischen Winde wehen leise und zeugen Früchte, und die Erde bringt, den Samen nährend, grünes Gras hervor: Das heißt, der Frühling ist der schöne Christusglaube, welcher durch die Taufe die Menschen neu erschafft, die stürmischen Winde aber sind die sundeschaffenden Gedanken, welche, durch Reue in Tugend verwandelt, seelennützliche Früchte erzeugen, und die Erde unseres Daseins, nachdem sie Gottes Wort als Saat empfangen und an der Furcht vor Ihm lange gelitten hat, bringt den Geist der Erlösung hervor.

Heute hüpfen die neugeborenen Lämmer und Kälber, rasch auf dem Wege stampfend, und, geschwind zu den Müttern zurückkehrend, frohlocken sie, und auch die Hirten, ihre Rohrflöten blasend, preisen mit Freuden Christum. Die Lämmer, sage ich, sind die sanftmütigen heidnischen Leute, die Kälber aber – die Götzenanbeter der ungläubigen Lande, welche, nachdem sie durch Christi Menschwerdung und die Lehre und Wundertaten der Apostel rasch das Gesetz angenommen haben, zur Heiligen Kirche zurückgekehrt sind, die Milch der Lehre zu saugen. Und auch die Lehrer der Herde Christi preisen, für alle betend, Christum den Gott, welcher alle Wölfe und Lämmer in einer Herde gesammelt hat.

Heute lassen die Bäume ihre Triebe hervorsprießen, und die duftenden Blumen blühen auf, und siehe, die Gärten senden schon süßen Geruch aus, und die Landleute, die in Hoffnung arbeiten, rufen Christum, den Fruchtspender, an. Wir waren zuvor wie die Bäume des Hains, welche keine Früchte tragen, heute aber ist der Christusglaube auf unseren Unglauben gepfropft, und diejenigen, welche sich schon an die Wurzel des Jesse halten, lassen Tugenden gleich Blüten hervorknospen und erwarten durch Christum die Wiedergeburt im Paradies, und auch die Heiligen, welche um der Kirche willen arbeiten, harren der Lohnung durch Christum.

Heute führen des Wortes Pflugleute die Wortfarren zum geistlichen Joch, senken die Pflugschar der Taufe in die Furchen des Denkens, ziehen die Furchen der Reue, streuen die geistliche Saat hinein und freuen sich so der Hoffnung auf künftige Güter.

Nun hat das Alte ein Ende genommen, und alles ist neu geworden um der Auferstehung willen.

Heute steigt das Wasser der apostolischen Flüsse, und die heidnischen Fische stoßen ihre Frucht aus, und die Fischer, nachdem sie die Tiefe der göttlichen Menschwerdung geprüft haben, finden das Schleppnetz der Kirche voll: Denn durch die Flüsse, sagt der Prophet, wird die Erde zerklüftet, und die unredlichen Leute werden es sehen und leiden.

Heute zeigt die arbeitsame Imme in der Weise der Mönche ihre Weisheit und macht alle staunen: Gleichwie diese Engel und Menschen in Verwunderung setzen dadurch, daß sie in der Einöde leben, und sich selbst die Nahrung schaffen, so bereitet auch jene, auf die Blume fliegend, die Honigwaben und bringt für die Menschen Süße, für die Kirche aber das, wes sie bedarf.

Heute frohlocken nistend alle schönstimmigen Vögel in der

Weise des Kirchenchors: Denn auch die Vögel, sagt der Prophet, nachdem sie den Nistplatz für sich gefunden haben, deine Altäre, preisen, indem ein jeglicher sein eigenes Lied singt, Gott mit nimmerschweigenden Stimmen.

Heute ist das Fest der Erneuung für die Menschen, welche durch Christi Auferstehung neu gemacht sind, und lauter neue Dinge werden Gott dargebracht: Von den Heiden der Glaube; von guten Christen Opfergaben; von der Geistlichkeit heilige Opfer; von der weltlichen Obrigkeit gottwohlgefällige Barmherzigkeit; vom Adel Fürsorge für die Kirche; von den Gerechten Demut; von den Sündern wahrhaftige Reue; von den Heillosen die Hinwendung zu Gott; von den Hassern geistliche Liebe.

Anonymus

Klage über den Untergang des russischen Landes

um 1238–1246

O du licht leuchtendes
mit Schmuck reich geschmücktes
russisches Land!
Zierden ohne Zahl machen dich zum Wunder,
zum Wunder machen dich deine vielen Seen.
Zum Wunder machen dich Flüsse und Quellen, die als heilig gelten,
steile Berge und hohe Hügel,
lichte Haine und wunderbare Gefilde,
wilde Tiere mancherlei Art, zahllose Vögel,
große Städte, wunderbare Dörfer,
Kirchenbauten und Klosterweinberge,
dräuende Fürsten, edle Bojaren,
Würdenträger, nicht wenige –
an allem bist du reich, o russisches Land,
du Heimat für den wahren christlichen Glauben.
Von hier bis nach Ungarn, Polen und Böhmen,
von Böhmen bis zum Land der Jatwjagen,
vom Land der Jatwjagen bis zu den Litauern und Deutschen,
vom Land der Deutschen bis nach Karelien,
von Karelien bis nach Ustjug, dem Land der heidnischen Tojmier,
bis an das Meer mit dem eisigen Atem,
vom Eismeer bis zu den Bulgaren,
von den Bulgaren bis zu den Burtassen,
von den Burtassen bis zu den Mordwinen –
all die heidnischen Länder werden durch Gott unterworfen

dem Christenvolk, dem Großfürsten Wsewolod
und seinem Vater Jurij, Fürsten von Kiew,
und seinem Großvater Wladimir Monomach,
mit dessen Namen die Polowzer ihren Kindern
Schrecken einjagten bereits in der Wiege,
in dessen Zeit sich die Litauer nicht aus den Sümpfen wagten
und die Ungarn die Steinmauern ihrer Städte
fester machten mit Toren aus Eisen,
auf daß der große Wladimir nicht gegen sie anrenne.
Froh waren die Deutschen,
so weit weg zu wohnen hinter dem blauen Meer;
Burtassen, Tscheremmissen, Wodjaken und Mordwinen –
sie alle zahlten dem Großfürsten Wladimir Honig als Tribut.
Und sogar Herr Manuel, Kaiser von Konstaninopel,
sandte reiche Geschenke, da er gar sehr besorgt war,
Wladimir könnte ihm die Kaiserstadt nehmen.

Aber in diesen Tagen traf Unheil alle Christen
von Jaroslaw dem Großen an bis zu Wladimir,
bis hin zu Jaroslaw, der mit uns lebt,
und bis zu seinem Bruder Jurij, dem Fürsten der Stadt
Wladimir . . .

Serapion von Vladimir

Predigt über die Vorzeichen

1230

Der Segen unseres Herrn sei mit euch!
Brüder, ihr habt gehört, was der Herr
selber sagt in der Heiligen Schrift:
»Und da werden Zeichen sein an der Sonne
und am Mond und an den Sternen;
Erdbeben werden sein an vielen Orten
und Hungersnöte.«
Die Prophezeiung unseres Herrn
hat sich nun erfüllt in unseren Tagen.
Viele Male sahen wir die Sonne verfinstert,
dunkel den Mond
und die Sterne verstört.
Und erst vor kurzem sahen wir die Erde erbeben.
Diese Erde, fest und unverrückbar seit undenklichen Zeiten,
hat sich nach Gottes Willen heute bewegt,
unserer Sünden wegen hat sie gebebt,
nicht mehr imstande, unsere Bosheit zu ertragen.

Wir waren weder dem Gotteswort gehorsam,
noch den Aposteln,
noch den Propheten,
noch den Erleuchteten auf Gottes Wegen:
Basil und Gregor, den Gottgelehrten,
Johannes Chrysostomos
und den anderen Vätern, von Gott gesegnet,
welche den Glauben aufrechterhalten,
die Ketzer verjagt

und alle Länder mit Gott bekannt gemacht haben;
die auch uns unterwiesen ohne Aufhören –
und doch sind wir auf den Wegen des Übels geblieben.

Dafür bestraft uns Gott,
schickt uns Erdbeben und andere Plagen.
Nicht länger züchtigt er uns mit Worten,
sondern straft uns mit Heimsuchung.
Auf alle Weise hat Gott, der Herr, uns gegeißelt,
aber uns von unserer schlimmen Art nicht abgebracht.
Nun erschüttert er die Erde und läßt sie erbeben,
weil er gleich Laub von den Bäumen abschütteln will
unsere schlimmen Wege von dieser Erde.
So jemand behauptet, sie habe auch früher gebebt –
ich könnte es nicht abstreiten.
Aber was kam über uns nach diesen Erdbeben?
Waren da nicht Hungersnöte, Plagen und Kriege genug?
Doch wir bereuten nicht.
Und so fiel nach Gottes Willen
über uns ein unbarmherziges Volk her
und verheerte das Land,
versklavte ganze Städte,
verwüstete unsere heiligen Kirchen,
brachte Tod unseren Vätern und Brüdern,
Entehrung unseren Müttern und Schwestern.
Nun, Brüder, da wir solche Prüfung erfuhren,
laßt uns Gott anflehen und Buße tun,
damit wir nicht Gottes größeren Zorn auf uns laden
und noch größere Züchtigung über uns bringen.

Vieles haben wir abzubüßen und zu bereuen.
Aber wenn wir uns abwenden von Ausschweifung,
grausamem Wucher, Lügen, Gier und Gotteslästerung,
Verleumdung, Flüchen und andren Teufelsbräuchen –
wenn wir uns von diesen allem abwenden,
dann, des bin ich gewiß, werden gute Zeiten für uns kommen
in diesem und im künftigen Leben.
Denn der Herr hat gesagt:

»Wendet euch zu mir, und ich werde mich zu euch wenden.
Enthaltet euch alles Bösen, und ich will alle Heimsuchung euch ersparen.«
Wann werden wir uns abwenden von unseren Sünden,
laßt uns zusehen, daß unsere Kinder und wir verschont werden!
Wann haben wir je so viele Tote gesehen?
Viele von uns gingen hin und hatten ihr Haus nicht bestellt.
Manche legen sich nieder am Abend
und erwachen nicht mehr.
Brüder, seid in Furcht vor solch einem Tod!
Wenn wir die Wege gehen, die Gott uns weist,
wird er uns erquicken mit seiner Tröstung,
hegen wird er uns, seine eigenen Kinder,
von uns nehmen die Bürde irdischen Kummers.
Frieden wird er uns geben im künftigen Leben.
Freude, die nimmer endet, Glückseligkeit werden wir erfahren
mit denen, die Gottes Willen tun.

Vieles habe ich euch gesagt, Brüder und Kinder,
doch ich erkenne, daß sich unsere Heimsuchungen
nicht verringern werden, da viele so handeln,
als hielten sie sich für unsterblich.
Ich befürchte, daß die Weissagung des Herrn
für dergleichen Leute nicht gelten wird.
Hätte ich ihnen nie von Gottes Willen gesagt,
wären sie in ihrer Unwissenheit nicht zu Sündern geworden.
Aber nun habe ich ihnen gesagt,
und nun kann es keine Verzeihung ihrer Sünden geben.
Noch einnmal also sage ich euch:
Wenn wir unser Leben nicht ändern,
werden wir keine Vergebung finden vor Gott.

Ich, euer sündiger Hirte,
habe die Weisungen des Herrn befolgt,
indem ich euch sein Wort verkündete.

Serapion von Vladimir

Predigt über die unbarmherzigen Heiden
1274–1275

Bewundern wir, Brüder, die Liebe unseres Herrn zu uns Menschen!
Was hat er nicht alles getan, damit wir zu ihm kommen!
Mit was für Worten gibt er uns Erbauung!
Mit was für Verboten hat er uns umstellt!
Und doch kehren wir ihm nicht unsern Sinn zu.

Er hat angesehen unsere wachsenden Sünden,
angesehen, wie wir seine Gebote mißachteten.
Viele Zeichen hat er uns gegeben.
Große Furcht hat er in uns erweckt,
vieles uns durch seine Knechte gelehrt –
Aber durch nichts sind wir besser geworden.

Da führte er uns gegen ein unbarmherziges Heidenvolk,
ein wütendes Volk, ein Volk, das Gnade weder für die Schönheit der Jugend,
für die Schwachheit der Alten noch für die Zartheit der Kinder kennt.
Zugezogen haben wir uns den Zorn unseres Gottes,
wie David sagt: »Und bald entflammte gegen uns sein Grimm.«
Die Kirchen Gottes wurden zerstört.
Die geweihten Gefäße wurden besudelt.
Die Heiligen wurden mit Füßen getreten.
Geistliche Würdenträger wurden der Fraß des Schwertes.
Das Fleisch der heiligen Mönche wurde den Vögeln hingeworfen.

Blut unserer Priester und Brüder
hat gleich Wasserfluten die Erde getränkt.
Hin schwand die Stärke unserer Fürsten und Heerführer.
Unsere kühnen Krieger flohen, von Schrecken ergriffen.
Viele unserer Brüder und unserer Kinder
hat man in Gefangenschaft fortgeführt.
Unsere Dörfer sind zu Weiden geworden.
Von unserer Größe ist nur ein Schatten geblieben,
aller Glanz schwand dahin.
Aus unserm Reichtum ziehen die Heiden Nutzen,
sie haben sich zu Erben unserer Mühen gemacht.
Unser Land ist nun Eigentum dieser Fremden.
Wir sind preisgegeben der Schmähung derer,
die da außerhalb unseres Landes leben.
Unseren Feinden wurden wir zum Hohn,
denn wir haben auf uns gezogen
wie ein Unwetter aus dem Himmel den Zorn des Herrn.
Wir selbst haben seinen Grimm auf uns gelenkt.
Und wir wandten seine große Gnade von uns ab,
und ließen ihn nicht mit seinen barmherzigen Augen auf uns schauen.
So gibt es keine Strafe, die an uns vorüberginge,
nun werden wir unaufhörlich gezüchtigt,
denn wir wandten uns nicht dem Herrn zu,
ohne Reue blieben wir ob unsrer Gesetzlosigkeit.
Wir verließen nicht die Wege unserer Bosheit.
Vom Unrat unserer Sünden haben wir uns nicht gereinigt,
wir vergaßen die furchtbaren Heimsuchungen,
die unser ganzes Land trafen.
Zu Nichtigkeit erniedrigt, tun wir noch groß.
Daher plagt uns ohne Ende das Böse.
Mißgunst wuchert in uns,
Gehässigkeit hat uns in ihrer Gewalt,
Hochmut hat uns die Köpfe verdreht.
Haß gegen Freunde schlägt Wurzeln in unseren Herzen.
Unersättlichkeit hat uns unterjocht
und erlaubt uns nicht, Mitleid zu üben an Waisen,
noch erlaubt sie uns, Menschenbrüder zu sein.

Sondern wie die Raubtiere gierig sind nach Fleisch,
so sind auch wir unersättlich ohne Aufhören,
alle ins Verderben zu drängen
und die bitter und blutig gewordene Habe an uns zu reißen.
Das Raubtier wird nach dem Fressen satt,
uns aber vermag nichts zu sättigen,
kaum haben wir etwas, gelüstet uns schon nach Neuem.

Reichtum, rechtens erworben, weckt nicht Gottes Grimm gegen uns.
Aber so sagt der Prophet:
Der Herr blickte nieder vom Himmel
zu sehen, ob sie waren von denen,
die auf Gott hören und ihn allein suchen,
und er sah sie alle abgekommen vom rechten Wege.
Und weiter sagt er: Wissen sie nicht, daß sie Sünden tun,
die da verschlingen mein Volk, wie man Brot ißt?

Und ohne Ende ruft der Apostel Paulus und spricht:
Brüder, laßt ab von üblen und dunklen Taten,
wie Götzendiener verfallen Wucherer und Räuber dem Urteil.
Und was hat Gott einst zu Moses gesagt?
Wenn ihr Witwen und Waisen bedrängt in eurer Bosheit,
schreien sie zu mir, und ich werde ihr Rufen erhören
und werde ergrimmen und euch mit dem Schwerte schlagen.

Und was von uns gesagt war, hat sich erfüllt.
Sind wir nicht durch das Schwert gefallen –
und nicht nur einmal, nicht nur zweimal?
Was aber sollen wir nun tun,
damit das Übel aufhört, das uns bedrückt?
Denkt aufrichtig der Worte der heiligen Schriften,
welche das größte Gebot unseres Herrn sind:
Liebet einander,
tut Gutes den Menschen allen,
liebe deinen Nächsten wie dich selbst,
halte rein deinen Leib,
auf daß er nicht besudelt werde von Wollust!

Hast du ihn aber befleckt,
so reinige ihn durch Buße,
wirf ab allen Hochmut,
Böses aber vergilt nie mit Bösem!

Nichts verabscheut Gott unser Herr so sehr
wie den Menschen, der das ihm zugefügte Böse nicht vergißt.
Wie sagen wir? Vater unser, vergib uns unsere Schuld –
aber wir selber vergeben nicht.
Und es heißt doch: Mit welchem Maße ihr messet,
mit demselben wird Gott auch euch messen.

Epiphanius der Weise

Leben, Taten und Wunder unseres Allerseligstcn und Heiligen Vaters Sergius von Radonež
1417–18

Vater, gib deinen Segen!

Wie das Leben des Sergius anfing

Dieser unser allerseligster Vater Sergius stammt von wohlgeborenen und rechtgläubigen Eltern, dem Vater, Kyrill geheißen, und der Mutter namens Maria, welche gottwohlgefällig waren, vor Gott und Menschen aufrichtig, erfüllt und geschmückt mit allerlei Tugenden, wie Gott es liebt. [...]

Der besagte Gottesknecht Kyrill hatte drei Söhne: Stefan als ersten, als zweiten den Bartholomäus, Peter aber als dritten – welchselbige er in aller Strenge zu Frömmigkeit und Reinheit erzog. Indes Stefan und Peter rasch schriftkundig wurden, erlernte jener andere Jüngling nicht so schnell das Schreiben, vielmehr gleichsam gemächlich und träge. Sein Lehrer unterwies ihn mit viel Mühe, aber der Jüngling konnte es nicht recht fassen, wie er denn auch gar untauglich war: er vermochte seine Freunde, welche mit ihm zusammen lernten, nicht zu erreichen. Darum wurde er oftmals von seinen Eltern gescholten, vom Lehrer aber streng ermahnt und von den Freunden bloßgestellt. Im geheimen aber betete der Jüngling viele Male unter Tränen zu Gott und sprach:

»Herr! Verleihe mir doch die Gabe dieser Schriftkunde, unterweise mich und mache mich verständig!«...

Eines Tages... begegnete er einem würdigen Kuttenträger, einem heiligen Gottesmann, ihm fremd und unbekannt, seines

Zeichens ein Priester, von selig schöner, engelgleicher Gestalt, welcher auf dem Felde unter einem Eichbaum stand und unter Tränen inbrünstig sein Gebet verrichtete. Als dies der Jüngling sah, verneigte er sich zuerst demütig, dann trat er näher hinzu und blieb vor ihm stehen, die Beendigung des Gebetes abzuwarten. Und als der Gottesmann geendet hatte, sah er den Jüngling an und erschaute mit den inneren Augen, daß dieser bereit war, zum Gefäß des Heiligen Geistes auserwählt zu werden. Alsogleich rief er ihn mit einladender Gebärde zu sich, küßte ihn in Christi Namen, fragte ihn und sprach also:

»Was suchest du, oder was möchtest du, mein Kind?«

Der Jüngling antwortete:

»Meine Seele begehrt über alles, die Schriftkunde zu erlernen. Wohl hat man mich zur Unterweisung geschickt. Nun ist aber meine Seele sehr betrübt, denn obgleich ich die Schriftkunde zu fassen suche, so geht sie mir doch nicht ein. Bete für mich zu Gott, heiliger Vater, daß ich der Schriftkunde mächtig werden möge.«

Der Gottesmann hob seine Hände und seine Augen gen Himmel zur selben Zeit, seufzte zu Gott, betete inbrünstig und sprach, nachdem er sein Gebet beendet hatte: »Amen.«

...

Und er belehrte ihn über das Heil der Seele. Der Jüngling aber verneigte sich vor dem Gottesmann, und gleich der fruchtbaren und wohltragenden Erde nahm er diesen Samen in sein Herz auf. So blieb er stehen und freute sich von Herzen und von ganzer Seele, daß er für würdig befunden war, einem solchen heiligen Gottesmann zu begegnen...

Da geschah dieses Erstaunliche: Der Jüngling empfing den Segen vom Gottesmann, hob an, gar gut und fließend die Verse zu sprechen, und von jener Stunde an war er der Schriftkunde vollkommen mächtig. Also erfüllte sich die Prophezeiung des allerweisesten Propheten Jeremias, welcher gesagt hat: »So spricht der Herr: ›Ich lege meine Worte in deinen Mund.‹«...

Nach dem Abschied jenes Gottesmannes erfaßte der Jüngling mit einem Male die ganze Schriftkunde. Vollkommen war er ihrer seitdem mächtig und auf wunderliche Weise verwandelt: Welches Buch er auch immer aufschlägt – er liest es sogleich mit gutem Verstehen. Dieser gute Jüngling war der geistigen Gaben würdig...

Als Klausner

(...) Nach dem Heimgang seiner Eltern befleißigte er sich, alle Sorgen um dieses Leben abzutun. Das Haus und was sich darinnen befand erachtete er für nichts, denn immer war ihm im Herzen gegenwärtig, was geschrieben steht, daß nämlich das Leben dieser Welt voller Seufzen und Trübsal sei. Sagt doch der Prophet: Verlasset eure Umgebung und trennt euch davon, und lasset euch die unsaubere Welt nicht anrühren. ...Und der Herr spricht im Evangelium: Wer mir nachfolgen will, aber nicht von allen lässet, die in der Welt sind, der kann nicht mein Jünger sein.

Nachdem er mit solchem seine Seele und seinen Leib gestärkt hatte, rief er Peter, seinen jüngsten leiblichen Bruder, zu sich, überließ ihm sein väterliches Erbe und alles, was sich in seinem Wohnhause befand, zur Nutzung. Für sich selbst aber behielt er nichts, dem Apostel Gottes folgend, welcher spricht: Wirf alles ab, was du hast, auf daß ich dich Christum zugeselle.

Stefan, als sein ältester Bruder geboren, lebte nicht viele Jahre mit seiner Frau. Sie starb. ...Kurze Zeit danach verließ Stefan das Weltleben und wurde Mönch im Kloster der Heiligen Gottesgebärerin, der Beschirmerin zu Chotkow. Da kam der selige Jüngling Bartholomäus zu ihm und bat ihn, daß er mit ihm ginge, eine Einsiedlerstätte zu suchen. Stefan fühlte sich durch diese Worte des Seligen mitgezogen, und sie machten sich auf und durchstreiften gar manche waldige Gegend. So gelangten sie an einen einsamen Ort mitten im Dickicht, wo es auch Wasser gab. Sie gingen an diesem Ort umher, und er wurde ihnen lieb, um so mehr aber für Gott, welcher sie leitete.

Sie verrichteten ein Gebet, und dann fingen sie an, im Wald zu roden und brachten die Stämme auf ihren Schultern an jenen Ort. Zuerst errichteten sie sich eine Kapelle und eine Hütte und deckten sie mit Dächern, danach bauten sie eine kleine gemeinsame Zelle und machten den Unterbau für eine kleine Kirche, welche sie aus Holz zimmerten. Und als die Kirche nun auch von außen im Bau vollendet und die rechte Zeit gekommen war, sie zu weihen, sagte der selige Jüngling zu Stefan:

»Da du mir Bruder bist, ... sage mir also: Unter welchem Namen wird die Feier dieser Kirche gehalten, das heißt, auf den Namen welches Heiligen soll sie geweiht werden?«

Stefan aber antwortete ihm und sprach:

»Was fragst du mich und weswegen prüfst du mich, da du doch von solchem nicht weniger weißt als ich? Denn Vater und Mutter, unsere Eltern, verkündeten es dir mehrmals vor uns und sprachen: Gib acht, Kind, gib acht! Nicht unser Kind bist du, sondern ein Gottesgeschenk. ... So ziemt es dir vor allem, diese Kirche auf den Namen der Heiligen Dreifaltigkeit zu weihen. Nicht unser Plan ist es, sondern die Offenbarung von Gottes Willen, Verkündigung und Weisung Gottes, welcher dieses so gewollt hat. Gelobt sei der Name des Herrn in Ewigkeit!« ...

Und nach diesen Worten wünschten sie die Segnung und Weihung vom Bischof. Alsbald kamen aus der Stadt vom Metropoliten Theognost die Priester, welche die Weihegeräte mitbrachten, ein Reliquientuch, auch etwas von Gebeinen heiliger Märtyrer und wessen man sonst noch zur Weihung einer Kirche bedarf. So wurde die Kirche auf den Namen der Heiligen Dreifaltigkeit geweiht im Auftrag des allerhochwürdigsten Erzbischofs Theognost, Metropolit von Kiew und dem ganzen russischen Land, zur Zeit des Großfürsten Simeon Iwanowitsch – ich meine, es wäre genauer zu sagen: zu Anfang seiner Regierung. Wahrlich recht wurde diese Kirche auf den Namen der Heiligen Dreifaltigkeit getauft, denn sie wurde durch die gütige Fügung Gottes des Vaters, durch die Gnade des Sohnes und durch die Kraft des Heiligen Geistes errichtet. So hat Stefan die Kirche vollendet und weihen lassen ...

Von seiner Scherung, womit auch das Mönchsleben des Heiligen begann

Unser allerseligster Vater aber nahm die engelmäßige Gestalt nicht eher an, als bis er mit allen klösterlichen und mönchischen Dingen vertraut war, mit den Regeln und allem, was sie umfassen und was den Mönchen nottut. Allezeit und immer betete er mit großem Eifer zu Gott, mit Verlangen und unter Tränen, auf daß er jener engelmäßigen Gestalt ähnlich und der Mönchsgemeinschaft teilhaftig würde. Und dann rief er zu sich in das besagte Einödchen einen gewissen geistlichen Gottesmann, mit der Priesterwürde geschmückt, als Presbyter begnadet, seiner Stellung nach Abt, namens Mitrofan, ersuchte ihn gebietend und flehend zugleich, indem er sich demütig zu Boden warf und freudig vor ihm das Haupt neigte, und wünschte von ihm mit dem Mönchsgewand bekleidet zu werden. Und er sprach zu ihm also:

»Vater! Erweise mir die Liebe im Herrn, schere mich zum Mönch, denn schon lange Zeit, von Kindheit an, wünsche ich dieses sehr, nur meine Eltern nötigten mich, davon abzusehen. Nun aber bin ich von alledem befreit, und mich dürstet jetzt gleichwie es den Hirsch nach den Wasserquellen dürstet. So trachtet also meine Seele nach der mönchischen und klösterlichen Lebensweise.«

Da ging der Abt sogleich in die Kirche und schor ihn, auf daß ihm die engelmäßige Gestalt eigen würde – es war im Monat Oktober am 7. Tage, welcher dem Gedächtnis der heiligen Märtyrer Sergius und Bacchus gewidmet ist. So bekam er den Mönchsnamen Sergius...

Dreiundzwanzig Jahre war das Alter des Heiligen, als er Mönch wurde. Wie die Scherung, so zelebrierte der besagte Abt auch die Heilige Messe... Nach dieser Heiligen Kommunion, oder vielmehr während der Heiligen Kommunion selbst, zog die Gnade des Heiligen Geistes in ihn ein und nahm in ihm Wohnung. Wie aber tat sich das kund? Es waren damals einige anwesend, welche die Wahrheit bezeugen, keine lügnerischen Augenzeugen dessen, daß, als Sergius das Heilige Sakrament mit sich vereinte, jene Kirche sich ganz mit Wohlgeruch füllte, welchen wohlriechenden Duft man nicht nur innerhalb der Kirche, sondern auch außen ringsherum wahrnahm. Und alle, welche ihn aufnahmen und spürten, priesen Gott, daß er auf solche Weise seine Gottesmänner rühmlich macht. Das war nun der erste Mönch, welcher in jener Kirche und in jener Einöde geschoren wurde. Der erste im Beginn, der letzte in der Hoffärtigkeit. Der erste nach der Zahl, aber der letzte, eine Mühsal zu scheuen. Ich sage getrost: Sowohl der erste als auch der letzte. Denn viele wurden in jener Kirche geschoren, aber keiner konnte sich in dem, was er erreichte, mit ihm vergleichen. ... An jener Stätte war dieser der erste Mönch: als Erstling im Schaffen der Arbeit, das Vorbild für alle anderen Mönche, welche hierselbst leben ...

Bei der Verabschiedung von jenem Abt, welcher ihn geschoren hatte, sprach Sergius gar demütigen Sinnes zu ihm: ...

»Mein Vater! Bete für mich zu Gott, daß er mir helfe, den fleischlichen Anfechtungen mit Standhaftigkeit zu begegnen, auch den dämonischen Überlistungen und tierischen Anfällen, auch der mühsamen Arbeit in der Einöde.« ...

Nachdem der Abt nun fortgegangen war, pflegte der allerseligste Sergius in der Einöde seine geistlichen Übungen und lebte allein, ohne jeglichen Menschen bei sich. ... Wessen Verstand aber oder wessen Zunge vermöchte das Verlangen und die beginnende, erste Herzensglut und Liebe zu Gott, die im verborgenen sich vor Gott erfüllenden Tugenden zu fassen, können die Vereinsamung, den hohen Mut, das Stöhnen und immerwährende Flehen, welches er ständig vor Gott brachte, begreifen oder berichten oder ausdrücklich der Schrift anvertrauen: die warmen Tränen, das Weinen in der Seele, die Herzensseufzer, das ganznächtige Wachen, das fleißige Singen, die unablässigen Gebete, das Stehen ohne Niedersitzen, das beharrliche Lesen, die vielmaligen Kniefälle, Hungern, Dürsten, das Liegen auf dem Boden im Gebet, die geistliche Armut, Kargheit an allem, Mangel an allem: was man sich nur denken kann – nichts davon gab es. Und zu alledem noch die Kriegführung der Teufelsgeister, sichtbare und unsichtbare Schlachten, Kämpfe, Ränke, dämonische Schrecknisse, diabolischer

Wahn, die Gespenster der Einöde, Erwartung jähen Unheils, wilder Umtrieb in ihm gleich den Tieren, welche herbeikamen. Aber höher als das alles und über alledem blieb die Furchtlosigkeit in seiner Seele, harrte er im Herzen ungeängstigt aus, und sein Gemüt entsetzte sich nicht vor derlei feindlichen Tücken, Anschlägen und Unternehmungen...

Nach einiger Zeit, das heißt, er war als einziger in der Einöde schon zwei Jahre oder mehr oder weniger – ich weiß es nicht, nur Gott weiß es –, da erbarmte sich Gott, welcher seinen großen Glauben und seine viele Geduld sah, seiner. Er wollte ihm das Werk in der Einöde erleichtern, und so gab er einigen aus der Mönchsbruderschaft ins Herz, daß sie begannen ihn aufzusuchen. Das war der Plan und der Ratschluß des allmächtigen und barmherzigen Herrgotts, welcher wollte, daß Sergius in dieser Einöde nicht allein wohne, sondern mit der zahlreichsten Bruderschaft, wie es bei Paulus dem Apostel heißt: »Ich suche nicht, was mir, sondern was vielen frommt, daß sie selig werden.« Oder, anders gesagt, Gott wollte jene Stätte erhöhen und jene Einöde verwandeln und hier ein Kloster, wo sich die Mönche sammeln sollten, errichten.

...Der allerseligste Sergius erduldete, während er mit der Bruderschaft zusammenlebte, vielerlei Schwieriges und vollbrachte im Schweiße die großen Taten des Daseins im Fasten: Hart war dieses Fastendasein. Seine Tugenden waren folgende: Hungern, Dürsten, Wachen, trocken essen, auf dem Boden liegen, Zähmung von Leib und Seele, das Schweigen des Mundes, entschiedene Abtötung der fleischlichen Begierden, körperliche Arbeit, unheuchlerische Demut, unablässiges Beten, gut verständiges Denken, vollkommene Liebe, Armut in der Kleidung, Gedenken an den Tod, stille Sanftmut, Gottesfurcht ohne Unterlaß...

Dergestalt mit der Bruderschaft lebend, war er, obwohl noch nicht zum Presbyter ernannt, mit großem Fleiß in der Kirche Gottes tätig. Jeden Tag sang er mit den Brüdern in der Kirche den Mitternachtsgottesdienst, den Morgengottesdienst, die Stunden, die dritte, die sechste und die neunte, auch den Abendgottesdienst, und so wie geschrieben steht: Siebenmal lobe ich dich wegen der Ratschlüsse deiner Wahrheit...

Sergius selbst wollte anfangs nicht die Priesterweihen oder das Abtamt annehmen – seiner großen, völligen Demut wegen...

Immer sagte er, Abt werden zu wollen, das wäre Anfang und Wurzel der Liebe zu Rang und Stand.

Als demütiger Abt

...

Nach einem Jahr wurde der schon erwähnte Abt, welcher den seligen Sergius geschoren hatte, krank, und nach einiger Zeit des Siechtums schied er aus diesem Leben und ging zum Herrn ein. Der allerseligste Sergius war sehr betrübt, betete zu Gott und schickte sein fleißiges Flehen hinauf, daß Gott statt dieses Abtes ihm einen Vorsteher, Vater und Leiter gäbe, welcher das Seelenschiff vom alldiesseitigen Leben aus den Wellen des Untergangs und von den bösen Geistern hinweg zum Hafen der Errettung steuern könnte. Und als er so zu Gott betete und ihn um einen Abt für sich bat, einen wahrhaften Betreuer dieser Stätte, erhörte Gott das Gebet seines Gottesmannes und nahm sein Flehen an...

Wie nun und auf welche Weise kam es dazu, daß Sergius die Tätigkeit des Abts begann? Gott gab den Brüdern ins Herz ein, daß sie den Wunsch bekamen, ihn zum gerechten Leiter zu erheben. Die Brüder fingen an, in gewisser Richtung nachzudenken. Zuerst kamen sie unter sich zusammen und berieten. Nachdem sie sich im Glauben gestärkt hatten, gingen sie alle miteinander zum allerseligsten Sergius und sprachen also:

»Vater! Wir können nicht ohne Abt leben. Nun kommen wir aber zu dir, unser Wunsch und Begehr kundzutun. Wir wünschen sehr, daß du unser Abt und unser Meister für Leib und Seele würdest, damit wir zu dir mit unserer Buße kämen, unsere Sünden zu bekennen, damit uns von dir jeden Tag Vergebung, Segen und Gebet zuteil würde, damit wir dich alle Tage die Heilige Messe zelebrieren sähen, damit wir immer aus deiner ehrwürdigen Hand das allerreinste Sakrament empfingen. Ja, ehrwürdiger Vater, das wünschen wir von dir, also schlage es nicht ab.«

Der allerseligste Sergius seufzte aus der Tiefe seiner Seele...

So hatten ihn denn seine herzliche Bruderliebe, sein Eifer und sein Bemühen einsichtig gemacht: Also gab er ihrem Flehen nach und billigte es, daß ihrem Bitten Erfüllung zuteil würde, und stimmte zu, daß ihr Wille geschähe – oder, besser gesagt, Gottes Wille. Und nach diesem allem seufzte der allerseligste Sergius aus Herzensgrund, setzte sein ganzes Sinnen und Hoffen auf Gott den Allmächtigen und sprach zu ihnen mit demütiger Seele:

»Väter und Brüder! Nicht mehr widerspreche ich euch, da ich mich dem Willen des Herren unterwerfe: denn solches haben Herz und Inneres kundgetan. Gehen wir in die Stadt zum Bischof.« ... Gott hatte seinen Knecht zum Amt des Abtes erhoben...

Vom Sieg über Mamai

Es begab sich nach Gottes Zulassung um unserer Sünden willen – man vernahm schon das Gerücht davon –, daß der Hordenfürst Mamai eine gewaltige Streitmacht, die ganze Horde der gottlosen Tataren, in Bewegung setzte und mit ihr wider das russische Land zog. Alle Leute wurden von großer Angst bedrückt.

Der Fürst, in dessen Hand sich damals das Szepter der Großmacht in den russischen Landen befand, lobenswürdig, sieg-reich, großzügig, hieß Dmitrij. Er suchte also, da er von großem Vertrauen zu ihm erfüllt war, den heiligen Sergius auf, ihn zu bitten, er möge ihm befehlen, wider die Gottlosen zu Felde zu ziehen: kannte er ihn doch als einen Mann von Tugend, welchem die Prophetengabe eigen war. Und der Heilige, als er den Großfürsten also angehört hatte, segnete ihn, rüstete ihn durch sein Gebet und sagte:

»Es frommt dir, Herr, für die Herde zu sorgen, welche Gott dir anvertraut hat und welche den Namen Christi trägt. Mach dich auf wider die Gottlosen, und du wirst mit Gottes Hilfe siegen und hochgepriesen in deine Heimat zurückkehren.«

Der Großfürst antwortete:

»Vater, steht Gott mir bei, so werde ich ein Kloster auf den Namen der Allerreinsten Gottesgebärerin stiften!«

Und also sprechend empfing er den Segen und eilte hinweg. Er sammelte alle seine Krieger und brach schnell wider die gottlosen Tataren auf. Als sie aber deren Macht und gewaltige Menge erblickten, hielten sie zweifelnd an. Viele ergriff das Entsetzen, und sie wußten nicht, was tun. Doch siehe, da kam auf einmal ein Schnelläufer mit Botschaft vom Heiligen und sprach also:

»Geh, Herr, ohne irgendwie zu zweifeln, mit allem Mut wider ihre Grimmigkeit an! Keiner habe Furcht, Gott wird dir beistehen.«

Sogleich gewannen der Großfürst Dmitrij und seine gesamte Kriegerschaft große Kühnheit, und als sie den Heiden entgegenzogen, sprach er diese Worte:

»Großer Gott, der du Himmel und Erde erschaffen hast, steh mir bei gegen die Widersacher deines heiligen Namens!«

So kam es zur Schlacht, viele Leiber fielen, Gott aber stand dem großzügigen, siegreichen Dmitrij bei: Die Tataren wurden besiegt und dem vollen Untergang ausgeliefert. Da die Verdammten den durch Gottes Zulassung aufgebrochenen Zorn und Gottes Ergrimmtheit über sich verspürten, wandten sie sich alle zur Flucht. Das kreuztragende Heer aber folgte dem Gegner genugsam auf den Fersen und brachte einer unzähligen Menge den Tod. Etliche kamen verwundet davon, andere aber fielen ihnen lebend in die Hände. Es war ein erhebender Anblick und ein wunderbarer Sieg: Die Waffe, welche vordem geglänzt hatte, war mit dem Blut der Fremdlinge bedeckt, und ein jeglicher verkörperte die Gestalt des Sieges. Hier wurde das Prophetenwort wahr: »Einer wird ihrer tausend jagen, und zwei werden zehntausend flüchtig machen.«

Der Heilige aber, welcher mit der erwähnten Prophetengabe alles als nahe sah, was er von ferne erblickte – war doch die Stätte des Geschehens etliche Fußreisetage fern von ihm! –, stand mit der Bruderschaft vor Gott im Gebet um den Sieg über die Heiden. Kurze Zeit, nachdem der Sieg über die Gottlosen vollendet war, berichtete der Heilige hellsichtig alles, was sich zugetragen hatte, der Bruderschaft: Sieg und Heldenmütigkeit des Großfürsten Dmitrij Iwanowitsch, welcher Oberhand über die Helden gewann; auch nannte er namentlich alle, welche erschlagen waren, und brachte Gebete für sie vor den allgnädigen Gott.

Der lobwerte und siegreiche Fürst Dmitrij kehrte nach seinem Sieg über die widersacherischen Barbaren in großer, heller Fröhlichkeit in sein Reich zurück und ging dann ohne Verzug zu Sergius, dem heiligen Mönch. Er zollte ihm Anerkennung für den guten Rat, pries Gott den Allmächtigen und dankte dem Mönch und der Bruderschaft für ihre Gebete. Frohgemut tat er ihm alles kund, womit der Herr seine Gnade durch ihn erhöht hatte. Er spendete dem Kloster reichlich Almosen, und dabei rief der Großmächtige dem ehrwürdigen Mönch das Gelöbnis, welches er jetzt erfüllen wollte, ins Gedächtnis zurück: Dort auf den Namen der Allerreinsten Gottesgebärerin ein Kloster zu stiften, wo sich für den Bau ein geziemender Platz fände.

...

Vom Hinscheiden des Heiligen

Nachdem der Heilige nun viele Jahre in guter Enthaltsamkeit und Arbeit verbracht und sich in unfaßlichen und unsagbaren Wundertaten offenbart hatte, erreichte er das hohe Alter. Trotzdem versäumte er nichts von den Gesängen und Diensten für Gott, vielmehr stärkte er sich mit wachsendem Alter, nahm an Eifer zu und ging mutig und warmherzig an sein frommes Werk. Das Alter besiegte ihn nicht, sondern seine Beine wurden Tag um Tag säulengleicher, als kämen sie von Stufe zu Stufe Gott näher.

Sechs Monate im voraus kam ihm schon das Wissen von seinem Abscheiden. Er rief die Bruderschaft zu sich und vertraute die Würde des Ältesten seinem beständigen Jünger an, welcher, in der Tugend vollkommen, seinem Meister in allem nachfolgte – jung war er am Leibe, an Verstand aber stark gleichwie in der Blüte grauen Haares, und später sollte er seine Wunder offenbaren und gewichtiges Wort zu sprechen haben –

mit Namen Nikon. Diesen hieß er die Herde, welche Christi Namen trägt, weiden: achtsam und gerecht, da er Rede und Antwort nicht nur für sich, sondern für viele stehen sollte.

Siehe, der große Eiferer, der Frömmste im Glauben, der schlaflose Bewahrer, der allen erwünschte Name – er näherte sich der letzten Einwurzelung im Boden. Im Monat September befiel Krankheit seinen Leib. Da er nun seinen endgültigen Heimgang zu Gott sah und der Natur das ihre geben, den Geist aber dem begehrten Jesu überantworten wollte, rief er die geheiligte und neuerkorene Herde zu sich und breitete seine gebührenden Worte für sie aus. Er belehrte sie, daß es, wie er sagte, heilbringend sei, unverwandt im orthodoxen Glauben zu verharren. Auch gab er ihnen zum Vermächtnis, sie sollten die Einheit des Gedankens miteinander bewahren, seelische und leibliche Reinheit und unheuchlerische Liebe pflegen, sich den schlimmen und unreinen Lüsten verschließen, sich beim Essen und Trinken nicht zuchtlos verhalten, zuallermeist sich mit Demut schmücken, den Liebesdienst an den Wandernden nicht versäumen, sich der Widerworte enthalten, Ruhm und Ehre dieses Lebens für nichts erachten, statt dessen aber den Lohn von Gott erhoffen: die Wonne der ewigen himmlischen Seligkeit. Nachdem er noch mancherlei dergleichen empfohlen hatte, sprach er also:

»Ich gehe von euch zu Gott, welcher mich ruft. So übergebe ich euch dem allmächtigen Herrn und seiner allerreinsten Mutter, auf daß sie euch Zuflucht und Burg vor den Umstrickungen und Schmähungen der Feinde seien!«

Und im Augenblick des Abscheidens, in welchem er willens war, die Bindung an den Leib aufzugeben, dagegen aber Leib und Blut des Höchsten Herrn zu empfangen, seine gebrechlichen Glieder gestützt durch die Hände der Jünger, hob er seine Hände gen Himmel, sprach sein Gebet und übergab mit diesem Gebet seine reine und heilige Seele dem Herrn – es war im Jahre 6905 (1398), am 25. des Monats September. Der Allerseligste hatte somit achtundsiebzig Jahre gelebt.

Ein unbeschreiblicher Wohlgeruch strömte damals vom Leibe des Heiligen aus...

Hatte nicht auch er Wunderkräfte gleich den vor ihm Verherrlichten, und hat Gott nicht auch ihn verherrlicht und ihm einen Namen gegeben über den ganzen Erdkreis? Nicht preisen wir ihn als einen solchen, der nach Preisung verlangt, sondern so, wie er für uns betet – er, welcher in allem Christum, den Leidensbegründer, nachahmte. Nicht groß wollen wir das Wort entfalten: Wer vermag denn den Heiligen nach seiner Würdigkeit genugsam zu rühmen?

Josif von Volokolamsk

Sendschreiben an den Archimandriten des Andronnikov-Klosters Mitrofan

um 1503

Dem Herrn Archimandriten des Andronnikov-Klosters, Mitrofan, dem Beichtvater unseres Herrschers, des Großfürsten Ivan Vasil'evič von ganz Rußland, trage ich, der sündige Mönch Josif, Herr, dein Armer, demütig meine Bitte vor.

Als ich, Herr, in Moskau war, da sprach, Herr, der Herrscher, Großfürst Ivan Vasil'evič von ganz Rußland, mit mir unter vier Augen über kirchliche Angelegenheiten. Und danach fing er an, von den Novgoroder Ketzern zu reden, und sprach so zu mir: »Ja, auch ich wußte um die Novgoroder Ketzer; vergib du es mir, auch der Metropolit und die Bischöfe haben mir vergeben.« Und ich sagte ihm: »Herrscher! Wie kann ich dir vergeben?« Und er sprach: »Bitte, vergib mir!« Und ich sagte ihm: »Herrscher! Nur wenn du gegen die jetzigen Ketzer etwas unternimmst, wird Gott dir auch wegen der früheren vergeben.« Und dann bat ich den Herrscher demütig, er möge nach Groß-Novgorod und in andere Städte schikken und befehlen, die Ketzer aufzuspüren; und der Großfürst schickte mich in der Angelegenheit.

Und danach, Herr, rief mich der Herrscher, unser Großfürst, zu sich und sprach mit mir unter vier Augen über geistliche Angelegenheiten. Und ich bat ihn demütig, er möge nach Groß-Novgorod und in andere Städte schicken und befehlen, die Ketzer aufzuspüren. Und der Großfürst sagte: »Das ist wohl nötig, denn auch ich kannte ihre Ketzerei.« Und er erzählte mir, welcher Ketzerei der Protopope Aleksej anhing und welcher Ketzerei Fëdor Kuricyn anhing. »Ja, und

Ivan Maksimov hat mir meine Schwiegertochter zum Judentum verleitet. Aber ich werde persönlich in alle Städte schikken und Befehl erteilen, die Ketzer aufzuspüren und auszurotten.«

Und danach, Herr, reiste ich von Moskau fort. Und ich brauchte den Herrscher nicht erst darum zu bitten, denn, Herr, der Herrscher sprach zu mir: »Der Metropolit und die Bischöfe haben es mir vergeben.« Es nützt jedoch, Herr, unserem Herrscher, dem Großfürsten, nichts, wenn er mit Worten um Vergebung bittet, aber in seinem Tun keinen Eifer um den rechten christlichen Glauben bezeigt und nicht befiehlt, die Ketzer aufzuspüren und auszurotten. Aber der Herrscher weiß von dem ketzerischen Frevel, was für Lästerungen sie über den eingeborenen Sohn Gottes, unseren Herrn Jesus Christus, über seine allerreinste Mutter und über alle Heiligen ausgesprochen haben und wie sie Gottes heilige Kirchen entweihten, da sie speisten, tranken und sich durch Unzucht besudelten und am gleichen Tage das Hochamt zelebrierten; und wie andere die heiligen Ikonen und die göttlichen und lebenspendenden Kreuze im Feuer verbrannten, andere sie an unreine Orte warfen, andere sie zerbrachen, andere sie mit einem Beil zerschlugen und wiederum andere sie wie tolle Hunde mit den Zähnen zerbissen. Deshalb, Herr, ist es jetzt für dich an der Zeit und notwendig, unseren Herrscher, den Großfürsten, daran zu erinnern. Vielleicht hat der Herrscher über den vielen Aufgaben des Zarenamtes die Sache vergessen, deshalb, Herr, vergiß du es nicht, kümmere dich in dieser Angelegenheit um den Herrscher, damit nicht deswegen Gottes Zorn über ihn und unser Land komme. Denn, Herr, für des Herrschers Sünde straft Gott das ganze Land. Und als ich, Herr, einmal beim Großfürsten speiste, wandte er sich an mich und fragte: »Steht nicht geschrieben, es sei Sünde, die Ketzer zu bestrafen?« Und ich sagte ihm, was der Apostel Paulus an die Hebräer geschrieben hat: »Wenn jemand das Gesetz des Mose bricht, der muß sterben auf zwei oder drei Zeugen hin; wieviel mehr der, welcher den Sohn Gottes mit Füßen tritt und den Geist der Gnade schmäht.« Und da, Herr, gebot mir der Großfürst, ich solle zu sprechen aufhören. Und mir scheint, Herr, unser Herrscher, der Großfürst, hütet sich vor der Sünde, die Ketzer zu bestrafen. Deshalb ist es angebracht, Herr, daß du den Herrscher daran erinnerst, wieviel Mühe und Eifer die ersten frommen Kaiser bekundeten, um den christlichen Glauben unbefleckt zu erhalten, und wie sie (manche) Ketzer auf den Bannfluch hin einkerkerten, andere mit schweren Strafen belegten. Alle frommen Kaiser, die an den sieben Konzilien teilnahmen, haben die Ketzer auf den Bannfluch hin eingekerkert und mit schweren Strafen belegt; auch andere Kaiser, die nicht an den Konzilien teilgenommen hatten, haben die Ketzer bestraft. Der rechtgläubige Kaiser Herakleios gab für sein ganzes Reich den Befehl: wenn sich ein Jude nicht taufen läßt, dann soll er getötet werden. Ebenso befahl Abraham, der König der Homeriten, die Juden, die sich nicht taufen lassen wollten, zu töten. Aus demselben Grunde befahlen die gottesfürchtigen Kaiser Justin und Tiberios, dem Eparchen Addus und dem Oikonomos Eleutheros als Verfechtern häretischen Denkens den Kopf abzuschlagen. Kaiserin Theodora und ihr gottesfürchtiger Sohn Michael befahlen, den Ketzer Anthimos, der Patriarch von Konstantinopel war, einzukerkern und ihm zweihundert Riemenstreiche zu verabfolgen. Und der babylonische König Moavija (?), der in der lichten Taufe den Namen Johannes erhielt und den der heilige Theodor, der Bischof von Edessa, getauft hatte, schickte auf Geheiß des heiligen Theodor nach Edessa und befahl, die Nestorianer und andere Ketzer aus der Stadt zu jagen, den Manichäern aber befahl er die Zunge herauszureißen. Desgleichen mehr findest du in der göttlichen Schrift. Die göttlichen Kanones wie auch die städtischen Gesetze gebieten folgendes: Wer, nachdem er der heiligen Taufe gewürdigt wurde, vom wahren Glauben wieder abgefallen und Ketzer geworden ist und heidnische Opfer darbringt, verdient die äußerste Pein; wenn ein Jude wagt, den christlichen Glauben zu verfälschen, verdient er die Todesstrafe; Manichäer oder andere Ketzer, die Christen waren und dann anfingen, eine ketzerische Meinung zu vertreten oder sie auszuführen, und jeder, der davon weiß, ohne sie den Fürsten anzuzeigen, verdient die äußerste Pein; wer es auch immer sei, Heerführer oder Krieger oder Oberhaupt einer Versammlung (*sońmišča načjalnik*), sie alle müssen aufpassen, ob jemand eine ketzerische Meinung vertritt oder sie ausführt; und wenn sie es feststellen und einen solchen nicht anzeigen, dann haben sie, auch wenn sie selbst rechtgläubig sind, die äußerste Pein zu erleiden. Und der heilige Johannes Chrysostomus spricht: »Wer Ketzern einen Rat erteilt, mit ihnen Freundschaft hält oder beim Essen oder Trinken Gemeinschaft pflegt, wird auch mit ihnen verdammt werden.« So verfuhren die frommen Kaiser und heiligen Väter aber nicht auf Grund ihrer eigenen Gedanken, sondern weil sie es den apostolischen Schriften entnahmen. Denn der große Apostel Johannes der Theologe spricht: »Wer nicht Jesus als den Christus Gottes bekennt, der ist ein Lügner und Antichrist – solchen nehmt nicht in euer Haus auf. Wer einen solchen in sein Haus aufnimmt, hat an seinen bösen Taten teil.« Und der große Apostel Paulus spricht: »Einen ketzerischen Menschen meide – denn ein solcher ist ganz verkehrt.«

Und als ich, Herr, den Großfürsten in Moskau demütig darum bat, er möge in die Städte schicken und die Ketzer aufspüren lassen, hat mir der Großfürst gesagt: »Ich werde sogleich schicken und aufspüren lassen; ich schickte aber nur deshalb nicht und bemühte mich nicht darum, weil ich nicht wußte, bei wem das Übel auszurotten ist.« Und ich hoffte damals, der Herrscher würde schicken. Nun ist schon ein weiteres Jahr seit jenem Ostern angebrochen, aber er, der Herrscher, hat noch nicht geschickt, und die Anzahl der Ketzer hat in allen Städten zugenommen, und das rechtgläubige Christentum geht durch ihre Ketzerei zugrunde. Wenn nur der Herrscher sie ausrotten wollte, könnte er sie schnell ausrotten, indem er zwei oder drei Ketzer ergreift; diese werden dann alle angeben. Aber jetzt, Herr, liegt es an dir, weil du des Herrschers Beichtvater bist. Bemühe du dich, Herr, mit ganzer Seele den Herrscher dazu zu bewegen, daß er alles andere läßt; denn Gottes Sache ist wichtiger als alles andere. Wenn du dich aber, Herr, nicht um diese Sache kümmerst und sie nicht dem Großfürsten vorträgst, dann wird dich Gott dafür zur Verantwortung ziehen. Es ist nämlich schrecklich, in die Hände des lebendigen Gottes zu fallen! Nur wenn du dich, Herr, mit aller Kraft bemühst, wirst du dem Herrscher Nutzen bringen und bei Gott dem Herren und der allerreinsten Gottesmutter Gnade finden. Und darum, daß du, Herr, so gnädig bist, mir über das, Herr, was der Großfürst unternimmt, zu schreiben, bitte ich dich, meinen Herrn, demütig.

Josif von Volokolamsk

(Zweites) Sendschreiben an Zar Vasilij III.

um 1505

Sendschreiben des Starzen Josif an Großfürst Vasilij über die Ketzer.

Dem Herrscher, dem Großfürsten Vasilij Ivanovič von ganz Rußland, tragen ich, der sündige Mönch Josif, dein Armer, die Priester und die Brüder unter Tränen demütig unsere Bitte vor.

Sei du, Herrscher, um Gottes und der allerreinsten Gottesmutter willen so gütig und kümmere dich fürsorgend um die göttlichen Kirchen und den rechten christlichen Glauben und um uns, deine Armen und Elenden; denn, Herrscher, von der Rechten des höchsten Gottes bist du zum Selbstherrscher und Herren von ganz Rußland gemacht worden. Gott der Herr spricht nämlich zu den Propheten: Ich habe dich in Gerechtigkeit zum Könige erhoben, ich habe dich in die Hand genommen und stark gemacht. Hört deshalb, ihr Zaren und Fürsten, und begreift, daß euch euere Macht von Gott gegeben wurde. Denn euch hat Gott an seiner Statt auf Erden erwählt und dadurch erhöht, daß er euch auf seinen Thron gesetzt und euch Gnade und Leben anvertraut hat. Euch aber, den rechtglaubigen Herrschern, Zaren und Fürsten, die ihr vom Höchsten das Geheiß zum Regieren des Menschengeschlechtes erhalten habt, gebührt es, nicht nur für euch selbst zu sorgen und allein euer eigenes Leben zu leiten, sondern alles, über das ihr herrscht, vor jeglichem Ungemach zu bewahren und darauf zu achten, daß Seine Herde von den Wölfen keinen Schaden erleidet; (euch gebührt es), sich vor der Himmelssichel zu fürchten und jenen Menschen keinen freien Willen zu lassen, die Böses tun, die Leib und Seele verderben: ich meine die schändlichen und gottlosen Ketzer. Um deines, des Zaren, Scharfsinns und um der dir von Gott verliehenen Weisheit willen haben wir deiner als Herrscher und als Gebieter (*vladyka*) zu gedenken. Denn du, von Gott gekrönter Gebieter, der du einst dem frommen und apostelgleichen großen Kaiser nacheifertest, hast, zusammen mit dem von Gott gekrönten Selbstherrscher und Herren von ganz Rußland, deinem Vater, dem Großfürsten Ivan Vasil'evič von ganz Rußland, ebenso gehandelt wie jener, sage ich, der die Christenheit seines Reiches aus dem Abgrund der Hölle emporgeführt und jenen finsteren und gottfeindlichen Arius, diesen zweiten Judas, endgültig überwunden hat. Du hast jene finsteren und schändlichen Novgoroder Ketzer und Abtrünnigen, die jüdisch dachten (*židovskaja mudrstvujuščich*), samt ihrer gotteslästerlichen Überlieferung völlig überwunden, hast den reinen, wahren und makellosen christlichen Glauben, der durch die häretische jüdische Lehre schwankend und schwach geworden war, wieder gefestigt und das Herz aller, die an die heilige lebenschaffende Dreifaltigkeit glauben, mit Freude erfüllt. So erblüht nun von neuem der eine und lautere christliche Glaube nach den von Gott bekräfteten Überlieferungen der Apostel und wird in allen unseren Kirchen in seiner göttlichen Herrlichkeit würdig verkündet.

Wenn du dich, Herrscher, aber jetzt nicht mühst und nicht gegen die Ketzer mit ihrer häretischen Lehre vorgehst und sie zum Schweigen bringst, dann geht, Herrscher, die ganze rechtgläubige Christenheit an den häretischen Lehren ebenso zugrunde wie auch früher auf diese Weise viele Reiche untergegangen sind: das große äthiopische, das armenische und das römische Reich, die sich lange Jahre zum wahren christlichen Glauben bekannt hatten, sind so zugrunde gegangen. Anfangs waren in jene Reiche nur wenige Ketzer gekommen; sie haben zunächst die armen und elenden Leute und dann die Vornehmen verführt, und danach nahmen auch die herrschenden Kreise ihre Lehre an. Schon seit langen Jahren sind alle diese Reiche von der ökumenischen (*sobornya*), apostolischen Kirche und vom wahren christichen Glauben abgefallen.

So stand auch unser großes russisches Land fünfhundert Jahre lang im reinen christlichen Glauben; dann, vor vierzig

Jahren, brachte der Feind der Erlösung des Menschen, der Teufel, jenen schändlichen Juden nach Groß-Novgorod und verleitete zunächst wenige, dann aber eine große, nicht zu ermittelnde Anzahl im ganzen russischen Land zum Judentum (*židovstvo*). Und wenn du, Herrscher, keinen Eifer für den wahren christlichen Glauben, Liebe zu Gott dem Herren und der allerreinsten Gottesmutter und Haß gegenüber den Ketzern bezeigt und nicht jene bestraft hättest, die jüdisch dachten, dann wäre bereits eine zahllose Menge rechtgläubiger Christen dem jüdischen Glauben (*v židovskoj vere*) verfallen. Wenn du, Herrscher, dich um Gottes und der allerreinsten Gottesmutter willen auch momentan nicht (ebenso) bemühst, wie, Herrscher, bei den Nachforschungen, die du, Herrscher, bei der ersten Suche geleitet hast, so ziemt es sich für dich doch auch jetzt, Herrscher, dich darum zu kümmern, denn du bist für alle das Oberhaupt. Beweise deinen Glaubenseifer, damit alle Zaren den Ruhm deines rechtgläubigen Reiches sehen. Denn es wird dir ewiges Licht, das keine Dämmerung kennt, dafür erstrahlen, wenn du ebenso wie die ersten frommen und rechtgläubigen Kaiser handelst. Denn jene haben auf all den Synoden nicht nur Bischöfe und Priester, sondern auch Patriarchen und Metropoliten, wenn sie Ketzer waren, verflucht und in den Kerker geworfen, so daß sie niemanden vom rechten Glauben weglocken konnten. Jene aber, deren Buße sie Glauben schenkten und denen sie die Freiheit gaben, haben viel Übles getan und viele zur Ketzerei verleitet. Deshalb, Herrscher, kann durch nichts anderes die Not behoben werden.

Ebenso geschah es auch in unserem russischen Lande. Der Selbstherrscher und Herr aller russischen Lande, dein Vater, Großfürst Ivan Vasil'evič, befahl, nachdem die Ketzer verdammt worden waren, den Mönch Zachar und den Popen Denis in den Kerker zu werfen. Diese haben ihr Leben elend beendet und niemanden vom rechten Glauben weggelockt. Jene aber, Herrscher, denen dein Vater, Herrscher, als sie zu bereuen anfingen, ihre Reue glaubte und gegenüber denen er Nachsicht walten ließ, haben unsagbar viel Übles getan und viele rechtgläubige Christen dem Judentum zugeführt. Es kann nämlich, Herrscher, niemand jener Not steuern außern dir, dem Herren und Selbstherrscher alles russischen Landes. Und deswegen bewahrt und erhält die Rechte des Höchsten unerschütterlich und unwandelbar dein, selbstherrlich herrschender Zar und Gebieter (*samoderžavnyj carju i vladyka*), und deiner frommen Großfürstin von Gott geschaffenes Zarentum (*carstvo*). Möge deine Herrschaft (*deržava*) samt allen dir untergebenen Christus liebenden Heeren und übrigen Menschen friedvoll, von langer Dauer und siegreich sein; möge sie zunehmen in alle Ewigkeit und zu allen Tagen deines Lebens, und möge sie von Geschlecht zu Geschlecht fortdauern und der Himmelsherrschaft gleichen.

Josif von Volokolamsk

Der Aufklärer

(Einleitung, Auszug)

um 1510/11

Man muß wissen, daß der Satan in verschiedenen Jahren und Zeiten viele Ketzereien hergebracht hat... Im russischen Land aber sind nicht nur viele und ungezählte Dörfer und Kirchdörfer, sondern auch viele Städte, welche Schäflein allein des einzigen Hirten Christus sind. Und alle sind gleicher Gesinnung und alle preisen die heilige Dreifaltigkeit. Einen Ketzer aber oder einen Gottlosen hat niemand irgendwo gesehen. Und so war es 470 Jahre lang...

Es war aber in dieser Zeit ein Jude mit Namen Scharija und dieser war ein Gefäß des Satans und erfahren in jeglicher Erfindung des Bösen, in Zauberei und Schwarzkunst, Sternkunde und Astrologie, der in der Stadt Kiev lebte und dem damaligen Fürsten mit Namen Michail bekannt war, einem Christen und Mann christlicher Gesinnung, dem Sohn Alexanders, dem Urenkel Olgerds. Dieser Fürst Michail aber kam im Jahre 6979 (1471) nach Großnovgorod, in den Tagen der Regierung des Großfürsten Ivan Vasiljevič; und mit ihm kam nach Großnovgorod der Jude Scharija. Und dieser verlockte zuerst den Popen Denis und führte ihn dem Judentum zu, Denis aber führte ihm den Protopopen Alexej zu, der damals noch Pope in der Michailstraße war, und dieser wurde ebenso dem makellosen und wahren christlichen Glauben abtrünnig. Dann aber kamen aus Litauen andere Juden, die Josif Šmojlo-Skarjavej und Mosej Chanuš hießen. So sehr mühten sich Alexej und Denis um den jüdischen Glauben, daß sie immer mit ihnen tranken und aßen und nicht nur selbst das Judentum erlernten, sondern auch ihre Frauen und Kinder im Judentum unterwiesen. Sie begehrten aber, auch zum jüdischen Glauben beschnitten zu werden, und die Juden geboten ihnen, das nicht zu tun und sprachen: wenn die Christen das erfahren und es sehen wollen, seid ihr überführt; darum haltet das Judentum geheim, öffentlich aber das Christentum. Sie änderten aber den Namen Alexej und nannten ihn Avraam, sein Weib aber nannten sie Sara. Dann lehrte Alexej viele das Judentum... Und sie taten so viel Gesetzwidriges, wie nicht einmal die alten Ketzer.

O, wer ist würdig, diese Nöte zu beklagen, welche Zunge spricht das Geschehene aus, welches Gehör nimmt solche Kunde mit Milde auf! Denn sie nannten die göttliche ewige Geburt Christi vom Vater falsch und schmähten seine Menschwerdung, die um unserer Erlösung willen geschah, und sagten, daß Gott, der allmächtige Vater, weder den Sohn noch den heiligen Geist, wesensgleich und mit sich thronend, hat und daß die heilige Dreifaltigkeit nicht ist: wenn aber die Bücher sagen, daß Gott, der allmächtige Vater, Wort und Geist hat, dann ist das Wort Schall und der Geist Rauch. Aber ihn nennen die Schriften Christus, den Sohn Gottes, der noch nicht geboren worden ist. Wenn er aber geboren wird, dann wird er der Sohn Gottes genannt werden nicht dem Wesen, sondern der Gnade nach, gleichwie Moses und David und die übrigen Propheten; den aber die Christen Christus den Gott nennen, dieser ist ein gewöhnlicher Mensch, aber nicht Gott, und er ward von den Juden gekreuzigt und vermoderte im Grab, deswegen, so sagen sie, gebührt es heute, das Gesetz Mose zu halten. Weiter aber sagen sie noch, daß Gott Adam und die mit ihm waren nicht vor der Hölle retten konnte und daß er nicht himmlische Kräfte und Propheten und Gerechte besaß, die er aussenden konnte, seinen Willen zu erfüllen, sondern daß er selbst herabstieg, uneigennützig und arm, und Mensch wurde und litt und damit den Satan überlistete. Solches zu tun, gebührt aber Gott nicht. Und sie sprechen viel Lästerliches und Herabsetzendes gegen die göttliche Kirche und gegen die hochgeehrten Ikonen, indem sie sagen, es zieme sich nicht, Handgefertigtes anzubeten und es zieme sich nicht, auf den heiligen Ikonen die heilige Dreifaltigkeit darzustellen, denn Abraham sah Gott mit zwei Engeln, aber nicht die heilige Dreifaltigkeit. Und sie verbieten, die göttlichen Ikonen und das heilige Kreuz anzubeten, und die einen werfen sie an unreine und schmutzige Orte, andere aber beißen sie mit den Zähnen gleichwie besessene Hunde, andere zerschlagen sie, andere aber werfen sie ins Feuer und sprechen: lasset uns diese Ikonen schmähen, gleichwie die Juden Christus schmähten. O unreine Zungen, o abscheulicher und fauliger Mund, wie viel gotteslästerliches Wort ließ er heraus! Damals aber ging auch das 7. Jahrtausend seit der Erschaffung der ganzen Welt zu Ende. Die Ketzer aber sagten, daß das 7. Jahrtausend endete und die Ostertafel aufhörte, aber die Wiederkehr Christi nicht geschah und die Schriften der Väter falsch sind, weshalb man diese mit Feuer verbrennen müsse. Und nicht nur die Schriften der Väter schmähen sie, sondern auch die der Apostel, denn, sagen sie, weswegen findet die Wiederkehr Christi nicht statt, für die es an der Zeit ist? Denn die Apostel haben aufgeschrieben, daß Christus in den letzten Jahren geboren ist, und schon sind tausend und fünfhundert Jahre seit der Geburt Christi vergangen, aber die Wiederkehr Christi findet nicht statt, und die Schriften der Apostel sind falsch. Weiter aber schmähen sie auch die Schriften des heiligen Jefrem und sagen, seine Schriften sind falsch, denn er hat geschrieben, daß unser Herr Jesus Christus kommen wird, zu richten die Lebendigen und die Toten, und dieses Ende ist an der Zeit, und seit seiner Schrift sind 1000 Jahre vergangen, die Wiederkehr aber zeigt sich nicht. Und nicht nur des heiligen Jefrem Schriften schmähen sie, sondern sie schmähen auch alle göttlichen Schriften der Väter. Und nicht nur die Schriften, sondern auch das mönchische Vorbild selbst und das mönchische Leben schmähen sie und sagen, daß die Mönche von den Lehren der Propheten und der Evangelisten und der Apostel abgefallen sind, sich einen selbstausgedachten und selbstgelehrten Lebenswandel erfunden und die Gebote Gottes verlassen haben und sich an menschliche Satzungen halten. Andere aber sagen, daß, wenn die mönchische Lebensweise gottgefällig wäre, Christus selbst und die göttlichen Apostel in Mönchsgestalt wären; heute aber sehen wir Christus wie auch die heiligen Apostel in weltlicher, nicht aber in mönchischer Form gemalt. Andere aber sagen, daß dem Pachomij das Mönchsgewand, das ist die Schima, nicht vom heiligen Engel übergeben wurde. Denn wenn es der Engel Gottes wäre, dann würde er in lichter Gestalt erschienen sein. Weil er aber in finsterer Gestalt erschienen ist, so ist dies ein Zeichen teuflischen Werks. Andere aber verdrehten die Worte des heiligen Apostels Paulus, der an Timotheus schreibt, indem er sagt: Der Geist aber sagt deutlich, daß in den letzten Zeiten werden etliche von dem Glauben abtreten und anhangen den verführerischen Geistern und Lehren der Teufel durch die, so in Gleisnerei Lügen reden und Brandmal in ihrem Gewissen haben, die da gebieten, nicht ehelich zu werden und zu meiden die Speisen, die Gott geschaffen hat zu nehmen mit Danksagung, den Gläubigen und denen, die die Wahrheit erkennen. Die Ketzer aber sagen, daß der heilige Apostel Paulus dies von den Mönchen gesagt hat. Denn diesen verbietet man, zu heiraten und Speisen zu genießen. Über sie aber steht geschrieben: Verflucht sei jeder, der nicht aufrichtet seinen Samen in Israel. Und nicht nur so weit vollbrachten sie Schmutziges und Unreines, sondern sie trinken und überfressen sich sowohl in der heiligen Großen Fastenzeit als auch an allen heiligen Fasttagen, wie am Mittwoch, so am Freitag, indem sie Fleisch essen und sich durch Unzucht besudeln und in die göttlichen Kirchen gehen und die heilige Liturgie vollziehen. Wie sollen wir uns nicht über deine unausgesprochene Langmut, o göttliches Wort, wundern, wie über die Tiefe deiner unaussprechlichen Gnade schweigen! Es erkühnten sich aber diese Zungen noch zu anderen Schmutzigkeiten, indem sie Großes und Listiges verkündeten und selbst die Jungfrau und Gottesmutter schmähten und den großen Vorläufer Johannes und die heiligen Apostel und Märtyrer und die heiligen Bischöfe und unsere seligen und gotterleuchteten Väter: so viel und solcherlei verübte der Erstgeborene Satans, Alexej und Denis, in Großnovgorod.

Im Jahre 6988 (1480) kam Großfürst Ivan Vasiljevič nach Großnovgorod. Und damals nahm er Alexej den Popen nach Moskau in das Protopopenamt an die Kirche der allerheiligsten Uspenie und Denis den Popen an die des Erzengels Michail. Wer aber vermag ohne Tränen zu bekennen, wie viel und was diese unreinen Köter mit ihren Beschützern vollbrachten.

Nach der Ankunft in Moskau, in dieser großen und menschenreichen Stadt, wagten sie zwar noch nicht, irgendwie Ungebührliches kundzutun, sondern verbargen sich wie Schlangen in einer Spalte, indem sie sich den Menschen heilig und bescheiden, rechtschaffen und enthaltsam zeigten, insgeheim aber unreinen Samen säten, und viele Seelen verderbten und zum Judentum verführten, so daß etliche entliefen und sich zum jüdischen Glauben bekannten, unter ihnen Ivaško Černyj, schwarz dem Namen wie der Tat nach, und sein Hehler Ignatij Zubov.

Im Jahre 6993 (1485) wurde der Erzbischof für Großnovgorod und Pskov eingesetzt, der hochwürdigste Gennadij, und durch Gottes Gericht gleichwie ein Licht auf den Leuchter gestellt, und wie ein Löwe gegen die verbrecherischen Ketzer losgelassen, indem er sich gleichsam aus dem Dickicht der göttlichen Schriften und gleichsam von den hohen und schönen Bergen der Propheten- und der Apostellehren stürzte, der mit seinen Nägeln die unreinen Bäuche derer zerriß, die des jüdischen Giftes trunken waren, mit seinen Zähnen aber zermalmte und zerriß und an einem Stein zerschellte. Sie aber wandten sich zur Flucht und kamen nach Moskau, wo sie Hilfsbereite besaßen, Alexej den Protopopen und Denis den Popen, die schon viele überlistet hatten, und gewannen zur Hilfe ihres unreinen jüdischen Glaubens von der Klostergeistlichkeit einen, den ich nicht Archimandrit, sondern Beschmutzer nenne, Zosima mit Namen – wie der erste Ketzer Zosima Černyj –, der sich über den buhlerischen Sumpf freute. Dann aber verführten sie zu ihrer Ketzerei den Mönch Zachar, dann aber vom Hofe des Großfürsten Feodor Kuricyn und die Hofsänger Istoma und Sverjček, von den Kaufleuten aber Semen Klenov. Feodor Kuricyn und Istoma und Sverjček und Semen Klenov lehrten viele jüdisch leben. So große Kühnheit aber besaßen Protopop Alexej und Feodor Kuricyn damals gegenüber dem Herrscher wie niemand sonst. Denn sie frönten der Sterndeuterei und vielerlei Hexereien und der Astrologie und Zauberei und Schwarzkunst. Deswegen wandten sich viele ihnen zu und beschmutzten sich in tiefstem Glaubensabfall...

Dies aber war in den Jahren des Metropoliten Gerontij. Dieser selbst aber war christlicher Gesinnung und sorgte sich nicht wenig um das einfache Volk. Aber, weh mir, um die durch die ketzerischen Lehren verderbten oder in Unwissenheit gehaltenen christlichen Schafe sorgte er sich nicht oder fürchtete den Herrscher. Nach kurzer Zeit aber starb Gerontij im Jahre 6997 (1489). Nach kurzer Zeit aber wird Istoma der Diakon, der Hehler Satans, der Höllenköter, der Schüler Alexejs, durch die Angel des göttlichen Zorns zerrissen, sein unreines Herz aber, die Wohnstätte von sieben bösen Geistern, verfaulte und sein Leib verfaulte. Und er rief einen Arzt zu sich. Als dieser ihn aber sah, sagte er ihm, daß es der Zorn Gottes ist und durch menschliche Kunst nicht zu heilen; und so ließ er nach vielen Qualen seine unreine Seele fahren. Nicht viel später gab auch er, dieses verfluchte Gefäß Satans, dieses Wildschwein des Teufels, das von der Wiese herkam und den Weinberg Christi umgewühlt hatte, ich meine Alexej den Protopopen, seine unreine Seele in die Hände Satans. Denn über ihn kam Gottes Gericht und er wurde durch wilde Krankheit getroffen und vom Schwert des göttlichen Gerichts geschlagen. Vor seinem Tod aber machte er sich durch seine Zauberkünste an den Herrscher heran, er möge auf dem erhabenen Thron als Metropoliten das unreine Gefäß des Satans einsetzen, das er mit dem jüdischen Gift getränkt hatte, nämlich Zosima, den Unreinen, der es auch nach kurzer Zeit im Jahre 6998 (1490), am 26. September, wurde. Nach kurzer Zeit aber sendet der hochwürdigste Erzbischof von Großnovgorod und Pskov, Gennadij, zum Herrscher und zum Metropoliten Zosima. Denn noch war der Frevel seiner unreinen Seele nicht bekannt. Und es wurden viele und wahre Zeugnisse gegen die Novgoroder Ketzer überbracht, so viele ihrer in Novgorod waren und so viele ihrer nach Moskau geflohen waren, über die Schmähung und über die Beschimpfung der göttlichen Ikonen und der heiligen und lebenschaffenden Kreuze. Und auf Befehl des Herrschers versammelten sich die Bischöfe, ...Archimandriten und Äbte und die ganze geheiligte Kirchenversammlung der russischen Metropolie im Jahre 6998 (1490), am 17. Oktober. Sie kamen aber zu Metropolit Zosima, da ihnen noch nicht bekannt war, daß dieser Anführer und Lehrer der Ketzer ist. Zosima aber heuchelte christliche Gesinnung, befahl, die Ketzer zu verfluchen, ... so viele ihrer insgeheim klügeln. Andere aber wurden vom Herrscher nach Großnovgorod zum Erzbischof Gennadij gesandt. Dieser aber befahl, sie 40 Meilen vor der Stadt auf Pferde in Packsättel zu setzen und befahl, ihre Kleidung, das Vordere nach hinten, umzukehren und befahl, sie mit dem Rücken zu den Köpfen der Pferde zu setzen, auf daß sie im Westen das für sie bereitete Feuer sähen. Auf ihre Köpfe befahl er Helme aus Birkenbast, spitz wie die der Teufel, zu setzen und Helmbüsche aus Lindenbast und Kronen aus Stroh, mit Heu vermischt. Auf den Helmen waren Scheiben mit Tinte gemalt: siehe, das ist Satans Heer. Und er befahl, sie durch die Stadt zu führen und denen, die ihnen begegneten, befahl er, sie zu bespeien und zu sagen: siehe, dies sind die Feinde Gottes und die Schmäher Christi. Dann aber befahl er, die Helme auf ihren Köpfen anzuzünden. Dies tat der gute Hirte, um die ruchlosen und gottlosen Ketzer in Schrecken zu versetzen; und nicht nur diese, sondern auch die übrigen waren vom Anblick des Schreckens und der Angst erfüllt, so daß sie, indem sie auf diese sahen, verständig wurden. Andere Ketzer aber wurden vom Herrscher zu Einkerkerung und Verbannung verurteilt. Denis der Pope aber war nach Verfluchung und Einkerkerung dem in ihm hausenden lästernden Teufel ausgeliefert, und der Unreine meckerte einen Monat hindurch in ihm mit den Stimmen von wilden Tieren und Vieh und jeglicher Art von Vögeln und Reptilien und so gab er in Bosheit seine unreine und ketzerische Seele auf. Ebenso auch Zachar der Mönch, der diesem ähnlich klügelte. Aber nach der Zersplitterung und Zerfleischung dieser läufigen Köter und Söhne des Verderbens vor der Hölle, die durch das jüdische Gift gemästet wurden, blieb noch das Große Gefäß des Bösen und Haupt des sodomitischen Feuers, die dunkelköpfige Schlange, die Speise des geonischen Feuers, der neue Arius, schlimmer als Manentius, der Erstgeborene Satans, der allerunreinste Zosima, und dieser Übeltäter wurde, wie früher gesagt, in das Metropolitenamt eingesetzt. Und sogleich vermochte er das jüdische Gift nicht in seinem unreinen Herzen zurückzuhalten, sondern goß es über viele Personen aus, und besudelte den großen Metropolitenthron der Kirche der Gottesmutter, der würdig ist, der irdische Himmel zu heißen, leuchtend wie die große Sonne mitten im russischen Land, geschmückt auf jegliche Art, durch wundertätige Ikonen und Gebeine der Heiligen; und wenn Gott gewähren würde, in dem Geschaffenen zu leben, dann in ihm, hier und dort. Und in diesem lebt heute dieser schwarze Rabe, der die Augen derer, die von diesem nichtigen Leben trunken sind und den Tod der Seele entschliefen, aussticht. Denn von uns entflogen wie wohlsingende Dompfaffen, wie vollstimmige Nachtigallen, wie süßschwatzende Schwalben die göttlichen Metropoliten und großen Wundertäter Peter und Alexej und die anderen rechtgläubigen Metropoliten, die inmitten des Gartens der Kirche die Ohren derer erfüllten, welche die Rechtgläubigkeit vernahmen. Denn sie entflogen wie geflügelte Adler, die mit ihren Krallen die Augen derer zerrissen, die nicht das wahre Bild Christi sahen. Sie entflogen zu Christus, der die Menge der Gläubigen mit Flügeln bedeckt, und ließen uns verwaist zurück.

Der unreine und vom Teufel besessene Wolf aber, der sich mit dem Gewand des Hirten verhüllte – denn er fand die Einfachsten von ihnen, indem er sie des jüdischen Giftes trunken machte, andere aber beschmutzte er durch sodomitische Unzüchtigkeiten –, die verderbliche Schlange frißt und säuft und führt ein schweinisches Leben und bringt Unehre und Fehltritt und Ärgernis jeglicher Art über den makellosen christlichen Glauben und sagt, nachdem er unseren Herrn Jesus Christus, den wahrhaftigen Gott, geschmäht hat, daß Christus selbst sich Gott genannt hat. So spricht er auch gegen die allerheiligste Gottesmutter viel Schmähungen und wirft die göttlichen lebenschaffenden Kreuze an unreine Orte und verbrennt die heiligen Ikonen mit Feuer und nennt sie Götzenbilder und verwirft die Überlieferungen der Evangelien und die Gebote der Apostel und die Schriften aller Heiligen und spricht also: was heißt Himmelreich, was heißt Wiederkehr, was heißt Auferstehung der Toten? Nichts dergleichen! Wer starb, der ist tot und kehrt nicht wieder. Und mit ihm sind auch viele andere, ... die insgeheim viele jüdische Ketzereien halten, die zehn Gebote des Judentums lehren, die sadduzäische und die messalinische Ketzerei halten und viel Ausschweifungen tun. Die sie aber als klug und Kenner der göttlichen Schriften sahen, diese wagten sie noch nicht zum Judentum hinzuführen. Aber etliche Abschnitte der göttlichen Schrift des Alten und des Neuen Testamentes verdrehen sie und entstellen sie für ihre Ketzerei und lehrten Hexereien und Sterndeutereien, nach den Sternen die Geburt und das Leben des Menschen zu betrachten und zu richten, die göttliche Schrift aber wie etwas Nichtiges und dem Menschen Unnötiges zu verachten. Die Einfachsten aber belehrten sie im Judentum. Wenn mancher auch nicht zum Judentum abfiel, so lernten viele von ihnen, die göttlichen Schriften zu bemängeln und stritten sich auf den Märkten und in den Häusern über den Glauben und hatten Zweifel.

Und so große Unruhe herrschte unter den Christen, wie sie noch niemals war, seitdem die Sonne der Frömmigkeit über dem russischen Land aufzugehen begonnen hat. Wie aber der Mönchsstand sowohl in den Klöstern als auch in den Einsiedeleien, so wurden auch die Herzen vieler adligen und christusliebenden Großen dieser Welt erschüttert und waren von viel Trübsal und Trauer der Seele erfüllt. Und da sie den verderblichen und gotteslästerlichen Sturm nicht zu ertragen vermochten, so baten sie Gott mit bitteren Tränen, er möge diesen verderblichen jüdischen Winter beenden und das Herz durch das Gedächtnis der wesensgleichen Dreifaltigkeit erwärmen und die Wahrheit erleuchten und die Sonne der Frömmigkeit erstrahlen lassen. Und wie jeder vermag, so streitet jeder dafür, daß das verderbliche jüdische Unkraut mitsamt dem unreinen Unkrautsäer ausgerottet werde. Sie deckten nämlich dessen Abfall und unreine sodomitische Taten auf. Er aber entfacht unversöhnlichen Streit gegen diese und schließt die einen vom göttlichen Abendmahl aus, welche aber Priester oder Diakonen sind, diese schließt er aus der Priesterschaft aus, indem er sagt, es zieme nicht, einen Ketzer oder einen Abtrünnigen zu richten, indem er aber auch dies sagt: daß, wenn der Ketzer ein Bischof oder ein Priester sein wird und wenn er diesen ausschließt oder nicht segnet, das göttliche Gericht seinem Gericht nachfolgen wird. Aus Unkenntnis der göttlichen Schrift fürchtet er sich aber, diesen Abfall aufzudecken. Sie aber, welche die göttlichen Schriften durchgelesen hatten, wußten, daß es sich ziemt, Ketzer und Abtrünnige nicht nur zu richten, sondern auch zu verfluchen, aber nicht allein zu verfluchen, sondern auch grausamen Strafen zu überantworten. Sie aber hörten nicht auf, dessen Ketzertum und unreine Taten aufzudecken und allen kundzutun, er aber geht zum Herrscher und schwärzt sie an. Und sogleich werden die Unschuldigen vom Herrscher mit Einkerkerung bestraft und müssen viel Kummer und Fesseln und Gefängnis und Beraubung an Eigentum auf sich nehmen, jene aber litten nicht durch Vertreibung, sondern durch die Darstellung der Nichtigkeit aller tröstlichen und körperlichen Bedürfnisse, die jene tröstete. Weiter aber sammelten sie gegen die ketzerischen Reden aus den göttlichen Schriften entgegengesetzte und überführende Antwort und sandten sie aus, indem sie sich den Ketzern widersetzten.

Und um solcher Not willen habe auch ich einiges Wenige aus den göttlichen Schriften gesammelt, das den Reden der Ketzer entgegen ist und sie überführt. Wenn ich aber auch unwissend und grob bin, so darf ich, nach meiner Kraft, gegen diese nicht träge sein. Denn als Antiochus im Kloster des heiligen Savva lebte und den Ansturm der tierähnlichen Perser gesehen hatte, empfand er das wie eine rechtzeitig gekommene Verpflichtung und faßte deshalb eine Auswahl aus den göttlichen Schriften in einem großen Buch zusammen. So schrieb auch der heilige Nikon, als er in Antiochia im schwarzen Berge lebte und das Vorhaben der gottlosen Türken sah, vieles aus den göttlichen Schriften den Lesern zum Nutzen auf. Heute aber rüsteten sich nicht die Perser, nicht die Türken, sondern Satan selbst und sein ganzes Heer gegen die Kirche Christi, gleichsam wie wilde Tiere. Sie kosteten nicht das Fleisch der Menschen, tranken nicht das Blut, sondern verdarben die Seele, die durch die ganze Welt nicht aufgewogen wird. Und niemand möge mir verdenken, daß ich in jeder Predigt diejenigen, die ketzern und jüdisch klügeln, kundgegeben habe, ich meine Alexej den Protopopen und Feodor Kuricyn und den Popen Denis und die, welche ihnen ähnlich sind. Denn so schrieben auch unsere heiligen göttlichen Väter gegen die alten Ketzer und gaben ihre Namen und ihre Ketzereien an sehr vielen Orten kund, auf daß sie auch den alten Geschlechtern bekannt würden, daß ihre Lehren Erfindungen des Satans sind. Ich habe aber das aus verschiedenen göttlichen Schriften Gesammelte zu Einem zusammengefaßt, auf daß diejenigen, welche die göttlichen Schriften kennen, es durchlesen und sich erinnern, diejenigen aber, die sie nicht kennen, es durchlesen und nachdenken mögen...

Nil Sorskij

Überlieferung an die Schüler

vor 1509

Von der Lebensführung der heiligen Väter ist dieses die Überlieferung des Starec Nil, des Einödbewohners, für seine Schüler, und alle sollen diese halten, wie es sich ziemt.

Ich habe es für geziemend gehalten, im Anfang vom Glauben zu schreiben. Ich glaube an den einen Gott, den in der Dreifaltigkeit gepriesenen Vater und Sohn und Heiligen Geist, der eines Wesens und ungeteilt ist. Ebenso glaube ich auch an die Inkarnation des Sohnes Gottes, der vollendeter Gott und vollendeter Mensch ist, ihn bekenne ich und nehme das übrige Bekenntnis des orthodoxen Glaubens vollständig an und bekenne es mit meiner ganzen Seele. Ebenso bekenne ich meine Herrin, die heilige, allerreinste, wahrhafte Gottesmutter mit viel Glauben und Liebe und rühme und preise sie. Und alle Heiligen verehre ich und nehme ich an, und ich rühme sie und vereinige mich mit ihnen durch die Gnade Christi und nehme Zuflucht mit ganzer Seele zur heiligen katholischen apostolischen Kirche; und alle Lehren, die sie empfangen hat vom Herrn und von den heiligen Aposteln und den heiligen Vätern der ökumenischen und regionalen Konzilien und von den übrigen heiligen Vätern, die die heilige Kirche übernommen hat und uns lehrt, betreffend den orthodoxen Glauben und die Anweisung zum Handeln; dieses alles nehme ich an und verehre es mit viel Glauben und Liebe. Die häretischen Lehren aber derer, die sich mit Unrecht »Lehrer« nennen, und ihre Überlieferungen verfluche ich alle und ebenso die, die mit mir sind: Mögen uns alle Häretiker fremd sein!

Es kommen nämlich auch viele fromme Brüder zu mir, die bei uns leben wollen, und ich habe mich vielfach geweigert, da ich ein sündiger und unverständiger Mensch bin und schwach an Seele und Leib. Die von mir Abgelehnten aber lassen mir keine Ruhe, noch hören sie auf, mich zu bedrängen, und deswegen haben wir mancherlei Beunruhigungen. Und ich sah es ein, daß es Gottes Wille ist, daß, die zu uns kommen, die Überlieferungen der Heiligen haben und die Gebote Gottes halten sollen, und sie sollen die Überlieferungen der heiligen Väter ausführen... Wer zu diesem nicht bereit ist, der möge aufhören, meine Armseligkeit zu belästigen, denn ich schicke solche Untauglichen fort, wie ich vorher gesagt habe. Zu solchen komme nicht ich mit dem Wunsch, ihr Vorgesetzter zu sein, sondern die zu mir kommen, nötigen mich dazu... Die aber so leben wollen, frei und ohne Gefahr, die nehmen wir an und sagen ihnen das Wort Gottes... vielmehr überliefern nicht wir, denn wir sind unwürdig, sondern die seligen Väter gemäß den Göttlichen Schriften; und die bei uns leben, sollen sich bemühen, diese sorgfältig zu bewahren. So wollen wir es haben, und so lieben wir es...

Dieses ist uns von den heiligen Vätern sorgfältig überliefert worden: Da der Herr und seine Allerreinste Mutter von der rechten Mühe ihrer Handarbeit und ihres Werkens sich ihre tägliche Nahrung und alles übrige Nötige erworben haben, so geziemt es auch uns, denn der Apostel sagt: »Wer nicht arbeitet, soll auch nicht essen.« Er wünscht nämlich, daß unser Leben und unsere Notdurft dadurch bestritten werden. Man soll aber Arbeit tun, die unter dem Dach (der Zelle des Klosters) getan werden kann. Denn »bei Notwendigkeit und bei Hitze ein Paar Ochsen auszutreiben um zu pflügen und andere mühselige Arbeit ist in koinobitischen Klöstern lobenswert«, sagt die Göttliche Schrift, »bei denen, die für sich leben, ist es zu verwerfen«. Wenn wir wegen unserer Schwäche oder wegen irgendeiner anderen vernünftigen Versäumnis unsere Bedürfnisse durch unsere Arbeit nicht bestreiten können, so kann man von Christusfreunden ein wenig Almosen nehmen, aber nur das Nötige, nichts Überflüssiges. Besitzungen aber, die durch Zwang von fremder Leute Arbeit erworben werden, (dem Kloster) einzubringen, ist uns nicht von Nutzen. Denn wie können wir dann die Gebote des Herrn halten, die sagen: »Wenn jemand mit dir einen Rechtsstreit anfangen will und deinen Rock haben will, dem gib auch das Hemd«, und die übrigen entsprechenden Gebote; denn da wir voller Leidenschaft und schwach sind, so sollen wir (den Besitz) wie todbringendes Gift fliehen und abweisen.

Beim Kauf unserer Bedürfnisse und beim Verkauf unserer Handarbeiten darf man dem Bruder keinen Verlust zufügen, lieber soll man selbst einen Verlust auf sich nehmen. Ebenso darf man nicht denen, die bei uns arbeiten, wenn es gelegentlich einmal Weltleute sind, den schuldigen Lohn vorenthalten; im Gegenteil, man soll ihn mit einem Segensspruch aushändigen und sie in Frieden entlassen. Es ziemt sich nicht für uns, etwas Überflüssiges zu besitzen. »Und wenn es heißt, man soll den Bittenden geben und denen, die leihen wollen, nicht abschlagen, so ist das den Arglistigen geboten«, sagt der Große Basileios, »wer nämlich nichts über den nötigsten Bedarf hinaus besitzt, braucht solche Gaben nicht zu machen.« »Und wenn er sagt: Ich habe nichts!, so hat er nicht gelogen«, sagt der Große Barsanuphios. Er ist ja offensichtlich ein Mönch, dem es nicht obliegt, Almosen zu geben. Dieser kann mit offenem Antlitz sprechen: »Siehe, wir haben alles verlassen und sind dir nachgefolgt.« Der heilige Isaak schreibt: »Besitzlosigkeit ist höher als solche Almosen. Das Almosen des Mönchs nämlich ist: dem Bruder helfen zur Zeit der Not und seinen Kummer zu trösten mit geistlicher Betrachtung, doch ist auch dieses Sache derer, die es können.« »Das der Neubeginnenden aber ist Kummer, Zurücksetzung und Vorwürfe vom Bruder zu dulden; und dieses ist ein geistliches Almosen und viel höher als das leibliche, so wie die Seele höher ist als der Leib«, sagt der heilige Dorotheos. Wenn aber ein Pilger kommt, soll man ihn nach unseren Kräften ausruhen lassen und danach, wenn er es fordert, ihm den Segen über das Brot geben und ihn entlassen...

Mit Trank und Speise möge es jeder halten, wie es zur Kraft seines Körpers und der Nahrung der Seele nötig ist, wobei er Übersättigung und Gaumenkitzel meide. Wir dürfen kein Getränk trinken, um uns zu berauschen. Die Gesunden und Jungen sollen ihren Körper abtöten durch Fasten und Dürsten und Arbeit, die ihren Kräften entspricht; die Alten und Schwachen mögen sich ein wenig stärken.

In unseren Zellen sollen wir keine Gefäße und andere Dinge haben, die kostbar und verziert sind. So sollen auch die Zellengebäude und die anderen Wohngebäude alle weder kostbar noch verziert sein, wenn wir sie besitzen, wie der Große Basileios sagt: »... wie es überall erstanden und billig gekauft werden kann.«

Frauen dürfen nicht zu uns in die Einsiedelei hineinkommen; wir sollen keine Haustiere weiblichen Geschlechts zum Dienst oder zu irgendeinem anderen Gebrauch haben, denn dieses ist uns verboten; auch darf man keine Knaben zum Dienst haben, und man muß sich auf jede Weise vor glatten frauenähnlichen Gesichtern hüten.

Nil Sorskij

Die Ordnung (der sog. *Ustav*)

vor 1509

Vorwort: Aus den Schriften der heiligen Väter vom geistigen Tun, weswegen dieses nötig ist, und wie man sich um es mühen muß. Vom gleichen Starec Nil.

Da viele der heiligen Väter vom Tun des Herzens und dem geistigen Wachen und der Bewahrung des Sinns in verschiedenen Dialogen gesprochen haben, so wie jeder von ihnen durch Gottes Gnade gelehrt war, haben sie im selben Verstande vor allem das Wort des Herrn selbst aufgenommen, der sagt: »Aus dem Herzen gehen böse Gedanken und verunreinigen den Menschen.« Er hat auch gelehrt, die inneren Gefäße zu reinigen und sprach: »Man muß den Vater im Geist und in der Wahrheit anbeten.« ... Und viele heilige Väter haben dieses gesagt, und alle stimmen damit überein. Darum gebietet der selige Philotheos Sinaites, wenn er von den Mönchen spricht, die nur die Praxis kennen und die aus Einfalt den geistigen Kampf, den Sieg und die Niederlage nicht kennen und deshalb ihren Sinn vernachlässigen, daß man für sie beten solle und sie belehren, daß sie sich von der Einwirkung böser (Geister) frei halten sollen, vor allem, daß sie ihren Sinn reinigen, welcher das Auge der Seele ist. Und zwar gab es schon früher heilige Väter, nicht nur Anachoreten und solche, die im Innern der Wüste in Einsamkeit lebten und die den Sinn vor allem bewahrten und Gnade fanden und zur Leidenschaftslosigkeit und Reinheit der Seele gelangten; sondern auch, die im Kloster lebten (erlangten dieses), und nicht nur die, die sich (in Klöstern) fern von der Welt aufhielten, sondern auch die, die in den Städten waren, wie z. B. Symeon der Neue Theologe und sein Starec Symeon Studites, die in der Mitte der Kaiserstadt im großen Studios-Kloster, in solch einer menschenreichen Stadt, wie Sterne erstrahlten mit geistlichen Gaben. ... »Dieses große und wunderschöne und lichtspendende Tun«, sagt Symeon der Neue Theologe, »erhalten viele durch Belehrung; nur einige wenige haben es durch die Askese des Tuns und durch die Glut des Glaubens von Gott empfangen.« Dasselbe sagt auch Gregorius Sinaites und andere Heilige. Nicht klein ist das Ringen, sagen sie, für dieses wunderbare Tun einen nicht verführerischen Lehrer zu finden; sie nennen aber einen solchen »nicht verführerisch«, der das aus den Göttlichen Schriften bezeugte Tun hat und Weisheit und geistliches Urteil errungen hat. Und dieses haben die Heiligen gesagt, daß schon damals ein nicht verführerischer Lehrer für solche Dinge schwer zu finden war. Nun aber sind sie äußerst rar geworden, und so muß man sie, ohne die größten Mühen zu scheuen, ausfindig machen. Wenn aber keiner zu finden ist, so haben die heiligen Väter geboten, sich aus den Göttlichen Schriften zu belehren, indem man auf den Herrn selber hört, der spricht: »Prüfet die Schriften, und ihr werdet in ihnen das ewige Leben finden.« »Was nämlich früher in den heiligen Schriften geschrieben war, ist uns zur Belehrung geschrieben«, spricht der heilige Apostel. Auf diese Weise haben die Heiligen sinnlich und geistlich im Weinberg ihres Herzens gearbeitet und ihren Sinn von den Leidenschaften gereinigt und dadurch den Herrn gefunden und geistliche Weisheit erworben. Uns aber, die von der Flamme der Leidenschaften versengt werden, haben sie befohlen, lebendiges Wasser aus der Quelle der heiligen Schriften zu schöpfen, das die uns versengenden Leidenschaften löschen und uns jede wahrhafte Weisheit lehren kann. Deshalb habe auch ich mit vielen Sünden Behafteter und Unverständiger aus den heiligen Schriften gesammelt, was die heiligen geisttragenden Väter hierüber geschrieben haben, und habe es mir selbst zur Erinnerung aufgeschrieben...

Der Sinn dieser Schriften hat diesen Inhalt: Was für ein Tun ein Mönch haben soll, der in diesen Zeiten wahrhaftig um seine Rettung besorgt sein will, was er geistig und sinnlich – gemäß den Göttlichen Schriften und dem Leben der heiligen Väter –, wenn es ihm möglich ist, tun soll.

...

Wort I: Vom Unterschied der geistigen Angriffe gegen uns, der Siege und Niederlagen, und daß man sich sorgfältig den Leidenschaften widersetzen soll. Desselben Starec Nil, des Einödbewohners.

Verschieden ist nämlich der Kampf gegen den geistigen Ansturm, der gegen uns geht, die Siege und Niederlagen, sagen die Väter: zuerst der Angriff, dann die Verbindung, darauf die Zustimmung, dann die Gefangenschaft und schließlich die Leidenschaft.

Den »Angriff« nannten die heiligen Väter Johannes Klimakos und Philotheos Sinaites u. a. den einfachen Gedanken oder ein Bild, das auftaucht, das neu erschienen ins Herz getragen wird und sich dem Sinn enthüllt...

»Verbindung« nennen sie (die Väter), wenn man mit der Erscheinung ins Gespräch tritt, sei es aus Leidenschaft, sei es leidenschaftslos, d. h., das Annehmen des Gedankens, der vom Feinde kommt, oder Meditation und Gespräch mit ihm nach unserem freien Willen. Dieses ist »Gedanken haben«, welcher Gedanke auch immer an den Sinn herangetragen wird. Dieses, sagen sie, ist nicht immer ohne Sünde: Man bekommt aber Lob, wenn man es Gott wohlgefällig ordnet...

Die »Zustimmung«, sagen sie, ist die wollüstige Neigung der Seele zum erschienenen Gedanken oder Bilde, d. h., wenn jemand die Gedanken und Bilder, die vom Feinde vorgespiegelt werden, annimmt, und wenn er mit ihnen in seinem Sinn spricht und in seinem Denken geneigt ist, so zu sein, wie es der feindliche Gedanke sagt...

Die »Gefangenschaft« ist entweder die zwangsweise und unfreiwillige Verführung des Herzens oder die dauernde Verbindung mit der Erscheinung, und sie ist verderblich für unseren edlen Stand. Dieses ist die zwangsweise und unfreiwillige Verführung des Herzens...

»Leidenschaft« aber nennen sie es entsprechend der Wahrheit, wenn ein Gedanke sich lange Zeit in der Seele eingenistet hat, so daß er dort im Charakter eingewurzelt ist, wenn er durch die Gewohnheit zur Leidenschaft führt...

Wort II: Von unserem Kampf, den wir mit diesen zu führen haben, und daß wir sie durchs Eingedenksein Gottes und Bewahrung des Herzens, d. h. durch Gebet und Hesychia des Sinns besiegen sollen, und wie wir dieses vollbringen sollen. In diesem Kapitel auch über die (Geistes-)Gaben.

Dem Kampf gegen die Gedanken schreiben die Väter eine Kraft zu, die der des Kämpfers entspricht: Er siegt entweder mit seinem Willen oder muß in seinem Sinn eine Niederlage hinnehmen. Um es einfach auszudrücken: Man soll den bösen Gedanken widerstehen, wenn man Kraft dazu hat. Dieses wird entweder mit dem Siegeskranz oder mit der Höllenqual belohnt: Die Siegeskränze erhalten die Sieger, die Höllenqualen aber die, die gesündigt haben und in diesem Leben nicht Buße getan haben. ... Es ist aber ein vernünftiger und hervorragender Kampf, sagen die Väter, wenn man den Anfang des eindringenden Gedankens abschneidet, der »Angriff« genannt wird, und wenn man unablässig betet...

Darum muß man bestrebt sein, in Gedanken zu schweigen... und immer zu sprechen: »Herr Jesu Christe, Sohn Gottes, erbarme dich meiner!« – das ist das Ganze. Manchmal aber (soll man) die Hälfte (sprechen): »Herr Jesu Christe, erbarme dich meiner!« Und wiederum ändere man die Worte: »Sohn Gottes, erbarme dich meiner!« ... Rufe den Herrn Jesus inbrünstig und geduldig und voller Erwartung an und schließe alle Gedanken aus. Wenn dich die Gedanken sehr bedrängen, dann beginne gegen sie zu beten und halte dann wiederum am ersten Tun fest. ... Wenn sie dich aber, auch nachdem du gegen sie gebetet hast, trotzdem schamlos bedrängen und sich so sehr vermehren, daß du mit dem Sinn das Herz nicht mehr bewahren kannst, dann sprich das Gebet mit den Lippen viel und unaufhörlich, fest und geduldig. Wenn aber Trägheit und Kraftlosigkeit dich umfängt, so rufe Gott um Hilfe an und zwing dich selbst, soviel du Kraft hast, und laß vom Gebet nicht ab, und all dieses wird dann von dir abfallen, durch Gottes Hilfe vertrieben. Wenn aber der Sinn ruhig und von allen Gedanken still wird, dann achte wieder auf dein Herz und das Gebet in deiner Seele oder in deinem Sinn...

Diejenigen aber, die das Gebet nicht kennen, ... müssen viel psalmodieren und ohne Maß und ständig in verschiedenen Beschäftigungen sein. ... Jegliches Maß ist aber nach den (Worten der) Weisen angebracht. – Darum soll man mit Maß psalmodieren, sagen die Väter; man soll sich aber viel im Gebet üben, und wer träge wird, soll psalmodieren oder die Lebensbeschreibungen und Taten der Väter lesen. ... Und bei der Erringung des Besseren wird das Gebet verlassen, und man ist in der Ekstase und hat nach nichts Gelüste, nach den Worten des Apostels: ob er im Leibe ist oder außerhalb des Leibes, weiß er nicht. Das Gebet hat er den Samen genannt, dieses aber (die Ekstase) das, was in der Garbe zusammengebunden wird, wenn der Schnitter sich mit unbeschreiblichem Blick wundert, wie aus den schlechten und nackten Körnern, die er gesät hat, diese vollen Ähren vor ihm unerwartet aufgeschossen sind. »Gebet« nennen es die Väter, weil es aus dem Gebet seinen Ursprung hat und weil den Heiligen zur Zeit des Gebets diese unaussprechliche Gabe geschenkt wird; wie sie wollen, bringen sie die Erscheinungen dieses Zustandes hervor, auf daß sie die Gedanken der Seele festigen. Der Name dieses (Zustandes) ist aber niemand bekannt. Denn dann bewegt sich die Seele mit geistlichem Wirken zu jenem Göttlichen, sie wird der Gottheit ähnlich in unfaßlicher Vereinigung und wird durch den Strahl des oberen Lichtes in ihren Bewegungen erleuchtet. Dann wird der Sinn fähig, die künftige Seligkeit zu spüren, er vergißt sich selbst und alles, was hier existiert, und läßt sich von nichts bewegen...

Doch dieses ist unsagbar und unaussprechlich... Und wenn Gott solchen Dingen in diesem Leben nicht eine Grenze gesetzt hätte – wieviel müßte man in ihnen zu spüren bekommen? Und wiederum, wenn es dem Menschen in seinem ganzen Leben erlaubt wäre, würde er nicht die wunderbare Vision dieser Dinge verlassen. Doch dieses schafft Gott um seiner Barmherzigkeit willen, daß man sich von dem Heiligen dieser Gnade für einige Zeit demütig entfernt und an die Brüder denkt und für sie sorgt, indem man ihnen mit dem Worte dient; das ist die Belehrung zu frommem Lebenswandel...

Denn viele der alten Väter waren Täter und Lehrer dieser Dinge und erbauten einer den anderen und stärkten sich gegenseitig. Heutigentags aber sind wir an solchen arm geworden: Wenn jemand Gottes Sache treiben will, den macht vor allem die Gnade verständig und hilft ihm jetzt und in alle Ewigkeit. Diejenigen, die nicht ringen wollen, und jene, welche andere in Freudlosigkeit und Hoffnungslosigkeit führen, indem sie sagen, daß heutigentags die alte Zuteilung von Geistesgaben durch Gott nicht mehr vorkäme, nennt sie (die Schrift) Verführte und Verführer von anderen. Es wollen aber einige nicht hören, daß es Gnade in der heutigen Zeit gäbe... Wir aber haben dieses aus den Heiligen Schriften erkannt; und wenn wir um die Sache Gottes wahrhaft bemüht sein wollen, dann laßt uns als erstes, wenn möglich, uns vom eitlen Treiben der Welt entfernen und bemüht sein, die Leidenschaften zu verringern, d. h. das Herz zu bewachen vor bösen Gedanken. Laßt uns darin die Gebote erfüllen und in der Bewahrung des Herzens ständig beten...

...

Wort IV: Von der Selbstbeherrschung in allem Tun in unserer Lebensführung.

Selbstbeherrscht sollen wir dies in unserer Lebensführung einhalten, so daß wir immer und überall in jeglichem Beginnen mit Seele und Leib, im Wort, in der Tat mit unserem Denken, im Werke Gottes verbleiben, soweit es in unserer Kraft steht...

Wenn man vom Schlaf aufsteht, soll man zuerst Gott loben, dann beichte ihm, und dann (laß) diese Beschäftigungen (folgen): Gebet, Psalmodieren, Lesen, Handarbeit und vielleicht irgendeine andere Arbeit. Immer soll man den Sinn in viel Andacht erhalten, in der Hoffnung an Gott hängend, und alles tun zu seinem Wohlgefallen, nicht aber zum Selbstruhm und nicht den Menschen zu Gefallen, indem man gewiß weiß, daß er immer mit uns ist, da er überall ist und alles erfüllt; denn, der das Ohr eingepflanzt hat, hört alles, und der das Auge geschaffen hat, sieht überall hin. Und wenn sich ein Gespräch ergibt, so soll es sich nach Gottes Wohlgefallen von Murren und Verurteilen, eitlem leeren Reden und Streitsucht fernhalten. Das gleiche gilt von Essen und Trinken, auch das soll mit Gottesfurcht geschehen. Am meisten soll man zur Zeit des Schlafs innerlich im Geiste andächtig, äußerlich in allen Gliedern wohl bewahrt sein. Der Schlaf ist nämlich ein zeitliches Abbild des ewigen Schlafs, d. h. des Todes, und das Niederlegen auf dem Lager soll an Stelle des Legens in den Sarg stehen. Bei all dem soll man immer Gott vor Augen haben, wie es bei David heißt: »Ich habe den Herrn immer vor Augen, denn er ist mir zur Rechten, auf daß ich nicht schwanke.« Wer nämlich solches tut, ist immer im Gebet. Wer einen gesunden Leib hat, muß ihn mit Fasten und Wachen ermüden, mit anstrengendem Tun, mit Metanien und Handarbeit, die anstrengt, auf daß der Körper sich der Seele unterwirft und von den Leidenschaften durch die Gnade Christi befreit wird. Wenn aber der Leib schwach ist, soll man ihn nähren, um ihm Kraft zu geben. Jeder soll aber gerne des Gebetes pflegen, sei er gesund oder krank, auf daß der Sinn sich im verborgenen übt für den Fall, da es not ist. Und dieses soll man voll Furcht ausführen. Denn körperliches Tun wird von denen, die gesunden Leibes und stark sind, nach der Kraft eines jeden gefordert. Das geistige Tun, daß man den Sinn in Andacht und in der Hoffnung auf Gott hält und sich in seiner Liebe übt, ist für alle Pflicht, ja sogar in großer Krankheit. Ebenso ist es unsere Pflicht, nach dem Gebot des Herrn Liebe zu unseren Nächsten zu haben. Und wenn sie sich nahe von uns befinden, sollen wir die Liebe mit Wort und Tat erzeigen, sosehr wir können, und auch die Liebe zu Gott bewahren. Wenn sie aber von uns entfernt sind, sollen wir uns im Geist in Liebe mit ihnen verbinden und jeden bösen Gedanken an sie aus unserem Herzen vertreiben und unsere Seele in Demut ihnen unterwerfen und ihnen mit gutem Willen gefällig sein. Denn der Herr wird uns in solcher Haltung erblicken und uns unsere Sünden vergeben, und unser Gebet wird er wie eine heilsame Gabe annehmen und uns seine Gnadenerweisungen reichlicher schenken.

...

Wort V: Über die Unterschiede unseres Kampfes und Sieges über die acht Hauptgedanken der Leidenschaft und die übrigen (Gedanken).
Verschiedene Arten des Kampfes, durch die wir den Sieg über die argen Gedanken erringen können, die dem Maß eines jeden Asketen entsprechen, haben die Väter genannt: daß man gegen die Gedanken beten soll und daß man ihnen widersprechen soll und daß man sie vernichten und verjagen soll. Sie zu vernichten und zu verjagen ist Sache der Vollkommenen, aber gegen sie anzureden, dieses ist die Sache der Fortgeschrittenen. Die Neuanfangenden und Schwachen aber sollen gegen sie beten und gute Gedanken gegen die bösen anführen...

Darum sollen wir auch, wenn wir von Gedanken vergewaltigt werden und nicht in Demut und innerer Stille beten können, gegen sie anbeten und heilsame Gedanken heranführen. Wie wir beten sollen und wie wir sie in heilsame verwandeln – auch darüber wollen wir die heiligen Schriften anführen. Denn die Väter nennen acht herrschende Gedanken, von denen alle anderen zahlreichen leidenschaftlichen Gedanken geboren werden: 1. der Gedanke der Völlerei, 2. der Gedanke der Hurerei, 3. der Gedanke der Geldliebe, 4. der Gedanke des Zornes, 5. der Gedanke der Trauer, 6. der Gedanke der Akedie, 7. der Gedanke des Selbstruhms, 8. der Gedanke der Überheblichkeit...

...

Der dritte Gedanke der Geldliebe
Das Leiden der Geldliebe stammt aus dem Inneren unserer Natur auf Grund von Kleinglauben und Unvernunft, sagen die Väter; daher ist der Kampf hierum nicht groß, wenn man mit Gottesfurcht auf sich acht hat und wahrhaft gerettet werden will. Wenn aber (dieses Laster) in uns so stark wird, ist es das schlimmste von allen; und wenn wir uns ihm unterwerfen, führt es in solch eine Verderbnis, daß es der Apostel nicht nur die Wurzel allen Übels, des Zornes und der Trauer und alles übrigen, nennen kann, sondern daß er es auch Götzendienerei nennt. Viele sind nämlich um der Geldliebe willen nicht nur vom frommen Leben abgefallen, sondern haben auch in ihrem

Glauben gesündigt und haben leiblich und seelisch gelitten, wie uns in der Heiligen Schrift erzählt wird. Denn es wird von den Vätern gesagt, daß, wer Gold und Silber sammelt und darauf vertraut, nicht glaubt, daß Gott es ist, der für ihn sorgt. Und dieses sagt die Heilige Schrift: Wenn jemand vom Stolz oder der Geldliebe besessen ist, welche Leidenschaft es auch von diesen beiden sei, den bekämpft der Teufel nicht mit einer anderen Leidenschaft, denn diese eine genügt schon für ihn, daß er (den Mönch) verderben kann.

Daher müssen wir uns von dieser verderblichen und die Seele zersetzenden Leidenschaft hüten und Gott den Herrn bitten, daß er den Geist der Geldliebe von uns vertreibe. Und wir sollen uns nicht nur des Besitzes von Gold und Silber enthalten, sondern auch aller Gegenstände, außer denen, die wir dringend gebrauchen, Kleider und Schuhe, und was man zum Bau der Zellen gebraucht, Gefäße und Werkzeuge jeder Art. All dieses sollen wir nicht kostbar und unverziert und billig erwerben, so daß es uns nicht zu Unruhe führt, auf daß wir nicht um des Besitzes willen in Verflechtungen mit der Welt verfallen. Die wahrhafte Entfernung von Geldliebe und der Liebe zu Gegenständen ist nicht nur, nichts zu besitzen, sondern auch nichts zu erwerben. Dieses führt zur Reinheit der Seele.

...

Wort XI: Darüber, daß man diese Werke nicht vor der Zeit und in angemessenem Maße verrichten soll.

Diese guten und schönen Werke soll man mit Diskretion und zur heilsamen Zeit und in rechten Maßen verrichten... Wenn wir dieses (recht) vernommen haben, sollen wir uns hüten, vor der Zeit Hohes zu wagen, auf daß niemand Schaden nehme und seine Seele verderbe. Aber zur angemessenen Zeit und im mittleren Maß ist es, wie man sieht, am leichtesten durchzuhalten, und auch die Schrift zeugt davon, daß der mittlere Weg nicht zum Fall führt. Angemessen ist die Zeit, wenn man vorher mit Menschen zusammen Askese geübt hat. Der mittlere Weg aber ist das Leben mit einem oder höchstens mit zwei Brüdern... Der mittlere Weg ist von den vorhin genannten nämlich für viele der angemessenste, d. h. die Hesychia mit einem oder zwei (Brüdern)...

Überall wird in den heiligen Schriften die Hesychia mit einem oder zwei (Brüdern) gelobt, wie ich es selbst auf dem Heiligen Berge Athos und in den Ländern Konstantinopels gesehen habe. Und an vielen anderen Orten sind solche Wohnstätten: daß sich irgendwo ein geistlicher Greis findet, der einen oder zwei Schüler hat, und daß er einmal auch einen dritten braucht und daß einige andere in der Nähe in der Hesychia leben, die zu gegebener Zeit kommen und sich durch geistliche Gespräche erleuchten lassen. Wir Neuanfänger und Toren bringen uns gegenseitig zur Vernunft und stärken uns... Wir haben dabei einen untrüglichen Lehrer – die gottinspirierten Schriften. Deshalb scheint es uns angemessen, mit ein oder zwei treuen und zum Werke Gottes gleichgestimmten Brüdern zusammenzuwohnen, auf daß sie aus den heiligen Schriften den Willen Gottes lernen und daß sie, je nachdem, welchem von ihnen Gott es besser zu begreifen schenkt, einander erbauen mögen und ein Bruder dem anderen helfe, »bekämpft von den Dämonen und bedrängt von den Leidenschaften«, wie der heilige Ephräm sagt; und so machen wir uns durch die Gnade Gottes ans Werk. Vor allem sollen wir uns durch das Gebet vorbereiten, wenn wir eine Wohnstatt der Hesychia bauen wollen, auf daß Gott uns die Eigenschaften, die in der Vollendung sind, geben möge...

So laßt uns nun von Unruhe und unnützem Lärm und den anderen Gott nicht wohlgefälligen Dingen ablassen und in seinen Geboten verharren, indem wir unsere notwendigen Bedürfnisse durch unsere Arbeit erwerben. Gelingt das nicht, so mögen wir ein wenig Almosen nehmen, woher Gottes Güte sie sendet, aber vor überflüssigem (Besitz) wollen wir uns auf jede Weise scheuen. Denn Kampf und Prozeß, und was sonst noch wegen leiblicher Wuchergewinne geschieht, fliehen wir wie ein tödliches Gift. Und solche Werke tun wir, die Gott wohlgefällig sind: Psalmodie, Gebet, Lektüre und Meditation über die geistlichen Dinge, Handarbeit und vielleicht das Dienen in irgendeiner Arbeit – so werden wir Gottes teilhaftig, soweit es der Kraft des inneren Menschen entspricht. Und so senden wir in guten Taten dem Vater, dem Sohn und dem Heiligen Geist den Lobpreis empor, dem in der Dreifaltigkeit einen Gott, jetzt und immerdar und von Ewigkeit zu Ewigkeit. Amen.

Dies haben wir Törichten nach dem Maß der Armut unseres Verstandes uns selbst und uns ähnlich (Gesinnten) zur Erinnerung aufgeschrieben, auf daß sie in der Ordnung belehrt werden, zu welcher sie den Willensentschluß gefaßt haben. Nicht von mir aus (habe ich dieses geschrieben), wie ich zu Beginn dieser Auszüge gesagt habe, sondern gemäß den gottinspirierten Schriften der heiligen Väter, die im Verstand erleuchtet waren. Alles nämlich, was sich hier findet, ist nicht ohne Zeugnis der Göttlichen Schriften (geschrieben). Und wenn hier etwas gefunden wird, das Gott nicht wohlgefällig und für unsere Seele nicht nützlich ist wegen unserer Torheit, so soll nicht das, sondern der Wille Gottes getan werden, und er soll gut aufgenommen werden, ich aber bitte um Verzeihung. Wenn aber jemand etwas Besseres und Nützlicheres weiß, so soll er es tun, und wir freuen uns darüber. Wer aber aus dieser Schrift Nutzen gewinnt, der möge für mich Sünder beten, auf daß ich Gnade finde vor dem Herrn.

Nil Sorskij

Gebet

Gebet und Danksagung an unseren Herrn (und) Gott, die Buße und Bekenntnis unserer Sünden und Leidenschaften aussagen

Großer, gestrenger, starker, allmächtiger Gott, der Du ohne Anfang und ohne Ende bist! Unaussprechlicher, unerkennbarer und unausdenkbarer König aller Könige und Herr aller Herren, o Schöpfer und Erhalter und Fürsorger aller (Dinge), der sichtbaren und unsichtbaren; o einziger, wunderbarer und allweiser Gott in Deinen Taten, der Du im Himmel bist und gleichzeitig unsichtbar hier mit uns, und zwar nicht nur durch Dein Wirken, Dein Wollen und Deine Kraft, sondern der auch mit seinem Wesen und seiner Natur überall ist und immer hört, sieht und versteht!

Alle menschlichen Taten, Worte und Gedanken, ja selbst die kleinste Bewegung des Herzens ist nicht verborgen vor Dir. Du kennst sie und weißt sie alle.

Denn es gibt keinen anderen Sünder auf der Erde als mich, und es war vor mir auch kein solcher da seit Adam(s Zeiten) bis auf den heutigen Tag. So habe ich Dich erzurnt, und so schwere und maßlose, viele und zahllose Sünden habe ich begangen, die ich getan habe in Werken, Worten und Gedanken, mit meinem Herzen und allen meinen Sinnen, durch meine Bewegungen und Absichten, (seien sie) seelisch oder körperlich. Denn keinen Tag und keine Stunde und kein kleines Viertelstündchen habe ich ohne Übertretung verbracht, vom Säuglingsalter bis auf den heutigen Tag. Alle meine Glieder der Seele und des Leibes habe ich befleckt und (bin) seit meiner Geburt immer in Sünden. Deswegen fürchte ich mich mit Zittern vor dem Heranrücken des bitteren Todes und Deines gerechten Jüngsten Gerichts und vor den schlimmen und bitteren ewigen Qualen, die die Sünder erwarten, von denen ich am meisten gesündigt habe, ich verdammter, böser, unreiner und räudiger Hund.

Ich fürchte, daß Du auch vor meinem Tode meine üble Verruchtheit nicht dulden wirst und mich einer nicht zu ertragenden Not von Versuchungen überantworten wirst und daß ich dem völligen Verderben anheimfalle, zur Freude für den Widersacher und für die Menschen eine Schande. Denn auch jetzt und auch sonst häufe ich äußerst viele Sünden an.

Und wenn ich dies alles bedenke, gerate ich vor großem Schrecken alsbald in Verzweiflung und weiß nicht, was ich tun und sprechen soll, wie und auf welche Weise ich Dich anflehen kann und (mir) Verzeihung erbitten kann für meine vielen bösen und äußerst schweren Übertretungen.

Doch da Du, hochheiliger Herr und Gott, großmütig und barmherzig, geduldig und von großer Güte bist, und da Du durch den Propheten gesagt hast: »Ich will nicht den Tod des Sünders, sondern daß er sich bekehre und lebe«, hast Du um Deiner großen und unaussprechlichen Gnade willen die Buße eingesetzt, den Sündern zur Vergebung der Sünden und zur Rettung und Rechtfertigung. So belehrt und tröstet auch David uns Sünder und spricht: »Beichtet dem Herrn, denn er ist gnädig und seine Gnade währet ewiglich.« Das übrige haben die von Deinem guten Geiste bewegten heiligen Väter gesagt: nämlich, daß es keine Sünde gibt, die Deine Menschenliebe besiegen könnte, außer daß man sie nicht bereut.

Auf dies alles hoffe ich, tue Buße und bekenne Dir meine Sünden, Dir, meinem Schöpfer und Gott. Ich stehe vor Dir, beschämt in meinem Gewissen, und habe keinen Freimut zu reden wegen der schweren Last meiner schlimmen Taten und fürchte mich zu reden, da ich die Luft mit meinen Worten verpeste, und weiß nicht, wie ich dies aussprechen soll, denn ihrer (meiner Sünden) sind so viel. Und was ich vorher gesagt habe, ist alles unangebracht, eins ist schlimmer als das andere, denn ich habe ohne Maßen gesündigt, und es gibt nichts Schlimmes im Leben, das ich nicht begangen hätte.

Doch Du, o Herr der Herrlichkeit, hast mich nach Deinem

Ebenbild und Gleichnis geschaffen und der Gnade der Unsterblichkeit gewürdigt und es mir geschenkt, daß ich leben, mich bewegen und sprechen kann. Schenke Du mir selbst den Freimut zu reden und lehre Du mich, wie man sprechen und handeln soll, auf daß ich deine Barmherzigkeit anflehe und (mir) die Vergebung meiner bösen Taten erbitte, denn ich bin zu nichts nütze und gar verächtlich. Welches Übel habe ich nicht getan, oder welche Sünden habe ich meiner Seele und meinem Leib nicht (durch die Phantasie) eingeprägt.

Denn ich habe Taten der Hurerei, der Wollust, der Sodomiterei, der Homosexualität, der Onanie, der Knabenschändung, der Blutschande und andere Laster und Schandtaten begangen. Jede Art von Hurerei habe ich in meiner Seele geplant, und alle Übeltaten und bösen Gedanken habe ich, durch die Stricke des Satans (gefangen), begangen: (die Übeltaten und bösen Gedanken) des Hochmuts, der Überheblichkeit, der Verachtung (meiner Mitmenschen), der Machtliebe, der leeren Ruhmsucht, der Sucht, in Erscheinung zu treten, der Weltliebe; der Lüge, des Fluchens, des Schwörens, des Eidbruchs, der Blasphemie, des Schimpfens; des Diebstahls, des Raubes, der Schändung des Heiligtums, des Quälens, des Mordens, der Unbarmherzigkeit, der Mitleidlosigkeit; des Zauberns und der Magie, der Beschwörung, der Häresie; des Unmaßes im Essen und Trinken, des heimlichen Essens, des ständigen Essens, der Gier nach Delikatessen, der Bauchdienerei, der Dienerei an der Kehle, der Trunksucht, des Speiens; des Ungehorsams gegen die Eltern, daß ich ihnen Ärger gemacht habe; der eitlen Rederei, der Verführung zum Gelächter, des Spotts, des unnützen Redens, des Rats zur Sünde, der Verleumdung, des Verurteilens, des Murrens, des Widerredens, des Vielredens, des Übelredens, des unanständigen Redens, der Streitsucht, des Lachens sogar bis zu Tränen; des Hasses, des Neides, der Eifersucht; der Liebe zu Gold, der Liebe zu Silber, der Liebe zu Gegenständen, des Besitzes von vielen Dingen, des Geizes, der Wucherei; der Selbstliebe, der Beleidigung (anderer), der Gewaltausübung, der Rache, des Ungehorsams, des Jähzorns, der Frechheit, der Wut, des Nachtragens von Bösem, (das mir angetan wurde), der Hinterlist, der Schmeichelei, der Scheinheiligkeit, der Hartherzigkeit, des bösen Herzens; des vielen Schlafens, der immerwährenden Trägheit und Nachlässigkeit – diese und andere unzählige Taten und Worte und schändliche Gedanken, die gotteslästerlich und für den Verstand unaussprechlich sind, die ich in (meiner) Torheit begangen habe.

Um ihretwillen bin ich jeder Verurteilung und jeglicher Verfluchung schuldig, da ich von ihnen besessen bin. Wie oft bin ich in die heilige Kirche und in den Altarraum unwürdig getreten und habe (unwürdig) an den heiligen Sakramenten Anteil gehabt und habe die übrigen heiligen (Gegenstände) unwürdig empfangen und sie (unwürdig) berührt. Auch heute wage ich es unwürdig, und so weiter in der Folgezeit – bis zu dem Tage meines Todes. Immer bin ich unwürdig und schuldig und kommuniziere mir zum Gericht. Ich wage nicht, meine Lider und Augen zu erheben, weil ich mich so schäme, und zur Himmelshöhe aufzublicken – die Erde aber beflecke ich durch mein Gehen. Ja, ich bin meines Lebens selbst unwürdig und weiß, o Herr, daß ich unwürdig bin, von Dir die Vergebung meiner Sünden zu empfangen. Meine Sünde ist schwerer, als daß sie mir vergeben werden könnte. Denn wo wüßte ich menschliche Sünden, die mit meinen Übertretungen zu vergleichen wären! Ich habe mehr Übles getan als unsere Vorväter und habe mehr Eßgier als sie empfunden. Ich war ein schlimmerer Brudermörder als Kain und habe meine Seele und meinen Körper mit Sünden ermordet. Schlimmer als Lamechs Mord habe ich meinen Sinn mit schändlichen Gedanken erschlagen, mir zur (tödlichen) Wunde. Meine Zunge ist durch sehr schlimme Worte mir zum bitteren Schorf geworden, und schlimmer als Abimelechs Brudermord habe ich wie mit einem Stein alle Sinne und Glieder meiner Seele und meines Körpers mit unreinen Leidenschaften erschlagen. Ich habe mehr Übertretungen begangen als die, die zur Zeit der Sintflut lebten, und habe mich schlimmer befleckt als die Sodomiter. Ich war hartherziger gegenüber Deinen Worten und Taten als Pharao und als die, die in der Wüste gegen Dich murrten, da ich ständig murrte. Nichts ist der Schrei der Bosheit der Niniviten gegen meine Bosheit; nichts ist die törichte Blasphemie des Rabsake, die er auf den gotteslästerlichen Befehl des Sanherib beging, gegen meine

Gotteslästerungen, oder die Sünden des Manasse gegen meine Sünden – um es kurz und einfach zu sagen: Ich habe mehr gesündigt als irgendein Mensch und bin das schlimmste aller Geschöpfe.

Denn alle, die so (böse) waren, waren es ihrer Natur nach. Ich aber habe maßlose Übertretungen über die Natur hinaus begangen. Wahrhaftig, ich bin unreiner als die wilden Tiere und das Vieh, die keinen Verstand haben, und habe Törichteres als sie getan. Ich bin selbst schlimmer als die Dämonen, denn ich stehe unter ihrer Herrschaft und tue ihren Willen wie niemand anderer. Und ich staune über Deine große, langmütige und gnädige Geduld, daß die Erde sich nicht öffnet und mich verschlingt (wie einst) Dathan und Abiram – denn ich habe schlimmer als sie gesündigt – und daß mich nicht eine Flamme versengt wie einst die Sünder – denn ich habe schlimmer als sie gesündigt – und daß ich noch nicht dem Satan zum endgültigen Verderben überantwortet bin, da ich Törichter seinen Willen schamlos ausgeführt habe.

Doch siehe, barmherzigster Heiland, Du hast Geduld mit meiner Verruchtheit bis auf den heutigen Tag, da Du ständig auf meine Bekehrung und Buße wartest. Ich aber habe keine wahrhafte Reue. O wehe, wehe über mich, wie kann ich meinem Verderben abhelfen? »Wer gibt meinem Haupt Wasser und meinen Augen den Quell der Tränen«, auf daß ich bereue und weine und den Unflat meiner Sünden abwasche. Denn ich kann für sie nie und nimmer die Reinigung finden, da ich nie etwas Gutes getan habe. Denn durch Almosen und Glauben werden die Sünden abgewaschen, ich aber habe keinerlei Barmherzigkeit geübt. Mein Glaube ist tot und unwirksam, da er ohne gute Werke ist. Ich habe kein zerknirschtes und demütiges Herz, um dessentwillen ich Hoffnung haben könnte, vor dir nicht vernichtet zu werden.

Wenn ich nicht meinen Bruder verurteilt hätte, hätte ich Hoffnung gehabt, nicht verurteilt zu werden. Aber immer verurteile ich die Sünder mit der Zunge und in Gedanken und tue (dabei) selbst viel Schlimmeres. Die kleinsten Sünden anderer erforsche ich, aber meine eigenen großen Übertretungen verberge ich. Von meinem Nächsten verlange ich auch die geringen Gebote, selbst aber verachte ich sie alle miteinander. Äußerlich stelle ich mich scheinheilig fromm, innerlich bin ich aber von jeglicher Verletzung der Ordnung und Torheit erfüllt. Und wenn ich auch etwas scheinbar Gutes irgendwann getan haben sollte, so ist auch das vor Dir, o Herr, nur Schmach, denn ich tue es aus Hochmut, leerer Ruhmsucht und um den Menschen zu gefallen.

Alle Zeit meines Lebens habe ich in Torheit verbracht: Mit dem Körper habe ich wahrhaft der Eitelkeit der Welt gedient, die Seele habe ich durch unziemliche Taten zur Fühllosigkeit gebracht. Ich war so gottlos, daß ich Dich, meinen Gott und Schöpfer, nicht kannte.

Du aber, o Herr, seist gepriesen. Du hast nicht nur dies alles an mir erduldet, sondern mir auch Deine Barmherzigkeit und große Gnade erzeigt. Und so viel Böses ich auch getan habe, Du hast Deine Größe über mir vielfach vermehrt. Du hast mich bekehrt und getröstet und mich vieles Guten gewürdigt. Du hast mich aus der Welt genommen und hast mich dieses heiligen Standes gewürdigt und mich in die Ordnung Deines Dienstes gestellt – durch Deine Barmherzigkeit, Deine Heilsökonomie und Gnade.

Ich aber war bei all diesem töricht und undankbar und habe es unbedacht und nachlässig gehandhabt von Anfang an. Meine Gelübde an Dich habe ich unzählige Male übertreten und habe diesen Stand befleckt und mit vielen Sünden verunreinigt. Dies (alles), o Herrscher, macht mich ohne Antwort und stumm; und wenn ich darüber nachgedacht habe – wie oft habe ich dann versprochen, von meinen Untaten abzustehen! Und dennoch falle ich wiederum in die gleichen (Untaten) und noch schlimmere zurück. Wie oft sage ich, daß ich den Anfang machen will mit deinem Werk und daß ich nach deinem Willen leben will, und immer finde ich mich in der Lüge! Immer steht mir der Sinn mit Fleiß auf Böses und Unreines, ich werde von allen Leidenschaften besiegt und kann mir nicht helfen.

Wenn Du, o Herr, mir nicht hilfst, ist meine Hoffnung verloren, denn mein Leib ist schon schwach, und die Zeit meines Lebens geht zu Ende, und das Ziel des Todes ist nahe gekommen. Die Axt liegt an der Wurzel des Baumes, und die Absägung meiner unfruchtbaren Seele ist schon vorbereitet. Die Ernte steht bevor, und die Sichel ist geschliffen, und die Schnitter geben sich Mühe, meine vom Unkraut der Sünden erfüllte Seele zu rauben und sie dem ewigen Feuer zu übergeben. Über all dies kann ich gar nicht zur Besinnung kommen.

Und was soll ich weiter tun? Ich kann nur zu deiner unergründlichen, unendlichen Menschenliebe Zuflucht nehmen. Ich werfe mich in die Fülle Deiner unermeßlichen Güte und hoffe auf Deine unergründliche Barmherzigkeit. Mache Deine Barmherzigkeit, o Herrscher, über mir wunderbar. So wie Deine Gnade meine Jugend und Vaterlosigkeit und meine Deinen Zorn erregenden Taten ertragen hat, so dulde auch auf mein Alter meine Übeltaten. »Strafe mich nicht, Herr, mit Deinem Zorn, und züchtige mich nicht in Deinem Grimm.« Verdirb mich nicht um meiner Sünden willen! »Gedenke nicht der Sünden meiner Jugend«, und gedenke nicht meiner Torheit, o Herrscher. »Denn so du willst meine Sünden zurechnen, o Herr, wer kann bestehen?« – Wie denn ich Sündenbeladener?

Ich bin Dir ein böser Knecht gewesen, gnädiger Herr. Erbarme Dich um Deiner Gnade willen meiner, der ich der Barmherzigkeit nicht wert bin. Wasche meine Sünden ab, denn ihrer sind viele. In Verzweiflung flehe ich: Verschone, verschone mein, o Herr! Vergib (mir) meine Sünden, die bei Verstande und in Torheit geschehen sind, die ich weiß und die ich nicht weiß, und erlöse mich auch von den (Sünden), die gerne geschehen wollen. Gib mir die Hand (Deiner) Hilfe und richte mich wieder auf, mich, der kaum noch lebt und bis aufs letzte im Sterben liegt und der an seinem ganzen Wesen unheilbare Wunden trägt. Niemand kann diese heilen, nur Du, o allerbarmherziger Arzt der Seelen und der Leiber. Du heile (mich), o Herr, verjage den Ansturm des Feindes, der meine Seele furchtbar verwirrt. Gib mir Verstand und nüchternes Wachen und Kraft zu Deinem heiligen Werk!

Denn ohne Deine Hilfe können wir niemals etwas Gutes tun. Würdige mich dessen, daß ich absterbe von den Wünschen dieser eitlen Welt, Du weißt meine Geschicke, daß ich nicht endgültig verderbe. Ob ich will oder nicht will, rette mich! Schicke mir, o Herrscher, keine Versuchung über meine Kraft, nicht Leid noch Krankheit, sondern gib mir Gesundheit und Stärke, daß ich mit Danksagung alles erdulde, was über mich kommt. Haue mich nicht mit der Todesaxt ab, wie einen Baum, der keine Frucht trägt, da ich keine Frucht guter Taten (aufzuweisen) habe. Sondern würdige mich, die übrige Zeit meines Lebens in wahrhafter Buße und in der Bewahrung Deiner Gebote zu vollenden und Deinen gnädigen, heilsamen und vollkommenen Willen zu tun.

Schenke mir, o Herr, das unaufhörliche Gebet in demütigem Herzen. Stärke meinen Sinn und mache ihn unerschütterlich im Vertreten des Guten. Gib mir, o Herrscher, Rührung und Tränen, auf daß ich über meinen Sünden weine. Wahrlich, mein Herr und Wohltäter, schenke mir (die Tränen), da ich sie nicht habe, auf daß mein Herz von Tränen der Liebe zu Dir erwärmt werde. Tröste meine betrübte Seele, schenke mir Freimut zu reden und verleihe mir Gnade vor dem Tode: würdige mich, am schrecklichen Ziel des Todes ein gutes (Ende) zu nehmen. Beschenke mich und erbarme Dich dann meiner Seele, die schwer und viel gesündigt hat, und erlöse sie von der schmerzlichen, unaussprechlichen Not, die dann sein wird, und von Leid und Krankheit. Überantworte sie nicht den finsteren und hinterlistigen Dämonen, sondern jage sie weit fort und mache sie für mich unsichtbar. Sende einen lichten Friedensengel, um sie (die Seele) zu ergreifen, trenne sie sanft von meinem unreinen Körper. Nimm sie kraft meiner Buße und Beichte als rein an.

Am Jüngsten Tage Deines gerechten Gerichts decke meine bösen Taten nicht vor Engeln und Menschen auf, sondern zerreiße alle Handschriften über meine Sünden und mache, daß niemand sie kennt. Erlöse (mich) von der ewigen Qual und würde mich des Anteils der Gerechten, durch die Gebete unserer Allerreinsten Herrscherin, der Gottesmutter, und die Fürbitte der heiligen körperlosen Kräfte des Himmels und das Flehen aller Heiligen. Dir aber, dem Einen Gott, dem in der Dreifaltigkeit gepriesenen Vater und Sohn und Heiligen Geist, danke ich, Dich bete ich an, Dich ehre, preise, rühme ich, mit der Zunge und dem Herzen und dem Sinn und mit allen Gedanken, Gefühlen und Liedern meiner Seele und meines Leibes, jetzt und immerdar und von Ewigkeit zu Ewigkeit. Amen.

Starec Filofej

Sendschreiben an den Pskover Beamten Michail Grigor'evič Misjurja-Munechin 1524

An des Großfürsten Djak, Herrn Michail Grigor'evič, von deinem unwürdigsten Gottesknecht, dem Starec Filofej, der zu Gott betet und vor ihm niederfällt. Du hast mir, mein Herr, dein Schreiben geschickt und geschrieben, ich solle deine darin enthaltenen Fragen erklären. Dir, meinem Herrn, ist bekannt, daß ich ein Bauer bin. Ich habe Lesen und Schreiben gelernt, aber der hellenischen Wendigkeiten habe ich mich nicht befleißigt und rhetorische Astronomen nicht gelesen noch mit weisen Philosophen Gespräche geführt, sondern die Bücher des Gesetzes der Gnade gelernt. Wenn es möglich wäre, meine sündige Seele von Sünden zu reinigen, so würde ich den gnädigen Gott, unseren Herrn Jesus Christus, die allerheiligste Gottesmutter und alle gottwohlgefälligen Heiligen darum bitten, mich von der ewigen Qual zu erlösen.

Was du aber über die Zählung der Jahre geschrieben hast, daß nämlich in den fünf Büchern Mose vom Sechstagewerk der Weltschöpfung gesprochen wird, die Chronographen aber seit dem ersten Adam fünf Tage bis heute verfließen ließen, die Lateiner gar alle verflossenen, früher gewesenen Jahre seit der Geburt Christi beginnen und zählen, so ist darin keinerlei Unterschied. Sagt doch der Apostel: Der erste Mensch aus Erde war irdisch, der zweite Mensch der Herr vom Himmel. Und wiederum sagt er: Der erste Mensch Adam hatte eine lebendige Seele, der zweite Adam aber den lebenschaffenden Geist. Und darum mühen sich die Philosophen. Das Jahr ist zweifach, Sonnen- und Mondjahr. Das Sonnenjahr umfaßt 365 Tage, das Mondjahr aber 354. Daher kommt es, daß das Sonnenjahr

11 Tage größer ist als das Mondjahr. Deswegen ist in diesem Jahr keine Sonnen- und Mondfinsternis zu sehen. Und wer sich fleißiger bemüht und nach dem Šestokryl die einzelnen Stunden zählt, der findet, zu welcher Stunde Mond- und Sonnenfinsternis ist. Aber das macht viel Mühe und Arbeit, bringt jedoch wenig Nutzen.

Und was du über die Kometen geschrieben hast, daß sie Wasserzeichen nach sich ziehen und dann die Städte und Cartümer und Länder der ganzen Ökumene, gemeinsam mit allen Erdgeborenen, Veränderung erfahren, so sagt aber die göttliche Schrift darüber eindeutig: durch den heiligen Geist wird jegliche Kreatur erneuert werden. Denn er ist gleicher Macht mit dem Vater und dem Wort. Dies pflegt aber nicht von den Sternen zu geschehen. Die 12 Sternbilder des Tierkreises und die 7 Planeten haben weder Gefühl noch Leben, sondern nur das Wesen körperlosen Feuers.

Der erste Tag wurde von Gott geschaffen, als Gott sprach: Es werde Licht und keinerlei anderes Licht außer dem Feuer... Am vierten Tag aber schuf er aus diesem Feuer, das er Licht nannte, zwei große Himmelslichter: das große Licht zur Erleuchtung des Tages, das die Sonne ist, das kleinere Licht zur Erleuchtung der Nacht, das der Mond ist. Ebenso die Sterne. Wie ein kluger Goldarbeiter verteilte er dies auf Gefäße, jenes aber auf Goldmünzen und gab den 12 Sternen, die von uns Tierkreise genannt werden, Namen. Was die Bahnen von Sonne und Mond betrifft, so macht die Sonne eine Bewegung von 30 Tagen und 5 Stunden in einem einzigen Tierkreis und tritt dann in einen anderen Tierkreis ein und macht so, indem sie durch die 12 Tierkreise zieht, das Jahr und macht auch den Mond in 15 Tagen voll. Denn wenn sich die Umdrehung des Mondes an einem einzigen Tag vollziehen würde, dann gäbe es unter den beiden Lichtern großes Unheil und häufige Finsternis. Der Mond aber durchwandert die 12 Tierkreise in neunundzwanzig und einem halben Tag und einer halben Stunde und dem fünften Teil einer Stunde. Was aber über die 7 Planeten und die 12 Tierkreise und die übrigen Sterne, und die bösen Stunden und die menschliche Geburt unter einem gewissen Stern, oder über böse und gute Stunden und den Empfang von

Glück und Reichtum und Armut und Angeborensein von Tugend und Bosheit und über Länge des Lebens und Abkürzung durch den Tod gesagt wird: das alles sind Lästerungen und Fabeln.

Das haben zuerst die Chaldäer niedergeschrieben, die in der Eitelkeit ihres Geistes einen Turm erbauten und auf dessen Höhe von den Sternen verrückt gemacht wurden. Als Gott aber ihre Torheit sah, zerstreute er ihren Rat und zerstörte das Werk und verwarf ihre Aufzeichnungen. Von ihnen aber empfingen die Hellenen ihre Aufzeichnungen, und nannten diese Planeten und die übrigen Sterne Götter und fielen vom Schöpfer ab und beteten das Geschaffene an. Von ihnen aber sagte der Prophet David: Es spricht der Tor in seinem Herzen, es gibt keinen Gott. Sie aber wurden verdorben und verfinstert in ihrem Beginnen. Nach den Hellenen aber empfingen die Ketzer diese Aufzeichnungen und säten bitteres Unkraut zwischen den Weizen im rechtgläubigen, christlichen Glauben zur Überlistung beschränkter Menschen, die an böse Tage und Stunden glauben und darüber keine Reue annehmen, in der Meinung, daß es die Wahrheit ist. Aber am Tag des Jüngsten Gerichts werden sie ihre Antwort empfangen und mit den Ketzern verurteilt werden, weil sie Licht in Finsternis und Wahrheit in Lüge verwandelt haben. Wenn nämlich Gott böse Tage und Stunden erschaffen hätte, weswegen peinigt er dann die Sünder? Gott müßte für schuldig befunden werden, weil er den Menschen böse erschaffen hat. Dies aber, redlicher Mensch, verstehe: wie vom Caren der Carevič stammt und vom Fürsten der Fürst und wie er nicht durch etwas Geringes Ruhm und Ehre des Vaters erlangt, aber kein Bauer ist, und sie die Töchter Bauern nicht geben, noch deren Töchter für ihre Söhne annehmen: das alles geschieht nach dem unerforschlichen Ratschluß Gottes, der alles lenkt. Aber vom Lauf der Sterne und von Sonne und Mond möge deine Redlichkeit wissen, daß die Sterne sich nicht selbst bewegen, nicht Gefühl, nicht Leben haben und auf nichts schauen, sondern körperloses Feuer sind, das nichts weiß, nichts kennt, sondern von den unsichtbaren Kräften der Engel hin- und hergetragen werden...

Wie wurde das griechische Cartum zerstört und nicht wiedererrichtet! Dies alles geschah um unserer Sünden willen. Weil sie den rechtgläubigen, griechischen Glauben an das Lateinertum verrieten. Und verwundere dich nicht, Auserwählter Gottes, wie die Lateiner sprechen. Unser rhomäisches Cartum lebt unerschütterlich. Wenn wir nicht wahrhaft geglaubt hätten, würde der Herr uns nicht versorgt haben. Uns ziemt es nicht, ihren Verlockungen Gehör zu schenken. Wahrhaftig, sie sind Ketzer, die aus eigenem Willen vom rechtgläubigen, christlichen Glauben abgefallen sind. Vor allem um des Dienstes des ungesäuerten Brotes willen waren sie 771 Jahre mit uns vereinigt. Aber seitdem sind sie 735 Jahre vom rechten Glauben abgefallen, indem sie in die apollinarische Ketzerei verfielen, verführt durch den Caren Karl und Papst Formosus. Sie sprechen vom ungesäuerten Brot, gleichwie um der Reinheit und Leidenschaftslosigkeit willen. Aber sie lügen, indem sie Satan in sich verbergen. Apollinaris aber befahl durch seine Lehre den Dienst mit dem ungesäuerten Brot, deshalb, sagen diese nämlich, weil unser Herr Jesus Christus nicht den menschlichen Leib von der allerheiligsten Jungfrau empfangen hat, sondern den fertigen himmlischen Leib ... Sie folgten im Hochmut ihrer Torheit den ketzerischen Lehren und der gottesmörderischen Klage der Juden, weil sie mit ihnen bei der Kreuzigung des Herrn ein Gelübde abgelegt hatten. Von ihnen aber sagt der Evangelist: Die Krieger der Hölle aber schmähten ihn, indem sie ihre Knie beugten und sprachen: »Freue dich, Car der Juden.« Die Krieger der Hölle, die Diener des Pilatus, weil Pilatus ein Lateiner war, aus der Stadt Pontus des römischen Reichs. So beugen die Lateiner nämlich auch heute in ihrem Gebet ihren Kopf nicht nieder, sondern beugen nur ein wenig die Knie. Sie aber sah David durch den heiligen Geist aus der Ferne voraus, als er von der Person Jesu sagte: Du bist mir Toren zum Schmähen gegeben. Wahrhaftig, sie sind Toren, nicht aber kluge Menschen. Denn wenn auch des großen Rom Mauern und Türme und dreifache Paläste nicht gefesselt sind, so war doch ihre Seele vom Satan gefesselt worden, um des ungesäuerten Brotes willen. Denn wenn auch die Hagarenkel das griechische Cartum übernahmen, den Glauben aber haben sie nicht verdorben, nicht die Griechen gezwungen, vom Glauben abzufallen. Auf andere Weise aber ist das rhomäische Cartum nicht zerstörbar, wie der Herr an die römische Macht geschrieben hat. Diese aber halten unser christliches Sakrament des heiligen Abendmahls ...

Einige wenige Worte möchte ich über das heutige rechtgläubige Cartum unseres allerlichtesten und höchstthronenden Herrschers sagen, der auf der ganzen Erde den Christen der einzige Car und Zügelhalter der heiligen, göttlichen Altäre der heiligen, ökumenischen, apostolischen Kirche ist, welche anstatt der römischen und der konstantinopolitanischen in der gottgesegneten Stadt Moskau ist, (der Kirche) der heiligen und gepriesenen Uspenie der allerheiligsten Gottesmutter, die allein in der Ökumene heller denn die Sonne leuchtet. Denn wisse, Christusliebender und Gottliebender, daß alle christlichen Cartümer zu Ende gegangen sind und von dem einzigen Cartum unseres Herrschers aufgezehrt wurden, gemäß den prophetischen Büchern. Das ist das russische Cartum. Denn zwei Rome sind gefallen, aber das dritte steht, ein viertes aber wird nicht sein.

Oftmals gedenkt auch der Apostel Paulus in den Sendschreiben Roms. Er sagt in den Auslegungen: Rom ist die ganze Welt. Denn schon wurde durch die christliche Kirche das Wort des seligen David erfüllt: Dies ist meine Ruhe in alle Ewigkeit, wo ich froh sein werde, wie ich es gewollt habe. Nach dem großen Theologen: Das Weib mit der Sonne bekleidet und der Mond unter seinen Füßen und das Kind in seiner Hand. Und sogleich kam die Schlange aus der Hölle heraus, die 7 Köpfe und auf den Köpfen 7 Kronen hat, und wollte das Kind des Weibes fressen. Und dem Weib wurden die Flügel eines großen Adlers gegeben, auf daß es in die Wüste entfliehe. Die Schlange aber ließ aus ihren Mündern Wasser wie einen Strom heraus, damit es in dem Strome ertrinke. Mit dem Wasser bezeichnen sie den Unglauben ...

Siehst du, Auserwählter Gottes, wie alle christlichen Cartümer durch die Ungläubigen untergegangen sind? Nur unseres einzigen Herrschers Cartum steht allein durch die Gnade Christi. Es gebührt dem Herrscher, dies mit großer Behutsamkeit und Hinwendung zu Gott zu beherrschen, nicht auf Gold und vergänglichen Reichtum zu vertrauen, sondern auf Gott zu vertrauen, der alles gibt. Aber die Sterne helfen, wie ich früher gesagt habe, mitnichten, fügen weder hinzu noch nehmen weg. Denn es sagt der oberste Apostel Petrus in dem Schreiben an die Kirchengemeinde: Ein Tag ist vor dem Herrn wie tausend Jahre, tausend Jahre aber wie ein Tag. Der Herr verzögert nicht die Antwort, die er gelobte. Aber er ist langmütig, weil er nicht einige verderben, sondern alle in Reue aufnehmen will. Siehst du, Gottliebender, wie in seiner Hand der Odem aller Wesen ist? Denn er sagt noch: Auf ein Mal werde ich nicht nur die Erde, sondern auch den Himmel erschüttern. Weil auch die Apostel noch nicht vollkommen sind, befahl er, sie nicht über die Kraft auf die Probe zu stellen. Der gottgelehrte Liebling aber sagt in seiner Offenbarung: In der letzten Zeit rette, zu deiner Rettung, deine Seele, auf daß wir nicht den zweiten Tod der Gehenna sterben, sondern uns an den allmächtigen Herrn wenden, uns zu retten. Laßt uns mit emsigen Gebeten und heißen Tränen vor ihm Klagelieder anstimmen, daß er sich erbarmen möge, seinen Zorn von uns zu wenden und uns verzeihe und uns würdig finde, seine süße und gnädige Stimme zu hören. Kommet, Gesegnete meines Vaters, und nehmet das euch vor Erschaffung der Welt bereitete Cartum in Besitz. Rette dich und freue dich in Christo. Amen.

Starec Filofej

Sendschreiben an Zar Vasilij III.
(1503–33)

Durchlauchtester und höchster Herr, Großfürst und orthodoxer christlicher Car und Gebieter über Alle! Der Du von der höchsten, allermächtigsten, alles umfassenden Hand Gottes bist, durch den die Caren herrschen und die Großen mächtig sind und die Starken Recht schreiben! Dir, dem Lenker der heiligen göttlichen Throne der Heiligen Ökumenischen Katholischen (sobornyję̌) Apostolischen Kirche der heiligsten Gottesmutter – ihres ehrwürdigen und berühmten Entschlafens – die anstelle der Römischen und der Konstantinopeler Kirche aufgeleuchtet ist! Denn die Kirche des Alten Rom ist gefallen durch den Unglauben der Apollinarischen Ketzerei. Der Kirche des Zweiten Rom, der Konstantinstadt, haben die Hagar-Enkel mit Äxten und Beilen die Tore zerschmettert. Dies ist jetzt die Kirche des Dritten, Neuen Rom, Deines erhabenen Reiches Heilige Katholische (sobornaję̌) Apostolische Kirche, die an den Enden des Erdkreises im orthodoxen christlichen Glauben auf der ganzen Erde heller als die Sonne leuchtet. Wisse, Majestät, frommer Car, daß alle Reiche des orthodoxen christlichen Glaubens zusammen übergegangen sind in Dein einziges Reich. Du allein bist auf der ganzen Erde der Car der Christen. Dies mußt Du, Car, in Gottesfurcht festhalten! Fürchte Gott, der Dir dies gegeben hat! Baue nicht auf Gold und Reichtum und Ruhm; denn alles dies wird hier gesammelt und bleibt hier auf der Erde. Gedenke jenes seligen Herrschers (Caren), der das Zepter in der Hand und die Herrscherkrone auf seinem Haupte trug und sprach: Fällt Euch Reichtum zu, so hängt das Herz nicht daran! (Ps. Davids, 62,11). Der hochweise

Salomo sagte: Reichtum und Gold gilt nicht in Schatzkammern, sondern wenn einer dem Bedürftigen hilft (vgl. Spr. 22,1ff.). Der Apostel Paulus folgt diesen und spricht: Geiz ist eine Wurzel alles Übels (1. Tim. 6,10). Nicht befiehlt er: nichts zu haben, sondern: sein Vertrauen und sein Herz nicht daran zu hängen, vielmehr dem Allesspender, Gott, zu vertrauen. Dein ganzer reiner Glaube gehört Gott, Deine Liebe den göttlichen Kirchen...

Auch jetzt bitte ich Dich und bitte inständig wiederum, wie ich oben geschrieben habe! Habe Acht um des Herrn willen: Alle christlichen Reiche sind zusammen übergegangen in Dein Reich. Deshalb hofft man auf den Herrn (Caren) des Reiches, das kein Ende hat (Dan. 7,14). Das habe ich Dir geschrieben in Liebe und mit Seufzen und im Gebet um die milden Gaben Gottes: Verwandle die Kargheit in milde Gaben, die Hartherzigkeit in Barmherzigkeit! Tröste die Weinenden und die da seufzen Tag und Nacht! Befreie die Beleidigten aus der Hand der Beleidiger! Verachtet nicht, spricht der Herr, diese Kleinsten, die an mich glauben. Denn ihre Engel sehen immerdar das Antlitz meines Vaters im Himmel (Matth. 18,10). Selig ist, so spricht er, wer des Niedrigen und Armen gedenkt; am bösen Tage wird der Herr ihn befreien (vgl. Sprüche 16,4). Der Herr wird ihn bewahren und ihm Leben schenken und wird ihn segnen auf Erden und ihn nicht in die Hände der Feinde geben. Der Herr ist Deine Hilfe.

Wenn Du Dein Reich gut aufbaust, so wirst Du ein Sohn des Lichtes sein und ein Bürger des oberen Jerusalem (vgl. Gal. 4,26). Wie ich Dir oben geschrieben habe, so sage ich auch jetzt: schau und habe Acht, o frommer Car: Alle christlichen Reiche sind zusammen übergegangen in Dein Eines Reich. Denn zwei Rome sind gefallen, aber das Dritte steht, und ein Viertes wird es nicht geben. Nicht mehr wird Dein christliches Reich in die Hände Anderer kommen, nach den Worten des großen Theologen. Und an der christlichen Kirche ist erfüllt das Wort des seligen David: Siehe, dies ist meine Ruhe ewiglich, hier will ich wohnen, denn es gefällt mir wohl (Ps. 132,13f.).

Der heilige Hippolyth sprach: Wenn ich sehen werde, wie

Rom von den persischen Kriegern belagert wird, und die Perser mit den Skythen gegen uns zu Felde ziehen, dann werde ich ohne Täuschung erkennen, daß dieses der Antichrist ist.

Gott aber erfülle mit Frieden, Liebe und langjähriger Gesundheit – durch die Gebete der reinsten Gottesmutter und der heiligen Wundertäter und aller Heiligen – Dein mächtiges Reich!

Starec Filofej

Sendschreiben an Zar Ivan IV. (1533–84)

Unseres gütigen, sehr gütigen Gottes und Herrschers!...

So spricht der geliebte, der Theologe Johannes, der bei dem Mysterienabendmahl an der Brust des Herrn lag und von dort unaussprechliche Geheimnisse empfing, er schreibt in seiner Offenbarung: Ich sah, siehe ein großes Zeichen erschien am Himmel: Ein Weib, mit der Sonne bekleidet, und der Mond unter ihren Füßen und auf ihrem Haupte eine Krone von zwölf Sternen. Sie war schwanger und schrie in Kindsnöten. Siehe ein großer roter Drache, der hatte sieben Häupter und zehn Hörner und auf seinen Häuptern sieben Kronen, und sein Schwanz zog den dritten Teil der Sterne des Himmels. Der Drache trat vor das Weib, die gebären sollte, auf das, wenn sie geboren hätte, er ihr Kind fräße. Es wurden dem Weibe zwei Flügel gegeben, eines großen Adlers, daß sie in die Wüste flöhe an ihren Ort. Die Schlange aber schoß aus ihrem Munde Wasser wie einen Strom, daß er sie in dem Flusse ersäufte (vgl. Offb. Joh. 12,1–4 und 14–15).

Auslegung: Mit dem Weibe meint er die Heilige Kirche, die in die wahre Sonne, in Christus gekleidet ist. Der Mond, den sie unter den Füßen hat, ist das Alte Testament. Die Krone auf ihrem Haupte ist die Lehre der zwölf Apostel. Die Kindsnöte sind die Umwandlung der Heiligen durch die Taufe, aus irdischen Kindern in geistliche. Die Schlange bedeutet den Teufel, die rote Farbe seinen Mord und Blutdurst, die sieben Häupter seine bösen Gegenkräfte. Die zehn Hörner bezeichnen den Ablauf der Reiche (*potreblenie carstvom*), des Römischen und des Konstantinopeler, des Ägyptischen und der übrigen. Die Schlange, die das Kind des Weibes fressen will: die Menschen, die von der Taufe der Heiligen Kirche getroffen sind, verführt der Teufel zum Bösen nach der heiligen Taufe, er führt sie ins Verderben. Die Flucht des Weibes in die Wüste: sie flieht aus dem Alten Rom, wegen des Gottesdienstes mit den süßen Broten. Denn das ganze Große Rom ist gefallen und leidet unheilbar durch den Unglauben der Ketzerei des Apollinaris. In das Neue Rom ist sie geflohen, das ist die Konstantinstadt. Aber auch dort hat sie keine Ruhe gefunden, wegen der Vereinigung (der Konstantinopolitaner) mit dem Lateinertum auf der 8. Synode (Florentiner Konzil von 1438 bis 1439). Seither ist die Konstantinopeler Kirche zerstört und in Schutt gelegt wie ein Getreidespeicher.

Sie floh weiter zum Dritten Rom, das ist in das Neue Große Rußland. Dies ist die ›Wüste‹ (Offb. Joh. 12,6); denn sie waren ›leer‹ vom heiligen Glauben, und die göttlichen Apostel predigten bei ihnen nicht. Aber nach allen anderen (Menschen) ging über ihnen die rettende göttliche Gnade auf: Ihn zu erkennen, den wahren Gott. Sie allein leuchtet nun, die Katholische (*sobornaja*) Apostolische Östliche Kirche, heller als die Sonne in aller Welt. Und allein auf der ganzen Erde ist der orthodoxe, große russische Car – wie Noah in der Arche vor der Sintflut gerettet wurde – lenkt die Kirche Christi und befestigt den orthodoxen Glauben. Daß aber die Schlange aus ihrem Munde Wasser schoß wie einen Strom und wollte das Weib im Wasser ertränken: Siehst Du, wie alle Reiche durch den Unglauben ertränkt wurden. Aber das neue russische Reich steht durch den Glauben in der Rechtgläubigkeit.

Jedoch durch Mangel an guten Taten ist auch das Unrecht gewachsen. Die heiligen Kirchen sind beleidigt worden. Das Zeichen des göttlichen lebenspendenden Kreuzes macht man nur selten, als ob es ein wenig Schande brächte, oder aus Stolz. Von solchen schrieb der Apostel: Folgt mir, liebe Brüder, und seht wie ein jeder nach der Ordnung wandle. Von ihnen habe ich euch oft gesagt, jetzt aber sage ich mit Weinen, daß sie sind die Feinde des Volkes Christi; ihr Ende ist die Verdammnis, welchen der Bauch ihr Gott ist, und deren Ehre zu Schanden wird, weil sie irdisch gesinnt sind (vgl. Phil. 3,17 ff.). Die Hirten haben geschwiegen aus Furcht, sie könnten ihren ehrgeizigen Ruhm verlieren, oder überführt durch ihre Werke. Sie kümmerten sich nicht um die Herde ihrer christlichen Schafe. Die Einfältigen litten Mangel an Unterweisung. Alle insgesamt sind abgefallen. Aber, o lichteste, Gott erwählte Braut Christi, heilige Kirche Gottes, durch das Blut Christi besprengt, von den Propheten erschaut, von den Patriarchen dargestellt, von den Aposteln gegründet, von den Märtyrern vollendet, von den Heiligen geschmückt! Vernimm jetzt die Klage der Rahel (vgl. Matth. 2,18). Sie rief zu Gott um ihre Kinder, nicht in den Grenzen Palästinas, sondern im russischen Lande...

Petrus, der oberste der Apostel, aber schreibt in seinem Brief: Dies ist der zweite Brief, den ich euch schreibe, ihr Lieben, in dem ich euch durch Erinnerung des reinen Wandels aufrufe: daß ihr gedenkt an die Worte, die euch zuvor gesagt sind von den heiligen Propheten und Aposteln, und der Gebote des Herrn und Heilandes. Wisset, daß in den letzten Tagen kommen werden Spötter, die nach ihren eigenen Lüsten wandeln und sagen: wo ist die Verheißung seiner Wiederkunft? Denn nachdem die Väter entschlafen sind, bleibt es alles, wie es von Anfang der Schöpfung gewesen ist. Aber durch ihren Mutwillen ist es vor ihnen verborgen, zum Verderben der gottlosen Menschen. Eins aber sei euch nicht verborgen, ihr Lieben, daß ein Tag vor dem Herrn ist wie tausend Jahre, und tausend Jahre wie ein Tag. Der Herr verzögert nicht die Verheißung, wie es einige für einen Verzug halten. Sondern er hat Geduld mit uns und will nicht, daß jemand verloren werde, sondern daß sich jedermann zur Buße kehre. Es wird aber des Herrn Tag kommen wie ein Dieb in der Nacht. An ihm werden die Himmel völlig vergehen. Die Elemente werden vor Hitze zergehen, und die Erde und die Werke, die darauf sind, werden verbrennen. Wenn nun das alles soll zergehen, wie sollt ihr denn geschickt sein mit heiligem Wandel und gottseligem Wesen, daß ihr wartet und hofft, auf die Zukunft des Tages Gottes! Wir warten aber eines neuen Himmels und einer neuen Erde nach seiner Verheißung, in welchen Gerechtigkeit wohnt. Darum, meine Lieben, die ihr darauf wartet, tut Fleiß, daß ihr vor Ihm unbefleckt und unsträflich in Frieden erfunden werdet. Die Geduld unseres Herrn Jesus Christus achtet für eure Rettung. Hütet euch vor der Lehre der Unverständigen und Schwankenden, die die Schriften verdrehen, zu ihrem Verderben, daß ihr nicht durch die Verlockung der Gottlosen verführt werdet und entfallt aus eurer eigenen Festung. Aber ihr, Geliebte, wißt es zuvor. Hütet euch und wachst in der Gnade und Erkenntnis unseres Herrn und Heilandes Jesus Christus. Ihm sei Ehre nun und zu ewigen Zeiten!

Protopope Silvester

Domostroj (Die Haushaltung)

um 1550

1 Vermahnung eines Vaters an seinen Sohn

Ich, ein sündiger Mensch, segne, unterweise und vermahne meinen Sohn und heiße ihn, sein Weib, ihre Kinder und das Gesinde stets nach christlichem Gesetz, mit reinem Gewissen und in der Wahrheit zu leben, gläubig den Willen Gottes zu tun und seine Gebote einzuhalten, auf daß ihr Kraft in steter Gottesfurcht findet und ein rechtliches Leben führt. Darin ist auch das Weib zu belehren und das Gesinde zu vermahnen, nicht mit Gewalt noch durch Prügel oder harte Arbeit, sondern sie sollen wie Kinder jegliche Ruhe haben und satt sein, Kleidung und eine warme Stube haben und keinen Mangel leiden.

Euch, der christlichen Gemeinde, überlasse ich dieses Schreiben zum Gedächtnis und euch wie euren Kindern zur Besinnung. So ihr meine Worte nicht annehmt und meine Lehre nicht beherzigt, und so ihr nicht danach lebt und nicht handelt, wie hier geschrieben steht, werdet ihr euch am Tage des Jüngsten Gerichts veranworten müssen. Und dann werde ich eurer Vergehen und Sünden nicht teilhaftig sein, meine Seele ist rein. Über Wohlverhalten habe ich stets segnend meine Hände erhoben, ich habe Tränen vergossen und gebetet, euch belehrt und euch dieses Schreiben gegeben. Und so ihr diese meine kärgliche Belehrung und unzulängliche Vermahnung und diese Worte in aller Reinheit der Seele annehmt und Gottes Beistand und Einsicht erfleht, soviel Er euch gibt, und wenn ihr danach handelt, so werden die Barmherzigkeit Gottes, der allreinen Gottesmutter und der großen Wundertäter und mein Segen von nun an bis in alle Ewigkeit mit euch sein. Euer Haus und eure Kinder, euer Hab und Gut und der Reichtum, den euch Gott von eurer Mühe schenkt, wird gesegnet sein und von Heil begleitet in Ewigkeit. Amen.

2 *Wie Christen an die Heilige Dreifaltigkeit, die allreine Gottesmutter und das Kreuz Christi glauben und sich vor den heiligen Mächten des Himmels und allen heiligen und ehrwürdigen Reliquien verneigen sollen*

Jeder Christ soll wissen, wie er gottgefällig im rechten christlichen Glauben lebe. Vor allem glaube aus ganzer Seele an den Vater, den Sohn und den Heiligen Geist, an die untrennbare Heilige Dreifaltigkeit und an die Menschwerdung unseres Herrn Jesus Christus, des Sohnes Gottes. Die Mutter, die ihn gebar, heiße Gottesmutter. Verneige dich im Glauben vor dem Kreuze Christi, denn durch dieses hat der Herr allen Menschen das Heil zuteil werden lassen. Bezeuge auch den Ikonen Christi und denen der allreinen Gottesmutter, der heiligen überirdischen Mächte des Himmels und aller Heiligen Ehre wie ihnen selbst. Wende dich mit innigem Gebet an sie, verbeuge dich vor ihnen und flehe sie zum Beistand vor Gott herbei. Küsse gläubig die Reliquien der Heiligen und verneige dich vor ihnen.

3 *Wie man die göttlichen Sakramente empfangen, an die Auferstehung der Toten glauben, das Jüngste Gericht erwarten und jegliches Heiligtum berühren soll*

Glaube an die göttlichen Sakramente, an Seinen Leib und Sein Blut und empfange sie in Ehrfurcht zur Reinigung und Läuterung deiner Seele wie deines Körpers, zur Vergebung der Sünden und zum ewigen Leben. Glaube an die Auferstehung der Toten und an ein Leben in der Ewigkeit. Sei des Jüngsten Gerichts eingedenk, denn uns wird nach unseren Werken vergolten. Und wenn du reinen Gewissens deine Sünden bekannt, gebetet und Abbitte getan hast, küsse das lebensspendende Kreuz, die heiligen und altehrwürdigen Bilder und die wundertätigen und heilspendenden Reliquien, indem du dich bekreuzigst. Halte dabei den Atem an und sperre nicht den Mund auf.

Wem Gott die Gnade erweist, an den göttlichen Mysterien Christi teilhaben zu dürfen, der empfange vom Geistlichen das geweihte Brot mit dem Löffel in seinen Mund und schmatze nicht, sondern kreuze die Arme vor der Brust. Geweihtes Brot, Abendmahlsbrot und alles Geheiligte genieße andächtig, lasse kein Krümchen auf die Erde fallen und kaue es nicht wie gewöhnliches Brot mit den Zähnen. Brich es in kleine Stücke, lege sie in den Mund, nimm sie mit den Lippen auf und schmatze nicht, sondern iß mit Sorgfalt. Zu geweihtem Brot nimm nicht beliebige Flüssigkeit zu dir, einzig Wasser oder mit Meßwein vermischtes heißes Wasser oder gar nichts. Doch mische es mit nichts anderem...

4 Wie man aus ganzer Seele Gott liebe und auch seinen Nächsten, und wie man in Gottesfurcht lebe und des Todes eingedenk sei

Liebe also aus ganzer Seele und ganzer Kraft Gott, deinen Herrn. Richte dich bei all deinen Werken und in deinen Gewohnheiten und deiner Lebensweise nach Seinen Geboten. Zum anderen aber liebe wie deinen Bruder jeden Menschen, der nach Gottes Ebenbild erschaffen ist, liebe jeden Christen. Bewahre in deinem Herzen stets die Furcht Gottes, und sei immer eingedenk des Todes. Tue allzeit den Willen Gottes und wandele nach Seinen Geboten. Der Herr sagt: Ich will dich richten, wie du verdient hast. Denn es geziemt jedem Christen, bei guten Werken, in Reinheit und Reue bereit und, seine Sünden bekennend, der Stunde des Todes stets gewärtig zu sein.

5 *Wie man den Bischöfen, Geistlichen und Mönchen Ehre erweise*

Suche immer Zuflucht bei den Bischöfen und erweise ihnen die gebührende Ehre. Wünsche ihren Segen herbei und begehre ihre geistliche Belehrung. Falle zu ihren Füßen nieder und sei ihnen nach dem Willen Gottes in allem untertan. Geistlichen und Mönchen bringe großes Vertrauen entgegen, begegne ihnen in Liebe und Gehorsam und zeige vor ihnen stets Demut. Bedenke den geistlichen Gewinn durch sie, denn sie sind Diener und Fürbitter beim himmlischen Herrscher und vermögen es, Gott um Gutes und Nutzbringendes für unsere Seelen und um die Vergebung der Sünden und das ewige Leben zu bitten.

6 *Wie man die Klöster, Spitäler und Kerker und alle Kummerbeladenen besuchen soll*

Besuche die in Klöstern, Spitälern, Einsiedeleien und Kerkern Eingeschlossenen, gib ihnen Almosen nach deinen Möglichkeiten und soviel sie brauchen. Sieh ihr Elend, ihren Kummer und ihre drückende Armut und hilf ihnen nach Kräften. Verachte nicht die Grambeladenen und Bedürftigen, die Elenden und Armen, sondern führe sie in dein Haus, reiche ihnen in Liebe und reinen Gewissens Speise und Trank und wärme sie mit Kleidung. Dadurch stimmst du Gott gnädig und erlangst Freiheit von deinen Sünden. Deinen seligen Eltern laß einen Gedenkgottesdienst halten, bringe den Kirchen Gottes Opfer dar und gib in deinem Hause ein Mahl zu ihrem Gedächtnis. Den Armen spende milde Gaben, und Gott wird dich nicht verlassen.

7 *Wie man den Zaren und den Fürsten ehre und ihnen in allem gehorche, jedem Gebieter untertan sei und ihm stets aufrichtig diene, wie man sich gegen Hoch und Niedrig, gegen Grambeladene und Schwache und gegen jedermann benehme*

Fürchte den Zaren und diene ihm ergeben, bete allezeit für ihn und belüge ihn niemals, sondern stehe ihm wie Gott selbst in Demut und Wahrheit Rede und Antwort und sei ihm stets untertan. So du dem irdischen Herrscher aufrecht dienst und ihn fürchtest, wirst du auch vor dem himmlischen Herrscher Ehrfurcht zu empfinden lernen. Jener ist zeitlich, der im Himmel aber ewig – Er ist ein unbestechlicher Richter und vergilt jedem nach seinem Werk.

Sei untertan auch dem Fürsten und erweise ihm die schuldige Ehre als dem von Ihm zur Strafe der Übeltäter und zum Lobe der Rechtschaffenen Gesandten. Liebet euren Fürsten und Herrscher von ganzem Herzen und sinnet nichts Böses wider ihn, denn der Apostel Paulus sagt: Es ist keine Obrigkeit ohne von Gott. Wer sich nun der Obrigkeit widersetzt, der widerstrebt Gottes Ordnung. Diene dem Zaren, dem Fürsten und jeglichem Würdenträger ohne Gleisnerei und Hinterlist. Die Lügner wird der Herr zugrunde richten, Ohrenbläser und Verleumder aber werden vom Volke verflucht. Bezeige Achtung und Ehrerbietung den Älteren, dir Gleiche schätze hoch wie Brüder, Schwachen und Kummerbeladenen begegne in Freundschaft, Jüngere liebe wie deine Kinder und sei keinem Geschöpf Gottes gram.

Niemals trachte nach irdischem Ruhm, sondern erflehe von Gott das ewige Heil. Allen Kummer und alles Elend ertrage in Dankbarkeit. Wenn dir jemand Unrecht zufügt, übe keine Rache, und wenn dich jemand schmäht, bete für ihn. Vergilt nicht Böses mit Bösem. Verdamme nicht den, der gefehlt hat, sei vielmehr deiner eigenen Sünden eingedenk und habe darum große Sorge. Wende dich ab vom Rat böser Menschen. Eifere denen nach, die rechtschaffen leben, schreibe ihre Werke in dein Herz und tue selbst so.

8 *Wie man sein Haus mit heiligen Bildern schmücken und es sauberhalten soll*

Jeder Christ stelle an den Wänden jedweder Stube in seinem Hause heilige und ehrwürdige Bilder auf, die dem Wesen getreu gemalt seien. Schmücke sie reich mit jeglichem Zierat und mit Lämpchen und entzünde bei jedem Lobgesang zur Ehre des Herrn Kerzen vor den heiligen Bildern. Danach lösche die Lichter und verhülle die Bilder um der Sauberkeit willen und um sie vor Staub zu schützen, der Ordnung halber und zur sicheren Verwahrung. Putze sie immer mit einem sauberen Federwisch und wische sie mit einem weichen Schwamm ab. Die Ikonenstube halte stets sauber. Die heiligen Bilder darf nur berühren, wer dessen würdig und reinen Gewissens ist.

Während der Lobpreisung Gottes, beim heiligen Gesang und zum Gebet zünde Kerzen an und wohlriechendes Harz und brenne Weihrauch ab. Die heiligen Bilder stelle dem Rang nach auf, und die, welchen die größte Verehrung gebührt, seien zuerst genannt. Ehre sie im Gebet und in der Andacht durch tiefes Verneigen und bei allen Lobpreisungen Gottes. Unter Tränen und lautem Schluchzen und reumütigen Herzens bekenne deine Sünden und bitte um Vergebung.

9 *Wie man mit Opfergaben zu den Kirchen Gottes und den Klöstern kommen soll*

Zu den Kirchen Gottes komme allezeit im Glauben, mit einer Opfergabe, einer Kerze, geweihtem Brot, mit Weihrauch und wohlriechendem Harz, mit dem Kanun und der Kutja und mit Almosen, um des Leibeswohls und des Seelenheils willen und an den Feiertagen. Gehe auch in die Klöster mit Almosen und einer frommen Spende. Wenn du deine Opfergabe zum Altar bringst, sei eingedenk der Worte des Evangeliums: So dein Bruder etwas wider dich hat, so laß allda vor dem Altar deine Gabe und gehe zuvor hin und versöhne dich mit deinem Bruder und alsdann komme und opfere deine Gabe vor Gott und von deinem ehrlich erworbenen Hab und Gut, denn durch Unrecht Gewonnenes ist ein unbillig Almosen. Den Mächtigen wurde gesagt: Es ist besser, nicht raffgierig zu sein, als von unrecht Gut Almosen zu spenden. Entschädige, wem du Verlust zugefügt hast, das ist geziemender als eine milde Gabe. Gott sind Almosen von rechtmäßig Erworbenem und guten Taten angenehm.

12 Wie der Mann mit seinem Weibe und dem Gesinde zu Hause sein Gebet verrichten soll

Täglich des Abends halte der Mann mit seinem Weibe, den Kindern und mit den Lesekundigen aus dem Hausgesinde Vesper, Abendgottesdienst oder Mitternachtsgottesdienst ab, still, in Aufmerksamkeit und Demut, unter Gebet und Verneigungen. Singet vernehmlich und mit einer Stimme. Danach trink und iß nichts mehr. Befleißige dich dessen stets. Bevor er sich schlafen legt aber, verneige sich jeder Christ dreimal bis zur Erde. Immer um Mitternacht stehe insgeheim auf und bete deiner Sünden wegen inständig und unter Tränen zu Gott. Des Morgens beim Aufstehen tue desgleichen, je nach Kraft und Bedürfnis. Schwangere Frauen aber verneigen sich bis zum Gürtel. Jeder Christ bete ob seiner Sündenschuld um deren Vergebung und für die Gesundheit des Zaren, der Zarin und ihrer Kinder, für seine Brüder und die Bojaren und für das christliche Heer um Hilfe gegen die Feinde, für die Freiheit der Gefangenen, für die Bischöfe und Geistlichen, für die Kranken und die in Kerkern Eingeschlossenen und für alle Christen. Die Frau bete um die Vergebung ihrer Sünden, für ihren Mann und ihre Kinder, für das Hausgesinde, für die Anverwandten und für die geistlichen Väter. Der Mann tue desgleichen.

Frühmorgens nach dem Aufstehen bete zu Gott und verrichte die Morgenandacht und die Stundengebete. Sonntags und an Feiertagen halte einen Gottesdienst ab mit Gebet und in Stille und Demut. Singet mit einer Stimme und lauschet mit Andacht und brennet Weihrauch vor den Bildern der Heiligen. Und wo niemand zum Singen da ist, genügt es, am Abend und am Morgen zu beten. Kein Mann aber darf sündigen an den Tagen, da er in die Kirche zu Vesper, Frühgottesdienst oder Messe geht.

13 Wie Mann und Weib in der Kirche beten, Reinheit bewahren und nichts Böses tun sollen

In der Kirche stehe bei jedem Gottesdienst in Ehrfurcht und bete im stillen. Zu Hause halte immer die Abendandacht und den mitternächtlichen Gottesdienst und verrichte die Stundengebete, und wer aus freiem Entschluß um seiner Seligkeit willen eine Andacht hinzufügt, dem wird größerer Lohn von Gott. Die Frauen gehen zur Kirche Gottes, sooft sie es vermögen und wünschen, doch mit Billigung ihres Mannes. In der Kirche aber schwätze mit niemandem, sondern schweige, höre stehend zu und schaue dich nicht um. Lehne dich nicht an die Mauer oder gegen eine Säule, stütze dich nicht auf einen Stock und tritt nicht von einem Bein auf das andere. Kreuze die Arme vor der Brust und bete unverwandt, mit Furcht und Zittern und unter Seufzern und Tränen, und verlasse die Kirche nicht vor dem Schlußgebet und komme rechtzeitig zu Beginn.

An Sonntagen und den Feiertagen des Herrn, am Mittwoch und am Freitag, zu den heiligen Fasten und zur Andacht zum Ruhme der Gottesmutter erscheine in Reinheit. Meide stets Unmaß im Essen und Trinken und hüte dich vor eitlem Geschwätz und unangemessenen Narreteien, vor Dieberei, Unzucht, Lüge, Verleumdung und Mißgunst. Laß ab vom ungerechten Eintreiben von Zins, Schankgeld und Zoll. Finde nicht Gefallen an Falschheit und zürne niemandem. Speise und trinke nicht des Morgens und des Abends nach der Andacht, sondern iß und trinke zum Ruhme Gottes und zur rechten Zeit. Kleinen Kindern und Dienstleuten gebe man Speise nach Ermessen des Hausherrn und seines Weibes. Oder wisset ihr nicht, daß die Ungerechten das Reich Gottes nicht erwerben werden, denn der Apostel Paulus sagt: Der sich läßt einen Bruder nennen und ist ein Hurer oder ein Geiziger oder ein Abgöttischer oder ein Lästerer oder ein Trunkenbold oder ein Räuber, mit dem sollt ihr auch nicht essen und trinken. Und zum anderen sagt er: Weder die Hurer noch die Abgöttischen noch die Ehebrecher noch die Weichlinge noch die Knabenschänder noch die Diebe noch die Geizigen, noch die Trunkenbolde noch die Lästerer noch die Räuber werden das Reich Gottes ererben. So steht es jedem Christen zu, sich vor dem Bösen zu hüten.

14 Wie Gotteskinder ihre geistlichen Väter ehren und ihnen zu Gehorsam sein sollen

Es ziemt zu wissen, wie Gotteskinder ihre geistlichen Väter ehren sollen. Wähle einen gütigen, frommen, klugen und besonnenen geistlichen Vater, der fest im Glauben steht und gute Lehre erteilen kann, doch keinen, der zuviel Nachsicht übt, im Übermaß trinkt, geldgierig oder jähzornig ist. Es gebührt sich, ihn zu ehren und ihm in allen Dingen gehorsam zu sein. Vor ihm zeige Reue unter Tränen und beichte deine Sünden ohne Scham und falsche Scheu, und seine Gebote befolge. Rufe ihn oft in dein Haus, berate dich stets mit ihm nach bestem Gewissen, nimm seine Ermahnung in Liebe auf und erweise ihm Gehorsam in allem. Ehret ihn und verneiget euch tief vor ihm – er ist unser Lehrer und Meister, bezeiget ihm Ehrfurcht und kommt in Liebe zu ihm und macht ihm nach Kräften Geschenke von eurer Hände Arbeit. Hole dir oft Rat bei ihm für ein nützliches Leben und enthalte dich der Sünde. Der Mann erfährt von ihm, wie er Weib und Kinder liebe und unterweise, und das Weib, wie sie dem Manne gehorche. Befrage deinen geistlichen Vater alle Tage, bekenne vor ihm allezeit deine Sünden und offenbare sie ganz. Folge den Lehrern in allem, denn sie wachen über unsere Seelen und müssen Rechenschaft für uns ablegen am Tage des Jüngsten Gerichts, und schmähe sie nicht noch verurteile oder tadle sie. So über jemanden Klage geführt wird, höre man den geistlichen Vater und vergebe dem Schuldigen nach seiner Schuld im Einverständnis mit jenem.

...

21 *Unterweisung für Mann und Weib, Gesinde und Kinder, wie sie sich angemessen betragen sollen*

Der Hausherr lehre Weib und Kinder und Gesinde, nicht zu stehlen oder zu huren, nicht zu lügen oder zu verleumden, nicht zu neiden, zu beleidigen oder zu verunglimpfen. Rechte nicht mit Fremden, richte, prasse und spotte nicht, sei nicht nachtragend und zürne niemandem. Hochstehenden begegne gehorsam und unterwürfig, Gleichen liebevoll und Geringeren und Armen freundlich und gnädig. Laß allen ohne Zögern ihr Recht werden, vor allem bringe nicht den Tagelöhner um seinen Lohn. Kränkung, Schimpf und Tadel ertrage in Dankbarkeit um des Herrn willen. So dich jemand zu Recht schmäht und schilt, nimm es in Liebe hin, kehre dich von solcher Torheit ab und räche dich nicht, und so du daran keine Schuld trägst, wirst du deinen Lohn von Gott empfangen. Dein Gesinde lehre die Furcht des Herrn und jegliche Tugend und tue selbst so, und ihr werdet gemeinsam Gnade finden vor Gott.

Wenn aber ein Mann aus Unachtsamkeit oder Nachlässigkeit oder sein Weib, weil von ihm nicht unterwiesen, sündigt oder Böses tut, oder wenn Männer, Frauen und Kinder des Gesindes wegen mangelnder Belehrung durch den Hausherrn Sünden begehen oder übeltun, wenn sie Streit suchen, stehlen oder Unzucht treiben, so werden alle gemeinsam nach ihren Werken empfangen. Die Böses taten, werden ewige Qualen erdulden, und die Gutes taten und gottgefällig lebten, werden das ewige Leben im Himmelreich ererben.

...

25 Vom gerechten und gottgefälligen Leben

Ein guter Mensch auf dem Lande, in der Stadt und unter seinen Nachbarn nimmt von seinen Bauern, in Rang und Würden oder im Amt zu gelegener Zeit gerechte Abgaben, weder durch Gewalt noch durch Raub oder Folter. Wenn Mißernte war und nichts zum Bezahlen vorhanden ist, übe Nachsicht, und wenn einem Nachbarn oder einem Bauern Saatgut fehlt oder Pferd oder Kuh oder er die Abgaben nicht zahlen kann, so leihe ihm und hilf ihm. Hast du aber selbst nur wenig, so borge, jedoch sorge für ihn aus ganzer Seele und schütze ihn redlich vor jeglichem Beleidiger. Du sollst mit deinen Leuten niemanden übervorteilen, weder an Ackerland noch an Grund und Boden, noch an häuslichem oder sonstigem Vorrat, noch an Vieh. Begehre kein unrecht Gut, sondern von gesegnetem Ertrag und rechtschaffenem Erwerb zu leben geziemt einem jeden Christen.

Und so Gott eure guten Werke, solche Mildtätigkeit und unerheuchelte Liebe zu jedermann und Gerechtigkeit in allem sieht, wird Er euch reiche Gnade und guten Gewinn spenden und jeglichen Überfluß mehren. Ein Almosen von rechtschaffener Arbeit ist Gott wohlgefällig, und Gott erhört das Gebet derer, die solches tun, und befreit sie von den Sünden und schenkt ihnen das ewige Leben.

...

64 Brief und Vermahnung eines Vaters an seinen Sohn

Der Segen des Popen Silvester von der Kirche Mariä Verkündigung sei dir, mein geliebter, eingeborener Sohn Anfim. Mein liebes, teures Kind, beherzige die Unterweisung deines Vaters, der dich gezeugt und in guter Vermahnung wie in den Geboten des Herrn erzogen hat, der dich in Gottesfurcht und in der Heiligen Schrift unterrichtet und dich stets im christlichen Glauben, in einem guten Erwerb, in allen Dingen des Handels und jeglichen Geldangelegenheiten unterwiesen hat. Der Segen des Metropoliten, die Gunst des Zaren, unseres Gebieters, und der Zarin, unserer Gebieterin, seiner Brüder und aller Bojaren ruht auf dir. Mit ehrenhaften Menschen pflegst du Umgang und mit vielen Fremdlingen schwunghaften Handel und Freundschaft. Du hast alles Gute empfangen, wisse es in Gott zu vollenden. Wie dein Leben unter meiner Fürsorge begonnen hat, so behüte dich Gott nach meinem Tode weiterhin. In rechtmäßiger Ehe habe ich dich mit der dankbaren Tochter guter Eltern verbunden, und ich habe dich mit jeglichen geheiligten Gegenständen, mit ehrwürdigen Kreuzen, Heiligenbildern und einem ehrbaren Vermögen gesegnet, das, wie ich glaube, von redlicher Mühe stammt. Im Ungewissen aber wird Gott dich leiten.

Heute nun, mein Sohn Anfim, entlasse ich dich und übergebe und überantworte dich dem Schöpfer, unserem gütigen Hirten Jesus Christus, seiner Mutter, der allreinen Gottesmutter, unserer Beschützerin und Helferin, und allen Heiligen, wie die Schrift sagt: Bemühe dich, Kinder zu hinterlassen, die in den Geboten des Herrn unterwiesen sind, sie sind besser als unrechtmäßig erworbener Reichtum; denn es ist besser, arm zu sein in Ehren als reich in Unehren. Und du, mein Kind, hüte dich vor unrecht Gut und tue gute Werke. Mein Sohn, habe großes Vertrauen zu Gott und setze deine ganze Hoffnung auf den Herrn. Wer auf Christus hofft, wird nicht umkommen. Nimm stets im Glauben zu den heiligen Kirchen Gottes Zuflucht. Den Frühgottesdienst verschlafe nicht, das Mittagsgebet verbummele nicht, die Abendandacht versäume nicht, zum Vespergottesdienst zeche nicht. Den Mitternachtsgottesdienst und die Stundengebete halte alle Tage in deinem Hause, das ist eines jeden Christen Gottespflicht. Wenn es die Zeit erlaubt, so füge eine Andacht hinzu, es steht in deinem Belieben, vor Gott größere Gnade zu erlangen. In der Kirche Gottes und zu Hause stehe beim Gesang während der Andacht und bei allem Gebet, und ebenso dein Weib, die Kinder und das Hausgesinde. Bete in Gottesfurcht und lausche aufmerksam, und unterhalte dich währenddessen nicht und schaue nicht umher, es sei denn, es ist unbedingt erforderlich. Sprich das Bekenntnis allein und sauber und nicht selbander. Ehre die Geistlichen und Mönche, denn sie sind Diener Gottes, durch sie werden wir von unseren Sünden gereinigt, sie dürfen unserer Sünden wegen zum Herrn flehen und ihn gnädig stimmen.

Mein Kind, gehorche deinem geistlichen Vater und allen Priestern in jeglicher Unterweisung des Geistes, und ebenso tue dein Weib. Lade Geistliche in dein Haus, um für die Gesundheit des Zaren und Herrschers, für die Zarin, für ihre Kinder, für des Zaren Brüder und für das christliche Heer, für die Geistlichen, Mönche und für alle Christen zu beten. Verrichte ein Gebet um die Vergebung deiner Sünden und die deines Hausgesindes. Laß sie Wasser weihen mit dem lebensspendenden Kreuze, mit den heiligen Reliquien und mit den wundertätigen Ikonen. Wenn du bei Krankheit für deine Genesung Öl weihen läßt und in den Kirchen Gottes solches tust, so komme mit Almosen und Opfergaben um deiner Gesundung willen. Für deine seligen Eltern laß in aller Reinheit einen Gedenkgottesdienst halten, dann wird auch Gott deiner gedenken. Die Kirchendiener, die Bedürftigen, die Unbemittelten, die Armen, die Betrübten und die Fremden lade in dein Haus, gib ihnen nach Kräften zu essen und zu trinken und wärme sie. Teile Almosen aus von deinem redlich erworbenen Hab und Gut im Hause, auf dem Markte und auf Reisen. So wirst du von deinen Sünden gereinigt, denn Almosen sind vor Gott Fürspreche in unseren Sünden.

Mein Kind, habe wahrhafte Redlichkeit und unerheuchelte Liebe für alle. Verurteile niemanden, sondern trage Sorge, wie du dich von deinen Sünden befreist. Was du selbst nicht liebst, das tue auch anderen nicht an. Vor allem bewahre deine körperliche Reinheit. Tritt vor dein Gewissen wie vor einen wütenden Feind und hasse berauschendes Getränk wie einen widrigen, seelenverderbenden Freund. Der Trunksucht entsage um des Herrn willen, denn sie bringt Leid, und alle bösen Gewohnheiten kommen aus ihr. Wenn dich der Herr davor bewahrt, wirst du von Gott alles Gute und Angenehme erlangen, vor den Menschen wirst du geehrt sein und durch gute Werke deiner Seele Glanz verleihen.

Sei eingedenk, mein Kind, der Worte des Apostels: Lasset euch nicht verführen! Weder die Trunkenbolde noch die Hurer noch die Ehebrecher noch die Knabenschänder noch die Diebe noch die Räuber noch die Lästerer noch die Geizigen werden das Reich Gottes ererben. Wenn du, mein Kind, von einer Leidenschaft besiegt wirst oder in Sünde fällst, so nimm deshalb eifrigen

Glaubens und unter bitteren Zähren Zuflucht zu Gott und zu deinem geistlichen Vater und beweine deine Sünden. Bereue aufrichtig, tue solches nicht mehr, befolge das Gebot des geistlichen Vaters und leiste die Kirchenbuße. Der Herr ist gnädig, Er liebt die Gerechten, ist barmherzig zu den Sündern und ruft alle zum Heil. Hüte dich des weiteren und gib acht, daß du nach dem rechten christlichen Gesetz lebst. Bewahre deine Zunge vor Bösem, und dein Mund soll kein Schmeichelwort sprechen. Hüte dich vor der Lüge, vor Lobhudelei und vor Verleumdung, erhöhe dich nicht selbst, sondern erniedrige dich mehr als andere Menschen, und du wirst die Herrlichkeit Gottes schauen.

Mein Kind, verachte niemanden, der in Not ist. Erinnere dich daran, mein Kind, wie ich stets gelebt habe. Niemand ist aus meinem Hause mit leerem Magen oder betrübt gegangen. Nach Kräften wurde einem jeden um Gottes willen gegeben, wessen er bedurfte, und dem Kummerbeladenen wurde ein tröstliches Wort gesagt. Um Gottes willen habe ich geholfen, wem und wieviel ich konnte, und vielerlei geliehen, und Christus ließ mir auf unsichtbare Weise im Überfluß Seine Gnade und jegliche Güter zuteil werden. Niemals tat ich jemandem mit Vorbedacht Böses, höchstens aus einem Mißverständnis, doch ohne Arglist.

Mein Kind, liebe die Mönche und die fremden Reisenden. Sie sollen stets in deinem Hause Nahrung finden. Gehe mit Almosen und Speise in die Klöster und in die Kerker und besuche die Bedürftigen und die Kranken und spende nach Kräften milde Gaben. Kleide dein Gesinde und speise es zur Genüge. Liebe dein Weib und lebe im Gesetz nach den Geboten des Herrn. Des Sonntags, Mittwochs und Freitags, an den Feiertagen des Herrn, zu den Großen Fasten und an den Gottesmutterfesten lebet in Reinheit, im Fasten und im Gebet, in der Buße und in allen Tugenden. Ein Leben nach dem Gesetz gereicht Gott zum Ruhme und verheißt das ewige Leben, und die Unzüchtigen und die Ehebrecher richtet Gott.

Was du selbst tust, mein Kind, das lehre auch dein Weib, Gottesfurcht und Sittsamkeit, jegliche Tätigkeit, Handarbeit und Hauswirtschaft. Alle häuslichen Verrichtungen, Backen und Kochen und jegliche Hausarbeit, auch alle weibliche Handarbeit, soll sie selbst tun können. Wenn sie selbst alles weiß und kann, wird sie es auch die Kinder und die Diener lehren und sie in allem unterweisen und unterrichten. Die Frau darf keine berauschenden Getränke lieben, und ebenso ihre Kinder und Diener. Die Frau soll keine Stunde ohne Beschäftigung sein, außer bei Krankheit, und desgleichen die Diener. Wenn sie zu Besuch ist oder selbst Gäste hat, soll sie niemals betrunken sein, und mit ihren Besucherinnen plaudere sie über Handarbeiten, über das Hauswesen und über ein rechtschaffenes, christliches Leben. Nie soll sie über jemanden spotten und klatschen. Zu Besuch wie zu Hause soll sie keine teuflischen Lieder singen und sich schandbarer und unzüchtiger Reden und sittenloser Sprüche enthalten, und ebenso die Diener. Auf solches darf sie nicht hören. Zauberer, Schwarzkünstler und jegliche Hexerei soll sie nicht kennen, und sie soll solche Männer und Weiber nicht ins Haus einlassen. Wenn sie das nicht beherzigt, so vermahne sie in jeder Weise und errette sie durch Furcht. Doch sollst du deinem Weibe nicht zürnen und sie nicht dir. Vermahne sie stets unter vier Augen, und danach begegne ihr in Güte, fühle mit ihr und habe sie lieb. Auch deine Kinder und das Gesinde lehre die Furcht Gottes und jegliches gute Werk, denn du wirst Rechenschaft über sie ablegen müssen am Tage des Jüngsten Gerichts. Wenn ihr nach meiner Unterweisung und nach dem hier Geschriebenen lebt, werdet ihr und euer Gesinde vor Gott große Gnade finden und das ewige Leben erwerben.

Halte dich, mein Kind, an ehrenhafte Leute aller Stände und eifere ihren guten Werken nach, beherzige ihren wohlmeinenden Rat und handele danach. Lies oft in der Heiligen Schrift und nimm ihre Worte in dein Herz auf, dir zum Nutzen. Du hast gesehen, mein Kind, wie ich mein Leben in Frömmigkeit, in der Furcht Gottes und in Herzenseinfalt verbracht habe und in eifrigem, ehrfürchtigem Kirchenbesuch und mich stets an der Heiligen Schrift erbaut habe und wie ich durch Gottes Gnade von allen geehrt und geliebt wurde und versuchte, einem jeden in allem Nötigen gefällig zu sein durch Arbeit, guten Dienst und Demut, ohne Stolz und Widerspruch. Ich habe niemanden verurteilt, niemanden verhöhnt oder getadelt, noch lag ich mit jemandem im Streit. Wenn ich beleidigt wurde, habe ich es um

Gottes willen erduldet und die Schuld auf mich genommen, und so wurden Feinde zu Freunden.

Wenn ich vor Gott und den Menschen seelische oder körperliche Sündenschuld auf mich lud, so weinte ich alsbald darob vor Gott, bekundete unter Tränen Reue vor meinem geistlichen Vater und bat inständig um Vergebung. Ich befolgte in Liebe seine geistlichen Gebote, so wie er mich geheißen. Wenn mich jemand eines Vergehens oder Versäumnisses beschuldigte, mich in geistlichen Dingen belehrte oder mich verspottete oder tadelte, so nahm ich mir all das in Liebe zu Herzen, und war es zu Recht, so bereute ich und hielt mich mit Gottes Hilfe von solchen Dingen fern. Auch wenn ich ohne Schuld und zu Unrecht beschimpft und geschmäht, verhöhnt, getadelt oder geschlagen wurde, stets habe ich die Schuld auf mich genommen und mich nicht vor den Menschen gerechtfertigt, denn das wird Gott in seiner gerechten Barmherzigkeit ausgleichen. Ich erinnerte mich der Worte des Evangeliums: Liebet eure Feinde; tut wohl denen, die euch hassen; segnet, die euch fluchen; bittet für die, so euch beleidigen und verfolgen. So dir jemand einen Streich gibt auf deine rechte Backe, dem biete die andere auch dar. Und so jemand mit dir rechten will und deinen Rock nehmen, dem laß auch den Mantel. Und so dich jemand nötigt eine Meile, so gehe mit ihm zwei. Und zum anderen gedachte ich des Abendmahlgebetes: Herr, sei gnädig denen, die mich hassen und die mir feind sind, die mich schmähen und die mich verleumden; niemandem soll um meinetwillen, eines unreinen und sündigen Menschen, ein Leid zustoßen, weder jetzt noch künftig; sondern läutere sie durch Deine Gnade und bedecke sie mit Deinem heilbringenden Segen. Damit habe ich mich stets getröstet.

Von Jugend an bis auf den heutigen Tag habe ich niemals den Gottesdienst versäumt, außer bei Krankheit. Nie habe ich einen Bettler, Fremden, Bedürftigen, Siechen oder Trauernden mißachtet, es sei denn aus Versehen. Nach Kräften habe ich Kranke und Gefangene aus dem Kerker und Schuldner aus der Knechtschaft und jeglicher Drangsal freigekauft, und die Hungernden habe ich nach meinem Vermögen gespeist. Allen meinen Knechten habe ich die Freiheit gegeben und ihnen Land zugeteilt, und anderen habe ich aus der Fronarbeit losgekauft und freigelassen. Alle unsere Knechte sind frei und leben in guten Häusern, wie du siehst, und sie beten für uns zu Gott und sind uns immerdar wohlgesinnt. Wer uns indes vergessen hat, dem wird Gott alles verzeihen. Heute ist unser Gesinde frei und lebt aus eigenem Willen bei uns.

Du hast gesehen, mein Kind, daß ich sowohl in Nowgorod als auch hier in Moskau viele obdachlose, fronbare und bedürftige Waisen männlichen und weiblichen Geschlechts bis zur Volljährigkeit ernährt habe. Ich habe einen jeden unterrichtet, wozu er fähig war, die einen im Lesen, Schreiben und Singen, andere in der Ikonenmalerei, wieder andere im Buchhandwerk oder in der Silberschmiedekunst oder in allerlei anderem Handwerk, und manche habe ich jeglichen Handel zu treiben gelehrt. Deine Mutter aber hat viele junge Mädchen und obdachlose bedürftige Witwen in guter Vermahnung erzogen, sie in Handarbeit und jeglicher Hauswirtschaft unterrichtet, ihnen eine Aussteuer gegeben und sie verheiratet. Die Männer aber haben wir mit den Töchtern ehrbarer Leute vermählt. Gott gab es, daß sie alle frei sind und in guten Häusern leben. Viele sind Geistliche oder Diakone, Kirchendiener oder Kirchenschreiber, oder sie üben ein anderes Amt aus, jeder, wozu er tauglich ist und wozu ihn Gott gesegnet hat. Die einen gehen jeglichem Handwerk nach, andere betreiben einen Handel, und manche reisen als Kaufleute durch vielerlei Länder. Dank der Barmherzigkeit Gottes hat uns keiner unserer Zöglinge und Diener Schande oder Schaden gebracht, und kein Verdruß ist uns durch die Leute entstanden noch den Leuten durch uns, und mit niemandem hatten wir Rechtshändel. Gott hat uns in allem behütet. Und wenn ein Zögling uns Verdruß und großen Schaden zugefügt hat, so haben wir es auf uns genommen, niemand hat davon erfahren, und Gott hat es uns vergolten. Eifere dem nach, mein Kind, und tue ebenso. Nimm jegliche Beleidigung hin und erdulde sie, Gott wird es dir doppelt lohnen.

Ich habe keine andere Frau als deine Mutter erkannt, und was wir gelobten, habe ich mit Gottes Hilfe auch getan. So laß mich, Christus, mein Leben nach Deinen Geboten christlich beschließen.

Lebe, mein Kind, in allen Dingen nach dem christlichen Gesetz und sei ohne Arg und List gegen jedermann. Glaube nicht jedem Gerücht, trachte nach dem Guten und verabscheue allenthalben die Niederträchtigen und die Gesetzesverächter. Die rechtmäßige Ehe achte mit Sorgfalt bis an das Ende deines Lebens. Bewahre die Reinheit deines Körpers und erkenne außer deinem Weibe keine. Desgleichen hüte dich vor dem Laster der Trunksucht. Von diesen beiden Ursachen rühren alle Übel her, die auf den Grund der Hölle führen. Dein Haus wird veröden, dein Hab und Gut zunichte werden, Gott wird sich deiner nicht erbarmen, von den Menschen wirst du verachtet, verspottet und gescholten und von den Eltern verflucht. Wenn dich jedoch der Herr vor solchem Übel bewahrt, mein Kind, wenn du nach Gottes Gebot das Gesetz achtest, dich berauschender Getränke enthältst und nach dem Vorbild gottesfürchtiger Menschen in jeglicher Tugend lebst, so wirst du vor Gott Barmherzigkeit finden und von den Menschen geehrt werden, und der Herr wird dein Haus mit jedweder Gnade erfüllen.

Denke auch daran, fremde Gäste zu bewirten. Mit Nachbarn und Bekannten lebe in Freundschaft und guter Übereinkunft, teile mit ihnen Brot und Salz und leihe ihnen jederzeit. Fährst du zu Besuch, so nimm geringe Geschenke zum Zeichen der Zuneigung mit. Unterwegs bewirte von deiner Tafel Hausherren und Fremde, laß sie an deinem Tisch Platz nehmen und reiche ihnen auch Getränk, den Unbemittelten aber gib Almosen. Wenn du solches tust, wird man dich überall erwarten und dich willkommen heißen, man wird dich auf den Weg begleiten und dich vor jeglichem Ungemach behüten, in der Herberge wird man dich nicht bestehlen und unterwegs nicht berauben. Der Gute wird belohnt und der Böse bestraft. Wer in allem Gutes tut, wird davon keinen Schaden haben. Unter guten Leuten sind Gastfreundschaft und Erinnerungsgeschenke eine Anleihe, sie bedeuten Freundschaft für immer und einen guten Ruf.

Unterwegs, auf einem Gastmahl und beim Handel beginne nie einen Streit. Wenn dich jemand schilt, erdulde es um Gottes willen und meide Zank. Tugend bezwingt die Bosheit. Der Herr widersteht dem Hoffärtigen, aber den Sanftmütigen liebt Gott, und dem Demütigen spendet Er Segen. Wenn deine Leute mit jemandem in Streit geraten, so tadele sie, und wenn es sich um eine sehr verdrießliche Sache handelt, schlage sie, auch wenn sie im Recht sind. So legst du den Streit bei, und es entsteht weder Verlust noch Feindschaft. Außerdem sollst du deinem Gegner zu trinken vorsetzen und ihn mit Brot und Salz bewirten, so wird aus der Feindschaft Freundschaft.

Mein Sohn, sei eingedenk der großen Barmherzigkeit Gottes und Seines Beistandes. Von Jugend an bis auf den heutigen Tag habe ich niemanden zum Bürgen genommen, noch habe ich für jemanden gebürgt. Mit niemandem habe ich vor Gericht gestanden, weder als Kläger noch als Beklagter. Du hast gesehen, zur Handwerksarbeit und zu jeglichen anderen Dingen waren vielerlei Meister bei uns, Ikonenmaler, Bücherschreiber, Silberschmiede, Schmiede, Zimmerleute, Steinmetzen, Ziegelbrenner, Maurer aller Art und viele andere. Das Geld für die Arbeit bekamen sie im voraus, einen, zwei oder drei Rubel, auch fünf, zehn oder mehr. Viele von ihnen waren Betrüger und Trunkenbolde, und von allen diesen Meistern ließ Gott mich im Verlaufe von vierzig Jahren ohne Schande und gerichtliche Ladung und Ärgernis scheiden, alles geschah friedlich bei Brot und Salz und Trank, durch ein Geschenk und jegliche Tugend und durch meine Geduld.

Wenn ich jemandem etwas abgekauft habe, war ich zuvorkommend gegen ihn und habe ohne Verzug bezahlt, und überdies habe ich ihn mit Brot und Salz bewirtet, so hatte ich Freundschaft für immer, und man wird mich im Verkauf nie übergehen, mir keine schlechte Waren geben und keinen Aufpreis verlangen. Wenn ich etwas verkaufte, geschah es in Liebe und ohne Betrug. Wenn meine Ware nicht gefiel, nahm ich sie wieder und gab das Geld zurück. Nie hatte ich wegen eines Kaufs oder Verkaufs Zank oder Streit, so vertrauten mir ehrbare Leute in allem, sowohl Einheimische als auch Fremdländer. Niemals habe ich jemanden belogen oder betrogen oder eine Frist versäumt, weder im Handwerk noch beim Handel. Schuldscheine und Pfandbriefe habe ich nicht ausgestellt, und ich habe niemandem eine Lüge gesagt. Du hast selbst gesehen, welch großes Gerede es mit vielen Leuten gegeben hat, und alles ließ Gott ohne Feindschaft enden. Du weißt selbst, daß wir nicht durch Reichtum gut mit den ehrbaren Menschen auskamen, sondern durch Rechtschaffenheit, Freundlichkeit und Liebe, ohne Hoffart und Lüge.

Mein geliebtes Kind Anfim! Ich habe dich stets eine tugendsame und gottgefällige Lebensart gelehrt und dich darin unterwiesen. Nun übergebe ich dir dieses mein ungelenkes Schreiben mit meiner schwachen Vermahnung und bitte dich, mein Kind, um unseres Herrn und der allreinen Gottesmutter und der großen Wundertäter willen, lies es mit Liebe und Aufmerksamkeit, nimm es in dein Herz auf und flehe zu Gott um Gnade und Beistand, Vernunft und Kraft, und alles Gesagte tue in Liebe. Belehre nach diesem Schreiben auch dein Weib, und desgleichen unterweise deine Kinder und das ganze Hausgesinde. Lehre sie alle die Furcht Gottes und ein tugendsames Leben. Wenn du all das tust und dein Weib, die Kinder, die Knechte und Mägde und alle Anverwandten und Bekannten solches lehrst und dein Haus in guter Ordnung hältst, so wirst du von Gott jegliche Güter erlangen und mit all den Deinen das ewige Leben ererben.

Wenn du jedoch, mein Sohn, meine Bitte und Belehrung nicht beherzigst und nicht nach diesem Schreiben lebst wie andere gute Leute und gottesfürchtige Männer, wenn du die Gebote deines geistlichen Vaters nicht befolgst, nicht Lehre von den von Gott erleuchteten Männern annimmst und dich nicht des Lebens in der Heiligen Schrift befleißigst, wenn du dich nicht an das rechte christliche Gesetz hältst und nicht für das Wohl deines Hausgesindes Sorge träst, so habe ich an deiner Sünde kein Teil, und du wirst selbst für dich, dein Hausgesinde und dein Weib Rechenschaft ablegen müssen am Tage des Jüngsten Gerichts.

Wenn du, mein geliebtes Kind, die geringen Gebote meiner unzulänglichen Belehrung befolgst, auf meinem Wege wandelst, meine Worte beherzigst und dies mit Taten zeigst, so wirst du ein Sohn des Lichtes und Erbe des himmlischen Reiches sein, und auf dir wird die Gnade Gottes ruhen und die der allreinen Gottesmutter, unserer Fürsprecherin, die der großen Wundertäter, Nikola, Pjotr, Alexei, Sergi, Nikon, Kirill, Warlaam, Alexander und aller Heiligen und das Gebet deiner Eltern und mein Segen heute und auf immerdar. Ich segne dich, mein Kind, und verzeihe dir für jetzt und alle Zukunft. Die göttliche Gnade sei mit dir, mit deinem Weibe, deinen Kindern und allen euch Wohlgesinnten, von heute an und in Ewigkeit.

Mein eingeborenes und geliebtes Kind Anfim! Es war Gottes Wille, und der fromme und rechtgläubige Zar, unser Herrscher und Großfürst, hat dir befohlen, als Zollaufseher in seine Dienste zu treten. Und heute bitte ich dich, mein Kind, und unter Tränen sage ich dir, sei um des Herrn willen des Zarengebotes eingedenk und bitte um Beistand und Einsicht aus ganzer Seele und ganzem Trachten. Diene in Treue und Redlichkeit, ohne Hinterlist und Arg. Erweise im Dienst dem Freund keine Gunst, und den Feind benachteilige nicht. Zögere nichts hinaus und fertige jedermann in Liebe und ohne Zank ab. Wenn etwas nicht zur Zeit geschieht, so gib ein freundliches Versprechen und setze eine Frist, und erledige es ohne Aufschub. Im Handel laß Wohlwollen walten. Laß deine Seele im Dienste des Herrschers keinen Schaden nehmen und nähre dich von deinem gesegneten Lohn. Alles Gut des Herrschers soll stets abgerechnet werden, überschlagen und aufgeschrieben, sowohl Einnahmen als Ausgaben. Den Schatzmeistern erweise Gehorsam, deinen Dienstgenossen stehe mit Rat zur Seite, und zu den Schreibern, den Handwerkern und Wächtern sei streng und liebevoll, und sei freundlich zu allen Menschen. Unglückliche, Trauernde, Bedürftige und Gefangene fertige ohne Verzug ab und gib ihnen aus eigener Tasche nach deinem Vermögen Speise, Trank und Almosen, je nach Person. Im Rechtsstreit behandle die Sache eines jeden Menschen, wenn sie wahr und gerecht ist, ohne Säumen und List, ob er reich oder arm, Freund oder Feind ist. Tue nach den Worten des Evangeliums: Richtet nicht nach dem Ansehen, Menschenkinder, sondern richtet ein gerechtes Gericht. Denn mit welcherlei Gericht ihr richtet, werdet ihr gerichtet werden; und mit welcherlei Maß ihr messet, wird euch gemessen werden.

Ehre sei Gott, dem Vollender, heute
und in alle Ewigkeit.
Amen.

Protopope Avvakum Petrovič

Das Leben des Protopopen Avvakum, von ihm selbst aufgezeichnet 1672/3

Geboren wurde ich im Gebiet von Nishni Nowgorod, jenseits des Flusses Kudma, im Dorfe Grigorowo. Mein Vater war der Priester Pjotr, meine Mutter war Marija, die als Nonne den Namen Marfa erhielt. Mein Vater ergab sich dem Trunke, meine Mutter aber fastete und betete und lehrte mich stets die Gottesfurcht. Einstmals sah ich beim Nachbarn ein Tier sterben, da stand ich in jener Nacht auf und weinte vor dem Christusbilde bitterlich um meine Seele. Ich gedachte des Todes und daß auch ich einmal sterben müsse, und seit jener Zeit gewöhnte ich mir an, die ganze Nacht hindurch zu beten. Dann wurde meine Mutter Witwe und ich frühzeitig Waise. Und wir wurden von unseren Anverwandten fortgejagt. Meine Mutter wünschte, mich zu verheiraten. Da betete ich zur allerheiligsten Gottesmutter, daß sie mir eine Frau und Helferin zur Erlangung meines Seelenheils gebe. Im selben Dorfe lebte ein Mädchen, ebenfalls eine Waise, die fleißig in die Kirche ging. Ihr Name war Anastassija. Ihr Vater war ein Schmied namens Marko gewesen, der überaus reich war. Nach seinem Tode war bald alles aufgebraucht. Auch sie lebte nun in Armut und betete zu Gott, daß sie mit mir durch den Bund der Ehe vereint werde. Und so geschah es auch nach Gottes Willen. Bald danach ging meine Mutter heim zu Gott, zu einem besseren Leben. Ich aber siedelte, da man mich von dort vertrieb, an einen anderen Ort über. Zum Diakon wurde ich mit einundzwanzig Jahren ernannt und zwei Jahre darauf zum Priester geweiht. Acht Jahre war ich Pope, dann wurde ich von den rechtgläubigen Bischöfen zum Protopopen ernannt. Seitdem sind zwanzig

Jahre vergangen, und insgesamt dreißig Jahre ist es her, daß ich die Priesterwürde erhielt.

Als ich Pope war, habe ich viele Beichtkinder um mich gehabt, es werden an die fünf- bis sechshundert gewesen sein. Ohne mir Ruhe zu gönnen, habe ich Sünder in den Kirchen und Häusern und an den Wegkreuzungen sowie in den Städten und Dörfern eifrig meinen Dienst versehen. Darüber hinaus habe ich auch in der Zarenstadt und im sibirischen Lande gepredigt und Gottes Wort gelehrt – es werden an die fünfundzwanzig Jahre gewesen sein.

Als ich noch Pope war, kam zu mir einmal ein Mädchen, um zu beichten. Sie hatte viele Sünden auf sich geladen und sich jeglicher Unzucht und Selbstbefleckung schuldig gemacht. Weinend begann sie, in der Kirche vor dem Pult mit dem Evangelium stehend, mir die Einzelheiten zu erzählen. Ich aber, ich dreimal verfluchter Arzt, wurde selbst davon angesteckt und entbrannte in unzüchtigem Feuer. Und es kam mich bitter an in jener Stunde. Ich entzündete drei Kerzen, stellte sie auf das Betpult und legte meine rechte Hand in die Flamme. Ich hielt sie so lange darin, bis in mir die böse Fleischeslust erloschen war. Dann schickte ich das Mädchen weg, legte das Priestergewand ab, betete und ging sehr niedergeschlagen nach Hause. Es war gegen Mitternacht, als ich in meiner Hütte angekommen war; ich weinte vor dem Bilde des Herrn, bis mir die Augen anschwollen. Ich betete inbrünstig, daß Gott mich von meinen Beichtkindern hinwegnehmen möge; denn die Last war schwer, fast nicht zu ertragen...

Zu jener Zeit wurde mein Sohn Prokopi geboren, der jetzt mit seiner Mutter in einem Erdverlies eingesperrt ist. Ich aber nahm meinen Stab und die Mutter den ungetauften Säugling, und wir wanderten los, wohin uns Gott auch immer geleitete. Unterwegs tauften wir ihn, wie es einst Philippus mit dem Verschnittenen getan hatte. Als ich dann nach Moskau zum Protopopen Stefan, dem Beichtvater des Zaren, und zum Protopopen Iwan Neronow kam, berichteten sie dem Zaren von mir, und seit jener Zeit kennt mich unser Herrscher. Die geistlichen Väter aber schickten mich darauf mit einem Schreiben an meine alte Stelle zurück. Und als ich mich mühsam dahin geschleppt hatte, war mein Haus bis auf die Wände zerstört. Ich richtete mich schließlich wieder häuslich ein, doch der Satan entfachte wiederum einen Sturm gegen mich.

Es kamen in mein Dorf Gaukler mit Tanzbären, Schellentrommeln und Balalaikas. Ich Sünder aber, der ich Christus nacheiferte, vertrieb sie und zerschlug ihre Masken und Trommeln, allein auf weiter Flur gegen viele. Ich nahm ihnen zwei große Bären weg, den einen schlug ich fast zu Tode, den anderen ließ ich das Weite suchen. Dafür ließ mich Wassili Petrowitsch Scheremetjew, der gerade auf der Wolga nach Kasan zu seinem Statthaltersitz fuhr, auf sein Schiff holen und schimpfte mich tüchtig aus. Er gebot mir, seinem Sohn Matwej, der sich den Bart abrasiert hatte, den Segen zu geben. Ich aber segnete ihn nicht, sondern rügte ihn gemäß der Heiligen Schrift, da ich sein unzüchtiges Aussehen sah. Da geriet der Bojar in großen Zorn und befahl, mich in die Wolga zu werfen. Nachdem sie mich gehörig gepeinigt hatten, jagten sie mich unter Schlägen davon. Aber bald darauf erwiesen sie sich wieder gut zu mir. Im Palast des Zaren söhnten sie sich mit mir aus, und die Bojarin, die Frau des Wassili, wurde sogar das Beichtkind meines jüngeren Bruders. So sorgt Gott für die Seinen...

Doch bald danach vertrieben mich andere zum zweitenmal von jenem Ort. Ich begab mich nach Moskau, und durch Gottes Fügung befahl unser Herrscher, mich zum Protopopen von Jurewez an der Wolga zu ernennen. Hier blieb ich nicht lange, nur acht Wochen. Der Teufel gab es den Popen, Bauern und Weibern ein, daß sie zum Patriarchenamt zogen, wo ich kirchliche Dinge zu erledigen hatte, und der ganze Haufe – es waren ihrer wohl an die ein- bis anderthalbtausend – zerrte mich aus dem Amtsgebäude, schlug mitten auf der Straße mit Knüppeln auf mich ein und trat mich mit Füßen. Die Weiber hatten sich sogar mit Ofengabeln bewaffnet. Meiner Sünden wegen schlugen sie mich fast tot und warfen mich hinter eine Hausecke.

Der Wojewode eilte mit seinen Bewaffneten herbei, sie hoben mich auf ihre Pferde und sprengten zu meinem kleinen Gehöft. Der Wojewode umstellte mit seinen Bewaffneten das Haus, die Menschenmenge drang gegen meinen Hof vor, und in der ganzen Stadt erhob sich ein riesiger Lärm. Am lautesten aber schrien die Popen und die Weiber, gegen deren Unzucht ich aufgetreten war: »Schlagt den Verbrecher und Hurensohn tot, und laßt uns seinen Leib im Straßengraben den Hunden vorwerfen!« Nachdem ich mich ein wenig erholt hatte, verließ ich drei Tage darauf des Nachts Frau und Kinder und zog mit zwei anderen die Wolga entlang nach Moskau. Als ich nach Kostroma kam, hatten sie auch hier den Protopopen Daniil fortgejagt. O weh! Nirgends konnte man vor dem Teufel in Frieden leben! Ich erreichte Moskau und meldete mich beim Beichtvater Stefan. Aber auch er erzürnte sich über mich: Weshalb ich die Domkirche verlassen hätte? Somit bekam ich neuen Ärger. Als der Zar zu seinem Beichtvater in der Nacht um den Segen kam, erblickte er mich dort. Abermals gab es Ärger: Warum ich die Stadt verlassen hätte? Meine Frau und Kinder und an die zwanzig meiner Hausbewohner waren in Jurewez geblieben: niemand wußte, ob sie noch lebten oder ob man sie erschlagen hatte! Das gab neuen Kummer.

Bald danach traf Nikon ein, unser Freund, der die Gebeine des Metropoliten Filipp aus dem Solowezkikloster nach Moskau überführte. Noch vor dessen Eintreffen hatte der Beichtvater Stefan um einen Patriarchen zu Gott gebetet und sieben Tage mit der Bruderschaft gefastet – auch ich befand mich unter ihnen –, auf daß Gott uns einen Hirten zur Errettung unserer Seelen schenken möge. Zusammen mit dem Kasaner Metropoliten Kornili schrieben wir ein Bittgesuch und überreichten es mit unseren Unterschriften dem Zaren und der Zarin, auf daß der Beichtvater Stefan Patriarch werden solle. Dieser selbst aber wollte das nicht, sondern verwies auf den Metropoliten Nikon. Der Zar hörte auf ihn und sandte diesem ein Schreiben entgegen: »Dem hochwürdigen Metropoliten von Nowgorod und Welikije Luki und ganz Rußland zum Gruße« und so weiter. Als jener ankam, benahm er sich uns gegenüber wie ein Fuchs, verneigte sich und grüßte freundlich. Er wußte, daß er zum Patriarchen vorgeschlagen war, und darum sollten ihm von keiner Seite irgendwelche Hindernisse in den Weg gelegt werden. Doch wozu von all diesen Intrigen sprechen! ... Als man ihn dann zum Patriarchen gemacht hatte, ließ er seine Freunde nicht einmal mehr in den Kreuzsaal vor. Nun aber versprühte er sein Gift. Während der Großen Fastenzeit sandte er Iwan Neronow an der Kasaner Kirche ein Edikt. Er war mein Beichtvater, und ich lebte ständig bei ihm an der Kirche. Wenn er irgendwohin reiste, hielt ich den Gottesdienst ab. Man versprach mir auch eine Anstellung bei Hofe, an der Erlöserkirche, nämlich die Stelle des verstorbenen Sila. Aber Gott wollte es nicht. Ich zeigte dafür auch zuwenig Eifer. Mein Amt war mir lieb, das ich an der Kasaner Kirche innehatte. Ich las dem Volke aus den heiligen Büchern vor, und viele Menschen kamen dorthin.

In seinem Brief schrieb Nikon: »In dem und dem Jahr und an dem und dem Tag. Gemäß der Überlieferung der heiligen Apostel und der heiligen Väter geziemt es sich nicht, bei den Verbeugungen niederzuknien, sondern Ihr dürft Euch nur bis zum Gürtel verneigen; auch müßt Ihr Euch mit drei Fingern bekreuzigen.« Wir aber kamen alle zusammen und machten uns schwere Gedanken; wir sahen, wie ein eisiger Winter heraufzog. Unser Herz erstarrte, und unsere Füße begannen zu zittern. Neronow überließ mir die Kirche und zog sich in die Einsamkeit des Tschudowklosters zurück. Sieben Tage lang betete er in seiner Zelle. Und während des Gebets ertönte vom Heiligenbild herab eine Stimme: »Die Zeit des Leidens ist angebrochen, und euch kommt es zu, alles standhaft zu ertragen!« Unter Tränen berichtete er mir davon und auch dem Bischof Pawel von Kolomna, den Nikon später im Gebiet von Nowgorod auf dem Scheiterhaufen verbrennen ließ; dann erzählte er es Daniil, dem Protopopen aus Kostroma, sowie der ganzen Bruderschaft. Zusammen mit Daniil schrieb ich aus den Büchern die Abschnitte über die Fingerstellung beim Bekreuzigen und über die Verbeugungen ab, und wir überreichten dies dem Zaren. Es war ein ausführliches Schreiben. Er aber verbarg es, ich weiß nicht wo; mir scheint jedoch, daß er es Nikon gegeben hat.

Bald darauf ließ Nikon Daniil im Kloster hinter dem Twerer Tor ergreifen und im Beisein des Zaren das Haupt scheren. Sie rissen ihm das Oberkleid herunter, beschimpften ihn und schafften ihn in die Backstube des Tschudowklosters, und nachdem man ihn grausam gemartert hatte, verbannte man ihn nach Astrachan. Dort drückten sie ihm die Dornenkrone aufs

Haupt und quälten ihn in einem Erdverlies zu Tode. Nachdem sie Daniil zum Mönch geschoren hatten, ergriffen sie noch einen Daniil, den Protopopen aus Temnikow, und kerkerten ihn im Nowospasskikloster ein. Auch dem Protopopen Iwan Neronow riß man in der Kirche die Priesterkappe herunter und steckte ihn ins Simonkloster. Später verschickte man ihn nach Wologda ins Steinerne Erlöserkloster und schließlich ins Gefängnis von Kola...

Auch mich holte Boris Neledinski mit seinen Strelitzen vom Abendgottesdienst weg. Mit mir ergriff man noch an die sechzig Menschen. Man brachte sie ins Gefängnis, mich aber in das Patriarchenamt und legte mich dort des Nachts in Ketten. Als der Morgen graute, es war an einem Sonntag, legte man mich auf einen Bauernwagen und band mich mit ausgestreckten Armen fest. Man schaffte mich vom Patriarchenamt ins Andronjewkloster und warf mich dort gefesselt in ein finsteres Verlies tief unter der Erde. Ich verbrachte drei Tage, ohne zu essen und zu trinken. Als ich in dieser Finsternis in Ketten saß, verneigte ich mich im Gebet, ohne dabei zu wissen, ob gen Osten oder gen Westen. Niemand kam zu mir, nur Mäuse und Schaben. Grillen zirpten, und Flöhe gab es zur Genüge. Am dritten Tage aber war ich völlig ausgehungert und mußte unbedingt etwas essen. Und nach der Vesper stand plötzlich jemand vor mir, ein Engel oder ein Mensch, ich weiß es nicht. Bis heute weiß ich es nicht. In der Dunkelheit sprach ich ein Gebet, er aber faßte mich an der Schulter, führte mich mit meinen Ketten und setzte mich auf eine Bank. Er drückte mir einen Löffel in die Hand und ein Stückchen Brot und gab mir eine Kohlsuppe zu essen – überaus schmackhaft und gut – und sagte zu mir: »Iß, das wird dir Kraft geben!« Und dann war er verschwunden. Die Tür hatte sich nicht geöffnet, er aber war nicht mehr da! Recht merkwürdig, falls es ein Mensch war. Aber wenn es nun ein Engel gewesen ist? Dann braucht man sich darüber nicht zu wundern, denn für ihn ist nichts verschlossen. Gegen Morgen kam der Archimandrit mit allen Brüdern, und sie führten mich hinaus. Sie schalten mich, weil ich mich dem Patriarchen nicht unterwarf. Aber ich schimpfte und wütete auf Grund der Heiligen Schrift gegen ihn. Sie nahmen mir die schwere Kette ab und legten mir eine leichtere an. Man übergab mich einem Mönch zur Bewachung und befahl, mich in die Kirche zu schleifen. In der Kirche zerrten sie mich an den Haaren, stießen mich in die Seite, rissen an meiner Kette und spien mir ins Gesicht. Gott wird ihnen in dieser und in der zukünftigen Welt verzeihen; denn es war ja nicht ihr, sondern des listigen Satans Werk. Vier Wochen saß ich dort...

Daraufhin führte man mich zu Fuß erneut zum Patriarchenamt, wiederum mit ausgestreckten Armen, und nachdem man sich lange mit mir abgequält hatte, schaffte man mich wieder fort. Am Tage des heiligen Niketas fand eine Kreuzprozession statt, und man führte mich auf einem Bauernwagen den Kreuzen entgegen. Man brachte mich zum Scheren in die Kathedrale und ließ mich während des Hochamtes lange an der Schwelle warten. Der Herrscher aber erhob sich von seinem Platz, näherte sich dem Patriarchen und legte Fürsprache ein. Ohne daß man mich geschoren hatte, schaffte man mich auf die Sibirische Kanzlei und übergab mich dort dem Staatssekretär Tretjak Baschmak, der heute ebenfalls um Christi willen leidet. Er ist der Starez Sawatej und sitzt in einem Erdverlies des Nowospasskiklosters. Herr, erlöse ihn! Er hat mir damals viel Gutes getan.

Darauf verschickten sie mich mit meiner Frau und den Kindern nach Sibirien. Wieviel Elend es unterwegs gab, darüber ließe sich viel sagen, einiges davon will ich erwähnen. Die Protopopin hatte einen Knaben zur Welt gebracht, und man schaffte sie, noch ganz krank, auf einem Bauernwagen bis nach Tobolsk. Dreitausend Werst legten wir mühsam in ungefähr dreizehn Wochen zurück, im Wagen oder zu Wasser, die Hälfte davon auf dem Schlitten. Der Erzbischof von Tobolsk gab mir eine Anstellung. An jener großen Kirche traf mich großes Unglück. In anderthalb Jahren bezichtigte man mich fünfmal des Staatsverbrechens. Ein gewisser Iwan Struna, ein Schreiber aus dem erzbischöflichen Amt, erschütterte meine Seele aufs tiefste. Als der Erzbischof einmal nach Moskau gereist war, fiel er in dessen Abwesenheit auf Einflüsterungen des Teufels hin über mich her. Meinen Vorsänger in der Kirche, Antoni, wollte er plötzlich ohne jeden Grund mißhandeln. Dieser Antoni aber entwischte ihm und rannte zu mir in die Kirche. Jener Iwan Struna aber nahm einige Leute und kam am anderen Tag zu mir in die Kirche, als ich gerade die Nachmittagsmesse sang. Er stürzte in die Kirche herein und packte auf dem Chor Antoni beim Bart. Ich aber verschloß und verriegelte währenddessen die Kirchentür und ließ niemand ein. Nur Struna wütete wie der Leibhaftige in der Kirche. Ich aber brach den Gottesdienst ab, und gemeinsam mit Antoni warf ich ihn mitten in der Kirche zu Boden und verbleute ihn wegen dieses Kirchenfrevels gehörig mit dem Riemen. Die anderen aber, an die zwanzig Mann, machten sich auf und davon, vom Heiligen Geist in die Flucht getrieben. Ich ließ Strunas Reue gelten und schickte ihn schließlich nach Hause. Strunas Verwandte jedoch, die Popen und die Mönche, wiegelten die gesamte Stadt auf, daß man mich umbringe. Und um Mitternacht fuhren sie in Schlitten vor meinem Hofe vor, stürmten mein Haus und wollten mich pakken und ins Wasser werfen. Aber die Furcht vor Gott vertrieb sie, und sie liefen davon. Ich aber ängstigte mich fast einen Monat lang und verbarg mich vor ihnen. Teils blieb ich des Nachts in der Kirche, teils ging ich zum Wojewoden. Ich bat sogar, mich ins Gefängnis zu sperren, dort ließ man mich aber nicht hinein. Des öfteren begleitete mich Matwej Lomkow, der als Mönch Mitrofan genannt wurde. Später war er in Moskau beim Metropoliten Pawel Sakristan; er hat mich, zusammen mit dem Diakon Afanasi, in der Kathedrale zum Mönch geschoren. Damals war er noch ein guter Mensch, jetzt aber hat ihn der Teufel verschlungen. Dann kam der Erzbischof aus Moskau zurück und ließ Struna wegen eines Vergehens in Ketten schließen. Es hatte nämlich ein Mann mit seiner Tochter Blutschande getrieben, und Struna hatte von ihm einen halben Rubel genommen und den Bauern, ohne ihn zu bestrafen, freigelassen. Der Erzbischof ließ Struna dafür anschmieden und erwähnte in diesem Zusammenhang auch meine Sache. Dieser Struna aber ging in die Kanzlei zu den Wojewoden und bezichtigte mich durch »Wort und Tat« des Staatsvergehens. Die Wojewoden übergaben ihn daraufhin dem vornehmen Bojarensohn Pjotr Beketow zur Obhut und in Gewahrsam. O weh, das Verderben traf auch Pjotrs Haus. Noch heute ist meine Seele darüber betrübt.

Nachdem sich der Erzbischof mit mit darüber beraten hatte, verhängte er entsprechend dem Gesetz in der Kathedrale über Struna wegen seines Verschuldens im Falle der Blutschande am Sonntag der Rechtgläubigkeit den Kirchenbann. Jener Pjotr Beketow aber kam in die Kirche und schalt den Erzbischof und mich deswegen aus. Als er darauf die Kirche verließ, wurde er vom Teufel besessen und starb auf dem Wege zu seinem Hofe eines elenden und traurigen Todes. Der Erzbischof aber und ich ordneten an, seinen Leib auf offener Straße den Hunden zum Fraße vorzuwerfen, damit alle Bürger seine Freveltat beweinten. Wir selbst jedoch beschworen inständig drei Tage lang Gott, daß er ihm am Jüngsten Tag seine Sünden vergeben möge. Weil er Mitleid mit Struna gehabt hatte, traf ihn selbst das Verderben. Nach drei Tagen bestatteten der Erzbischof und ich seinen Leichnam in allen Ehren. Doch genug von dieser beklagenswerten Geschichte!

Hierauf trat ein Erlaß ein: man befahl, mich aus Tobolsk an die Lena zu schaffen – dafür, daß ich an Hand der Heiligen Schrift Nikons Ketzerei verdammte und verwarf. Gleichzeitig erhielt ich aus Moskau einen Brief. Zwei meiner Brüder hatten im Palast der Zarin gewohnt und waren beide mitsamt ihren Frauen und Kindern an der Pest gestorben. Auch viele Freunde und Verwandte waren tot. So leerte Gott den Kelch seines Zornes über das Zarenreich! Diese Armseligen jedoch erkannten dies nicht, und innerhalb der Kirche herrschte weiterhin ein großes Durcheinander. Das hatte damals auch Neronow ausgesprochen und dem Zaren wegen der Kirchenspaltung drei Plagen vorausgesagt: die Pest, das Schwert und die Teilung. Dies ging in unseren Tagen in Erfüllung. Aber der Herr ist gnädig: wie er uns unserer Sünden wegen gestraft hat, so erbarmt er sich unserer Buße wegen. Nachdem er die Krankheiten unserer Seele und unseres Leibes ausgetrieben hat, schenkt er uns wieder Frieden. Ich vertraue und setze meine Hoffnung auf Christus. Ich vertraue auf seine Barmherzigkeit und glaube an die Auferstehung der Toten.

So stieg ich denn wieder in mein Schiff, wie mir befohlen war und wovon ich bereits oben erzählt habe, und fuhr an die Lena. Doch als ich in Jenissejsk ankam, traf ein anderer Erlaß ein:

Man befahl, mich nach Daurien zu schaffen, das zwanzigtausend Werst oder mehr von Moskau entfernt ist. Und man übergab mich der Kriegerschar des Afanassi Paschkow, der sechshundert Mann bei sich hatte. Dieser aber war meiner Sünden wegen ein grober Geselle: ohne Unterlaß brannte er seine Leute, mißhandelte und prügelte sie. Ich habe deswegen wiederholt auf ihn eingeredet, geriet aber schließlich selbst unter seine Fäuste. Aus Moskau war ihm von Nikon befohlen worden, steng mit mir zu verfahren...

Im daurischen Lande währte dieses grenzenlose Elend an die sechs bis sieben Jahre, später hatten wir es leichter. Afanassi Paschkow jedoch spann seine Ränke gegen mich und war unablässig auf meinen Tod aus...

Von der Nertscha kehrten wir dann wieder nach Rußland zurück. Fünf Wochen fuhren wir mit unseren Schlitten über das nackte Eis. Mir gab man für die Kinder und für den Hausrat zwei klapprige Mähren, ich selbst und die Protopopin schleppten uns zu Fuß dahin und schlugen uns auf dem Eis zuschanden. Es war ein barbarisches Land, und seine Bewohner waren uns feindselig gesinnt. Wir wagten nicht, hinter den Pferden zurückzubleiben, aber es gelang uns nicht, mit ihnen Schritt zu halten, derart verhungert und erschöpft waren die Leute...

So schleppten wir uns wieder zum Irgensee hin...

Paschkow erhielt seine Versetzung und ich einen Erlaß: man befahl mir, nach Rußland zurückzukehren. Er reiste ab, nahm mich aber nicht mit. Dabei dachte er wohl: Soll er nur allein fahren, dann werden ihn die Einheimischen erschlagen. Er hatte bewaffnete Leute in seinen Barken, und dennoch haben sie sich gefürchtet und gezittert, wie ich unterwegs von den Einheimischen erfuhr. Ich aber versammelte einen Monat nach seiner Abreise die Alten, Kranken und Verwundeten, alle, die für dort nicht taugten – wohl an die zehn Mann. Zusammen mit meiner Frau und den Kindern waren wir unser siebzehn, die das Boot bestiegen. Wir vertrauten auf Christus, brachten am Bug des Schiffes ein Kreuz an und fuhren ohne Furcht dorthin, wohin uns Gott führte. Dem Verwalter schenkte ich das »Steuermannsbuch«, und er gab mir dafür einen Steuermann. Auch meinen Freund Wassili kaufte ich los, der bei Paschkow die

Leute angeschwärzt, deren Blut vergossen und auch nach meinem Kopf getrachtet hatte. Einmal hat er mich ausgepeitscht und mich auf den Pfahl spießen wollen, aber Gott beschützte mich davor. Nach Paschkows Abreise wollten ihn die Kosaken zu Tode prügeln. Doch ich erbat ihn mir von ihnen um Christi willen und gab dem Verwalter das Lösegeld. Ich brachte ihn nach Rußland, vom Tode zum Leben. Möge dieser Armselige seine Sünden bereuen. Und noch einen zweiten derartigen Kerl nahm ich großmütig mit mir. Man wollte ihn mir nicht herausgeben, er aber flüchtete, um dem Tode zu entgehen, in den Wald, wartete unterwegs weinend auf mich und stürzte in mein Boot. Sie verfolgten ihn. Nirgendwo konnte er sich verstecken. Da habe ich, verzeiht mir, eine List angewandt: wie die Hure Rahab in Jericho einst die Leute Josuas, des Sohnes Nuns, versteckte, so verbarg ich ihn, indem ich ihn auf den Boden des Schiffes legte, ein Bett darüber warf und der Protopopin und der Tochter befahl, sich obendrauf zu legen. Man suchte ihn überall, aber meine Frau ließen sie, wo sie war. Sie sagten nur: »Mütterchen, ruh dich aus! Liebe Frau, du hast genug Kummer erduldet!«

Und ich, vergebt mir um Christ willen, habe die ganze Zeit gelogen und sagt: »Er ist nicht bei mir!«, da ich ihn nicht dem Tode preisgeben wollte. Nachdem sie alles durchsucht hatten, zogen sie wieder von dannen. Ich aber brachte ihn nach Rußland...

Der Verwalter hatte uns an die dreißig Pfund Mehl, eine hübsche Kuh, fünf oder sechs Schäflein und ein wenig getrocknetes Fleisch gegeben. Und davon ernährten wir uns den Sommer hindurch auf dem Wasser. Ein guter Mensch war dieser Verwalter, er war auch der Taufpate meiner Tochter Xenija. Die kam noch zu Paschkows Zeiten zur Welt, und jener gab mir weder Myrrhe noch Öl; so konnte sie lange Zeit nicht getauft werden. Nach seiner Abreise taufte ich sie schließlich. Ich selbst sprach über meine Frau das Gebet und taufte die Kinder, mit dem Verwalter als Gevatter und meiner älteren Tochter als Gevatterin. Ich selbst war bei ihnen der Priester. Gleichermaßen taufte ich auch meinen Sohn Afanassi und spendete das Abendmahl, als ich in Mesen die Messe zelebrierte. Ich habe auch meinen

Kindern selbst die Beichte abgenommen und ihnen selbst das Abendmahl gereicht, jedoch nicht meiner Frau. In den Vorschriften heißt es darüber, daß man so verfahren solle. Es ist ketzerisch, derartiges zu verbieten. Solches Verbot trete ich in Christi Namen mit Füßen, und mit einem solchen Bannschreiben wische ich mir – um einen groben Ausdruck zu gebrauchen – den Hintern. Auf mir ruht der Segen der Moskauer Heiligen Pjotr, Alexej, Jona und Filipp; nach ihren Büchern glaube ich an meinen Gott und diene ihm mit reinem Gewissen. Die Ketzer aber verwerfe und verfluche ich, denn sie sind die Feinde Gottes. Ich, der ich in Christus lebe, fürchte sie nicht! Selbst wenn man mich mit Steinen überschüttete, würde ich unter diesen Steinen nach der Überlieferung der heiligen Väter leben und nicht nach dem gauklerischen und spitzbübischen Bannbrief Nikons. Aber wozu soviel Worte? Man kann vor ihrem Tun und vor ihrem Gottesdienst nur ausspucken sowie auch vor ihren neu herausgegebenen Büchern. So ist es richtig! Laßt uns lieber davon sprechen, wie wir Christus und der allerreinsten Gottesmutter wohlgefällig sein können; von jenen Gaunereien haben wir schon genug geredet. Doch verzeiht, Brüder Nikonianer, daß ich euch ausgescholten habe; lebt ganz so, wie es euch beliebt. Ich will von meinem persönlichen Kummer sprechen, wie ihr mich ehrt und achtet: zwanzig Jahre sind schon seitdem vergangen. Sollte Gott mir aber bescheren, daß ich noch einmal so lange von euch gequält werde, dann würde ich auch dies andere auf mich nehmen im Namen Gottes, unseres Herrn, und unseres Heilandes Jesus Christus! Denn wieviel Jahre mir Christus zu leben gibt, solange werde ich leben. Genug davon, ich bin schon zu sehr abgeschweift. Wir wollen zu dem Vorausgegangenen zurückkehren.

Wir fuhren aus Daurien los, und es begann uns an Nahrung zu mangeln. Alle zusammen beteten wir da zu Gott, und Christus bescherte uns einen Wisent, ein riesiges Tier, womit wir bis zum Baikalsee ausreichten. Am Ufer dieses Sees trafen wir auf ein Zobeljägerlager mit russischen Landsleuten, die dort Fischfang betrieben. Diese lieben Menschen freuten sich über unser Auftauchen, und sie, Terentjuschko und seine Kameraden, zogen uns mit unserem Boot weit über das Ufer hinauf. Die lieben

Leute begannen zu weinen, als sie uns und wir sie ansahen. Sie gaben uns Lebensmittel, soviel wir brauchten. Ungefähr vierzig frische Störe brachten sie mir und sagten:

»Dies, ehrwürdiger Vater, schickte Gott als deinen Anteil in unsere Reusen. Nimm dir alles!«

Ich verneigte mich vor ihnen, segnete die Fische und gebot ihnen, sie wieder an sich zu nehmen:

»Was soll ich mit so vielen anfangen?«

Wir waren einige Zeit ihre Gäste, versorgten uns mit allen notwendigen Vorräten, besserten unser Boot aus und flickten die Segel...

Wir gelangten mit unserem Schiff wieder zu russischen Städten, und ich erfuhr wieder etwas über unsere Kirche: daß sie nichts erreicht hatte, sondern daß das allgemeine Murren noch stärker geworden war. Tiefbetrübt saß ich da und überlegte: Was mache ich nun? Soll ich Gottes Wort predigen oder mich irgendwo verbergen? Denn mich banden meine Frau und meine Kinder. Als mich meine Protopopin so traurig ansah, trat sie in ihrer Aufrichtigkeit an mich heran und sagte:

»Was hat dich, mein Gebieter, so betrübt?«

Da erklärte ich ihr alles und fragte:

»Weib, was soll ich tun? Wir haben draußen den Winter des Ketzertums. Soll ich reden oder schweigen? Durch euch bin ich gebunden.«

Sie aber sprach:

»Der Herr erbarme dich deiner! Was sagst du da, Petrowitsch? Ich hörte einmal, denn du selbst hast sie vorgelesen, die Worte des Apostels: ›Bist du an ein Weib gebunden, so suche nicht, los zu werden; bist du los vom Weibe, so suche kein Weib.‹ Die Kinder und ich geben dir unseren Segen: Predige nur mutig Gottes Wort wie früher und mache dir um uns keine Sorgen. Solange es Gott gefällt, werden wir gemeinsam leben. Wenn er uns jedoch trennt, dann vergiß uns nicht in deinen Gebeten! Christus ist allmächtig und wird uns nicht im Stich lassen! Geh nur, Petrowitsch, geh in die Kirche und entlarve die ketzerische Buhlerei!«

Da verneigte ich mich vor ihr bis zur Erde, schüttelte alle Blindheit und Niedergeschlagenheit von mir ab und begann wie früher in den Städten und allerorts Gottes Wort zu predigen und zu lehren. Und ich entlarvte wiederum voll Unerschrokkenheit Nikons Ketzerei.

In Jenissejsk schlug ich mein Winterquartier auf, im Sommer fuhr ich dann auf dem Wasser weiter und überwinterte in Tobolsk. Auf meiner Reise nach Moskau predigte ich in allen Städten und Dörfern, in den Kirchen und auf den Marktplätzen laut Gottes Wort, und da ich es lehrte, entlarvte ich den gottlosen Betrug. So gelangte ich schließlich nach Moskau. Drei Jahre hatte unsere Rückreise von Daurien gedauert, dorthin aber waren wir sogar fünf Jahre stromaufwärts gezogen, immer gen Osten, mitten durch die Stämme und Wohnsitze der Einheimischen. Vieles ließe sich darüber noch erzählen! So befand ich mich auch mehrfach in den Händen der Einheimischen. Am großen Obstrom brachten sie vor meinen Augen zwanzig Christenmenschen um. Bei mir aber besannen sie sich und ließen mich ungeschoren ziehen. Dann wieder hatte sich einmal am Irtysch ein ganzer Haufen von ihnen versammelt. Sie lauerten den Unsrigen auf, die mit einer Barke aus Berjosowo unterwegs waren, und wollten sie töten. Ich aber, ohne davon zu wissen, fuhr dort vorbei und machte bei ihnen in der Nähe am Ufer halt. Sogleich umringten sie mich mit ihren Pfeilen und Bogen. Doch ich stieg aus dem Boot, umarmte sie, wie es die Mönche tun, und sagte: »Christus ist mit mir und auch mit euch!«

Da wurden sie mir gegenüber friedlich und brachten ihre Weiber herbei zu meiner Frau. Meine Frau aber tat ebenfalls freundlich mit ihnen. Was Schmeichelei in der Welt nicht alles vollbringt! Die Weiber verstanden sich recht gut. Und es ist ja bekannt: Sind die Weiber freundlich zueinander, so geht auch in Christi Namen alles gut. Die Männer steckten Pfeil und Bogen weg und begannen mit mir ihre Handelsgeschäfte. Ich kaufte ihnen einige Bärenfelle ab, und sie ließen mich weiterziehen. Als ich in Tobolsk ankam, erzählte ich mein Erlebnis. Die Leute wunderten sich sehr darüber, weil damals in ganz Sibirien die Baschkiren mit den Tataren Krieg führten. Und ich, der ich davon nichts wußte, war im Vertrauen auf Christus mitten durch ihre Ansiedlungen hindurchgefahren. Als ich in

Werchoturje ankam, wunderte sich auch mein Freund Iwan Bogdanowitsch Kamynin über mich:

»Wie kamst du da nur durch, Protopope?«

Ich aber sprach:

»Christus hat mich hindurchgetragen, und die allerreinste Gottesmutter hat mich geleitet. Ich fürchte niemanden, nur Christus allein fürchte ich.«

So erreichte ich Moskau, und wie einen Engel Gottes nahmen mich der Herrscher und die Bojaren auf. Alle freuten sich über meine Rückkehr. Ich besuchte Fjodor Rtistschew. Er selbst eilte mir aus seinem Palast entgegen, empfing meinen Segen, und wir begannen uns über unzählige Dinge zu unterhalten. Drei Tage und drei Nächte ließ er mich nicht nach Hause und berichtete dann dem Zaren von mir. Und der Zar befahl mir, unverzüglich zum Handkuß zu erscheinen, und fand für mich gnädige Worte:

»Bist du auch gesund, Protopope? So hat es Gott doch noch gewollt, daß wir uns wiedersehen.«

Und ich küßte und drückte seine Hand und sagte:

»Der Herrgott lebt noch und meine Seele ebenfalls, mein Herr und Zar. Möge es Gott auch künftighin so gefallen.«

Er aber, der geliebte Herrscher, seufzte tief auf und ging davon, dorthin, wo man nach ihm verlangte. Und es gab noch manches andere, aber weshalb soll man davon reden. Er gebot, mich im Kreml in der Klosterherberge unterzubringen, und sooft er an meinem Hause vorbeiging, verneigte er sich tief vor mir und sprach: »Gib mir deinen Segen und bete für mich!« Als er eines Tages vorbeiritt und seine Mütze vom Haupte nahm, ließ er sie sogar zu Boden fallen. Auch aus dem Wagen pflegte er sich grüßend zu mir herauszuneigen. Nach ihm verbeugten sich auch alle Bojaren tief zur Erde und baten: »Gib uns deinen Segen, Protopope, und bete für uns!« Wie sollten mich solch ein Zar und diese Bojaren nicht dauern! Es tut mir bitter weh, wenn ich sehe, wie gut sie waren! Ja, und auch heute sind sie mir nicht gram. Nur der Teufel ist es, die Menschen jedoch sind gut zu mir. Sie hätten mir jede Anstellung gegeben, wo immer ich gewollt hätte. Sie hätten mich sogar zum Beichtvater des Zaren gemacht, wenn ich mich mit ihnen in den Glaubensdingen geeinigt hätte. Aber um Christus zu gewinnen, habe ich alles für Kot geachtet und des Todes gedacht und daran, daß dies alles vergeht...

Als jene sahen, daß ich mich mit ihnen nicht einigen wollte, gab der Zar Rodion Streschnjow den Befehl, mich zu überreden, daß ich schweige. Ich aber beruhigte ihn: Der Zar sei von Gott eingesetzt und meine es recht gut mit mir. Ich hoffte, daß er bald seine Meinung ändern werde. Man stellte mir auch in Aussicht, mich am Simeonstage im Druckhof anzustellen, wo ich Bücher korrigieren sollte. Ich freute mich sehr darüber, denn das paßte mir viel besser als das Amt eines Beichtvaters. Der Zar geruhte, mir zehn Rubel zu übersenden, und die Zarin ebenfalls. Auch der Beichtvater Lukjan schickte zehn Rubel, ebenso Rodion Streschnjow, und unser alter und guter Freund Fjodor Rtistschew befahl seinem Schatzmeister, mir sechzig Rubel in die Mütze zu tun. Von all den übrigen will ich gar nicht sprechen: jeder brachte alles nur Mögliche angeschleppt! Ich wohnte völlig zurückgezogen bei meiner lieben und verehrten Fedossija Prokopjewna Morosowa; sie und ihre Schwester, die Fürstin Jewdokija Prokopjewna, waren meine Beichtkinder. Ihr, meiner Augen Licht, ihr Märtyrerinnen Christi! Auch im Hause der verstorbenen Anna Petrowna Miloslawskaja war ich wiederholt zu Gast. Zu Fjodor Rtistschew ging ich, um mit den Abtrünnigen zu streiten. So verbrachte ich denn ungefähr ein halbes Jahr und sah, daß man in den Angelegenheiten der Kirche nicht vorangekommen war, sondern daß das Getümmel nur noch ärger ward. Da begann auch ich zu lärmen und schrieb dem Zaren einen langen Brief, daß er die frühere Gottesfurcht und unser aller Mutter, die heilige Kirche, in ihrer ehemaligen Form wiederherstellen, sie vor dem Ketzertum verteidigen und auf den Patriarchenthron einen rechtgläubigen Hirten statt dieses Wolfes, des abtrünnigen Nikon, dieses Bösewichts und Ketzers, setzen solle. Als ich diesen Brief zu Ende geschrieben hatte, wurde ich schwer krank und übersandte ihn daher dem Zaren bei seiner Ausfahrt durch mein Beichtkind Fjodor, einen Narren in Christo, den später die Abtrünnigen in Mesen an den Galgen hängten und erdrosselten. Dieser trat mit dem Schreiben mutig an die Zarenkarosse heran, aber der Zar befahl, ihn zur Haupttreppe zu bringen; denn er wußte nicht, daß es mein Brief war. Später nahm er von ihm den Brief entgegen und befahl, ihn wieder freizulassen. Nachdem der selige Fjodor eine Zeit bei mir gewesen war, trat er in der Kirche noch einmal an den Zaren heran und begann sein Narrenspiel zu treiben. Der Zar aber erzürnte sich und ließ ihn ins Tschudowkloster schaffen. Dort legte ihn der Archimandrit Pawel in Eisen, doch durch Gottes Fügung zerfielen die Ketten an seinen Füßen vor aller Augen zu Staub. Er aber, der glückselig Dahingegangene, kroch in den vom Brotbacken noch glühendheißen Ofen, setzte sich mit dem bloßen Hintern auf dessen Boden, sucht im Ofen die Brotkrumen zusammen und aß sie auf. Da ergriff die Mönche Entsetzen, und sie erzählten alles dem Archimandriten, dem jetzigen Metropoliten Pawel. Der wiederum berichtete es dem Zaren, und dieser kam persönlich in das Kloster und befahl, ihn in allen Ehren freizulassen. Fjodor aber kehrte wieder zu mir zurück.

Und seit jener Zeit ward der Zar mir gram; denn es war ihm nicht recht, daß ich wieder zu reden begonnen hatte. Man hätte es gern gesehen, daß ich schwiege; das aber war mir nicht möglich. Und nun fing die Obrigkeit an, mich wie Ziegenböcke zu begeifern, und sann darüber nach, wie man mich wieder aus Moskau fortschicken könnte. Denn viele Diener Christi kamen bereits zu mir und hörten auf, in deren gleisnerischen Gottesdienst zu gehen, weil sie die Wahrheit erkannt hatten. Daher bekam ich vom Zaren einen Verweis: »Die Obrigkeit führt über dich Klage, daß durch dich die Kirchen leer bleiben; so ziehe denn wieder in die Verbannung!« Dies eröffnete mir der Bojar Pjotr Michailowitsch Saltykow. Und so schaffte man mich nach Mesen. Viele gute Leute wollten mir um Christi willen manches schenken, doch alles mußte dort bleiben. Nur mit meinem Weib und meinen Kindern sowie dem Hausgesinde brachte man mich fort. In jeder Stadt aber belehrte ich weiterhin die Christenmenschen, jenen aber, diesen buntgescheckten Raubtieren, riß ich die Larve herunter. So erreichten wir Mesen.

Nachdem man mich dort anderthalb Jahre festgehalten hatte, brachte man mich ganz allein nach Moskau zurück. Nur zwei meiner Söhne, Iwan und Prokopi, fuhren mit mir; die Protopopin hingegen und alle übrigen blieben in Mesen. Als wir in Moskau ankamen, schaffte man mich zur Besserung ins Pafnutjewkloster. Auch dorthin schickte man mir Schreiben, die immer wieder besagten: »Hast Du uns nicht schon genug zugesetzt? Einige Dich doch endlich mit uns, lieber, guter Awwakum!« Ich verfluchte sie daraufhin, diese Teufel; sie aber bestürmten mich weiterhin mit ihrem Ansinnen. Nun schrieb ich eine heftige Schmährede gegen sie und übersandte sie ihnen durch den Diakon Kosma aus Jaroslawl und durch einen Schreiber des Patriarchenamtes. Wessen Geistes Kind jener Kosma war, weiß ich nicht. Im Beisein anderer versuchte er, mich umzustimmen, insgeheim jedoch bestärkte er mich in meiner Haltung und sagte: »Protopope, werde nicht dem alten Glauben abtrünnig. In Ehren wirst du einmal vor Christus stehen, wenn du bis zum Schluß alles erduldest. Blicke nicht auf uns, die wir in unser Verderben rennen!«

Als ich ihm darauf entgegnete, er möge doch wieder zu Christus zurückkehren, sagte er: »Es geht nicht, Nikon hat mich in seinem Netz!«

Um es einfacher auszudrücken, er hatte sich angesichts Nikons von Christus losgesagt, so daß sich der Beklagenswerte nicht wieder davon erheben konnte. Weinend segnete ich den Verlorenen. Mehr konnte ich für ihn nicht tun. Gott allein weiß, was ihm einmal beschieden sein wird.

Nachdem sie mich zehn Wochen im Pafnutjewkloster in Ketten gehalten hatten, brachte man mich wieder nach Moskau, und im Kreuzsaal stritt die geistliche Obrigkeit mit mir. Man führte mich in die Kathedrale, und während die Abendmahlsgaben herübergereicht wurden, schor man mich und den Diakon Fjodor zum Mönch. Dann sprach man über uns den Bannfluch. Ich aber verfluchte sie auch meinerseits. Es war dies ein sehr stürmisches Hochamt! Daraufhin hielt man uns auf dem Patriarchenhof fest und schaffte uns dann des Nachts nach Ugrescha ins Nikolaikloster. Auch den Bart schnitten mir diese Feinde Gottes ab. Wie sollte es auch anders sein? Es sind eben Wölfe, denen die Schafe nicht leid tun! Sie zausten mich wie Hunde und ließen mir nur ein Haarbüschel auf der Stirn wie bei einem Polen. Man schaffte uns nicht direkt auf der Straße ins Kloster, sondern quer durch Sümpfe und Moraste, damit es die Leute nicht erfuhren. Sie sahen wohl selber ein, daß sie nur Narrenpossen trieben; aber sie wollten diesen Betrug nicht lassen; der Böse hatte sie mit Blindheit geschlagen. Wie sollte man sie da tadeln!...

Im Nikolaikloster hielt man mich siebzehn Wochen in einer eisigkalten Kammer gefangen. Da schickte mir Gott eine Erscheinung. Lies in meinem Schreiben an den Zaren nach, dort wirst du darüber geschrieben finden! Auch der Zar kam in das Kloster. Er ging an meinem Kerker vorüber, stöhnte tief auf und verließ es wieder. Es scheint, daß es ihm um mich leid tat, doch Gottes Ratschluß hatte bereits alles entschieden. Als man uns zum Mönch schor, kam es oben zwischen dem Zaren und der inzwischen verstorbenen Zarin zu einem schweren Zerwürfnis: die Gute setzte sich für uns ein, später hat sie durch ihre Fürbitte sogar die Strafvollstreckung von mir abgewendet. Vieles ließe sich darüber noch sagen. Möge Gott ihnen verzeihen! Ich fordere von ihnen keine Rechenschaft über meine Qualen, auch nicht im künftigen Leben. Mir kommt es nur zu, für sie zu beten, für die Lebenden und die Dahingegangenen. Der Teufel säte Zwietracht zwischen uns, sie aber waren immer gut zu mir. Genug davon!

Auch der arme Fürst Iwan Worotynski kam einmal ohne den Zaren dorthin, um zu beten. Er bat, zu mir in den Kerker gelassen zu werden, aber man ließ den Armen nicht hinein. Ich konnte ihn nur durch das kleine Fenster sehen und weinte um ihn. Der liebe, gute Mann! Er fürchtete Gott und war ein Waisenkind in Christo. Daher wird ihn Christus nicht im Stich lassen! Er war allezeit ein Streiter Christi und einer der Unsern. Auch alle jene Bojaren waren gut zu uns, der Teufel allein war uns schlecht gesinnt. Doch was soll man da klagen, da Christus es zuließ! Den Fürsten Iwan Chowanski peitschten sie mit Ruten, und sie verbrannten Issaja. Die Bojarin Fedossija Morosowa haben sie gänzlich zugrunde gerichtet, ihren Sohn umgebracht und sie selbst gemartert. Auch ihre Schwester Jewdokija schlug man mit Stöcken und trennte sie von ihren Kindern. Man hat sie von ihrem Mann geschieden und ihn, den Fürsten

Pjotr Urussow, angeblich mit einer anderen verheiratet... Darauf schaffte man mich wieder ins Pafnutjewkloster, sperrte mich in eine finstere Zelle und hielt mich fast ein Jahr lang in Ketten. Dort meinte es der Kellermeister Nikodim anfangs gut mit mir... Jenen Kellermeister Nikodim bat ich am Osterfest, mir angesichts des Feiertages etwas Erleichterung zu gewähren und zu befehlen, daß man meine Tür öffne und mich ein wenig auf der Schwelle sitzen lasse. Er aber fuhr mich an und schlug es mir hartherzig ab, wie es ihm gerade einfiel. Als er danach in seine Zelle ging, wurde er auf einmal krank. Man gab ihm die Letzte Ölung und reichte ihm das Abendmahl; denn er konnte jeden Augenblicke seinen Geist aufgeben. Dies geschah am Ostermontag. Und in der Nacht zum Dienstag erschien ihm ein Mann in meiner Gestalt mit einem Weihrauchfaß in der Hand und im glänzenden Priestergewand. Dieser brannte über ihm Weihrauch ab, ergriff seine Hand, richtete ihn auf, und er war plötzlich wieder gesund. Noch in derselben Nacht eilte er zusammen mit dem Zellendiener zu mir in den Kerker, und er sprach im Gehen:

»Selig das Kloster, das solche Kerker besitzt! Selig der Kerker, der solche Märtyrer aufgenommen hat! Selig seine Fesseln!« Und er fiel vor mir nieder, griff nach meinen Ketten und sagte: »Vergib, um Christi willen, vergib mir; ich habe mich Gott und dir gegenüber versündigt. Ich habe dich beleidigt, und dafür hat Gott mich bestraft.«

Ich aber sprach:

»Wie hat er dich bestraft? Erzähle es mir doch!«

Darauf erwiderte er:

»Aber du bist doch selbst zu mir gekommen, hast über mich Weihrauch abgebrannt und mich gnädig aufgerichtet. Weshalb leugnest du es?«

Und der Zellendiener stand dabei und sagte:

»Hochwürdiger Vater, ich habe dich am Arm aus der Zelle hinausgeleitet, habe mich vor dir verneigt, und du bist fortgegangen.«

Und ich gebot ihnen, niemandem von diesem Geheimnis etwas zu erzählen. Er aber fragte mich, wie er künftig nach Christi Gebot leben solle:

»Oder befiehlst du mir, alles im Stich zu lassen und in ein einsam gelegenes Kloster zu gehen?«

Ich aber belehrte ihn und hieß ihn, sein Kellermeisteramt nicht zu verlassen; er solle nur, wenn auch insgeheim, an der alten Überlieferung der Väter festhalten. Er verneigte sich, ging in seine Zelle zurück und erzählte es am nächsten Morgen während des Essens der gesamten Bruderschaft. Da kamen sie alle mutig und unerschrocken zu mir und baten, ich möge ihnen meinen Segen erteilen und für sie beten. Und ich unterwies sie in der Schrift und lehrte sie Gottes Wort. Wer auch immer zu jener Zeit mein Feind war, auch der versöhnte sich damals mit mir. Wehe mir! Wann werde ich diese eitle Welt verlassen? Es steht geschrieben: »Weh euch, wenn euch jedermann wohlredet!« Wahrlich, ich weiß nicht, wie ich mein Lebensende erreichen werde: ich habe keine guten Taten vollbracht, und doch hat Gott mich berühmt gemacht! Sein Wille geschehe!

Dort besuchte mich heimlich auch der selige Fjodor, der durch meine Schuld später erdrosselt wurde, mit meinen Kindern und beriet sich mit mir: »Was heißt du mich anziehen, ein Hemd nach alter Sitte, oder soll ich Kleider tragen? Denn die Ketzer suchen nach mir und wollen mich vernichten. Ich war einige Zeit in Rjasan auf dem Hof des Erzbischofs zur Besserung, und dieser Ilarion quälte mich sehr; es gab kaum einen Tag, an dem er mich nicht auspeitschen ließ. Er hielt mich in Ketten geschmiedet und wollte mich zwingen, das Abendmahl nach der neuen, der Art des Antichrist, zu empfangen. Ich war schon völlig erschöpft; des Nachts betete ich und sprach weinend: ›O Herr, wenn du mich nicht erlöst, erniedrigen sie mich, und ich richte mich zugrunde. Was wirst du dann mit mir beginnen?‹«

Unter vielen Tränen fuhr er fort: »Doch dann, ehrwürdiger Vater, fielen klirrend die Ketten von mir ab, und die Tür entriegelte und öffnete sich von selbst. Da verneigte ich mich tief vor Gott und trat hinaus. Ich gelangte zum Tor, und auch das Tor stand offen. So ging ich denn auf der breiten Landstraße geradewegs nach Moskau. Aber kaum wurde es hell, da verfolgte man mich schon zu Pferde. Drei Männer jagten an mir vorbei – und erkannten mich nicht. So vertraute ich auf Christus und zog weiter. Bald darauf kamen sie zurück, mir entgegen, und schimpften über mich: ›Er ist verschwunden, der Hurensohn, wo fassen wir ihn nur?‹ Und abermals ritten sie vorüber und sahen mich nicht. Ich bin nun zu dir gekommen, um dich um Rat zu fragen: Soll ich wieder dorthin zurückkehren und mich weiterhin quälen lassen, oder soll ich Kleider anziehen und mich in Moskau aufhalten?«

Und ich Sünder hieß ihn Kleider anlegen. Dennoch bewahrte es ihn nicht vor den Händen der Ketzer. In Mesen erdrosselten sie ihn, indem sie ihn an den Galgen hängten. Ewiges Gedenken ihm und Luka Lawrentjewitsch! So litten meine lieben Beichtkinder um Christi willen! Ihretwegen sei Gott gelobt!

Unerschütterlich war jener Fjodor in seinem Tun: am Tage trieb er seine heiligen Narreteien, die ganze Nacht jedoch verharrte er weinend im Gebet. Ich kenne viele vorbildliche Leute, doch einen solchen Streiter Gottes habe ich noch niemals gesehen! Er lebte beinahe ein halbes Jahr bei mir in Moskau – ich war damals noch nicht wieder gesund –, zu zweit wohnten wir in einem kleinen Hinterzimmer. Oft legte er sich nur ein oder zwei Stunden nieder, dann erhob er sich und machte hintereinander tausend Kniefälle. Danach setzte er sich auf den Fußboden nieder oder weinte auch im Stehen drei Stunden hindurch. Ich aber lag da und schlief, oder mir war nicht wohl. Sobald er sich gründlich ausgeweint hatte, trat er zu mir und sagte:

»Hast du nun lange genug gelegen, Protopope? Besinne dich, du bist doch schließlich ein Priester! Schämst du dich nicht?«

Und da ich nicht bei Kräften war, richtete er mich auf und sagte:

»Steh auf, lieber Vater, und schleppe dich irgendwie dorthin!«

Und er schüttelte mich. Er gebot mir, im Sitzen meine Gebete herzusagen, während er sich für mich bis zur Erde verneigte. Es war dies ein herzensguter Freund! Der Gute war selbst leidend und hatte sich schwere Gebrechen zugezogen. ...Er hatte damals in seiner Zelle den Psalter in der neugedruckten Ausgabe und wußte noch nichts von den Neuerungen. Ich erzählte ihm daraufhin nähere Einzelheiten über die neuen Bücher, da ergriff er den Psalter und warf ihn sogleich in den Ofen, wobei er jede Reform verfluchte. Er war von überaus leidenschaftlichem Glauben an Christus erfüllt. Doch wozu viele Worte machen! Wie er begonnen hatte, so endete er auch. Seine Tat bestand nicht in Worten wie bei mir, der ich verdammt bin. Deshalb wurde ihm auch ein gottgefälliges Ende zuteil.

Ein guter Mensch war auch der liebe Afanassi – ebenfalls ein Beichtkind von mir, als Mönch Awraami geheißen –, den die Irrgläubigen in Moskau auf dem Scheiterhaufen rösteten. Als süßduftendes Brot brachte er sich der Heiligen Dreifaltigkeit dar...

Nun will ich mich wieder mit euch über meinen Leidensweg unterhalten: wie sie mich aus dem Pafnutjewkloster nach Moskau zurückschafften, mich in der Klosterherberge unterbrachten und, nachdem ich verschiedene Male ins Tschudowkloster geschleppt worden war, mich den ökumenischen Patriarchen vorführten. Auch die Unseren saßen da, wie die Füchse. Ich sagte den Patriarchen vieles aus der Heiligen Schrift. Gott öffnete meine sündigen Lippen, und Christus beschämte sie. Als letztes Wort sagten sie zu mir:

»Warum bist du nur so widerspenstig? Unser ganzes Palästina wie auch die Serben, die Albanesen, die Walachen, die Römer und die Polen – sie alle bekreuzigen sich mit drei Fingern. Nur du allein verharrst in deinem Starrsinn und bekreuzigst dich mit fünf Fingern. Das geziemt sich nicht!«

Ich aber entgegnete ihnen im Namen Christi:

»Ehrwürdige ökumenische Lehrer! Rom ist längst gefallen und liegt für immer in Trümmern. Mit ihm sind auch die Polen zugrunde gegangen, die bis zum Schluß Feinde der Christen gewesen sind. Doch auch bei euch ist infolge der Bedrückung durch den türkischen Mohammed die Rechtgläubigkeit sehr buntscheckig geworden. Man braucht sich über euch nicht zu wundern; ihr besitzt ja keine Macht mehr. Kommt künftighin lieber zu uns, um von uns zu lernen; denn wir haben durch Gottes Gnade eine Selbstherrschaft. Bevor Nikon, dieser Abtrünnige, kam, herrschte in unserem Rußland unter den gottesfürchtigen Fürsten und Zaren die reine und makellose Rechtgläubigkeit, und die Kirche kannte Ruhe und Frieden. Nikon aber, dieser Wolf, und der Satan führten die neue Ordnung ein, sich mit drei Fingern zu bekreuzigen. Unsere früheren geistlichen Hirten jedoch haben sich selbst mit fünf Fingern bekreuzigt und auch mit fünf Fingern den Segen gespendet nach der Überlieferung unserer heiligen Väter, des heiligen Meletios von Antiochia, des seligen Theodorites, des Bischofs von Kyrenaia, Peters von Damaskus und Maxims des Griechen. Zudem hat auch ein örtliches, in Moskau abgehaltenes Konzil unter dem Zaren Iwan bestimmt, die Finger beim Bekreuzigen und beim Segnen so zu halten, wie es der heilige Vater Meletios und die übrigen einst gelehrt haben. Am Konzil unter der Herrschaft des Zaren Iwan nahmen auch die heiligen Mönche und Träger des Kreuzeszeichens Guri und Warsonofi, die Wundertäter aus Kasan, sowie Filipp, der Abt des Solowezkiklosters, aus der Zahl der russischen Heiligen teil.«

Da wurden die Patriarchen nachdenklich. Die Unsrigen dagegen sprangen wie junge Wölfe auf und erhoben ein Geheul; sie begannen ihre Väter zu begeifern und riefen:

»Dumm und ohne Verstand waren unsere russischen Heiligen und keine gelehrten Leute. Woran sollten sie denn glauben, sie konnten doch weder schreiben noch lesen!«

Heiliger Gott! Wie habe ich nur eine solche Beleidigung unserer Heiligen ertragen können! Bitter war mir Armem zumute, doch ich konnte nichts machen. Ich schalt und schmähte sie, soviel ich nur konnte, und zum Schluß sagte ich zu ihnen:

»Rein stehe ich vor euch da und schüttle den Staub von meinen Füßen ab, denn es steht geschrieben: ›Besser ein einziger, der den Willen Gottes tut, denn Zehntausende, die gottlos sind.‹«

Da aber schrien sie noch lauter:

»Ergreift ihn, ergreift ihn, denn er hat unser aller Ehre verletzt!«

Und sie begannen mich zu stoßen und auf mich einzuschlagen. Sogar die Patriarchen fielen über mich her; an die vierzig Mann, glaube ich, waren es. Ein großes Heer des Antichrist hatte sich da versammelt! Iwan Uwarow packte mich und zerrte mich hin und her, ich aber rief:

»Hört auf! Schlagt mich nicht!«

Daraufhin wichen sie alle zurück. Ich aber sprach zu dem Archimandriten, der den Dolmetscher machte:

»Sage den Patriarchen, der Apostel Paulus hat einmal geschrieben: ›Denn einen solchen Hohenpriester sollten wir haben, der da wäre heilig, unschuldig und unbefleckt‹, und so weiter. Wie wollt ihr künftig die heilige Messe lesen und die Sakramente spenden, wenn ihr einen Menschen erschlagen habt?«

Da nahmen sie wieder ihre Plätze ein. Ich aber ging zur Tür und legte mich seitlings auf den Fußboden.

»Sitzt ihr nur, ich aber werde mich hinlegen«, sagte ich.

Da lachten sie und sprachen:

»Dieser Protopope ist ein Tölpel! Nicht einmal die Patriarchen ehrt er.«

Ich aber sprach:

»Wir sind Narren um Christi willen, ihr aber seid klug in Christo; wir schwach, ihr aber stark; ihr herrlich, wir aber verachtet.«

Später suchte mich die geistliche Obrigkeit abermals auf, und wir begannen wegen des Hallelujas zu streiten. Aber Christus stand mir bei, und ich gab ihre lateinische Hurerei durch die Worte des Dionysios Areopagites der Schande preis, so wie ich es oben anfangs schon erzählt habe. Und Jefimi, der Kellermeister des Tschudowklosters, sagte: »Du hast recht, wir haben mit dir nichts mehr zu reden.« Und man führte mich in Ketten ab.

Daraufhin sandte der Zar einen Obristleutnant mit seinen Strelitzen zu mir, und man schaffte mich zu den Sperlingsbergen. Dorthin führte man auch den Priester Lasar und den Starez Jepifani. Diesen guten Menschen wurde der Kopf geschoren, und sie wurden beschimpft wie arme Bauern auf dem Lande. Ein Mensch von Verstand würde bei ihrem Anblick geweint haben...

Von den Sperlingsbergen schaffte man uns in die Herberge des Andreasklosters und dann in die Sawwa-Vorstadt. Wie

Straßenräuber wurden wir von einem Trupp Strelitzen eskortiert, die uns sogar zum Scheißen begleiteten. Es ist zum Weinen und zum Lachen, wenn ich daran denke, wie sie der Teufel mit Blindheit geschlagen hat! Dann kamen wir wieder ins Nikolaikloster nach Ugrescha. Dorthin sandte der Zar den Strelitzenoberst Juri Lutochin um meinen Segen. Und wir unterhielten uns über viele Dinge.

Noch einmal brachte man uns nach Moskau in die Herberge des Nikolaiklosters. Man verlangte abermals unsere Aussagen über die Rechtgläubigkeit. Sodann wurden mehrere Male Hofleute zu mir gesandt, darunter auch Artemon und Dementi, die mir im Auftrage des Zaren sagten: »Protopope, ich kenne dein reines, makelloses und gottgefälliges Leben. Ich bitte dich zusammen mit der Zarin und den Kindern um deinen Segen. Bete für uns!« So sprach der Abgesandte und verneigte sich vor mir. Immer wieder habe ich um den Zaren geweint, denn er tat mir schrecklich leid. Dann wieder ließ er mir sagen:

»Höre doch bitte auf mich: einige dich doch mit den ökumenischen Patriarchen, und sei es auch nur in einigen Dingen.«

Ich aber antwortete ihm:

»Und wenn es Gott auch gefallen sollte, daß ich sterbe, mit diesen Abtrünnigen werde ich mich niemals einigen. Du bist mein Zar«, sagte ich, »was haben sie denn mit dir zu schaffen? Ihren eigenen Zaren«, sagte ich, »haben sie verloren. Nun sind sie gekommen, um auch dich zu verschlingen. Ich werde meine zum Himmel erhobenen Hände nicht eher sinken lassen«, sagte ich, »als bis Gott dich mir wiedergibt.«

Und noch viele solcher Sendschreiben wurden geschrieben. Von manchem war darin die Rede. Sein letztes Wort aber war: »Wo du auch immer sein wirst, vergiß uns nicht in deinen Gebeten!«

Auch jetzt bete ich, soweit ich Sünder es vermag, für ihn zu Gott.

Über meine Brüder wurde ebenfalls Gericht gehalten, aber mich hat man nicht gerichtet, sondern nach Pustosersk verbannt. Da schickte ich aus Pustosersk an den Zaren zwei Sendschreiben, erst ein kurzes und dann ein längeres. Von vielem war darin die Rede. Ich berichtete ihm in dem Sendschreiben von einem Zeichen Gottes, das mir im Kerker zuteil ward. Wer dort darüber nachliest, wird dies verstehen. Darüber hinaus übersandten die Glaubensbrüder und ich den Rechtgläubigen Moskaus ein Geschenk, nämlich des Diakons Abhandlung »Die Antwort der Rechtgläubigen«, eine Entlarvung der ketzerischen Ausschweifungen. Das Buch enthält die Wahrheit über die kirchlichen Dogmen. Außerdem schickte der Priester Lasar zwei Sendschreiben, an den Zaren und an den Patriarchen. Auch uns wurden dafür »Geschenke« gemacht: Man erhängte in meinem Hause in Mesen zwei meiner Leute, meine Beichtkinder – den bereits erwähnten Narren in Christo Fjodor und Luka Lawrentjewitsch, beide Diener Christi. Jener Luka war ein Moskauer Bürger, der einzige Sohn einer Witwe. Von Beruf war er Gerber, ein Jüngling von fünfundzwanzig Jahren. Er ging mit meinen Kindern nach Mesen und fand dort den Tod. Denn als über mein Haus dieses große Unheil hereinbrach, fragte ihn jener Pilatus:

»Bursche, wie bekreuzigst du dich?«

Er aber antwortete voller Sanftmut:

»Ich glaube und bekreuzige mich wie mein Beichtvater, der Protopope Awwakum.«

Da befahl jener Pilatus, ihn ins Gefängnis zu sperren, dann legte er ihm die Schlinge um den Hals und hängte ihn an einem Balken auf. So gelangte er vom irdischen ins himmlische Reich. Was konnten sie mehr für ihn tun? Wenn er auch jung war, so handelte er doch wie ein Alter. Nun ist er heimgegangen zu seinem Heiland. Wenn doch so mancher Ältere ebenfalls diesen Weg beschritte! Damals hatte man auch befohlen, meine leiblichen Söhne Iwan und Prokopi aufzuhängen. Die Armen jedoch versäumten es und fanden nicht den Weg, den Siegeskranz zu erringen: der Tod schreckte sie, und sie unterwarfen sich. Man hat sie zusammen mit ihrer Mutter lebendig in einem Erdverlies begraben. So seid ihr denn auch ohne Tod gestorben! Bereut, während ihr dort gefangen sitzt, bevor der Teufel wieder etwas Neues ersinnt. Schrecklich ist der Tod, deshalb ist es nicht verwunderlich. Auch *ihn* hat einst Petrus, sein nächster Freund, verleugnet: und er ging hinaus und weinte bitterlich; um seiner Tränen willen ist ihm vergeben worden. Über meine

Kinder brauche ich mich gar nicht zu wundern: meiner Sünden wegen ließ Gott sie schwach werden. Doch es ist gut so, es muß so sein! Christus hat die Macht, uns alle zu erretten und uns allen zu verzeihen.

Dann kam jener selbige Obristleutnant, Iwan Jelagin, von Mesen auch zu uns nach Pustosersk, um unsere Aussagen aufzunehmen. Folgendes wurde zu Protokoll gegeben: In dem und dem Jahr und Monat, und dann weiter: »Wir halten unwandelbar fest an der kirchlichen Überlieferung der heiligen Väter und sprechen den Fluch aus über das ketzerische Konzil des palästinensischen Patriarchen Paisius und seiner Helfershelfer.«

Von vielem anderen war noch die Rede. Auch Nikon, dem Urheber und Kopf allen Ketzertums, wurde ein gewisser Platz eingeräumt. Daraufhin führte man uns zum Richtblock und verlas das Urteil. Mich aber richtete man nicht, sondern brachte mich wieder zurück in den Kerker. Denn im Urteil hieß es: »Awwakum ist in ein Erdverlies zu sperren und bei Wasser und Brot zu halten.« Ich aber spie darauf und wollte sterben, indem ich nichts aß; über acht Tage nahm ich kein Essen zu mir, dann befahlen mir die Brüder, wieder zu essen.

Darauf ergriffen sie den Priester Lasar und schnitten ihm die Zunge bis zur Kehle ab; es blutete nur wenig und hörte bald ganz auf. Er aber spricht auch wieder ohne Zunge. Dann legten sie seine rechte Hand auf den Richtblock und hackten sie bis zur Handwurzel ab. Jedoch die Finger der abgehackten Hand nahmen am Erdboden von selbst jene Haltung ein, wie es die Überlieferung lehrt. Und noch lange lag sie so da vor allem Volke; unwandelbar bekannte sie sich, die Arme, auch nach ihrem Tode zum Zeichen unseres Erlösers. Selbst mir erschien es wie ein Wunder, daß die unbeseelte Hand die Beseelten entlarvte! Drei Tage danach befühlte und betastete ich mit der Hand seinen Schlund: alles war glatt, und die Zunge fehlte, ohne daß es schmerzte. Gott aber fügte es, daß zu dieser Stunde alles wieder geheilt ist. In Moskau hatte man ihm schon einmal die Zunge abgeschnitten; damals war noch ein Stück von ihr übriggeblieben. Nun war sie restlos herausgeschnitten worden. Er aber sprach zwei Jahre lang so deutlich, als ob er seine

Zunge hätte. Nachdem dann zwei Jahre vergangen waren, geschah ein weiteres Wunder: in drei Tagen wuchs ihm die Zunge wieder vollständig nach, sie war nur ein wenig stumpfer. So kann er wieder sprechen, unermüdlich den Herrgott loben und die Abtrünnigen verdammen.

Dann ergriffen sie den Einsiedler und Starez Jepifani aus dem Solowezkikloster, einen ehrwürdigen Mönch und Asketen. Sie schnitten auch ihm die Zunge vollkommen heraus und hackten ihm vier Finger seiner Hand ab. Er konnte anfangs nur durch die Nase sprechen, dann aber rief er die allerreinste Gottesmutter an, und seine beiden Zungen, die von Moskau und die von hier, erschienen ihm auf dem Kelchtuch. Er nahm eine davon und legte sie in seinen Mund, und von dem Augenblicke an sprach er wieder klar und deutlich. Die Zunge befand sich unversehrt in seinem Mund. Gar unbegreiflich sind die Gerichte des Herrn und unerforschlich seine Wege! Wenn er auch zuläßt, daß sie uns richten, so erbarmt er sich doch unser und heilt alles...

Dann grub man uns in die Erde ein. Man versenkte ein Balkengerüst in den Erdboden, daneben ein zweites, und um alles zog man eine hölzerne Wand mit vier Schlössern. Wachen an der Tür hüteten das Gefängnis...

Jener Pilatus aber fuhr wieder ab, tat noch in Mesen seine Arbeit und kehrte dann nach Moskau zurück. In Moskau hat man auch die übrigen von uns geschmort und gebraten: sie verbrannten den Issaja und danach den Awraami; ungezählte Streiter unserer Kirche brachten sie um, Gott allein kennt ihre Zahl. Verwunderlich, daß sie gar nicht wieder zur Vernunft kamen: mit Feuer, Knute und Galgen wollten sie den Glauben festigen! Welche Apostel haben dies gelehrt? Ich kenne keine. Mein Christus hat unseren Aposteln nicht befohlen, zu lehren, man solle die Menschen mit Feuer, Knute und Galgen zum Glauben bekehren, sondern folgendes sprach der Herr zu den Aposteln: »Gehet hin in alle Welt und predigt das Evangelium aller Kreatur. Wer da glaubet und getauft wird, der wird selig werden; wer aber nicht glaubet, der wird verdammt werden.« Höre, lieber Zuhörer, Christus ruft diejenigen, die freiwillig zu ihm kommen wollen, er hat aber niemals den Aposteln befohlen, die Widerstrebenden auf dem Scheiterhaufen zu verbrennen oder an den Galgen zu hängen. Mohammed, der Gott der Tataren, hat in seinen Büchern gesagt: »Wir befehlen, allen denjenigen, die sich unserem Gesetz und unserer Überlieferung nicht unterwerfen wollen, mit dem Schwert den Kopf abzuschlagen.« Unser Christus jedoch hat seinen Jüngern solches niemals befohlen...

Nun denn, rechtgläubiger Christ, verkünde den Namen Christi, bleibe fest im Glauben mitten in Moskau, bekreuzige dich mit dem Zeichen Christi, unseres Erlösers, mit fünf Fingern, so wie es uns von den heiligen Vätern überliefert ist. Dann wird dir das Himmelreich auch hier zuteil werden. Gott wird dir seinen Segen geben: Nimm für das Kreuzeszeichen mit fünf Fingern alle Martern auf dich und grüble nicht lange! Auch ich bin bereit, dafür im Namen Christi mit dir zu sterben. Wenn ich auch nicht sehr klug und kein gelehrter Mann bin, so weiß ich doch, daß alles in unserer Kirche, was uns die heiligen Väter überliefert haben, heilig und makellos ist; und bis zu meinem Tode werde ich daran festhalten, wie ich es übernommen habe. Ich werde die Grenzen des Ewigen nicht verändern, die uns gesetzt sind. Es soll so bleiben in alle Ewigkeit. Und so mißdeute auch du, Ketzer, weder Christi Opfer noch das Kreuzeszeichen, und rühre auch nicht am Altartuch. Aber da haben sie sich zusammen mit dem Teufel ausgedacht, die Bücher neu zu drucken und alles abzuändern: Sie haben das Kreuz auf der Kirche und auch das auf den Opferbroten geändert, haben das priesterliche Gebet im Altarraum verworfen und den Wechselgesang abgewandelt. Bei der Taufe betet man jetzt offensichtlich zum Leibhaftigen selber – ihm wie auch ihnen möchte ich ins Gesicht spucken –, der Böse selbst führt sie, wenn sie gegen die Sonne um das Taufbecken gehen. Auch wenn sie eine Kirche weihen und bei der Eheschließung gehen sie gegen die Sonne und handeln somit eindeutig der Vorschrift zuwider. Sie entsagen auch bei der Taufe nicht dem Satan. Wie sollte es auch anders sein? Sie sind doch des Teufels Kinder: wer wird schon seinen eigenen Vater verleugnen! Doch wozu viele Worte machen? Wehe dir, du rechtgläubige Seele! Sie haben das Unterste zuoberst gekehrt. Wie es Nikon, dieser Höllenhund, gesagt hat, so führte man es auch aus: »Drucke die Bücher so, wie es dir gefällt, Arseni, nur nicht in der alten Art!«

Und jener tat es auch. Es bleibt fast nichts mehr übrig, was man noch verändern könnte. Es geziemt deshalb jedem, dafür zu sterben. Sie seien verflucht, diese Verruchten, mitsamt ihrem hinterhältigen Vorhaben. All denen, die durch sie leiden, sei ein dreifach ewiges Gedenken...

Nun, Starez, hast du mein Geschwätz lange genug angehört. Im Namen des Herrn trage ich dir auf, daß auch du alles für den Diener Christi niederschreibst: wie die Gottesmutter jenen Teufel mit ihren eigenen Händen zerdrückte und ihn dir übergab oder wie die Ameisen dir einmal dein Glied angefressen haben; wie der Teufel dein Holz anzündete und die ganze Zelle außen herum abbrannte, drinnen jedoch alles unversehrt blieb; wie du zum Himmel hinaufgerufen hast und noch manches andere, woran du dich zum Ruhme Christi und der Gottesmutter wieder erinnern wirst. Höre, was ich dir sage: Wenn du es nicht niederschreibst, werde ich sehr ungehalten sein. Du hast mir gern zugehört, weshalb solltest du dich schämen? Erzähle wenigstens einiges davon! Auch die Apostel Paulus und Barnabas haben auf ihrer Zusammenkunft in Jerusalem allen erzählt, »wie große Zeichen und Wunder Gott durch sie getan hatte unter den Heiden« – dies steht in der Apostelgeschichte, Kapitel 36 und 42 –, »und der Name des Herrn Jesus ward hoch gelobt. Es kamen auch viele derer, die gläubig geworden waren, und bekannten und verkündigten, was sie getrieben hatten.« Und noch vieles darüber findet man in den Apostelbriefen und in der Apostelgeschichte. Erzähle nur, sei unbesorgt und beruhige dein Gewissen. Rede nicht, um Ruhm zu erlangen, sondern zu Ehren Christi und der Gottesmutter. Möge sich der Diener Christi daran erfreuen, wenn er dies liest! Selbst wenn wir gestorben sind, wird er es noch lesen und vor Gott unser gedenken. Und wir werden für alle diejenigen, die dies lesen und hören, zu Gott beten. All unsere Glaubensbrüder werden dort oben bei Christus versammelt sein, wie auch wir in alle Ewigkeit. Amen.

Feofan Prokopovič

Geistliches Reglement auf hohen Befehl und Verordnung des von Gott gegebenen und mit Weisheit gezierten Herrn Czaaren und Groß-Fürsten Petri des Ersten Kaysers von Gantz Rußland, ec. ec.

1721

Von GOttes Gnaden Wir Petrus der Erste, Czaar und Selbsthalter von Gantz Rußland ec. ec.

Indem Wir unter vielen andern, nach Erforderung der Uns von GOtt verliehenen Gewalt, und obliegenden Sorgen, um Verbesserung Unserer *Nation* und anderer Uns unterworffener Lande, auch auf den Geistlichen Stand Unsere Augen wenden, und in selbigem viel Unordnung, und ein grosses Gebrechen in Verrichtung seines Amtes wahrnehmen, empfinden Wir in Unserem Gewissen eine gerechte Furcht, daß Wir vielleicht gegen den Höchsten (woferne Wir, nachdem Wir dessen hülffreiche Hand in Einrichtung so wohl des *Militair-* als *Civil*-Standes, so vielfältig gespühret, die Verbesserung des Geistlichen Standes versäumen sollten,) undanckbar scheinen, und ohne Entschuldigung bleiben möchten, wann der gerechte Richter über eine so grosse Uns anvertraute Verwaltung von Uns Red und Antwort fordern wird.

Derohalben haben Wir, nach dem Exempel derer Gottesfürchtigen Regenten, welche vormahls so wohl im alten, als neuen Testamente gelebet, die Sorge wegen besserer Einrichtung des Geistlichen Standes unternommen, und weil Wir hierzu kein besseres Mittel ausfinden können, als eine *collegiale* Regierung, (sintemahl eine einzelne Person selten von *Affecten* frey ist, und weil diese *Dignität* nicht erbet, selbige um so viel mehr *negligiret*;) So errichten Wir ein Geistliches *Collegium*, das ist: ein Geistliches *collegiales Directorium*, welches nachstehendem *Reglement* zu Folge alle Geistliche Geschäffte in der Kirche von gantz Rußland besorgen soll.

Befehlen demnach allen Unsern getreuen Unterthanen, wes Standes sie seyn mögen, Geistlichen und Weltlichen, dasselbige vor eine wichtige und kräfftige Regierung zu halten, und von derselben in geistlichen Sachen End-Urtheil, *Resolution* und Entscheidung zu begehren, auch mit desselben Ausspruch sich begnügen zu lassen, und ihrem Befehlen in allem gehorsam zu seyn, bey Vermeidung schwerer Straffe, dergleichen denen, so sich anderen *Collegiis* widersetzen, oder ungehorsam sind, *dictiret* ist.

Es lieget aber gedachtem *Collegio* ob, dieses *Reglement* künfftighin mit neuen Verordnungen vollständiger zu machen, wie solches verschiedener Sachen unterschiedliche Zufälle erfordern möchten, doch soll solches nicht ohne Unsere Bewilligung geschehen...

Gegeben in S. Petersburg, den 25. Jan. 1721.

Petrus.

Erster Theil,

Was das geistliche *Collegium* sey, und was man vor wichtige Ursachen habe, eine solche Regierung anzuordnen?

Ein dirigirendes *Collegium* ist nichts anders, als eine *dirigirende* Versam̃lung, wann einige besondere Dinge nicht einer Person alleine, sondern vielen, welche dazu tüchtig, und von der hohen Obrigkeit verordnet sind, zu verwalten, anvertrauet werden...

Dergleichen Versammlungen findet man auch in vielen alten und neuen Regierungen: Und auf eben dieselbe Weise hat der großmächtigste Czaar von gantz Rußland, zum Vortheil des Ihm unterworffenen Vaterlandes, unterschiedliche *Collegia*, nach dem Unterschied der Geschäfte und Nothdurften des Reichs, im Jahr 1718. höchst weißlich angeordnet.

Indem Er nun, als ein Christlicher Monarch, und Beschützer des rechten Glaubens, und aller guten Ordnungen in der Kirche, auch auf die Mängel des Geistlichen Standes seine Augen gerichtet, und in demselben eine bessere Einrichtung zu treffen gewünschet, hat Er sich auch gefallen lassen, ein geistliches *Collegium* zu errichten, welches dasjenige, was der Kirche zum Vortheil gereichen könte, fleißig und ohnabläßig beobachten solte, damit alles ordentlich zugehen, und kein unordentliches Wesen einreisse, wie des Apostels Wunsch, oder vielmehr der Wille GOttes selbst ist.

Damit aber niemand in denen Gedancken stehen möge, als ob diese Einrichtung unbequem sey, und daß eine Person besser die geistliche Angelegenheiten einer gantzen Gemeinde besorgen könne, gleichwie ein jeder Bischoff insbesondere die in seiner *Dioecese* vorfallende Geschäffte verabscheidet, so wollen wir einige wichtige Ursachen voraussetzen, welche klar erweisen, daß eine solche beständige *collegiale* Verwaltung, gleich einem beständigen *Synodo* oder *Synedrio*, viel vollkommener und besser ist, als die Verwaltung, welche einer einzelnen Person anvertrauet wird; sonderlich in einem Monarchischen Reiche, dergleichen Rußland ist.

Dann 1. lässet sich die Wahrheit klärer finden, wenn eine gantze Versammlung sich darüber bespricht, als von einer einzelnen Person...

2. Gleichwie nun bey einer *collegialen* Regierung die Krafft etwas einzusehen schärffer ist, also haben auch derselben *Resolutiones* mehr Nachdruck...

3. Dieses hat nun so vielmehr Krafft, wenn ein solches *Collegium*, so die Regierung führet, unter einem *souverainen* Monarchen stehet, und von demselben eingesetzet ist...

5. Der gröste Vortheil aber bestehet darinne, daß in einem solchen *Collegio* keine *Affecten*, Arglist, und Bestechungen Platz greiffen können...

6. Gleichergestalt hat auch ein *Collegium* einen freyeren Geist, die Gerechtigkeit zu handhaben...

7. Fener ist auch ein grosser Vortheil, daß man von einer Regierung, so durch eine Versammlung geführet wird, nimmer so viel Lermens und Aufruhr vor das Vaterland zu besorgen hat, als von einem Oberhaupte des geistlichen Standes entstehen kan. Dann der gemeine Mann verstehet den Unterschied der geistlichen und *souverainen* weltlichen Gewalt nicht, sondern wird durch die grosse Ehre und Würde, so man dem obersten

Hirten giebet, von Verwunderung dergestalt eingenommen, daß er dencket, ein solches Oberhaupt sey ein anderer Landes-Herr, in gleicher Würde mit dem Monarchen, oder auch noch grösser, als derselbige; und der geistliche Stand mache eine besondere, und vortrefflichere Monarchie aus. Da nun der gemeine Mann vor sich selbst bereits also zu *raisoniren* pfleget, was kan nicht daraus entstehen, wann grundlose *Discurse* herrschsüchtiger Geistlichen dazu kommen, und Feuer an solches Stroh legen? Durch dergleichen Meinungen werden einfältige Hertzen dergestalt verkehret, daß sie nicht so wohl auf ihren Monarchen, als auf ihren Ober-Hirten in allen Dingen ihre Augen richten. Hören sie dann, daß diese beyde mit einander Streitigkeiten haben, so fallen sie alle mehr dem geistlichen, als dem weltlichen Oberhaupte, wiewohl blindlings und mit höchster Thorheit bey, und unterstehen sich wohl, vor das erstere zu streiten, und zu rebelliren, in der betrüglichen Meinung, daß sie vor GOtt selbst fechten, und ihre Hände nicht verunreinigen, sondern heiligen würden, wann sie selbige zum Blutvergiessen ausstrecketen. Diese des gemeinen Mannes Meinung sehen einige sonst nicht einfältige, aber arglistige Leute hertzlich gerne, und weil sie ihren Herrn im Hertzen hassen, nehmen sie so dann ihre Zeit, um ihre Boßheit auszuüben, wenn der Landes-Herr mit dem Ober-Hirten zerfallen ist, und entblöden sich nicht, unter dem Vorwand eines Eiffers für die Kirche, ihre Hände gegen dem Gesalbten des HErrn auszustrecken, und das einfältige Volck zu einer so gottlosen That, als zum Wercke des HErrn, aufzumuntern. Was solte nun dann nicht geschehen, wann der Hirte selbst mit einer solchen Meinung von sich verblendet ist, und nicht ruhen will? Es ist schwer auszusprechen, wie viel Unglück hieraus zu entstehen pflege. Dieses sind keine blosse Gedancken. Wolte GOtt, daß man jederzeit sich nur begnüget hätte, darüber also zu *raisoniren*!...

Zweyter Theil,

Begreiffend die unter solche Regierung gehörige Geschäffte.

Allgemeine Geschäffte.

Hier muß man, wie oben bereis angeführet, auf 2. Stücke Achtung geben.

1. Ob alles ordentlich, und nach der Christlichen Religion zugehe, und ob nicht irgendwo etwas geschehe, so mit derselben streitet?

2. Ob eine gnugsame Unterrichtung im Christenthum im Schwange gehe?

Bey dem ersten Stück sind folgende *Puncta* zu beobachten, als: . . .

3. Muß man auch die Leben der Heiligen nachsehen, ob nicht unter denselbigen einige fälschlich und ohne Grund erdichtete, oder der Christlichen *orthodoxen* Lehre zuwider lauffende, oder auch unnütze und lächerliche Erzehlungen sich befinden. Dergleichen Mährlein muß man widerlegen und verbiethen, zugleich aber die Falschheit, so sich darinnen findet, anzeigen. Denn es finden sich freylich dergleichen offenbahr lügenhaffte und mit der gesunden Lehre streitende Historien, also zum *Exempel*, in dem Leben des *Euphrosiny von Pleskau*, die *Disputation* von dem zweyfachen singen des *Hallelujah*, ein offenbar falsches und von einem Taugenicht erdichtetes Werck ist, worinnen, ausser der thörichten Lehre von Verdoppelung des *Hallelujah* selbst, *Sabellanische*, *Nestorianische*, und andere Irthümer mehr, gefunden werden. Und ob auch schon der Autor hierinne aus Unwissenheit gesündiget, so lieget dennoch der geistlichen Regierung ob, dergleichen erdichtete Dinge nicht zu dulden, noch denen Menschen an statt gesunder Speisen, Gifft vorzusetzen, insonderheit weil der gemeine Mann, zwischen recht und linck, keinen Unterscheid zu machen weiß, sondern alles, was er nur in Büchern findet, mit Eifer und Hartnäckigkeit behauptet, und sich daran hält.

4. Insonderheit aber muß man diejenigen Erfindungen sorgfältig untersuchen, welche dem Menschen zu einer schlimmen

Praxi führen, und ihm ein betrügliches Mittel, zur Seeligkeit zu gelangen, vorbilden, als zum Exempel: Daß man am Freytag nicht arbeiten, sondern denselben feyern müsse, und daß die *Poetniza*, oder Freytag, sich über diejengien, welche ihren Tag nicht feyern, sehr erzürne, und sie mit schweren Bedrohungen angreiffe: Ingleichen, daß man einige besondere zwölff Feyertage fasten müsse, und solches zwar zur Erlangung vieler geistlicher und leiblicher Güther; Ferner, daß man einige *Officia* vor andern werth halten solle, als die Messe auf den Tag der Verkündigung Mariä, die Früh-Mette auf Ostern, und die Vesper auf Pfingsten. Diese *Puncta* werden nur zum Exempel angeführet, wiewohl sie sonsten wenigen und zwar nur einfältigen Leuten ankleben...

5. Möchten sich auch vielleicht einige untaugliche und wohl gar schädliche Ceremonien finden. ... Dann diese und andere dergleichen Dinge, wo sich dieselbe finden, verführen das Volck zu einer offenbaren und schändlichen Abgötterey.

6. Muß man gleichfalls die Reliquien der Heiligen examiniren, wann sich deren einige an einem oder andern Orte hervor thun solten, an welchen man zu zweifflen Ursach hätte; dann hierinnen wird viel Schelmerey getrieben...

Jedoch, es ist unnöthig allen dergleichen Unfug hier zu erzehlen. Mit einem Wort: Was nur Aberglaube genennt werden kan, das ist, was überflüßig, zur Seeligkeit nicht dienlich, und nur von Heuchlern ihres Vortheils wegen erdacht ist, das gemeine Volck bethöret, und gleich dem Treeib-Schnee verhindert, den geraden Weg der Warheit zu gehen; Alles solches gehöret unter diese Obsicht, als ein allgemeines Ubel, indem es sich in allen Ständen findet. Obiges aber wird nur *Exempels*weise angeführet, damit man diese und dergleichen Dinge verhüten könne.

Und dieses ist die erste Art der allgemeinen Geschäffte.

Die andere Art der allgemeinen Geschäffte ist, wie oben bereits gemeldet, daß man fleißig Achtung geben müsse, ob wir auch gnugsamen Unterricht zur Besserung im Christenthum unter uns haben?...

Schulen, und die darinne befindliche Lehrer und Lernende, wie auch die Prediger an denen Kirchen.

Es ist weltkündig, wie schwach und unvollkommen die Rußische *Armeé* gewesen, so lange sie keine regulirte *Disciplin* gehabt, und wie unvergleichlich hingegen derselben Stärcke zugenommen, und über Verhoffen groß und *formidable* worden, so bald unser Großmächtigster Monarch, Ihro Czaar. Maj. *Petrus I.* dieselbige auf einen trefflich regulirten Fuß gesetzet. Eben also ist es mit der *Architectur*, *Medicin, Politischen* Regierungen, und allen andern Geschäfften ergangen.

So vielmehr aber hat es mit der Regierung der Kirche eine gleiche Bewandtniß. Wann kein Licht der Lehre vorhanden, so kan die Kirche nicht wohl regieret werden, und ist unmöglich, daß nicht Unordnungen, und allerhand lächerlicher Aberglaube, ja gar Spaltungen, und die allernärrischesten Ketzereyen daraus entstehen solten.

Es lautet sehr albern, wann einige sagen, die Gelehrsamkeit sey Schuld an denen Ketzereyen, dann zu geschweigen der alten Ketzer, welche aus einer mit Hochmuth verknüpfften Dummheit, und nicht aus übriger Wissenschafft in Irrthümer verfallen ... sind auch die Rußischen *Schismatici* nicht anders, als aus Ungeschliffenheit und Unwissenheit so närrisch rasend worden. Und ob auch wohl je zuweilen gelehrte Leute Uhrhebere der Ketzereyen werden, dergleichen *Arius, Nestorius*, und einige andere gewesen, so hat sich doch ihre Ketzerey nicht aus ihrer Gelehrsamkeit, sondern aus Mangel des Verstandes in der Heil. Schriftt entsponnen, ist aber nachgehends durch ihre Boßheit und Hoffarth zum Wachsthum gekommen, und stärkker worden, indem diese Laster ihnen nicht zugelassen, ihre alberne Meinungen abzulegen, ob sie auch schon in ihren Gewissen von der Warheit überzeuget gewesen. Ob sie nun wohl durch ihre Gelehrsamkeit die Krafft bekommen, *Sophisimata* zu schmieden, so würde doch derjenige, welcher solches Ubel schlechterdings der Gelehrsamkeit zuschreiben wolte, ebenfalß sagen müssen, daß, wann ein Arzt jemanden vergiebet, die Artzeney-Kunst daran Schuld habe. Wann aber ein disciplinirter Soldate seinen Feind mit Verstand und Hertzhafftigkeit schläget, so rühret solches von der Kriegs-*Disciplin* her. Sehen wir nun durch die *Historie*, als ein Fern-Glaß, auf die vergangene Zeiten, so finden wir, daß in denen finstern *Seculis* alles viel schlimmer gestanden, als in denenjenigen, welche durch das Licht der Wissenschafften erleuchtet gewesen. Biß in das vierte *Seculum* haben sich die Bischöffe nicht dergestalt aufblasen dürffen, wie sie hernach gethan, sonderlich der *Constantinopolitanische* und Römische. Dann damahls stunden die Wissenschafften im *Flor*, woran es nachgehends sehr fehlete. Und wann auch die Gelehrsamkeit der Christlichen Kirchen oder dem Reiche schädlich wäre, so würden gewiß die besten Christen nicht selbst *studiret*, sondern vielmehr andern das *Studiren* verbothen haben. Wir sehen aber im Gegentheil, daß alle unsere alte Kirchen-Lehrer nicht allein in der Heil. Schrifft, sondern auch in der auswärtigen *Philosophie* sich *informiren* lassen, und die berühmtesten Säulen der Kirche, vieler andern zu geschweigen, haben die auswärtige *Studia* vertheidiget, als zum Exempel der grosse *Basilius* in seiner Rede an die studirende Jugend, *Chrysostomus* in seinen Büchern vom Mönchen-Stande, *Gregorius Theologus* in seinen Reden gegen *Julianum Apostatam*. Man hätte von dieser Materie vieles zu erinnern, wenn selbige der eigentliche Endzweck unseres *Discurses* wäre.

Dann eine gute und gründliche Unterweisung ist zu vielen Dingen nütze, so wohl im gemeinen Wesen, als in der Kirche, indem sie eine Wurtzel, Saamen und Grund vieles Guten ist. Nur muß wohl darauf gesehen werden, daß dieselbe Unterweisung gut und gründlich sey...

Es ist aber zu wissen, daß von dem 6. biß in das 15. *Seculum*, und also bey nahe 900. Jahre in gantz *Europa* fast alle Wissenschafften sehr schlecht und voller Mängel gewesen, so daß man auch bey denen besten *Autoribus*, welche um diese Zeit geschrieben haben, zwar eine grosse Schärffe des Verstandes, aber wenig Klarheit findet. Nach dem 1400. Jahre aber thaten sich viele *curieuse* Leute hervor, und fundt man also auch gelehrtere *Professores*: Daher dann nach und nach viele *Academien* in grossen und fast grössern *Flor* kommen, als die alten zur *Augusti* Zeiten gewesen. Jedennoch blieben auch viele

Schulen in der vorigen Finsterniß stecken, so daß in denselben die *Rhetorica, Philosophie* und andere Wissenschafften nur leere Nahmen ohne Wesen sind. Die Ursachen davon sind vielfältig, welche hier der Kürtze wegen mit Stillschweigen übergangen werden.

Diejenigen nun, welche sich diesen Hirn-Gespensten und betrüglichen Wissenschafften ergeben, sind tümmer, als die, so gar nicht studiret haben; Denn weil sie in den Gedancken stehen, daß sie vollkommen sind, und alles, was man nur wissen kan, begriffen haben, so dencken sie nicht daran, daß sie etwas lesen oder mehr lernen wollen. Dahingegen ein Mensch, welcher wohl studiret hat, niemahls mit seiner Gelehrsamkeit zu frieden ist, und nicht aufhöret zu lernen, wann er auch *Methusalems* Jahre erreichete.

Hierbey ist das allerschlim̄ste, daß dergleichen *superficielle* Gelehrte nicht allein unnütze, sondern auch ihren Freunden, dem Vaterland und der Kirche sehr schädlich sind; Vor Hohen demüthigen sie sich über die massen, jedoch aus böser List, um dadurch ihre Gnade zu erwerben, und ein Ehren-Amt zu erschnappen. Gleiches Standes Leute hassen sie, und wenn jemand wegen seiner Gelehrsamkeit gerühmet wird, so suchen sie ihn bey denen Grossen, und vor dem Volcke durch zu hecheln, und zu schmähen. Weil sie sich zu grossen Dingen Hoffnung machen, so sind sie zu Meutereyen geneigt; Wenn sie *theologisiren*, ist es unmöglich, daß sie nicht in Ketzereyen verfallen, weil sie aus Unwissenheit sich im Reden leicht vergehen, und um dieselbe nicht an den Tag zu legen, ihre einmahl *avancirte* Meinung niemahls widerruffen wollen. Dahingegen unter verständigen Leuten die Regul fest gehalten wird: *Sapientis esse, mutare sententiam*.

Dieses hat man voraus zu setzen vor gut gefunden, damit, wann Ihro Czaar. Maj. eine *Academie* errichten wolten, das Geistliche *Collegium* in Erwegung ziehen könne, was vor Lehrer es darzu bestellen, und was vor eine Lehr-Art zu führen, es ihnen anbefehlen wolle, damit Sr. Czaar. Maj. Kosten nicht vergebens angewendet, und an statt des verhoffeten Nutzens ein Auslachens-würdiger Schade daraus gespühret werden möge.

Um aber hierinne vorsichtig und verständig zu verfahren, werden folgende Regeln nicht undienlich seyn.

1. Hat man zum Anfang nicht viel Lehrmeisters von nöthen, sondern im ersten Jahre sind ein oder zwey hinlänglich, um die *Grammatica*, oder *Regul*-mäßige Wissenschafft der Griechischen und Lateinischen Sprache, oder auch beyde Sprachen zugleich zu *dociren*.

2. Im andern, dritten und folgenden Jahren schreitet man zu höhern Wissenschafften, leget aber auch die erste wegen der neu ankommenden Schüler nicht gäntzlich an die Seite, und deßwegen nimmt man mehr Lehrmeister an.

3. Muß man auf allerhand Art erforschen, wie weit der *Candidatus* des Lehr-Amts in der Schule in seinen Wissenschafften bewandert ist. Zum Exempel: Will man wissen, ob jemand der Lateinischen Sprache recht kundig ist, so lasse man ihn eine Rußische *Composition* ins Lateinische, und eine *Passage* aus einem in der Lateinischen Sprache berühmten *Autore* ins Rußische übersetzen, und seine Arbeit durch gelehrte Leute *examiniren* und *censuriren*; Alsdann wird sich bald zeigen, ob er in seinem Werck vollkommen, oder mittelmäßig, oder weniger als mittelmäßig sey, oder gar nichts verstehe. Andere Wissenschafften haben ihre besondere Proben, welche *à part* beschrieben werden können.

4. Falls der *Candidatus* in der verlangen Wissenschafft nicht gnugsam geübet wäre, man könte aber sehen, daß er einen scharffen Verstand hat, so ist es ein Zeichen, daß er entweder Faulheits wegen, oder auch wegen schlechter *Information* nicht weiter kommen können. Dergleichen Leuten soll man aufgeben, sich selbst ein halb Jahr oder ein Jahr lang in solchen *Autoribus*, welche die Sache wohl verstanden, annoch zu üben. Doch geschiehet solches nur alsdann, wann es an Leuten fehlet: Besser aber ists, sich auf solche nicht zu verlassen.

5. Wenn man nun gute Lehrmeister bestellet, muß man ihnen anbefehlen, ihren Schülern gleich Anfangs kurtz und deutlich zu eröffnen, was die *Scienz*, so man tractiret, als die *Grammatica, Rhetorica, Logica* und dergleichen, auf sich habe, und was man dadurch zu erlangen gedencke, damit die Schüler das

Ufer, wohin sie reisen sollen, sehen, und mehr Lust bekommen, auch ihren täglichen Wachsthum und Gebrechen anmerkken können.

6. Muß man zu jeder Wissenschafft die besten und auf berühmten *Academien approbirte Autores* aussuchen, wie zum Exempel in Pariß auf Befehl des Königs *Ludovici XIV*. die Lateinische *Grammatica* so kurtz und vollständig abgefasset worden, daß ein guter Kopff sich Rechnung machen kan, selbige Sprache in einem Jahre vollkommen zu erlernen, wohin es bey uns in fünff oder sechs Jahren selten gebracht wird, welches daraus zu ersehen, daß ein Student, wenn er aus der *Theologie* oder *Philosophie* kommt, nicht einmahl aus dem mittelmäßigen Lateinischen *Stylo* etwas übersetzen kan. Derowegen soll man, wie gesagt, die besten *Autores* von der *Grammactica, Rhetorica* und andern Wissenschafften auslesen; und sie in der *Academie* einführen, mit Befehl, sich dieser und keiner andern Handleitung zu bedienen.

7. Bey der *Theologie* insonderheit muß befohlen werden, die Haupt-*Dogmata* unsers Glaubens und das Gesetz GOttes zu *dociren*; Daher muß der Lehrer die Heil. Schrifft fleißig lesen, und die Reguln lernen, wie er derselben Krafft und Auslegung recht begreiffen könne, auch zu dem Ende alle Glaubens-Puncte mit Zeugnissen aus der Heil. Schrift bestärcken. Damit er sich hierinne desto besser helffen könne, muß er auch der Heil. Väter Schrifften fleißig aufschlagen, und zwar solche, welche die Glaubens-Lehren wegen der in der Kirche entstandenen Streitigkeiten gegen die Ketzer sorgfältig erklären. Dañ es haben unter denen alten Kirchen-Lehrern viele von denen *Dogmatibus*, der eine von einem, und der andere von dem andern *Dogmate* geschrieben...

Uber dieses sind ihm auch die Handlungen und Unterredungen der *General-* und *Provincial-Concilien* sehr nützlich, und aus dergleichen Lehrern nebst der Heil. Schrifft kan man eine gründliche *theologische* Wissenschafft schöpffen. Ob auch wohl ein *Professor* der *Theologie* aus neuen Lehrern von andern Religionen sich zu helffen suchen mag, so muß er sie doch nicht zu Lehrmeistern annehmen, noch sich auf ihr Vorgeben verlassen, sondern sich nur ihrer Anweisung bedienen, was nehmlich vor *Argumenta* aus der Schrifft und denen Kirchen-Lehrern sie brauchen, sonderlich in denen Lehr-Sätzen, in welchen sie mit uns einerley Meinung führen. Jedennoch muß er auch ihren *Argumenten* nicht leichtlich glauben, sondern untersuchen, ob sich auch dasjenige, was sie vorgeben, in der Schrifft und denen *Patribus* befinde, und denselbigen Verstand haben, in welchem sie es anführen; Dann diese Herren lügen öffters, und bringen gantz falsche Dinge auf die Bahn, zum öfftern verdrehen sie auch einen sonst richtigen Text: Ich habe vor dich gebethen, daß dein Glaube nicht aufhöre. Dieses ist allein von der Person Petri gesprochen: Zum Exempel wollen wir hier nur allein die Worte des Herrn an *Petrum* anführen: Ich habe vor dich gebethen, daß dein Glaube nicht aufhöre. Dieses ist allein von der Person *Petri* gesprochen: Die Lateiner aber ziehen es auf ihren Pabst, und folgern dahero, daß derselbe im Glauben nicht irren könte, wann er auch gleich wolte. Ein Lehrer der *Theologie* muß also nicht aus fremden Vorgeben, sondern aus seinem eigenen Erkänntnißlehren, zuweiln auch bey gelegener Zeit es seinen Schülern in denen Büchern selbst zeigen, damit auch dieselbigen von seiner Lehre überzeuget werden, und keinen Zweiffel haben, ob ihr Lehrer ihnen Warheit oder Lügen vortrage?

8. Bey Gelegenheit und aus Veranlassung des ietzt gegebenen Raths wird erinnert, daß bey denen Schulen eine hinlängliche *Bibliothec* seyn müsse. Dann eine *Academie* ohne *Bibliothec* ist gleichsam entseelet. Man kan aber eine zureichende *Bibliothec* vor zwey tausend *Rubel* anschaffen.

Denen Lehrern stehet frey, die *Bibliothec* alle Tage und Stunden zu gebrauchen, nur, daß sie die Bücher nicht in ihren Stuben herum schleppen, sondern in dem *Cabinet* der *Bibliothec* lesen. Vor die Schüler aber und andere Liebhabere wird dieselbe nur zu gewissen Stunden eröffnet. Welche nun die Sprache können, sind gehalten, gewisse Tage und Stunden *par Devoir* die *Bibliothec* zu besuchen, an andern Tagen aber mögen sie nach ihrem Belieben in denen gesetzten Stunden hinein gehen; Anbey soll der Lehrer einen jeden seiner Untergebenen fragen, was vor einen *Autorem* er lese, und was er darinne gelesen, oder daraus *excerpiret* habe? ihm auch erklähren, wo er etwas nicht verstehet. Dieses ist eine sehr nützliche Sache, und machet einen Jüngling bald zu einen andern Menschen, ob er auch wohl vorher ungeschliffen gewesen wäre ...

Von denen Mönchen.

Insonderheit ist der Kloster-Stand, welcher vor Alters dem gantzen Christenthum gleichsam ein Spiegel und Exempel der Busse und Besserung war, zu diesen Zeiten in viele Unordnung verfallen: Und dienen zu dessen Verbesserung folgende Reguln. ...

Wie die Mönche leben sollen?

17. Viermahl im Jahr, nemlich auf die vier Fasten, ist ein jeder Mönch verpflichtet, zu beichten, und zu *communiciren*. Es wäre solches auch wohl noch öffter nöthig, weil der Wandel dadurch vollkommener wird. Es haben auch in der ersten Kirchen alle Christen öffters *communiciret*, und ist die Messe niemahls ohne Communicanten gewesen: Wie wir solches noch jetzo aus denen dabey gebräuchlichen Worten: Das Heilige denen Heiligen: item, in der Furcht GOttes und Glaubens tretet herzu, ec. abnehmen können, und der heilige *Chrysostomus* straffet diejenigen hart, welche die *Communion* versäumen.

18. Die Vorgesetzten der Klöster sollen die Mönche niemahls müßig gehen lassen, sondern ihnen allezeit eine Arbeit aufgeben. Es wäre auch gut, wenn man allerhand Handwercke, als das Tischer-Handwerck; Bilder mahlen, und was sonst dem Kloster-Stande nicht zuwider ist, einführte, die Nonnen aber spinnen, nehen, und Spitzenwürcken, ec. liesse.

19. Ausser denen Vorgesetzten der Klöster, und denen veralteten Mönchen, soll niemand im Kloster einen einigen Diener, auch die Vorgesetzten denn nicht mehr halten, als nöthig ist. Wegen derer Alten und Krancken aber sollen ordentliche Krancken-Stuben errichtet, und nach *Proportion* mit Dienern versehen werden ...

22. Kein Mönch soll einige dem Kloster zugehörige Sachen, es sey Speise, oder andere Waaren, ob sie ihm schon zugetheilet wären, weder auf den Strassen in der Stadt, noch im Kloster, noch irgends an einem andern Orthe verkauffen. Denn dieses ist eine schändliche und überaus schimpffliche Sache...

25. Essen, Trincken und Kleidung sollen alle einer wie der andere haben. Dann sonsten würde sich ein jeder aufs Stehlen legen, damit er sich dafür überflüßige Speise, Tranck und Kleidung anschaffen könne. Jedoch soll man in der Kleidung zwischen denen Altar-Bedienten und Layen-Brüdern einigen Unterscheid machen.

26. Niemand hat Macht, etwas aus dem Kloster wegzugeben, ausser dem Vorgesetzten. Aber auch derselbe muß es denen ältesten Brüdern melden, und niederschreiben, wenn und warum er es weggebe? Dann sonsten würde sich ein jeder bemühen, das Kloster-Guth seinen Verwandten und Freunden unverschämt auszutheilen. Solchergestalt aber verhüten wir die Sünde und unnütze Kosten, und können an statt zwantzig Brüder, dreyßig ernehren.

27. In denen Klöstern muß, nach den *Canonibus* der heiligen Väter, ein gemeinschafftliches Leben geführet werden. Dann sonsten würde ein jeder, was er nöthig hat, besonders verschleppen.

28. Alle Einkünffte aus denen Kloster-Güthern, und was von gottesfürchtigen Leuten gegeben wird, wie auch die Kirchen-Gefälle, sollen an einem besondern dazu bestimmten Orth zusammen gebracht, und daraus, was zu des Klosters, der Kirche, und der Brüder Nothdurfft erfodert wird, verordnet werden. Dann anders wird dem Geld-Geitz nicht abgeholffen, welcher aus Begierde, zu höhern Würden zu gelangen, entstehet, und denen Klöstern den Untergang, denen Verwandten aber Reichthümer zuziehet. Daher es dann auch geschiehet, daß unwürdige die Würde eines *Diaconi* oder Priesters, und Stuffen-Weise auch die höheren geistlichen Ehren-Aemter an sich ziehen, und immer einer dem andern vorzukommen trachtet.

29. Niemand soll im Kloster fremdes Geld und Güther, Bücher ausgenommen, bey sich haben, denn daraus entstehet Hoffart und Ausübung der Wollüste, welcherwegen viele ins

Kloster gehen, ob sie schon den Schein annehmen, daß sie ihr Fleisch creutzigen wollen. Wann man nun dergleichen Güther heimlich oder öffentlich findet, so sollen dieselbige zum Profit des Klosters *conficiret* werden...

31. Kein Mönch soll, ausser gemeiner Nothwendigkeiten, aus dem Kloster in Städte und Dörffer gehen. Diejenigen aber, welche man nothwendig dahin senden muß, sollen von der gesamten Brüderschafft dazu erwehlet, und nicht ohne Paß von dem Vorgesetzten abgelassen werden...

35. In allen Klöstern muß man die Mönche unterweisen, daß sie nicht allein lesen, sondern auch verstehen lernen. Hiezu muß man eine besondere Zelle verordnen, und einige auserlesene Mönche dabey bestellen, welche den Verstand der Göttl. Schrifft inne haben: und die also unterrichtet worden, soll man zu der Priesterlichen und andern hohen Würden, wozu sie tüchtig sind, erwehlen.

36. Kein Mönch soll in seiner Zelle einige Schreiben, oder Auszüge aus Büchern, oder schrifftliche Bedencken, ohne besondere Erlaubniß seines Vorgesetzten, bey harter Leibes-Straffe, abfassen. Er darff auch ohne seines Vorgesetzten Vergünstigung keine Brieffe annehmen, noch, Laut geist- und weltlicher Rechte, Dinte und Pappier in seiner Zelle halten, ausser denjenigen, welchen solches zum allgemeinen geistlichen Nutzen von ihrem Vorgesetzten erlaubet wird. Hierauf muß bey denen Mönchen sehr fleißig Achtung gegeben werden, weil nichts der Mönche stilles Leben so sehr unterbricht, als ihre unnütze und thörichte Schreiben. Fals aber ein Bruder unumgänglich nöthig hätte zu schreiben, so soll er solches im Eß-Saal aus dem gemeinen Dintefaß, und auf gemeines Pappier, verrichten, und solches zwar mit besonderer Bewilligung seines Vorgesetzten; eigenmächtig aber soll er sich dergleichen bey harter Straffe nicht unterstehen...

Von denen Klöstern.

44. Keinem Mönche soll erlaubet seyn, Einsiedeleyen zu bauen. Dann dieses thun viele nur, um desto mehr Freyheit zu

haben, und damit sie, von aller Aufsicht entfernet, nach ihrem Gefallen leben, und von denen zu Erbauung einer solchen Einsiedeley sammlenden Geldern profitiren können. Diese Leute verlieren dabey in geistlichen Dingen einen grossen Vortheil. Denn sie haben niemanden, den sie in solchen Sachen um Rath fragen, oder von dem sie einige Auflösung zweiffelhaffter Gedancken und Gewissens-Fälle nehmen könten; sie sehen kein Exempel der Kloster-Bemühung vor sich, und was das meiste, wenn sie in einer solchen Einöde des Todes Stunde überraschet, so ist niemand, der ihnen in der Kranckheit zur Hand gehet, niemand, der sie tröstet und unterrichtet, niemand, der ihnen gegen die Furcht, so zur Verzweiffelung führet, einen Muth einspricht. Die Absonderungen der alten Väter können uns darinnen nicht zum Exempel dienen. Deñ es waren solche in der Christlichen Gottes-Gelahrtheit wohl unterrichtete Männer, und von grossen Verstand und Erfahrung... Einem unerfahrnen Menschen aber ist eine solche Lebens-Art gefährlich, und kan er dabey leicht seine Seele ins Verderben stürtzen. Zudem können hier in Rußland wegen der kalten Lufft keine rechte Einsiedeleyen seyn. Denn in den Wüsten von *Balestina*, und andern warmen Ländern, findet man Früchte genug, um sich davon zu unterhalten, und kan sich also jemand gantz und gar von der Welt absondern. Hier aber kan man des Ackerbaus, der Fischereyen und der Gärten nicht entbehren, welches dann verhindert, daß die Einsiedeley nicht verborgen und abgesondert seyn kan.

45. Die Klöster, in welchen wenig Brüder sind, müssen in eines zusammen gezogen, und selbiges mit so viel Brüdern besetzt werden, als darinnen Unterhalt haben können. Jedoch müssen derselbigen zum allerwenigsten dreyßig seyn, um den Gottesdienst desto besser abzuwarten. Denn, wann derer Brüder zu wenig sind, so können sie den täglichen Gottesdienst, und die zum gemeinschafftlichen Leben gehörige Arbeit, ohnmüglich behörig versehen: Daher dann dergleichen Klöster gantz ohne Gottesdienst bleiben, als ob sie wüste wären. ... Wann dieses also geschiehet, so wird gewiß in allen Kirchen, (deren in jedem Kloster nicht mehr als drey seyn sollen, als die Haupt-Kirche, die Tafel-Kirche, und die Krancken-Kirche,)

der tägliche Gottesdienst, wie auch das gemeinschafftliche Leben, und aller klösterlicher Wohlstand, wegen Anwachses der Brüder, desto mehr blühen, die zu Pfarr-Kirchen verwandelte aber von denen ordentlichen Priestern desto besser versehen werden...

Von denen Vorgesetzten der Klöster.

49. Zu denen geistlichen *Praelaturen* müssen Männer erwehlet werden, welche von guten Sitten, im Kloster-Leben erfahren, ohne Tadel und bereits geprüfet sind, die den Verstand der Schrift und der Kloster-Satzungen wohl inne haben, damit sie sich des Heyls ihrer Brüder befleißigen, und nicht nur auf Erbauung der Mauren und Sam̃lung grosser Schätze sehen, sondern ihrer Verwaltung wachsam und vorsichtig, ihrem Beruff gemäß, vorstehen...

...

Diesen Zusatz zu dem Geistlichen *Reglement* haben Ihro Kayserl. Majest. selbsten, in eigener hohen Person, in denen letzten Tagen des *Aprilis*, und ersten des May-Monaths dieses 1722sten Jahres, anzuhören, und eigenhändig zu verbessern beliebet, und alles Obgesetzte approbiret, auch zu drucken und zu publiciren befohlen.

Michail Lomonosov

Morgenbetrachtungen über die Größe Gottes
1761

Schon hat der schöne Stern erstrecket
Sein Glänzen auf die Erde weit
Um Gottes Werke aufgedecket:
Vernimm's, mein Geist, mit Fröhlichkeit:
Erstaunt ob solcher Strahlen Hell'
Den Schöpfer selber für dir stell!

Wenn man es Sterblichen vergönnte,
Zu fliegen auf in solche Höhn,
Daß ein verweslich Auge könnte
Die Sonne, ihr sich nahend, sehn,
Von jeder Seit' entdeckte dann
Sich ewig glüh'nder Ozean:

Dort Feuerwogen vorwärts dringen
Und finden weder Strand noch Ziel,
Dort Flammenwirbelstürme ringen
Äonenlang im Kampfgewühl,
Dort kocht wie Wasser das Gestein,
Dort rauscht ein Glutenregen drein.

Die Schreckensglut im Riesenkerne
Ist wie ein Funke nur von Dir.
Oh, welch hellstrahlende Laterne
Hast Du, o Gott, entzunden hier
Für unser täglich Werk und Fleiß,
So uns geboten Dein Geheiß.

Von finstrer Nacht sich nun befreiten
Feld, Hügel, Meer und Wald zumal,
Sich unserm Blicke darzubreiten,
Erfüllt von Deiner Wunder Zahl.
Ein jeglich Fleisch erhebt den Ruf:
Groß ist der HERR, der all dies schuf.

Das Taggestirn strahlt in die Runde
Nur auf der Körper äußern Rand,
Dein Blick dringt bis zum tiefsten Grunde,
Denn ihm sind Grenzen unbekannt.
Von Deiner Augen Heiligkeit
Geußt sich auf jed' Geschöpfe Freud.

O Schöpfer! mir in Finsters Hüllen
Schick Weisheitsstrahl entgegen nun,
Und was gefället Deinem Willen,
Das lehre immer mich zu tun,
Und, schauend Deine Schöpfung hier,
Unsterblicher, lobsingen Dir.

Michail Lomonosov

Abendliche Betrachtung über die Göttliche Größe
Aus Anlaß des großen Nordlichtes
1743

Der Tag vollendet seinen Lauf,
Im Westen sinkt der Sonne Pracht.
Am Berghang steigen Schatten auf,
Schon deckt die Felder finstre Nacht.
Unzähl'ge Sterne tun mir kund
Den Himmel: Abgrund ohne Grund.

Ein Sandkorn in der Meeresflut,
Ein Funke, der im Eismeer schwirrt,
Ein Flaum in wilden Feuers Glut,
Ein Staub, der aufgewirbelt wird:
Ein solches Nichts ist auch mein Ich,
Im Weltenall verliert es sich.

Es kündet uns der Weisen Wort:
Dort gibt es Welten mannigfalt,
Unzählig brennen Sonnen dort,
Auch dort blühn Völker, werden alt:
Sich selbst stets gleich ist die Natur,
Denn es gibt eine Gottheit nur.

Doch dem Naturgesetz spricht Hohn
Das Licht, das ich im Norden seh'.
Steht dort denn jetzt der Sonne Thron
Im Nordmeer, zwischen Eis und Schnee?
Zur Mitternacht hüllt Tagesschein
Mit kaltem Glanz die Erde ein.

O ihr, die ihr mit raschem Blick
Der Dinge tiefsten Kern gewahrt,
Und denen schon das kleinste Stück
Den Bau des Ganzen offenbart –
Ihr kennet der Planeten Lauf,
So löst auch dieses Rätsel auf!

Wodurch entsteht bei Nacht dies Licht?
Wer schlägt's empor zum Firmament?
Wie kommt's, daß ohne Wolkenschicht
Des Blitzes Flamme dort entbrennt?
Gebiert der Elemente Kampf
Denn Feuer aus gefrornem Dampf?

Liegt schwer dort Nebel überm Meer?
Bricht sich der Sonne Licht im Dunst
Der Atmosphäre um uns her?
Tobt dort auf Bergen Feuersbrunst?
Schlägt, weil der Zephyr ging zur Ruh,
Der Wellen Strom dem Äther zu?

Ihr wißt nicht, wie ihr deuten sollt,
Was nah der Erde dort geschieht!
Wie wird's, wenn ihr erklären wollt,
Was keines Menschen Auge sieht?
Der Gottes Schöpfung nicht ermißt –
Weiß er, wie groß der Schöpfer ist?

Nikolaj Vasil'evič Gogol'

Betrachtungen über die Göttliche Liturgie

nach 1845

Einleitung

Die göttliche Liturgie ist ewige Wiederholung des unermeßlichen Werkes der Liebe, das für uns vollbracht ward. Die an ihren Makeln darniederliegende Menschheit flehte allerorten, von allen Enden der Welt her, zu ihrem Schöpfer – sowohl jene, die in der Finsternis des Heidentums dahinlebten, als auch jene, die der Gotteserkenntnis nicht entrieten –, hatten sie doch vernommen, daß Ordnung und Gestaltung hienieden nur durch die Hand Jenes errichtet werden könne, der den von Ihm erschaffenen Welten anbefahl, sich in gestalteter Ordnung zu bewegen. Die leidende Kreatur rief von überallher nach ihrem Schöpfer. Alles Leben schrie inbrünstig zum Urheber seines Seins; vernehmlicher aber ertönte dieses flehentliche Rufen von den Lippen der Erwählten und der Propheten. Sie ahnten es und sie wußten es, daß der Schöpfer Selber, der sich in den Geschöpfen barg, den Menschen von Angesicht zu Angesicht erscheinen werde, erscheinen werde nicht anders denn in der Bildgestalt desjenigen Seiner Geschöpfe, das nach Seinem Bilde und Gleichnis erschaffen ward. Gottes Menschwerdung auf Erden trat in das Bewußtsein aller, deren Vorstellungen von der Gottheit sich auch nur im geringsten zu läutern begonnen hatten. Nirgend aber wurde hierüber mit solcher Klarheit geredet wie durch den Mund der Propheten des von Gott auserwählten Volkes. Seine Fleischwerdung ohne Makel, von der reinen Jungfrau, wurde selbst von den Heiden erahnt; nirgend aber mit einer also greifbaren, blendenden Klarheit wie bei den Propheten.

Das Flehen wurde erhört: Er erschien in der Welt, durch den die Welt erschaffen ward; Er ist erschienen unter uns in Menschengestalt, so wie Ihn auch die in dunkelster Finsternis des Heidentums Dahinlebenden erahnt und erlauscht haben; aber doch nicht so, wie die ungeläuterten Vorstellungen sich Ihn gedacht haben; nicht in stolzem Glanze und in Erhabenheit, nicht als Rächer von Vergehen, auch nicht als Richter, der da käme, die einen zu vernichten, die andern zu belohnen. Nein, so nicht! Aber wir spürten Seinen sanften Bruderkuß. Sein Kommen geschah in einer nur Gott allein gemäßen Weise, dergestalt wie es die Propheten göttlich vorgebildet haben, nachdem es ihnen also von Gott geboten worden war.

Die Zurüstung (Proskomidie)

Der Priester, der sich anschickt, die Liturgie zu feiern, hat bereits am Vorabend sich an Leib und Geist nüchtern zu erhalten; mit allen muß er ausgesöhnt sein, und er soll sich davor hüten, gegen irgend jemand Groll zu hegen. Ist es nun an der Zeit, so begibt er sich in die Kirche; zusammen mit dem Diakon verneigt er sich vor der königlichen Pforte, dann küssen beide das Bild des Erlösers, küssen das Bild der Gottesmutter, verneigen sich vor den Bildern aller Heiligen, verneigen sich vor allen zur Rechten und zur Linken Stehenden, durch eben diese Verbeugung alle um Vergebung bittend, und betreten alsdann den Altar, indem sie still vor sich hin den Psalm beten: »Ich betrete Dein Haus; anbetend sinke ich vor Deinem Tempel in Ehrfurcht nieder.« Hierauf treten sie, mit dem Antlitz gen Osten gewandt, an den heiligen Tisch, verbeugen sich dreimal davor »bis an die Erde« und küssen das auf ihm ruhende Evangelium, so als wäre es der Herr selber, der auf Seinem Throne sitzt; dann küssen sie auch den Opfertisch selber und schicken sich nun an, die liturgischen Gewänder anzulegen, um sich nicht nur von den andern Menschen zu unterscheiden, sondern auch von sich selber, um in nichts an Menschen zu erinnern, die ihrem Alltagsgeschäft nachgehen....

Der Diakon verkündet nun den Beginn der heiligen Handlung...

Da die ganze Proskomidie nur die Vorbereitung zur eigentlichen Liturgie ist, hat die Kirche mit ihr ein Gedenken des frühen Lebens Christi verknüpft, welches ja eine Vorbereitung auf sein heiliges Werk in der Welt war. Sie wird ganz im Altarraum, bei verschlossenen Türen und zugezogenem Vorhang, dem Volke unsichtbar, vollzogen, wie sich ja auch das ganze anfängliche Leben Christi dem Volke verborgen abgespielt hat....

Die Liturgie der Katechumenen

Der zweite Teil der Liturgie wird Liturgie der Katechumenen genannt. So wie der erste Teil, die Proskomidie, den ersten Lebensjahren Christi, Seiner Geburt, die nur den Engeln und wenigen Menschen offenbart wurde, Seiner Kindheit und Seinem Verweilen in tiefster Verborgenheit bis zu dem Zeitpunkt Seines Auftretens in der Welt entsprach, so entspricht der zweite Teil Seinem Leben in der Welt inmitten der Menschen, denen Er das Wort der Wahrheit verkündete. Dieser Teil heißt noch darum Liturgie der Katechumenen, weil in den Zeiten des Urchristentums auch jene hinzugelassen wurden, die sich noch darauf vorbereiteten, Christen zu werden, die nicht die heilige Taufe empfangen hatten, und die also der Zahl der Katechumenen angehörten. Zudem ist auch die eigentliche Gestaltung ihrer heiligen Handlungen, die aus Lesungen der Propheten, der Apostelgeschichte und des heiligen Evangeliums bestehen, vornehmlich Verkündigung.

Der Priester beginnt die Liturgie mit einer Lobpreisung aus der Tiefe des Altars...

Auf der Kanzel steht der Diakon; er hat sein Gesicht der Königstür zugekehrt; er stellt dar einen Engel, der die Menschen zum Beten erweckt, indem er mit drei Fingern seiner Rechten den schmalen Bandstreifen, der einen Engelfittich versinnbildlicht, emporhebt; er ruft das ganze versammelte Volk dazu auf, dieselben Gebete zu sprechen, welche die Kirche unverändert seit den Zeiten der Apostel gebetet hat, beginnend mit der Bitte um Frieden, ohne welchen nicht gebetet werden kann. Die Betenden bezeichnen sich mit dem Zeichen des Kreuzes, und sie bemühen sich, ihre Herzen zu gleichgestimmten Saiten eines Instrumentes zu machen, an die jede Anrufung des Diakons rühren muß; im Geiste rufen sie mit dem Sängerchor: »Herr, erbarme Dich!«...

Im Hinblick auf die Ohnmacht unseres Flehens, das der Seelenreinheit und des himmlischen Lebens ermangelt, und im Gedanken an jene, die besser zu beten verstanden als wir, fordert der Diakon dazu auf, uns selber, einander und unser ganzes Leben Christo, unserem Gotte, hinzugeben. Die Kette der Fürbitten schließt der Diakon mit einem dreifachen Lobpreis, welch letzterer sich wie ein alles verknüpfender Faden durch die ganze Liturgie hindurchzieht, indem mit ihm eine jede Handlung begonnen und geschlossen wird. Die Andächtigen antworten mit einem bestätigenden: »Amen: So sei es! Ja, also sei es!«...

Hier nun wird die Königspforte feierlich aufgetan, als wäre sie das Tor des Himmelreichs selber; und vor den Augen aller Versammelten erscheint der strahlende Altar als die Wohnstatt des Ruhmes Gottes und als höchste Stätte der Unterweisung, von der die Erkenntnis der Wahrheit zu uns ausgehet und ewiges Leben verkündet wird. Der Priester und der Diakon treten vor den Altar, nehmen von ihm das Evangelium und tragen es vor das Volk hin, aber nicht durch die Königspforte, sondern durch eine Seitentür hinter dem Altar, die an die Tür jenes Seitengemaches erinnert, aus dem in der ersten Zeit die Bücher zur Verlesung in der Mitte des Gotteshauses getragen wurden.

Die andächtige Gemeinde blickt auf das Evangelium, das von den Händen der demütigen Diener getragen wird, so als trügen sie den Erlöser selber, der *zum ersten Mal auszieht zu göttlicher Verkündigung*: gleichsam unerkannt zieht er aus durch die schmale nördliche Tür in des Tempels Mitte, um, nachdem er sich allen gezeigt hat, in das Heiligtum durch die Königspforte wieder zurückzukehren. Die Diener Gottes bleiben mitten im Tempel stehen; beide neigen die Häupter. Der

Priester betet still für sich und fleht, daß Er, der den Himmeln der Engel Heerscharen und die Himmelsmächte zum Dienst Seines Ruhmes gesetzt hat, eben diesen Mächten und Himmelsengeln, die mit uns dienen, nunmehr befehle, zusammen mit ihnen beiden in das Heiligtum einzugehen....

Mit dem Rauchfaß in der Hand begibt sich nun der Diakon in den Tempel, um ihn mit Wohlgeruch zu erfüllen, entgegen dem herannahenden Herrn; die Beräucherung gemahnt an die geistige Reinigung unserer Seelen und wie wir also vorbereitet die beseligenden Worte des Evangeliums vernehmen sollen. Der Priester betet im Altarraum still für sich; er bittet darum, daß in unsern Herzen das Licht der göttlichen Vernunft sich entzünde und unsere geistigen Augen sich öffnen, damit sie die Verkündigungen des Evangeliums verstehend aufnehmen. Um das Erstrahlen desselben Lichtes in den Herzen bittet auch die Gemeinde still für sich und bereitet sich also zum Hören vor. ...

Alle bemühen sich, mit andächtig geneigtem Haupte, so als hörten sie Christus selber von der Kanzel reden, mit dem Herzen den Samen des heiligen Wortes in sich aufzunehmen, den der himmlische Sämann durch den Mund seines Dieners aussät, und zwar mit solchem Herzen, das der Heiland einem guten Erdreich vergleicht, das Frucht gibt, hundertfältig, sechzigfältig, dreißigfältig; einem Herzen, das alles, was es in der Kirche aufgenommen hat, zu Hause, in der Familie, im Dienst, in der Arbeit, in der Erholung, im Gespräch mit anderen Menschen und endlich auch, wenn es mit sich selber allein ist, aufwachsen läßt. Mit einem Wort, es ist ein jeder Gläubige bemüht, Hörer des Wortes und Täter zugleich zu sein. ...

Der Diakon, der einen Engel darstellt, der die Menschen zum Gebet erweckt, begibt sich auf die Kanzel, um die Versammelten zu noch angespannterem und inbrünstigerem Flehen zu erheben. Die Bittgebete durch dreimaliges Flehen und Erbarmen noch mehr anspannend, fordert der Diakon aufs neue dazu auf, für alle Menschen zu beten, gleichviel welchen Ranges oder Standes sie auch sein mögen, beginnend mit den am höchsten Stehenden, denn sie haben es am schwersten, haben mehr Gelegenheit zu straucheln und bedürfen darum auch am meisten der Hilfe Gottes. Jeder der Anwesenden weiß es, wie sehr die Wohlfahrt vieler davon abhängt, daß die Hochgestellten ihre Pflichten redlich erfüllen; darum flehen sie auch mit Macht darum, Gott möge sie erleuchten und lenken, daß sie mit ehrlichem Wollen ihre Schuldigkeit tun, und daß Er einem jeden Kraft gebe, seine irdische Laufbahn getreulich zu vollenden....

Aus der Tiefe des Allerheiligsten ruft der Priester: »Weisheit!« – womit er bedeutet, daß die nämliche Weisheit, der nämliche ewig Sohn, der in Gestalt des Evangeliums ausging, um das Wort zu säen, welches uns lehrt, wie wir leben sollen, nunmehr in Gestalt des heiligen Brotes Sich wandeln wird als Opfer für die ganze Welt. Hochgespannt durch diese Mahnung richten alle Umstehenden ihre Gedanken darauf und bereiten sich vor auf die bevorstehenden hochheiligen Handlungen und Verrichtungen. Der Liturg betet still für sich; er fällt vor dem Altar nieder und betet das folgende erhabene Gebet: »Keiner, der noch durch sinnliche Wünsche und Genüsse gebunden ist, ist würdig, hinzutreten vor Dich oder Dir zu nahen oder Dir zu dienen, ruhmreicher Herr: denn erhaben und furchtbar, selbst für des Himmels Mächte, ist Dein Dienst.«...

Inmitten des Gebetes tut sich die Königspforte weit auf, so daß der noch mit ausgebreiteten Armen betende Priester zu sehen ist. Der Diakon kommt nun mit dem Rauchfaß in der Hand, um dem König aller Könige den Weg zu bereiten; durch starkes Räuchern läßt er Wolken von duftendem Weihrauch aufsteigen, auf welchen der von Cherubim Getragene hinübergebracht werden soll; hierdurch erinnert der Diakon alle daran, ihr Gebet zu läutern, als wäre es gleichsam ein Rauchfaß vor Gott dem Herrn; er erinnert daran, daß alle, gemäß dem Worte des Apostels, ein Wohlgeruch vor Christus sein sollen, und daß sie sich bemühen müssen, rein zu sein wie Cherubim, um den Herrn zu erheben. Die Chöre auf beiden Emporen stimmen nun im Namen der ganzen Kirche den cherubinischen Hymnus an... Der Gesang dieses Liedes ist engelgleich und versinnbildlicht jenen Gesang, den die unsichtbaren Mächte der Höhe anstimmen. Der Priester und der Diakon wiederholen still für sich den nämlichen cherubinischen Hymnus...

Der Altar ist immer noch geschlossen. Der Priester schreitet noch immer nicht zur Opferung: noch vieles und Unerläßliches muß dem heiligen Mahle vorausgehen. Aus der Tiefe des Allerheiligsten entbietet er den Friedensgruß des Erlösers selber: »Friede sei mit allen!« Es erfolgt die Antwort: »Und mit deinem Geiste!« Von der Kanzel aus ruft der Diakon, wie es bei den ersten Christen Brauch war, alle zu gegenseitiger Liebe auf mit den Worten: »Lasset uns einander lieben, auf daß wir in Einmütigkeit bekennen mögen...«

...Es wird damit verkündet, daß es unmöglich ist, ohne gegenseitige Liebe Den zu lieben, der ganz und gar die Liebe ist, eine volle, vollkommene Liebe, die in ihrer Dreifaltigkeit sowohl den Liebenden als den Geliebten als auch das eigentliche Wirken der Liebe enthält, mit welcher der Liebende den Geliebten umfängt: der Liebende ist Gott Vater, der Geliebte Gott Sohn, und die Liebe selber, die sie miteinander verbindet, Gott der Heilige Geist....

Der Priester fährt fort, still für sich zu beten...

Der Altar ist jetzt nicht mehr der Raum des mystischen Mahles, der heilige Tisch nicht mehr die Tafel, sondern er ist jetzt die Opferstätte, auf der das furchtbare Opfer für die ganze Welt dargebracht ward, Golgatha, wo die Hinschlachtung des göttlichen Opferlammes vor sich ging. Dieser Augenblick ist sowohl der Augenblick der Darbringung des Opfers als auch eine Erinnerung für jeden an das Opfer, das dem Schöpfer dargebracht werden muß. Seit Erschaffung der Welt hat dieses Opfer nie aufgehört, und in welcher Gestalt es auch dargebracht ward: nicht das Opfer selbst wurde gefordert, sondern das zerknirschte Herz, mit dem es dargebracht ward. Darum möge jeder der Anwesenden daran denken, daß der Priester in diesem Augenblick alles Irdische, alle abwegigen Gedanken und Begierden zurückweisen muß, so wie Abraham es tat, da er den Berg bestieg, um dort das Opfer darzubringen, und sein Weib, seinen Knecht, seinen Esel unten zurückließ; nur das Holz seines bittersten Sündenbewußtseins nahm er mit hinauf und verbrannte es am Feuer seiner Herzensreue, nachdem er zuvor mit dem Feuer und Schwert des Geistes in sich selber jegliche Begierde nach irdischem Gut und nach Erdenglück getötet hatte. Aber was bedeuten alle unsere Opfer vor Gott, wenn Er durch des Propheten Mund spricht: «Wie ein schmutzig Gewand sind alle eure Taten.« Im tiefen Bewußtsein dessen, daß es für Gott hier auf Erden kein Seiner würdiges Opfer gibt, richtet ein jeder der Umstehenden sein ganzes Sinnen auf jenen Kelch....

Nun aber folgt der erhabenste Augenblick der ganzen Liturgie: die heilige Wandlung. Im Allerheiligsten wird dreimal der Heilige Geist auf die heiligen Gaben herabgerufen, derselbe Heilige Geist, durch welchen die Menschwerdung Christi von der Jungfrau, Sein Tod, Seine Auferstehung erfolgte, ohne welchen Brot und Wein nicht in Leib und Blut Christi gewandelt werden können....

Vom Kirchturm ertönt Glockengeläute; es verkündet allen den erhabenen Augenblick, auf daß ein jeder Mensch, gleichviel wo er sich aufhalten möge – ob auf einer Reise oder sonst unterwegs, ob er die Erde seiner Felder bestellt oder in seinem Hause sitzt, ob er mit andern Dingen beschäftigt ist oder krank zu Bette liegt oder im Gefängnis ist –, daß er von überallher auch von sich aus in diesem furchtbaren Augenblick sein Gebet emporschicken kann. Alles fällt nieder vor dem Leibe und Blute des Herrn und fleht zum Herrn mit den Worten des Schächers am Kreuze: »Gedenke meiner, Herr, in Deinem Reich!«... Nun schickt sich der Priester an, aller vor dem Angesicht Gottes zu gedenken, wobei er die ganze Kirche versammelt, sowohl die triumphierende als auch die kämpfende, in derselben Folge und Ordnung, wie zuvor aller in der Proskomidie gedacht wurde; beginnend mit der gottheiligen, allreinen Gottesmutter, die hier zusammen mit dem Chor durch einen Lobgesang von der ganzen Kirche gebenedeit wird, der Fürsprecherin des ganzen Menschengeschlechtes, der einzigen, die wegen ihrer hohen Demut für wert befunden wurde, Gott zu tragen in ihrem Schoße, auf daß es ein jeder in diesem Augenblick vernehme, daß die Demut die höchste aller Tugenden sei, und daß Gott im demütigen Herzen Wohnung nimmt. Alsdann wird, nach der Gottesmutter, der Propheten, der Apostel, der Väter der Kirche in derselben Reihenfolge gedacht... dann aller Entschlafenen, deren Namen vom Diakon verlesen werden, dann der Lebenden, mit denen beginnend, welchen die verantwortungsreichsten und schwersten Pflichten auferlegt sind, also mit jenen, die das Wort der Wahrheit recht verwalten als geistliche und weltliche Obrigkeit im Namen des Herrschers. Desgleichen betet der Priester jetzt für alle anwesenden Christen bis zum letzten, auf daß der Gnädige über alle Seine Gnade ergieße, ihre Kammern mit Gütern erfülle, ihr Eheleben in Eintracht und friedfertiger Gesinnung erhalte, die Kindlein aufwachsen lasse, allen Greisen ein Beistand sei, Kleinmütige tröste, Verstreute sammle, Verführte bekehre und in Seine heilige ökumenische und apostolische Kirche aufnehme. Und für alle bis zum allerletzten aller Christen betet jetzt in Demut der Priester, gleichviel wo dieser allerletzte sich auch befinden möge – ob auf Reisen oder sonst unterwegs, ob zu Wasser oder zu Land, ob er unterwegs Unbill erleidet oder im Kerker schmachtet, in Bergwerken und in Erdschlünden. Für alle bis zum letzten betet die ganze Kirche, und es betet jeder der Anwesenden außer dieser allgemeinen Fürbitte auch noch für alle, die ihm selber am Herzen liegen, wobei er sie alle angesichts des Leibes und Blutes des Herrn namentlich aufführt. ...

Und jetzt sprechen alle Gläubigen, nicht als Knechte, nicht furchtsam, sondern als Kinder, als unschuldige Kindlein, die durch das Beten und durch den ganzen Gottesdienst und durch die allmähliche Entfaltung der heiligen Bräuche in einen himmlischen, englischen Zustand innigster Rührung der Seele versetzt wurden, in dem der Mensch unmittelbar mit Gott als mit dem zärtlichsten Vater sprechen darf, das Gebet des Herrn.

Dieses Gebet enthält zusammengefaßt alles, und es liegt alles in ihm beschlossen, wessen wir bedürfen. Mit der Bitte: »Geheiligt werde Dein Name«, wird um das erste gebeten, worum wir vor allen Dingen bitten müssen: Wo Gottes Name geheiligt wird, da geht es allen wohl, denn es bedeutet, daß dort alle in Liebe zueinander wohnen, denn nur durch die Liebe wird Gottes Name geheiligt. Die Worte: »Dein Reich komme«, rufen das Reich der Gerechtigkeit und Wahrheit auf die Erde herab, denn ohne Gottes Herabkunft kann es weder Wahrheit noch Gerechtigkeit geben. Zu den Worten: »Dein Wille geschehe«, wird der Mensch durch den Glauben und durch die Vernunft hingeführt: Wessen Wille könnte denn herrlicher sein als der Gottes? Wer vermöchte besser als der Schöpfer selber zu ermessen, wessen Seine Schöpfung bedarf? Wem sollten wir uns anvertrauen, wenn nicht dem, der ganz das heilschaffende Heil und die Vollkommenheit selber ist? Mit der Bitte: »Unser tägliches Brot gib uns heute«, bitten wir um alles das, wessen wir für unsern täglichen Unterhalt bedürfen, unser Brot ist aber Gottes Allweisheit, ist Christus selber. Er hat selber gesagt: »Ich bin das Brot, und wer von mir ißt, der wird nicht sterben.« In der Bitte: »Vergib uns unsere Schuld«, flehen wir um Hinwegnahme aller unserer schweren und uns bedrückenden Sünden; wir bitten um Vergebung für alles, worin wir uns am Schöpfer selber in Gestalt unserer Brüder versündigt haben; denn an jedem Tage, ja in jedem Augenblick streckt Er uns in ihrer Gestalt Seine Hand entgegen und fleht mit wahrhaft herzzerreißender Klage um Güte und Barmherzigkeit. Die Bitte: »Führe uns nicht in Versuchung«, besagt, daß wir darum bitten, vor allem behütet zu werden, was unsern Geist verwirren und uns die Seelenruhe rauben könnte. Wenn wir sagen: »Erlöse uns von dem Übel«, so bitten wir damit um die Himmelsfreude; wenn der Böse von uns weicht, kommt alsobald Freude in unsere Seele, und schon auf Erden befinden wir uns, als wären wir im Himmel.

Somit enthält dieses Gebet, das zu beten uns die Allweisheit Gottes selber gelehrt hat, alles und es umschließt auch alles. Zu wem anders sollten wir denn beten als zu dem Vater aller Weisheit, der Seine Weisheit zeugte, ehe denn die Welt war?...

Alsdann wird das Preislied des Heiligen vom Tage gesungen, um hierdurch zu künden, daß der Mensch heilig sein könne, ebenso wie der Heilige, dem zu Ehren die Hymne gesungen wird, heilig geworden ist, aber durch die Heiligkeit Christi selber. So der Mensch in Christo bleibt, heiligt er sich, und in solchen Augenblicken des Verweilens in Christo ist er heilig wie Christus selber, gleichwie das Eisen zu Feuer wird, wenn es im

Feuer liegt, und im Nu erlöscht und wieder schwarzes Eisen wird, so man es aus dem Feuer herausnimmt. ...

Dann öffnet sich zum letzten Mal die Königspforte, und dieses Öffnen soll kund tun, daß das Himmelreich weit aufgetan ist, welches Christus allen bereitet hat, indem Er sich selber der ganzen Welt als Speise des Geistes darbot.

Der nun in einem solchen Augenblick vor Gott hintretende Priester genießt als Vertreter Seiner ganzen Kirche die Kommunion aller, und nachdem er die Communio aller an den göttlichen Geheimnissen in sich aufgenommen hat, betet er für alle, auf daß sie von Sünden reingewaschen werden, denn für die Erlösung aller wurde das Opfer Christi dargebracht, sowohl für jene, die noch vor Seinem Kommen lebten, als auch für jene, die nach Seinem Kommen gelebt haben. Des Priesters Gebet mag noch so sündhaft sein, – er schickt es für alle empor, auch für die Allerheiligsten, denn, so sagt Johannes Chrysostomus: »Die ganze Welt muß geläutert werden.«

Die Kirche fordert für alle ein allgemeines Gebet; die hohe Bedeutung eines solchen Gebets und seine unbedingte Notwendigkeit wurde nicht etwa von Weltweisen und Gelehrten des jeweiligen Zeitalters, sondern von jenen hehren Persönlichkeiten erkannt, die dank ihrer hohen geistigen Vollendung und infolge ihres engelgleich-himmlischen Lebens bis zur Erkenntnis der tiefsten Seelengeheimnisse vordrangen und schon vollkommen klar erkannten, daß es keine Trennung zwischen allen in Gott Lebenden gibt, daß durch die so gar kurze Vergänglichkeit des Leibes unsere Beziehungen nicht unterbrochen werden, und daß hier auf Erden geknüpfte Liebe im Himmel droben, als in der eigentlichen Heimat, nur noch inniger aufwallt; ein Bruder, den wir hier verloren, rückt uns droben infolge der Liebesmacht nur noch näher. Alles, was von Christus kommt, ist ewig wie der Urquell selbst ewig ist, dem alles entströmt. Sie haben, vermöge ihrer feineren Sinnesorgane, wahrgenommen, daß die triumphierende Kirche auch im Himmel beten muß, und zwar beten für ihre hier auf Erden wallenden Brüder; sie haben gehört, es habe uns Gott als höchste Beseligung die Seligkeit des Betens geschenkt, denn Gott erschafft nichts und fördert nichts, ohne Sein Geschöpf als ein

Mitwirkendes an Seiner Vollendung und an Seinen Wohltaten teilnehmen zu lassen, damit es sich an der Seligkeit des Wohltuns erquicke: ein Engel überbringt Seine Gebote, und er vergeht gleichsam vor Glückseligkeit, daß er Seine Gebote weitertragen darf. Betet droben im Himmel ein Heiliger für seine Brüder auf Erden, so vergeht er gleichsam vor Seligkeit, daß er betet. Und alles hat teil mit Gott an Seinen höchsten Seligkeiten und Wonnen: Millionen der vollkommensten Schöpfungen gehen aus Gottes Hand hervor, um an den höchsten und erhabensten Wonnen teilzunehmen, und ihrer ist kein Ende, wie es für Gottes Seligkeiten kein Ende gibt. ...

Zum Beschluß

Die Wirkung der göttlichen Liturgie auf die Seele ist ungeheuer: sichtbar vor den Augen, vor der ganzen Welt vollzieht sie sich, zugleich aber im verborgenen. Wenn der Andächtige nur mit Eifer und Frömmigkeit jeder Handlung folgt und sich an die Aufrufe des Diakons hält, so erwirbt er sich schon dadurch ein hochgemutes Herz, Christi Gebote werden erfüllbar, Christi Joch wird sanft und Seine Last leicht. Verläßt er das Gotteshaus, wo er am göttlichen Liebesmahl teilgenommen hat, so erblickt er in allen seine Brüder. Ob er nun seinen alltäglichen Beschäftigungen nachgeht, sei es im Dienst, im Hause oder irgendwo, er wird unwillkürlich in seiner Seele das hohe Beispiel eines liebevollen Umgangs mit Menschen vorgezeichnet finden und bewahren, so wie es der Gottmensch vom Himmel gebracht hat. Unwillkürlich wird er gütiger und liebevoller sein im Umgang mit seinen Untergebenen. Ist er aber selbst jemandem untertan, so wird er ihm um so williger und liebevoller gehorchen, als wäre er der Heiland selber. Sieht er einen Hilfeflehenden, so wird sein Herz mehr denn je zur Hilfe geneigt sein, und desto größere Wonnen verspürt er; voller Liebe wird er dem Bedürftigen spenden. Ist er aber selbst arm, so wird er mit Dankbarkeit auch die geringste Gabe entgegennehmen; sein gerührtes Herz will vor Dankbarkeit gleichsam vergehen, und nie zuvor hat er so innig für seinen Wohltäter gebetet. Alle aber, die eifrig der göttlichen Liturgie folgten, verlassen das Gotteshaus sanftmütiger, freundwilliger im Umgang mit andern, menschenliebend und gelassen in allem, was sie tun.

Darum ist es für einen jeden erforderlich, der den Wunsch hat, vorwärts zu schreiten und besser zu werden, so oft als möglich an der göttlichen Liturgie teilzunehmen und sie aufmerksam anzuhören: unmerklich »erbaut« und erschafft sie den Menschen. Wenn die Gesellschaft noch nicht ganz zerfallen ist, wenn die Menschen nicht unversöhnlichen, grenzenlosen Haß zueinander hegen, so ist die vorborgene Ursache hierfür in der göttlichen Liturgie zu suchen, die den Menschen zur heiligen Himmelsliebe dem Bruder gegenüber gemahnt. Wer also in der Liebe fest werden will, soll, so oft er nur kann, voll Ehrfurcht, Glauben und Liebe dem heiligen Mahl der Liebe beiwohnen. Fühlt er aber, daß er unwürdig ist, Gott selber, der ganz die Liebe ist, in seinen Mund zu nehmen, so möge er doch wenigstens als Zuschauer daran teilhaben, wie andere kommunizieren, um unmerklich, ohne daß er es spürt, von einer Woche zur andern an Vollkommenheit zuzunehmen.

Gewaltig und unermeßlich kann die Wirkung der göttlichen Liturgie auf den Menschen sein, wenn er ihr so beiwohnt, daß er das Vernommene ins Leben trägt.

Alle werden von ihr in gleicher Weise belehrt; in gleicher Weise wirkt sie ein auf alle Glieder der Kette, vom Zaren bis zum letzten Bettler, allen sagt sie dasselbe, aber nicht in derselben Sprache; alle unterweist sie in der Liebe, die das Band der Gesellschaft ist, die geheime Triebfeder von allem, was sich harmonisch bewegt; sie ist die Nahrung, sie ist das Leben von allem.

Wenn die göttliche Liturgie aber auf die Anwesenden schon während der Feier so stark wirkt, um so mächtiger ist ihre Wirkung auf den Zelebranten selber, auf den Priester. Wenn er sie nur andächtig, voller Ehrfurcht, Glauben und Liebe zelebriert, so ist er schon ganz rein, ist gleichsam ein Gefäß, das später für nichts anderes mehr taugt; mag er alsdann den ganzen Tag seinen vielfachen geistlichen Obliegenheiten nachgehen, sei es nun in der Familie unter den eigenen Angehörigen, oder bei seinen Pfarrkindern, die ja auch zu seiner Familie gehören, so ist der Heiland selber Gestalt geworden in ihm, und in all seinem Tun wird Christus wirken; auch mit seinen Worten wird Christus selber sprechen. Ob er Streitende zur Versöhnung mahnt, ob er den Starken willig macht, dem Schwächeren gegenüber Milde zu üben, oder den Erbitterten, oder den Trauernden tröstet, den Bedrückten zur Geduld mahnt, seinen Worten wird die heilende Kraft des Balsams innewohnen, und allerorten werden es Worte des Friedens und der Liebe sein.

Lev Nikolaevič Tolstoj

Meine Beichte
1880–82

Ich bin nach den Grundsätzen der orthodoxen, christlichen Kirche getauft und erzogen worden. Man lehrte mich diese Grundsätze in den ersten Jahren meines Lebens während meiner Kindheit und meines reiferen Jünglingsalters. Aber als ich achtzehn Jahr alt war und zwei Jahre die Universität besucht hatte, glaubte ich schon nicht mehr an das, was man mich gelehrt hatte. ...

In dieser Weise lebte ich 15 Jahre dahin.

Inzwischen fing ich aus Eitelkeit, aus Begehrlichkeit und aus Hochmut zu schriftstellern an. Meine Schriften standen mit meinem Leben in vollem Einklang.

Um den Ruhm und das Geld – denn dafür schrieb ich nur – zu erwerben, mußte ich das Gute, das in mir lebte, verbergen und das Schlechte zeigen. Und so that ich auch. ...

So lebte ich denn, aber vor fünf Jahren geschah etwas Seltsames mit mir.

Zuerst waren es zeitweise Augenblicke der allgemeinen Verstörtheit, Augenblicke, in denen das Leben so zu sagen stillstand, wo ich nicht wußte, wie ich leben sollte, was ich thun sollte, und ich fühlte mich geistesabwesend und verfiel in Abspannung. Aber das ging vorbei, und ich lebte dann wieder nach wie vor wie früher.

Dann kamen diese Augenblicke der Ermattung immer häufiger und in derselben Weise wieder.

Dieser Stillstand des Lebens kennzeichnete sich stets in denselben Fragen: Weshalb? Und was dann?

In meinem Leben trat ein Stillstand ein. Ich konnte atmen, essen, trinken, schlafen, denn ich konnte nicht nicht essen, nicht trinken, nicht schlafen; aber das eigentliche Leben kam in mir zu keinem Ausdruck, da ich nicht den Grund meiner Wünsche noch die Befriedigung, sie erfüllt zu sehen, fühlte.

Wenn ich etwas wollte, so wußte ich im voraus, daß es von keinerlei Tragweite war, ob mein Wunsch erfüllt wurde oder nicht.

Wäre eine Fee gekommen und hätte mir den Vorschlag gemacht, sie wolle meine Wünsche erfüllen, ich hätte nicht gewußt, was ich wünschen sollte.

Wenn mir manchmal im Augenblick des Gedankenrausches, gleichsam die Erinnerung an meine alten Hoffnungen in den Sinn kam, so wußte ich, daß dies nur ein Selbstbetrug war, und daß ich nichts davon erwarten durfte. Ich konnte nicht einmal wünschen, die Wahrheit kennen zu lernen, denn ich wußte bereits, worin sie bestand.

Die Wahrheit besteht darin, daß das Leben ein Unsinn ist.

Ich hatte gelebt, gearbeitet, vorwärts gestrebt und war an einen Abgrund gelangt, und vor mir lag nichts als der Tod.

Und dennoch konnte ich weder stillstehen noch rückwärts schreiten, noch die Augen schließen, um nicht zu sehen, was jenseits der Leiden lag, und ich machte den Versuch so zu leben.

Die Fragen erschienen zuerst so lächerlich, so einfach, so kindisch. Aber in demselben Augenblick, als ich näher an sie herantrat und sie zu lösen versuchte, war ich sofort überzeugt, daß die Fragen nicht kindisch oder albern, sondern daß dieselben die tiefsten und ernstesten Fragen des Lebens seien, und zweitens, daß es mir ganz und gar unmöglich war, sie zu lösen, mochte ich auch noch soviel darüber nachgrübeln.

Bevor ich mich mit meinem Landgute Samarra, der Erziehung meines Sohnes, der Herausgabe eines Buches beschäftigte, mußte ich erst wissen, warum ich das thun wollte.

Solange ich nicht wußte warum, konnte ich nichts thun, konnte ich nicht leben. ...

Und es gibt keine Antwort darauf.

Ich fühlte, daß das Etwas, auf dem das Leben beruht, zerbrach, daß es nichts mehr gab, an das ich mich hätte halten können, daß das Leben, welches ich führte, schon nicht mehr bestand, und daß ich moralisch nicht mehr leben konnte....

Da geschah, was immer eintritt, wenn eine innerliche Krankheit im Begriff ist auszubrechen.

Zuerst erschienen unbedeutende Symptome, Unbehaglichkeiten, auf welche der Kranke gar nicht achtet; dann wiederholen sich diese Symptome immer häufiger und vereinigen sich schließlich zu einer fortlaufenden und beständigen Krankheit. Das Leiden wächst, und bevor der Kranke noch Zeit hat, zur eigentlichen Erkenntnis desselben zu gelangen, begreift er, daß das, was er für ein Unwohlsein gehalten, für ihn das wichtigste auf der Welt, nämlich den Tod, bedeutet. So geschah es auch mit mir.

Ich erkannte, daß es kein vorübergehendes Unbehagen, sondern etwas sehr Ernstes sei, und daß, wenn dieselben Fragen sich immer wiederholten, man auch darauf antworten müsse.

Des Todes Schrecken, vollständige Öde und Leere lag vor mir. So geschah es, daß ich, der wohlhabende und glückliche Mann, fühlte, ich könne nicht mehr leben. ...

Ich strebte mit allen meinen Kräften danach, mich des Lebens zu entledigen.

Der Gedanke des Selbstmords kam mir ebenso natürlich, wie mir früher der, mein Leben besser zu gestalten, gekommen war.

Dieser Gedanke war so verführerisch, daß ich gegen mich selbst List anwenden mußte, um ihn nicht allzu hastig zur Ausführung zu bringen. Ich wollte mich nicht beeilen, einzig und allein, weil ich in meiner Seele klar sehen wollte; wenn mir das gelang, war es noch immer Zeit. ...

Dies geschah in einem Augenblick, wo mir alles zu Gebote stand, was vielleicht als das vollkommenste Glück betrachtet werden kann; ich war noch nicht 50 Jahre alt; ich hatte ein gutes, geliebtes Weib, das mich ebenfalls liebte; gute Kinder, ein großes Vermögen, das sich ohne irgend welche Bemühungen von meiner Seite vermehrte. Ich wurde von meinen Nächsten und meinen Bekannten mehr geachtet, als ich es je gewesen war, ich wurde von den Fremden mit Lobeserhebungen überschüttet und konnte ohne Übertreibung glauben, daß mein Name berühmt geworden sei. Dabei war ich nicht etwa toll oder physisch krank. Im Gegenteil, ich besaß eine moralische und physische Kraft, die ich unter den Leuten meines Alters nie angetroffen habe. Was die physische Kraft anbelangt, so konnte ich ebenso gut mähen wie die Bauern. Geistig konnte ich 8 Stunden hintereinander arbeiten, ohne irgend welche störende Folgen einer solchen Anstrengung zu verspüren.

Und in diesem Zustand gelangte ich zu der Überzeugung, daß ich nicht mehr leben könne; und da ich Furcht vor dem Tode empfand, so mußte ich listig zu Werke gehen, um mich nicht zu töten. ...

Aber das ist noch nicht alles. Hätte ich einfach eingesehen, daß das Leben keinen Sinn hat, ich hätte es ganz ruhig wissen können, ich hätte wissen können, daß das eben mein Schicksal ist. Aber ich konnte mich damit nicht beruhigen. Wäre ich in der Lage eines Mannes gewesen, der sich in einem Walde befindet, der, wie er weiß, ohne Ausgang ist, ich hätte leben können; ich aber war wie ein Mann, der sich in einem Walde verirrt hat und nun nach allen Seiten läuft, um den Ausgang zu finden; er weiß, daß er bei jedem Schritt immer tiefer in die Irre hineinläuft, und dennoch kann er sich nicht enthalten, überall nach einem Ausgang zu suchen.

Das war entsetzlich!

Meine Frage, die mich mit fünfzig Jahren zum Selbstmord trieb, war höchst einfach; sie ruht in der Seele jedes Menschen, vom einfältigen Kinde bis zum weisesten Greise; ohne sie ist das Leben unmöglich, wie ich es selbst an mir erprobt habe.

Sie lautet so:

Was folgt aus dem, was ich heute thue? aus dem, was ich morgen thun werde? Was folgt aus meinem ganzen Leben?

Man kann die Frage auch so stellen:

Warum soll ich leben? warum soll ich etwas thun?

Oder auch so:

Giebt es in der Welt ein Ziel, das nicht durch den unvermeidlichen Tod, der meiner wartet, vernichtet wird?...

Alle diese Zweifel, welche ich heute mehr oder weniger zu wiederholen im Stande bin, ich hätte sie damals nicht formulieren können. Ich fühlte nur, daß sich trotz aller Logik meiner Schlüsse auf die Nutzlosigkeit des Lebens, die von den größten Denkern bestätigt wurden, irgend etwas Falsches eingeschlichen haben mußte.

Lag es in der Schlußfolgerung selbst, in der Form der Frage? Ich wußte es nicht, ich fühlte nur, daß meine Intelligenz und meine Überzeugung vollkommen waren, daß sie aber doch nicht genügten. ...

Ich sträubte mich lange närrischer Weise, und diese Thorheit ist besonders uns freien und aufgeklärten Menschen eigen. Vielleicht geschah es aufgrund dieser sonderbaren Vorliebe, welche ich für das wirkliche Volk der Arbeiter empfinde, daß ich genötigt war zu begreifen und zu sehen, daß dieses Volk nicht so dumm ist, wie wir glauben; und es geschah ferner, dank dieser Aufrichtigkeit meiner Überzeugung, daß es besser sei, als mich zu hängen, ich, wenn ich leben wollte und die Bedeutung des Lebens begreifen, diese Bedeutung suchen mußte. Ich suchte diese Bedeutung nicht bei denen, die sich schon verloren hatten und sich töten wollten, nein, bei den Millionen von Menschen, die gelebt haben und noch leben.

Und nun betrachtete ich die ungeheure Masse einfacher, unwissender und wenig begüterter Menschen, die leben – und gelebt haben – und ich konstatierte ganz etwas anderes.

Ich sah, daß alle diese Milliarden von Menschen, die noch leben oder gelebt haben, ich sah, daß alle, mit nur sehr, sehr seltenen Ausnahmen, unter die, von denen ich eben gesprochen, rangiert werden konnten; es war mir unmoglich, anzunehmen, sie verständen die Frage nicht, da ja gerade sie dieselbe aufwerfen und mit wunderbarer Klarheit darauf antworteten. ...

Sie halten den Selbstmord für ein ungeheures Übel.

– Daraus folgt, meiner Ansicht nach, daß die Menschheit irgendeine Kenntnis von der Bedeutung des Lebens hatte, die ich nicht zugestand und die ich verachtete. Daraus folgte, daß, da die grübelnde Wissenschaft mir nicht allein die Bedeutung des Lebens nicht erklärte, sondern sie sogar ausschloß, während Milliarden von Menschen ihr eine Bedeutung gaben, daraus folgt, daß die ganze Menschheit auf irgend einem falschen und verachtungswerten Wissen gegründet war.

Also, sagte ich mir, die Vernunft in Gestalt des Gelehrten und Weisen leugnet das Leben und die Bedeutung des Lebens; während die ungeheuren Massen von Menschen – die ganze Menschheit – ihr diese Bedeutung in einem allerdings abgeschmackten Wissen zuerkennen. Und dieses abgeschmackte Wissen ruht auf demselben Glauben, den ich nicht abzuschütteln vermag: Gott und die Dreifaltigkeit, die Schöpfung in sechs Tagen, die Dämonen und Engel.

Meine Lage war entsetzlich. Ich wußte, daß ich auf dem Wege der grübelnden Wissenschaft nichts finden würde, außer der Verleugnung des Lebens; noch weniger im Glauben, außer der Verleugnung der Vernunft, die noch weniger möglich ist, als die des Lebens. Daraus ging also wieder hervor, daß das Leben ein Übel ist.

Die Menschen wissen das also, es hängt von ihnen ab, nicht zu leben, und doch haben sie gelebt, sie leben, und ich selbst lebe ja, obwohl ich seit langer Zeit weiß, daß das Leben ein Unsinn, daß es ein Übel ist.

Nun, der Glaube sagt mir, daß ich, um die Bedeutung des Lebens zu begreifen, auf die Vernunft verzichten muß, auf dieselbe Vernunft, für welche die Bedeutung des Lebens notwendig ist. ...

Nachdem ich dies erkannt hatte, erkannte ich auch, daß man in der intellektuellen Betrachtung die Antwort auf meine Frage nicht suchen könnte, und daß die von dieser Betrachtung gegebene Antwort nichts anderes ist als die Weisung, daß die Antwort nur dadurch gewonnen werden kann, daß man die Frage anders stellt, das heißt, daß man die Beziehung des Endlichen zum Unendlichen in die Frage hineinträgt. Ich sah schließlich ein, daß trotz aller Abgeschmacktheit und Ungeheuerlichkeit der von dem Glauben gegebenen Antworten, sie das Privilegium besitzen, in jede Antwort die Beziehung des Endlichen zum Unendlichen hineinzutragen, ohne welche die Antwort nicht bestehen kann.

Ich mag mir die Frage: Wie soll ich leben? in jeder möglichen

Weise vorlegen –, die Antwort lautet: durch das Gesetz Gottes!... Was wird Wahres aus meinem Leben hervorgehen? – Ewige Leiden oder ewige Glückseligkeit. Welcher Sinn wird durch den Tod nicht zerstört? Die Vereinigung mit dem unendlichen Gott, dem Paradies.

So war ich unvermeidlich gezwungen anzuerkennen, daß unabhängig von dem gelehrten Wissen, welches mir seinerzeit als das einzige erschien, die ganze Menschheit noch eine andere Kenntnis besitzt, die mit dem gelehrten Wissen gar nichts zu thun hat, nämlich den Glauben, welcher die Möglichkeit zu leben verleiht. Der Glaube blieb für mich ganz so thöricht wie vorher, aber ich konnte nicht umhin anzuerkennen, daß er allein der Menschheit die Antworten auf die Fragen des Lebens liefert und infolgedessen auch die Möglichkeit zu leben.

Das Nachdenken hatte mich zu dem Geständnis von der Bedeutungslosigkeit des Lebens geführt, welches nun keine Berechtigung mehr zu existieren hatte, und ich wollte mich töten. Als ich die ganze Menschheit ins Auge faßte, sah ich, daß die Menschen lebten und dabei behaupteten, sie kennen die Bedeutung des Lebens. ...

Wie den anderen Menschen, so wurden auch mir durch den Glauben das Leben und die Möglichkeit des Lebens eröffnet.

Als ich meine Augen weiter schweifen ließ, die Menschen anderer Länder, meine Zeitgenossen, und die, welche gelebt hatten, sah, bemerkte ich immer und ewig dasselbe.

Seit die Menschheit existiert, ist da, wo das Leben ist, auch der Glaube, welcher die Möglichkeit zu leben verleiht, und die hauptsächlichen Charakterzüge des Glaubens sind stets und überall dieselben.

Wie dem auch sei, der Glaube antwortet allen, daß das Leben, wenn auch sterblich, doch unendlich ist, und daß weder Leiden noch Entbehrungen noch der Tod es zerstören können. Das soll heißen, daß man nur im Glauben die Bedeutung und die Möglichkeit zu leben finden kann.

Was ist also der Glaube?...

Der Glaube ist die Kenntnis von der Bedeutung des menschlichen Lebens, eine Kenntnis, welche es zustande bringt, daß der Mensch sich nicht selbst vernichtet, sondern lebt.

Der Glaube ist die Kraft des Lebens. ...

Ohne Glauben kann man nicht leben. ...

Nun fing ich an, mich den Gläubigen unter dem Volke zu nähern, einfachen, unwissenden Leuten, armen Pilgern, Mönchen, Sektierern, Bauern.

Der Glaube dieser Leute war auch der christliche Glaube, es war dieselbe Lehre wie die der angeblichen Gläubigen unserer Gesellschaft. Mit den christlichen Wahrheiten waren viele Irrtümer vermischt, aber mit dem Unterschiede, daß die Irrtümer der Gläubigen unserer Klasse durchaus gar nicht notwendig waren, mit ihrem Leben nicht im Einklang standen, daß sie mit einem Wort nur epikureische Vergnügungen gewisser Art waren, während die Irrtümer der Gläubigen aus dem Volke der Arbeiter bis zu einem gewissen Punkt so eng mit ihrem Leben verknüpft waren, daß man sich ihr Leben ohne diese Irrtümer gar nicht vorstellen konnte. Sie waren eine unerläßliche Bedingung dieses Lebens.

Das ganze Leben der Gläubigen unserer Klasse stand im Widerspruch mit ihrem Glauben, und das ganze Leben der Gläubigen unter dem Arbeitervolke war eine Bestätigung dieser Bedeutung des Lebens, die die Kenntnis des Glaubens verleiht.

Ich fing also an, das Leben dieser Leute zu beobachten; und je mehr ich es beobachtete, desto klarer ward mir die Überzeugung, daß ihr Glaube ihnen notwendig sei, und daß er allein ihnen die Bedeutung und die Möglichkeit des Lebens verlieh.

Im Gegensatz zu dem, was ich in unsern Kreisen sah, wo das Leben ohne jeden Glauben möglich ist, und wo ich zweifle, daß auf tausend ein einziger sich als gläubig bekennt, giebt es auf mehrere 1000 Gläubige im Volke wohl kaum einen einzigen Ungläubigen. Im Gegensatz zu dem, was ich in unsern Kreisen sah, wo das ganze Leben im Müßiggang, in Vergnügen und in Unzufriedenheit mit dem Leben vergeht, sah ich, daß das ganze Leben dieser Leute mit harter Arbeit zugebracht wird, und daß sie zufrieden sind.

Entgegen den Leuten unserer Gesellschaft, welche gegen die Bestimmung murren und sich dagegen auflehnen, nehmen diese Leute Krankheiten und Kummer ohne die geringste Auflehnung, ohne den geringsten Widerspruch entgegen, ja sie zeigen sogar eine feste Zuversicht darauf, daß alles so sein müßte, daß es nicht anders sein konnte, und daß all das gut war.

Je mehr wir geistig leben, desto weniger begreifen wir die Bedeutung des Lebens; wir sehen nur einen boshaften Spaß in den Leiden des Todes, während diese Leute leiden, leben und sich dem Tode mit Ruhe und sehr häufig mit Freude nähern. ...

Und alle, unendlich verschieden an Charakter, Verstand, Erziehung, Stellung, alle kannten die Bedeutung des Lebens und des Todes in derselben Art und Weise, die in grellem Gegensatz zu meiner Unkenntnis stand.

Sie arbeiteten ruhig, erlitten die Entbehrungen und Leiden, lebten und starben, und in all dem sahen sie das Gute, nicht aber das Eitle und Richtige.

Und ich liebte diese Leute.

Je tiefer ich in ihr Leben eindrang, sowohl das der Lebenden wie das der Todten, seit ich sie kennenlernte durch das, was ich las oder das, was ich von ihnen hörte, desto mehr liebte ich sie, und desto mehr wurde es mir möglich, ebenfalls zu leben.

So lebte ich ungefähr zwei Jahre, und im Laufe dieser zwei Jahre ging in mir eine Veränderung vor, welche sich seit langer Zeit vorbereitete, und für die ich stets Vorkehrungen getroffen hatte.

Es trat der Fall ein, daß mich das Leben unserer Gesellschaft – der Gelehrten, der Reichen – anwiderte, nicht nur anwiderte, sondern auch jede Bedeutung in meinen Augen verlor.

Alle unsere Handlungen, unsere Beratungen, unsere Wissenschaften, unsere Künste – alles erschien mir in einem neuen Lichte.

Ich erkannte, alle diese Dinge seien ein reizender Zeitvertreib, aber man dürfe keine tiefere Bedeutung darin suchen, während das Leben des arbeitenden Volkes, das Leben der ganzen Menschheit, welches zur Arbeit beiträgt, mir in seiner wahren Gestalt erschien.

Ich erkannte, daß hierin Wahrheit des Lebens liegt, daß die Bedeutung, die man diesem Leben verleiht, die Wahrheit ist, und darum trat ich diesem Leben bei. ...

Ich fühlte, daß, wollte ich das Leben verstehen, ich leben

mußte, aber nicht das Leben des Schmarotzers und Nichtsthuers, sondern das wirkliche Leben.

Nachdem ich so die von der wirklichen Menschheit, mit der ich mich von nun an verband, dem Leben gegebene Bedeutung in mich aufgenommen hatte, mußte ich diese Bedeutung auch an mir selbst betäthigen.

Zur selben Zeit ging folgendes mit mir vor: Während der ganzen Dauer dieses Jahres, als ich mich fast unaufhörlich fragte, wie ein Ende machen, ob mit Strick oder mit Kugel, während dieser ganzen Zeit, welche unausgesezt mit den Gedanken und Beobachtungen, von denen ich soeben gesprochen, ausgefüllt waren, verblutete mein Herz unter einem schmerzlichen (ich kann dies Gefühl nicht anders nennen) Forschen nach Gott.

Ich sage, dieses Forschen nach Gott war keine Gedankenarbeit, sondern ein Gefühl, weil diese Suche nicht Ausfluß meiner Ideen war – es war das gerade Gegenteil der Fall –, sondern weil sie aus dem Herzen stammte. Es war gleichsam ein Gefühl der Furcht, welches mich einer Waise vergleichbar machte, so vereinsamt stand ich unter lauter Dingen, die mir fremd waren; dennoch wurde dies Gefühl der Furcht durch die Hoffnung geläutert, den Beistand irgend Jemandes zu finden.

Trotzdem war ich vollständig überzeugt, daß es unmöglich sei, die Existenz Gottes zu beweisen.

Ich hatte mit Kant eingesehen, daß man es nicht vermochte.

Dennoch suchte ich Gott. ...

Und Verzweiflung im Herzen darüber, daß es keinen Gott gäbe, sagte ich:

»Herr, vergieb mir, und rette mich! Herr, mein Gott, erleuchte mich!«

Aber Niemand erwies mir diese Gnade, und ich fühlte, daß mein moralisches Leben stillstand. Aber mein Bewußtsein, das unaufhörlich auf dies Problem zurückkam, sagte mir, daß ich nicht ohne einen Grund, einen Sinn oder eine Bedeutung auf der Welt sein könne, daß ich nicht leben könnte wie der arme Vogel, der aus dem Nest gefallen, mit dem ich mich stets verglich.

Er liegt da auf dem Rücken und schreit nach seiner Mutter,

weil er weiß, daß seine Mutter ihn ausgebrütet, ihn gewärmt, ernährt und geliebt hat. Aber, wo ist sie denn, diese Mutter?

Und wenn ich, wie der Vogel, verlassen bin, wer hat mich verlassen? Ich darf mir nicht verhehlen, daß mich jemand liebend in die Welt gesetzt hat!

Wer ist also dieser Jemand?

Wieder Gott.

Er weiß und sieht meine Trostlosigkeit, mein Verzweiflung, meinen Kampf.

Er existiert, sagte ich mir.

Und ich brauche das nur für einen Augenblick anzuerkennen und sofort erstand das Leben in mir, ich fühlte die Möglichkeit zu leben und die Freude am Dasein. ...

Nun wurde alles hell in mir und um mich, und dieses Licht verläßt mich nicht mehr.

Ich war vor dem Selbstmord gerettet. Wann und wie diese Veränderung in mir vorging? Ich kann es nicht sagen, Ebenso unwillkürlich und schrittweise, wie die Kraft des Lebens in mir zerstört worden war, und ich zu der Unmöglichkeit zu leben, zu der Notwendigkeit des Selbstmords, zur moralischen Agonie gelangt war, ganz ebenso schrittweise und unwillkürlich wurde ich wieder Herr meiner Lebenskraft. Und das Seltsame dabei, diese Lebenskraft, welche ich wiedererlangte, war keine neue. Es war jene alte Kraft, welche mich seinerzeit fortgerissen, und mit ganz jugendlichem Gefühl kehrte ich wieder zurück zum Glauben, zu jener Willenskraft, die mich hervorgebracht, und die etwas von mir verlangte; ich kehrte zurück zu der Ansicht, daß der hauptsächliche und einzige Zweck meines Lebens der sei, besser zu sein, das heißt besser im Einklang mit dieser Willenskraft zu leben, das heißt, ich kehrte zurück zu dem Glauben an Gott, an die moralische Verbesserung und an die Tradition, welche die Bedeutung des Lebens fortpflanzt.

Der einzige Unterschied war, daß ich damals alles das, ohne die Ursache zu kennen, in mich aufnahm, während ich jetzt wußte, daß ich ohne dies nicht leben könne. ...

So erwachte die Kraft zum Leben wieder in mir, und ich fing wieder an zu leben.

Ich verzichtete auf das weltliche Leben, denn ich hatte erkannt, daß dies nicht das Leben sei, sondern nur eine Parodie auf das Leben, und daß die Bedingungen des Überflusses, in denen wir leben, uns hindern, das Leben zu verstehen. In der That darf ich mich nicht an die Ausnahmen, an die Parasiten des Lebens anschließen, sondern an das Leben des arbeitenden Volkes, derer, die das Leben hervorbringen und ihm eine Bedeutung geben.

Das einfache Volk, die Arbeiter, die mich umgaben, war das russische Volk, und an dieses wendete ich mich.

Die Bedeutung, die es mir vom Leben giebt, ist, wenn sie überhaupt ausgedrückt werden kann, die folgende:

Jeder Mensch kommt mit dem Willen Gottes auf diese Welt. Gott schuf den Menschen so, daß jeder Mensch seine Seele verderben oder retten kann.

Das Ziel des Menschen im Leben ist: sein Heil zu erlangen, darum muß er in Gott leben und, um in Gott zu leben, muß er auf alle Genüsse des Lebens verzichten, muß arbeiten, sich erniedrigen, leiden und barmherzig sein.

Diesen Satz übt das Volk im Glauben aus, der ihm von den Priestern und der Tradition überliefert worden ist.

Diese Bedeutung war mir klar und meinem Herzen teuer. Aber dabei und unzertrennlich mit ihm verbunden, fanden sich bei unserm orthodoxen Volke, unter dem ich lebte, viele Dinge, welche mich abstießen, mir geradezu unerklärlich erschienen: die Sakramente, die Gottesdienste in der Kirche, die Fasten, die Anbetung der Reliquien und der Heiligenbilder. Das Volk kann sich von all diesen Dingen nicht trennen, und ich konnte es auch nicht. So seltsam sie mir erschienen, huldigte auch ich ihnen, ich ging zum Gottesdienst, verrichtete morgens und abends meine Gebete, fastete, verrichtete meine Andacht, und zuerst widersetzte sich mein Verstand dem nicht einmal.

Was mir unmöglich erschienen war, erregte jetzt keinerlei Widerspruch in mir.

Was der Glaube mir einstens verkündigt, war ganz verschieden von dem, was er mir jetzt verkündigte. …

Die Argumente des Glaubens erschienen mir nicht nur nicht unnütz, sondern wieder wurde ich durch die unzweifelhafte Erfahrung zur Überzeugung gebracht, daß diese Argumente des Glaubens einzig und allein die Bedeutung des Lebens verbürgen.

Früher betrachtete ich sie als völlig unnütze und nicht zu entziffernde Satzungen, während ich jetzt, selbst wenn ich sie nicht verstand, wußte, daß sie eine Bedeutung enthielten, und mir sagte, daß ich lernen müßte, sie zu verstehen. Ich stellte folgenden Ausspruch auf: die Kenntnis des Glaubens hat ebenso wie die ganze menschliche Verstandskraft ihre Quelle in einem geheimnisvollen Ursprung.

Dieser Ursprung ist Gott, der Ursprung des menschlichen Körpers ebenso wie der seines Verstandes. ...

Ich sagte mir noch: Jede Glaubenslehre besteht darin, daß sie die Bedeutung vom Leben entwirft, die vom Tode nicht zerstört wird. ...

Ich wünschte, mit aller meiner Seele im Stande zu sein, mich mit dem Volke für seine Glaubensceremonien zu vereinigen, aber ich konnte das nicht.

Ich fühlte, ich würde mich selbst belügen, ich würde mich lustig machen über das, was mir geheiligt schien, wenn ich es thäte. Hier kamen mir unsere neuen theologischen russischen Werke zur Hülfe.

Nach diesen Theologen ist das Grunddogma des Glaubens die Unfehlbarkeit der Kirche. Die Wahrheit alles dessen, was die Kirche bekennt, ist die unvermeidliche Folge der Anerkennung dieses Dogmas.

Die Kirche, als Vereinigung der in Liebe vereinigten Gläubigen, und als solche die Besitzerin der wirklichen Wissenschaft, diese Kirche wurde die Basis meines Glaubens. ...

Ich beteiligte mich an den Ceremonien der Kirche, und dabei legte ich meinem Verstande Zügel an, ich unterwarf mich der Tradition, an der die ganze Menschheit festhielt; ich vereinigte mich mit meinen Großeltern, mit denen, die ich liebte, meinem Vater, meiner Mutter. Sie und alle die, welche vorher gelebt hatten, glaubten und liebten, sie hatten mich erzeugt. Ich vereinigte mich auch mit dem Millionen umfassenden Volke, das ich achtete. ...

Ich zweifelte nicht mehr und war vollkommen überzeugt, daß in der Doktrin des Glaubens, dem ich mich angeschlossen hatte, nicht alles Wahrheit sei.

Früher hätte ich gesagt, die ganze Lehre sei falsch, aber jetzt konnte ich das nicht mehr.

Das ganze Volk hatte die Kenntnis der Wahrheit, da es sonst, das stand außer jedem Zweifel, da es sonst nicht hätte leben können. Außerdem war mir diese Kenntnis der Wahrheit von nun an zugänglich, ich lebte bereits darin und fühlte die ganze Wahrhaftigkeit derselben; aber auch in diesem Wissen lag Lüge. Und daran konnte ich nicht zweifeln. Alles was mich sonst zurückgestoßen, stand jetzt lebhaft vor meinem Geiste. Obwohl ich sah, daß in den Lehren des gesamten Volkes weniger Lug und Trug lag als in der Doktrin der Kirchenlehren, so sah ich doch, daß auch in die Ansicht des Volkes die Lüge sich eingedrängt hatte.

Aber woher kam die Lüge und woher kam die Wahrheit? Die Lüge wie die Wahrheit werden uns durch die Kirche oder vielmehr das, was man die Kirche nennt, überliefert.

Die Lüge wie die Wahrheit sind in der Tradition enthalten, in dem, was man die heilige Überlieferung nennt, in der Heiligen Schrift.

Und wider meinen Willen vertiefte ich mich in das Studium dieser heiligen Schrift, ein Studium, vor dem ich bis dahin große Furcht gehabt hatte. Ich machte mich an das Studium derselben Theologie, die ich bereits einmal mit so großer Verachtung als bedeutungslos verworfen hatte. Damals schien mir alles ein fortlaufender Unsinn und Thorheit zu sein, damals umgaben mich auf allen Seiten die Erscheinungen des Lebens, welche mir klar und bedeutungsvoll erschienen.

In dieser Doktrin, und davon unzertrennlich, klammert sich die einzige Kenntnis, welche mir offen stand, und sie war meine einzige Hoffnung auf Rettung.

Ich will keine Erklärung für alles suchen; ich weiß, daß die Erklärung für alle Dinge ebenso wie der Anfang aller Dinge im Unendlichen liegen muß. Aber ich will zu verstehen suchen, daß ich dazu gelange; ich will, daß alles, was nicht auszudrükken ist, auch so bleibt, nicht weil die Forderungen meines Geistes unberechtigt sind (sie sind berechtigt und ich kann nichts verstehen, was außer ihrem Bereiche liegt), sondern weil ich die Grenzen meines Geistes sehe.

Ich will zu begreifen suchen, daß jede unnatürliche These mir als eine absolute Nowendigkeit meiner Vernunft und nicht als eine Verpflichtung zu glauben, erscheint. Mag Wahrheit in der Doktrin liegen, ich zweifle nicht daran; aber es steht außer jedem Zweifel, daß auch Lüge mit unterläuft, und ich muß das Wahre und Falsche finden und eins vom andern trennen. Und diesen Versuch will ich unternehmen. Was ich Falsches in dieser Doktrin gefunden, und zu welchen Resultaten ich gelangt bin, das sollen die anderen Teile dieses Werkes sagen, welches wahrscheinlich der drucken wird, der es für notwendig erachten und beurteilen wird, ob das Werk der Mühe auch verlohnt.

Vladimir Sergeevič Solov'ev

Die russische Idee

1888

…

Wenn man sieht, wie dieses unermeßliche Reich seit zwei Jahrhunderten mit mehr oder weniger Glanz auf dem Schauplatz der Welt hervortritt, wenn man sieht, wie es in vielen zweitrangigen Punkten die europäische Zivilisation annimmt und sie in anderen viel wichtigeren hartnäckig ablehnt, auf diese Weise eine Originalität bewahrend, die, obwohl rein negativ, nicht weniger imposant erscheint – wenn man diese große geschichtliche *Tatsache* sieht, so fragt man sich: welches ist nun der *Gedanke*, den es [das Reich] uns verbirgt oder enthüllt; welches ist das *ideale* Prinzip, das diesen mächtigen Körper belebt; welches neue Wort wird dieses neu auftretende Volk der Menschheit sagen; was will es in der Weltgeschichte *tun*? Um diese Frage zu lösen, werden wir uns nicht an die öffentliche Meinung von heute wenden; denn dann müßten wir uns morgen vielleicht vom Gegenteil überzeugen. Wir werden die Antwort in den ewigen Wahrheiten der Religion suchen. Denn *die Idee einer Nation ist nicht das, was sie von sich selber in der Zeit, sondern was Gott über sie in der Ewigkeit denkt*. …

Fürwahr so ist es, wenn ich an die prophetischen Strahlen einer großen Zukunft denke, die die Anfänge unserer Geschichte erleuchteten, wenn ich mich an den edlen und weisen Akt nationaler Selbstverleugnung erinnere, der – es sind seitdem mehr als tausend Jahre verflossen – den rusisschen Staat geschaffen hat, damals als unsere Vorfahren zur Einsicht gelangten, daß die Fähigkeiten der einheimischen Elemente nicht ausreichten, die gesellschaftliche Ordnung herzustellen, als sie aus freiem Antrieb und nach reiflicher Überlegung die fremde Macht der skandinavischen Prinzen herbeiriefen, indem sie die denkwürdigen Worte an sie richteten: »Unser Land ist groß und fruchtbar, es fehlt ihm aber die Ordnung. Kommt, herrscht und regiert bei uns!« Und weiter, nach dieser einzigartigen Begründung der materiellen Ordnung, die nicht minder denkwürdige Einführung des Christentums und die leuchtende Gestalt des heiligen *Wladimir*, der ein glühender und fanatischer Götzendiener war, dann aber, als er die Unzulänglichkeit des Heidentums und das innere Bedürfnis nach der wahren Religion fühlte, zwar lange überlegte und zögerte, bevor er sie annahm, aber, einmal Christ geworden, es auch ganz und gar sein wollte und sich nicht nur den Werken der Barmherzigkeit, der Armen- und Krankenpflege hingab, sondern sich als vom Geiste des Evangeliums stärker durchdrungen erwies, denn jene griechischen Bischöfe, die ihn getauft hatten. Gelang es doch diesen Bischöfen nur mit Hilfe von Scheinbeweisen den vor kurzem noch so blutgierigen Fürsten zu überreden, über Räuber und Mörder die Todesstrafe zu verhängen: »Ich habe Angst vor der Sünde« – sagte er zu seinen geistlichen Vätern. Und dann, als auf diese »schöne Sonne« – so hat die Volksdichtung unseren ersten christlichen Fürsten benannt – als auf diese schöne Sonne, die die Anfänge unserer Geschichte erleuchtete, die Jahrhunderte der Finsternis und der Wirren folgten; als das russische Volk nach einer langen Reihe von Drangsalen, zurückgedrängt in die kalten Wälder des Nordostens, abgestumpft durch die Knechtschaft und die Notwendigkeit, den undankbaren Boden mühsam zu bearbeiten, abgeschnitten von der zivilisierten Welt, selbst den Gesandten des Hauptes der Christenheit kaum noch erreichbar, in einen Zustand der rohen Barbarei herabsank, die durch einen stumpfsinnigen und geistlosen nationalen Hochmut noch gesteigert wurde, als die moskovitische Frömmigkeit, das wahre Christentum des heiligen Wladimir vergessend, sich hartnäckig auf sinnlose Streitigkeiten über rituelle Einzelheiten verlegte, und als Tausende von Menschen für die übertriebene Anhänglichkeit an typographische Fehler in den alten kirchlichen Büchern auf den Scheiterhaufen geschickt wurden – da tauchte plötzlich aus diesem

Chaos der Barbarei und des Elends die kolossale und einzige Gestalt *Peters des Großen* auf. Den blinden Nationalismus von Moskau verwerfend, von einem aufgeklärten Patriotismus durchdrungen, der die wahren Bedürfnisse seines Landes sieht, läßt er sich durch nichts abhalten, Rußland die Zivilisation aufzudrängen, die es verachtete, die ihm jedoch notwendig war; er ruft nicht allein die fremde Zivilisation als ein mächtiger Protektor herbei, sondern sucht sie selbst bei ihr daheim auf als ein demütiger Diener und fleißiger Lehrling; und trotz der großen Mängel seines persönlichen Charakters bietet er bis zum Schluß ein bewunderungswürdiges Beispiel der Hingebung an seine Pflichten und der bürgerlichen Tugend. Wohlan! Wenn man sich an dies alles erinnert, sagt man sich: Es muß doch sehr groß und sehr schön sein in seiner endgültigen Verwirklichung, dies nationale Werk, das solche Vorläufer gehabt hat; ... sie ist ganz nahe da, die wahre Idee Rußlands, bezeugt vom religiösen Charakter des Volkes, vorgebildet und angedeutet durch die wichtigsten Ereignisse und die größten Persönlichkeiten unserer Geschichte. Und wenn dies nicht genügt, so gibt es noch ein größeres und sichereres Zeugnis – das offenbarte Wort Gottes. Nicht, als hätte dieses Wort jemals etwas über Rußland gesagt: es ist im Gegenteil sein Schweigen, das uns den rechten Weg zeigt. ...

Am Leben der Universalen Kirche, an der Entwicklung der großen christlichen Zivilisation teilzunehmen, darin gemäß seinen Kräften und seinen besonderen Fähigkeiten teilzunehmen, dies ist das einzige wahrhafte Ziel, die einzige wahre Mission eines jeden Volkes.... So bejaht die christliche Wahrheit die fortdauernde Existenz der *Nationen* und die Rechte der *Nationalität*, verurteilt aber ganz den *Nationalismus*, der für ein Volk dasselbe ist, wie der Egoismus für das Individuum: das schlechte Prinzip, das danach strebt, das Einzelwesen zu isolieren, indcm es den Unterschied in Trennung und die Trennung in Antagonismus verwandelt.

Das russische Volk ist ein christliches Volk, und um die wahre russische Idee zu kennen, braucht man sich infolgedessen nicht zu fragen, was Rußland durch sich und für sich tun wird, sondern was es im Namen des christlichen Prinzips, das es anerkennt, und für das Wohl der universalen Christenheit, als deren Bestandteil es angesehen wird, *tun muß*. Es muß, um seine Mission wahrhaftig zu erfüllen, mit Herz und Seele in das gemeinsame Leben der christlichen Welt eintreten und alle seine nationalen Kräfte darauf verwenden, im Einklang mit anderen Völkern jene vollkommene und universale Einheit zu verwirklichen, deren unverrückbare Grundlage uns in der Kirche Christi gegeben ist. ...

Die wahre Zukunft der Menschheit, an der wir arbeiten müssen, ist die *universale Brüderlichkeit, die aus der universalen Vaterschaft durch eine beständige moralische und soziale Sohnschaft hervorgeht*. Diese Zukunft, die, um ein vollkommenes Ideal zu verwirklichen, die Interessen des gegenwärtigen Lebens mit den Rechten der Vergangenheit in Einklang bringen muß, ist von jeher in der Kirche Gottes durch *echte Propheten* vertreten worden. Die Gemeinschaft Gottes mit den Menschen oder die Universale Kirche (im weiten Sinne des Wortes), die im Priestertum das Organ der sie begründenden religiösen Einheit und in der zeitlichen Macht das Organ ihrer gegenwärtigen nationalen Vielheit besitzt, muß auch ihre absolute *Ganzheit*, ihre freie und vollkommene Einheit durch den Mund der Propheten offenbaren, die, vom Geiste Gottes bewegt, aus freiem Antrieb die Völker und ihre Oberhäupter aufklären, indem sie vor ihren Augen das *vollkommene* Ideal der menschlichen Gesellschaft aufrechterhalten.

So sind die drei Glieder des gesellschaftlichen Daseins *gleichzeitig* im wahren Leben der Universalen Kirche vertreten, die durch diese drei vornehmsten Kräfte zugleich gelenkt wird: die geistliche Autorität des universalen Hohenpriesters (des unfehlbaren Oberhauptes der Priesterschaft), der die wahre fortdauernde Vergangenheit der Menschheit vertritt; die weltliche Macht des nationalen Herrschers (des gesetzlichen Oberhauptes des Staates), der in sich die Interessen, die Rechte und die Pflichten der Gegenwart vereinigt und verkörpert; schließlich der freie Dienst des Propheten (des inspirierten Hauptes der menschlichen Gesellschaft in ihrer Totalität), der die Verwirklichung der idealen Zukunft der Menschheit feierlich einleitet. Die Eintracht und das harmonische Zusammenwirken dieser drei vornehmsten Faktoren sind die erste Voraussetzung für den wahren Fortschritt. ...

In der göttlichen Dreifaltigkeit setzt die dritte Person die beiden ersten in ihrer Einheit voraus. So muß es auch in der gesellschaftlichen Dreifaltigkeit der Menschheit sein. Die freie und vollkommene Organisation der Gesellschaft, welche die Mission der wahren Propheten ist, setzt den Bund und die Solidarität der geistlichen und der weltlichen Gewalt, der Kirche und des Staates, der Christenheit und der Nationalität voraus. Indessen gibt es diesen Bund und diese Solidarität nicht mehr. Sie sind durch die Empörung des Sohnes gegen den Vater, durch den falschen Absolutismus des nationalen Staates zerstört worden. ... Nicht im Westen, sondern in Byzanz hat die Erbsünde des nationalistischen Partikularismus und des cäsaropapistischen Absolutismus zum erstenmal den Tod in den sozialen Leib Christi hineingetragen. Und der verantwortliche Nachfolger von Byzanz ist das russische Kaiserreich. Und heute ist Rußland das einzige Land der Christenheit, wo der nationale Staat rückhaltlos seinen ausschließlichen Absolutismus behauptet, indem es aus der Kirche ein Attribut der Nationalität und ein passives Werkzeug der weltlichen Regierung macht, und wo diese Aufhebung der göttlichen Autorität nicht einmal (soweit dies möglich wäre) durch die Freiheit des menschlichen Geistes ausgeglichen wird.

Dank seinen historischen Bedingungen stellt Rußland die vollendetste Entfaltung, den reinsten und mächtigsten Ausdruck des absoluten Nationalstaates vor Augen, der die Einheit der Kirche verwirft und die religiöse Freiheit unterdrückt. Wären wir ein heidnisches Volk, so wäre es uns durchaus möglich, uns endgültig in diesem Zustand zu kristallisieren. Aber das russische Volk ist im Grunde seiner Seele christlich, und die übermäßige Entwicklung, die bei ihm das antichristliche Prinzip des absoluten Staates genommen hat, ist nur die Kehrseite eines wahren Prinzips, des Prinzips des christlichen Staates, der königlichen Gewalt Christi. Dies ist das *zweite Prinzip* der gesellschaftlichen Trinität, und um es in Verbindung mit der Wahrheit und Gerechtigkeit erscheinen zu lassen, muß Rußland dieses Prinzip vor allem auf den Platz stellen, der ihm zukommt, es anerkennen und bejahen nicht als das einzige und alleinige Prinzip unseres *isolierten* nationalen Daseins, sondern als die zweite der Hauptwirkkräfte des universalen gesellschaftlichen Lebens, mit dem wir solidarisch sein müssen. Das christliche Rußland muß, Christus selber nachahmend, die Staatsgewalt (die königliche Gewalt des Sohnes) der Autorität der ökumenischen Kirche unterordnen (dem Priestertum des Vaters) und der gesellschaftlichen Freiheit (der Tätigkeit des Geistes) einen Platz einräumen. Das russische Reich, isoliert in seinem Absolutismus, ist nur eine Bedrohung für die Christenheit, eine Bedrohung mit Kämpfen und Kriegen ohne Ende. Wenn das russische Reich der Universalen Kirche und der gesellschaftlichen Organisation dienen und sie beschützen will, wird es der Völkerfamilie Frieden und Segen bringen.

»Es ist nicht gut, daß der Mensch allein sei« [Gen 2,18]. Nicht anders ist es mit einer Nation. Es sind neunhundert Jahre her, daß wir vom heiligen Wladimir im Namen der lebenspendenden Dreieinigkeit und nicht im Namen der unfruchtbaren Einheit getauft wurden. Die russische Idee kann nicht darin bestehen, daß wir unserer Taufe abschwören. Die russische Idee, die historische Pflicht Rußlands verlangt von uns, daß wir unsere Solidarität gegenüber der universalen Familie Christi anerkennen und all unsere nationalen Gaben, die ganze Macht unseres Imperiums auf die volle Verwirklichung der gesellschaftlichen Trinität verwenden, in der *jede* der drei vornehmsten organischen Einheiten, die Kirche, der Staat und die Gesellschaft, absolut frei und souverän ist – nicht, indem sie sich von den anderen Einheiten absondert, sie absorbiert oder zerstört, sondern indem sie ihre absolute Solidarität mit ihnen bejaht. Dies treue Abbild der göttlichen Trinität auf Erden wiederherzustellen, das ist die russische Idee. Und wenn diese Idee in sich selber gar nichts Ausschließendes und Partikularistisches hat, wenn sie nur ein neuer Aspekt der christlichen Idee selber ist, wenn wir, um diese nationale Berufung zu erfüllen, nicht *gegen* andere Nationen zu handeln brauchen, sondern *mit* ihnen und *für* sie – so ist dies der großartige Beweis dafür, daß diese Idee wahr ist. Denn die Wahrheit ist nur die Form des Guten, und das Gute kennt keinen Neid.

Vladimir Sergeevič Solov'ev

Rußland und die universale Kirche
1889

...

Der zutiefst religiöse und monarchische Charakter des russischen Volkes, einige prophetische Tatsachen in seiner Vergangenheit, die ungeheure und kompakte Masse seines Reiches, die große verborgene Kraft des nationalen Geistes im Gegensatz zur Armut und Leere seines augenblicklichen Daseins – alles das scheint darauf hinzuweisen, daß es die historische Bestimmung Rußlands ist, der Universalen Kirche die politische Macht darzubieten, deren sie bedarf, um Europa und der Welt Rettung und Wiedergeburt zu schenken.

Große Werke können nicht durch geringe Mittel vollbracht werden. Es handelt sich weder um einen konfessionellen Kompromiß zwischen zwei Hierarchien noch um einen diplomatischen Vertrag zwischen zwei Regierungen: vor allem muß ein moralisches und intellektuelles Band zwischen dem religiösen Bewußtsein Rußlands und der Wahrheit der Universalen Kirche geschaffen werden. Doch um die Wahrheit jenes Prinzips, dessen historisches Auftreten unserem Bewußtsein fremd, ja sogar feindlich erscheint, annehmbar zu machen, ist es notwendig, bis zu den ersten Gründen dieser Wahrheit in der fundamentalen Idee des Christentums zurückzugehen. ...

Als Abschluß dieser viel zu langen Vorrede mag hier eine Parabel stehen, die vielleicht meinen allgemeinen Standpunkt und den Beweggrund für die vorliegende Arbeit deutlich machen wird.

Ein großer Baumeister, der sich auf eine weite Reise begeben wollte, rief seine Schüler und sagte zu ihnen: »Ihr wißt, daß ich hierher gekommen bin, um das höchste Heiligtum dieses Landes wiederaufzubauen, das durch ein Erdbeben zerstört worden war. Das Werk ist begonnen: ich habe den Grundriß aufgezeichnet, das Terrain ist abgeräumt und das Fundament gelegt. Ihr werdet mich während meiner Abwesenheit ersetzen. Ich komme bestimmt zurück, ich kann euch nur nicht sagen – wann. Arbeitet also so, als müßtet ihr das ganze Werk ohne mich vollenden. Jetzt werdet ihr Gelegenheit haben, die Lehren, die ich euch gab, in die Tat umzusetzen. Ich habe Vertrauen zu euch, und ich werde euch nicht alle Einzelheiten des Werkes vorschreiben. Beachtet nur die Regeln unserer Kunst. Außerdem lasse ich euch ja das unerschütterliche Fundament des Tempels, das von mir gelegt wurde, und den Grundriß, den ich aufgezeichnet habe: das wird euch genügen, wenn ihr eurer Pflicht treu bleibt. Und ich selbst, ich verlasse euch nicht: im Geist und in Gedanken werde ich immer bei euch sein.« Und er führte sie an den Bauplatz der neuen Kirche, zeigte ihnen die Fundamente und übergab ihnen den Plan. – Nach seiner Abreise machten sich die Schüler einmütig an die Arbeit; und fast ein Drittel des Gebäudes war bald errichtet. Da das Werk sehr groß und äußerst kompliziert war, genügten die ersten Gefährten nicht, und man war gezwungen, neue aufzunehmen. Schwerwiegende Meinungsverschiedenheiten stellten sich bald unter den obersten Werkführern ein. Es fanden sich solche, die behaupteten, daß von den beiden Dingen, die der abwesende Meister hinterlassen hatte – dem Fundament des Gebäudes und dem allgemeinen Plan –, nur dieser letztere richtig und bindend sei, während kein Hindernis bestehe, das gelegte Fundament zu verlassen und auf einem anderen Platz zu bauen. Von den übrigen Mitarbeitern energisch bekämpft, gingen sie in der Hitze des Streites so weit (entgegen ihrem eigenen, so manchesmal ausgesprochenen Gefühl) zu behaupten, daß der Meister das Fundament des Tempels weder jemals gelegt noch bestimmt habe; daß dies nur eine Erfindung ihrer Gegner gewesen sei. Was nun diese betrifft, so fanden sich unter ihnen solche, die in der hartnäckigen Verteidigung der Wichtigkeit des Fundaments in ein anderes Extrem verfielen und behaupteten, daß das einzige wirklich Ernstzunehmende am ganzen

Werk die vom Meister gelegte Grundlage des Werkes sei; daß ihre Aufgabe ausschließlich darin bestehe, den bereits vorhandenen Teil des Gebäudes zu erhalten, auszubessern und zu festigen, ohne daran zu denken, es ganz zu vollenden, denn – so sagten sie – die Vollendung des Werkes ist dem Meister allein für die Zeit seiner Rückkehr vorbehalten. – Gegensätze berühren sich, und die beiden entgegengesetzten Parteien einigten sich bald in folgendem Punkt: man brauche das Gebäude nicht zu vollenden. Allein jene Partei, die auf die Erhaltung des Fundaments und des unvollendeten Kirchenschiffs in gutem Zustand bestand, führte zu diesem Zweck viele zweitrangige Arbeiten durch und entfaltete eine unermüdliche Energie, während diejenige Partei, die glaubte, auf die einzige Grundlage des Tempels verzichten zu können, nach vergeblichen Versuchen, auf einem anderen Bauplatz zu bauen, erklärte, daß man überhaupt nichts mehr tun dürfe: das Wesentliche in der Baukunst sei, wie sie sagten, die Theorie, die Betrachtung ihrer Vorbilder und das Nachdenken über ihre Regeln und durchaus nicht die Ausführung eines bestimmten Planes; und wenn der Meister ihnen seinen Plan des Tempels zurückgelassen habe, so sei dies durchaus nicht in der Absicht geschehen, sie gemeinsam an seiner wirklichen Errichtung arbeiten zu lassen, sondern einzig deshalb, damit jeder von ihnen beim Studium dieses vollkommenen Planes selbst für seinen Teil ein vollendeter Baumeister werden könne. Und so weihten denn die Eifrigsten unter ihnen ihr Leben der Meditation über das Projekt des idealen Tempels, dem Auswendiglernen und täglichen Hersagen der Erklärungen dieses Projekts, die manche von den alten Gefährten nach den Worten des Meisters angefertigt hatten. Doch die Mehrzahl begnügte sich damit, einen Tag in der Woche an den Tempel zu denken und den Rest der Zeit widmete jeder seinen eigenen Angelegenheiten.

Es fanden sich indessen unter diesen sich absondernden Arbeitern einige, die beim Studium des Planes des Meisters und seiner authentischen Erklärungen auf genaueste Angaben stießen, aus denen hervorging, daß die Grundlage des Tempels wirklich gelegt worden war und nicht geändert werden könnte; unter anderem fanden sie folgendes Wort des großen Baumeisters: »Dieses ist das unerschütterliche Fundament, das ich selbst gelegt habe, auf ihm muß mein Tempel erbaut werden, um immer dem Erdbeben und allen zerstörenden Einwirkungen zu widerstehen.« Von diesen Worten betroffen, faßten die guten Arbeiter den Entschluß, auf ihre Absonderung zu verzichten und sich sofort den Bewahrern des Fundaments anzuschließen, um an ihrem erhaltenden Werk teilzunehmen. Es fand sich indessen ein Arbeiter, der sagte: »Erkennen wir unser Unrecht, lassen wir unseren ehemaligen Gefährten alle Gerechtigkeit und alle Ehren widerfahren, vereinigen wir uns mit ihnen vor dem großen begonnenen Gebäude, das wir feige verließen und das in gutem Zustand bewahrt und erhalten zu haben, ihr unschätzbarer Verdienst ist. Doch vor allem bedarf es der Treue gegen den Gedanken unseres Meisters. Der Meister aber hat dieses Fundament nicht dazu gelegt, daß man es nicht anrühre, sondern damit sein Tempel darauf erbaut werde. Wir müssen uns demnach alle vereinigen, um auf dem gegebenen Fundament das Gebäude ganz zu errichten. Werden wir Zeit genug haben, um es vor der Rückkehr des Meisters zu beenden oder nicht? – dies ist eine andere Frage, die er selbst nicht hatte lösen wollen. Doch hat er uns ausdrücklich anbefohlen zu arbeiten, um sein Werk fortschreiten zu lassen, und er hat sogar hinzugefügt, daß wir mehr leisten würden als er.« Die Ermahnung dieses Arbeiters erschien den meisten seiner Gefährten seltsam. Die einen nannten ihn einen Utopisten, die anderen beschuldigten ihn des Stolzes und der Anmaßung. Doch die Stimme des Gewissens sagte ihm deutlich, daß der abwesende Meister im Geiste und in der Wahrheit mit ihm sei.

N. B. Als Glied der wahren und ehrwürdigen rechtgläubigen morgenländischen oder griechisch-russischen Kirche, die nicht durch den Mund einer antikanonischen Synode und nicht durch Beamte der weltlichen Macht spricht, sondern durch die Stimme ihrer großen Väter und Lehrer, erkenne ich in Sachen der Religion denjenigen als Obersten Richter, den der heilige Irenäus, der heilige Dionysius der Große, der heilige Athanasius der Große, der heilige Johannes Chrysostomus, der heilige Cyrillus, der heilige Maximus Confessor, der heilige Theodor von Studion, der heilige Ignatius usw. anerkannt haben – nämlich den Apostel Petrus, der in seinen Nachfolgern fortlebt und der nicht vergebens das Wort des Herrn vernommen hat: »Du bist Petrus, das heißt Felsen, und auf diesem Felsen werde Ich meine Kirche bauen. – Stärke deine Brüder. Weide Meine Schafe, weide Meine Lämmer.«

Unsterblicher Geist des seligen Apostels, unsichtbarer Diener des Herrn in der Leitung seiner sichtbaren Kirche, Du weißt, daß sie eines irdischen Leibes zu ihrer Offenbarung bedarf. Schon zweimal hast Du ihr den Leib einer Gesellschaft verliehen: zuerst in der griechisch-römischen Welt und dann in der römisch-germanischen Welt – Du hast ihr das Reich Konstantins und das Reich Karls des Großen unterworfen. Nach diesen beiden vorläufigen Inkarnationen harrt sie der dritten und letzten Inkarnation. Eine ganze Welt, voll von Kräften und Wünschen, doch ohne klares Bewußtsein ihrer Schicksale, klopft an die Tür der Weltgeschichte. Welches Wort werdet ihr sprechen, Völker des Wortes? Eure Masse weiß es noch nicht, doch mächtige Stimmen, die aus eurer Mitte drangen, haben es bereits enthüllt. Vor zwei Jahrhunderten hat es ein kroatischer Priester prophetisch vorhergesagt, und in unseren Tagen hat es ein Bischof der gleichen Nation mehrere Male mit bewundernswürdiger Beredsamkeit verkündet. Das von den Vertretern der Westslawen, vom großen Križanič und vom großen Strossmayer Gesagte, bedurfte nur eines einfachen Amens von seiten der Ostslawen. Ich bin gekommen, dieses Amen im Namen von hundert Millionen russischer Christen zu sprechen, mit fester und voller Gewißheit, daß sie sich nicht von mir losreißen werden.

Euer Wort, o Völker des Wortes, ist die freie universale Theokratie, die wahre Solidarität aller Nationen und aller Klassen, das im gesellschaftlichen Leben verwirklichte Christentum, eine verchristlichte Politik; es ist die Freiheit für alle Bedrückten, der Schutz für alle Schwachen; es ist die soziale Gerechtigkeit und der gute christliche Frieden. So öffne ihnen denn, Schlüsselträger Christi, und mögen die Tore der Geschichte für sie und für die ganze Welt die Tore des himmlischen Reiches sein.

Lev Platonovič Karsavin

Der Geist des russischen Christentums
1924

In jedem religiösen Akt ist das Gegenüberstehen Gottes und des Menschen, ihre nicht zu beseitigende Verschiedenheit gegeben. Ohne ein solches gibt es keine Religion und kann es keine geben. ... Es ist nicht statthaft, sich auf die »Unaussprechlichkeit« und auf die Übermenschlichkeit der mystischen Erfahrung zu berufen. Wäre diese dem Menschen absolut unzugänglich, dann könnte sie vom Mystiker selbst nicht beschrieben werden, und selbst ihr geringster Grad erschiene uns unbegreiflich. ... *Vor* der Ekstase und *nach* der Ekstase steht der Mystiker unzweifelhaft Gott gegenüber und unterscheidet seine Person von Ihm, sowie er diese Unterscheidung auch dann vollzieht, wenn er von seiner Ekstase spricht, indem er sich an sie erinnert und sich folglich in gewissem Maße noch in ihr befindet. Der Mystiker identifiziert sich selber *vor* der Ekstase mit sich selber *nach* der Ekstase, indem er zugleich die Ekstase sich selber zuschreibt. Das alles wäre unmöglich, wenn die Ekstase der Moment einer vollständigen Auflösung in Gott und eines völligen Verschwindens der Persönlichkeit, d. h. auch des Gegenüberstehens von Mensch und Gott wäre. ... Übrigens wird in der christlichen Mystik eine vollständige Einheit mit Gott gar nicht behauptet; das christliche Dogma lehrt, daß in Christo *zwei* Willen, *zwei* Seelen, *zwei* Naturen seien.

Also erscheint der Dualismus des Menschen und Gottes als notwendiges Moment der Religiosität. Zugleich aber besteht das Ideal jeder Religiosität (nicht nur der mystischen) in dem völligen Einswerden des Menschen mit Gott, und die Religiosität, welche ohne den Dualismus von Mensch und Gott unmöglich ist, ist auch ohne ihre Einheit unmöglich und zwar nicht nur als ihr Ideal. ...

So liegt also der Religiosität die Aporie der Einheit und der Getrenntheit des Menschen und Gottes zugrunde. Dieser Aporie kann man weder mittels einer Verneinung der Einheit entgehen, welche zu einer dualistischen (im besonderen Falle zu einer theistischen und monotheistischen) Konstruktion führt, noch auch mittels einer Verneinung der Trennung, welche zu einer pantheistischen Konstruktion führt. Da wir uns weder zum Dualismus noch zum Pantheismus, sondern zum Christentum bekennen, nehmen wir die von uns formulierte Aporie voll und ganz an. Als höchster Begriff erweist sich für uns die Zweieinheit des Menschen und Gottes, d. h. das Gottmenschentum. ...

Wenn sich Gott in einer vollkommenen Zweieinheit mit mir befindet, so befindet Er sich in einer ebensolchen Zweieinheit auch mit allen übrigen Menschen, und durch Ihn befinde auch ich mich in einer Zweieinheit mit jedem von ihnen. Hieraus folgt, daß die Zweieinheit Gottes mit dem Menschen, als der Alleinheit der Menschen, oder die Alleinheit Gottes und des Menschen der höchste Begriff ist. ... Aber wir haben keine Gründe, die Gott entgegenstehende Alleinheit auf die Menschheit zu beschränken. Im Gegenteil zwingen uns dieselben Gründe, diese Alleinheit als die Menschheit und die in ihr enthaltene Welt zu begreifen. Man muß die Menschheit als die Alleinheit aller Menschen und der ganzen Welt in Gott, als Adam Kadmon denken. ...

Versuchen wir, uns in Gedanken zu »enthüllen«. – Alle meine Gedanken, Willensregungen, Gefühle, Seelenzustände, dies alles erkenne ich als Gott an, obwohl Er von mir nicht völlig aufgenommen wird, obwohl ich Ihm in allem gegenüberstehe. Indem ich so Gott zurückgebe, was Gottes ist, belasse ich mir nur mein persönliches, qualitätsloses, unbegreifliches Sein. Aber auch dieses ist schon eine gewisse Eigenschaft, ist schon Gott. Wenn ich mich selber finden will, muß ich auch das Sein von mir abziehen. Auf der Suche nach mir selber strebe ich unaufhaltsam in »die äußerste Finsternis«, bleibe über dem furchtbaren Abgrund des Nichtseins hängen. Von dem Entsetzen des »ewigen Todes« erfaßt, das das Blut in den Adern stokken und die Haare zu Berge stehen läßt, sehe ich mich an der Grenze des absoluten Nichts, an der ich hängen blieb. Ohne Gott und außerhalb Gottes bin ich absolut nichts. An und für sich bin ich nichts. Sofern ich aber denke, will, existiere, d. h. sofern ich an Gott teilhabe und Gott bin, stehe ich Ihm als eine andere Persönlichkeit gegenüber, als ein anderes Subjekt Seines göttlichen Inhalts, aber so untrennbar, daß ohne Ihn, außerhalb Seiner, in mir selbst ich nichts bin. Indem ich an Gott teilhabe, indem ich Ihn selbst aufnehme, Der sich mir in Güte und Gnade schenkt, nehme ich Ihn *frei* auf. Jedes Moment meines Seins ist seinem »Gehalt« nach völlig göttlich und schließt zwei Subjekte ein: das göttliche und das meinige. Sogar die Erschaffung meiner durch Gott ist zugleich meine freie Entstehung. Nirgends, in gar nichts ist Platz für ein Bedingtsein meines Aktes durch den göttlichen oder des göttlichen durch meinen. Die für das westliche religiöse Bewußtsein typischen Probleme der Prädestination und der Freiheit verlieren ihre Schärfe, denn sie entstehen nur in der abgeschwächt rationalistischen Sinnerfüllung der ursprünglichen religiösen Erfahrung und in der Losreißung von dieser Erfahrung. Es ist charakteristisch, daß sie die orthodoxen Theologen nicht beunruhigen, welche gewöhnlich gar nicht an sie denken und sich mit ihnen durch rein wörtliche Lösungen abfinden. Für die orthodoxe Theologie existieren diese Probleme einfach nicht. ...

Aus der absoluten Güte, welche uns unstreitig in jedem Augenblick unseres Daseins gegeben ist, geht unsere Erschaffung durch Gott hervor, d. h. die Erschaffung im eigentlichen Sinne dieses Wortes und die Vergottung..., von der die Väter und Lehrer der orthodoxen Kirche mit solcher Hartnäckigkeit sprechen, und welche im westlichen Christentum vergessen und durch den Begriff der Erlösung ersetzt ist....

Das menschliche oder das kreatürliche Sein (d. h. die Menschheit und der ganze Kosmos) ist eine *Theophanie* oder Erscheinung Gottes in der Kreatur, und zwar so, daß außerhalb der Kreatur und ohne die Kreatur Gott nicht »offenbart«, nicht »sichtbar« wird, die Kreatur aber außerhalb Gottes und ohne Ihn nicht existiert. ...

Die Irrtümlichkeit des traditionellen Anfassens des Problems der Freiheit besteht in einer stillschweigenden dualistischen Annahme. Es wird ohne weiteres vorausgesetzt, daß die Kreatur (Adam) an und für sich und außerhalb Gottes existiere. Wir sind bestrebt, diese Annahme zu beseitigen, ohne in die Beschränktheit des Pantheismus zu fallen....

Die Gottheit steht über der Freiheit und der Notwendigkeit, indem sie das Prinzip beider als getrennt-begrenzter Ausdrücke ihres frei-notwendigen Willens ist. Eine äußere Notwendigkeit gibt es auch nicht für die all-einige Kreatur....

Also gibt es für Adam keine äußere Notwendigkeit. Er *will* durch den Willen Gottes selbst und aus sich selbst, nicht kraft eines Druckes von außen her oder von seiten Gottes, sondern *unmotiviert*. Die Freiheit des Willens ist eben die Unmotiviertheit des Willens und durchaus nicht die Freiheit der Wahl (liberum arbitrii), welche als rationalistische Verabsolutierung der Abschwächung der Freiheit in der Sünde erscheint. ...Die Freiheit des kreatürlichen Subjekts anerkennen bedeutet, daß es mit der gleichen Freiheit Gott *voll und ganz* wollen und Ihn nur ungenügend wollen kann. Also wird der Begriff der rein kreatürlichen Freiheit erklärt als Freiheit der Fülle oder der Trägheit (Mangelhaftigkeit)... Wir dürfen von der Freiheit der Trägheit sprechen. Aber diese Freiheit ist, da sie die Fülle des Seins in sich nicht verwirklicht, keine Fülle der Freiheit, sondern deren Verringerung. Die Freiheit der Trägheit ist das Befriedigtsein durch einen unvollständigen Besitz der Gottheit oder durch das Sein in der Mangelhaftigkeit der Vergottung und in der Absonderung von der Vollkommenheit. Sie ist eine Isolierung in ihrem Begrenztsein und folglich ein Getrenntsein. Sie ist Hoffart und Haß, die sieben Todsünden, aber nicht im Sinne des Seins, sondern im Sinne eines Mangels an Sein. Die Freiheit der Trägheit erhält den Charakter einer Wahl zwischen Fülle und Nicht-Fülle des Strebens und der Anspannung. Aber sie ist keineswegs die Wahl zwischen dem Guten und dem existenzialen Bösen. ...Im Anschluß an die traditionellen Termini und Begriffe ist es am besten, sie als Erbsünde zu bezeichnen, welche in der naiven biblischen Mythologie als »Sünde des Urvaters«, im zeitgenössischen »wissenschaftlichen« Denken als Erblichkeit bezeichnet wird. In der üblichen Interpretation, die am konsequentesten im Katholizismus entwickelt ist, verträgt sich die Idee der Erbsünde nicht einmal mit der menschlichen Auffassung der Gerechtigkeit, denn daß mir die Sünde eines anderen zugerechnet wird, kann nicht gerecht sein. Von unserem Standpunkt aus verschwinden alle Schwierigkeiten. Jeder von uns sündigt und ist darin schuldig, daß er die allmenschliche Sünde individualisiert, d. h. darin, daß er selbst in Adam sündigt, wie Adam in ihm und in allen sündigt. Darum ist ein jeder für die Sünden aller verantwortlich, jede Sünde ist eine allgemein menschliche Sünde, und jedes gute Werk ist allgemein menschlich. Das religiöse Bewußtsein der Orthodoxie ist erfüllt von dem Bewußtsein der »Kreisbürgschaft«. Dieses Bewußtsein kommt sowohl in dem religiösen und moralischen Suchen der Russen als auch in der russischen Literatur deutlich zum Ausdruck. Nur dank seiner wird der Sinn des Sühne-Opfers Christi begreiflich. ...

Selbst in seiner »bestimmten« empirischen Verminderung ist Adam (und in ihm der Kosmos) ein Bildnis und Ebenbild der Gottheit, welche durch ihn vermindert wird, ein Bildnis und Ebenbild der All-Einheit oder die in verminderter Weise, in gewissen Grenzen werdende All-Einheit. ... Da es unzweifelhaft ist, daß in dem uns bekannten empirischen Sein der Mensch als vollkommenstes Wesen erscheint, sind wir gezwungen, bei dem Begreifen der Welt von ihm auszugehen. Diese Forderung bleibt für uns selbst dann in Kraft, wenn es in der Welt vollkommenere Wesen gibt, als wir sind. Ich, als begrenztes Individuum, verwirkliche mich als die All-Einheit meiner Eigenschaften und als die All-Einheit der untersten »in mir enthaltenen« Individualitäten. Als Moment der all-einen höheren Individualität, drücke ich sie in mir in meiner Weise aus, individualisiere ich sie. Ich bin gar nicht ein koexistierendes und mit anderen mir ähnlichen Menschen mitgesetztes Atom, sondern eine besondere Individualisation Adams, der ohne mich nicht real ist. Ich bin ein Moment meiner Familie, meines Standes, meiner Klasse, meines Volkes, der Menschheit. Wenn aber eine noch höhere Persönlichkeit existiert als die Menschheit und somit diese in sich enthält, so ist das Ich auch deren Individualisation. Im Ideal muß ich in mir sowohl die Menschheit als auch sie zum Ausdruck bringen, obwohl ich das empirisch sehr unvollkommen tue und den vollkommenen Ausdruck nur auf »transzendentem« Gebiete finde. In meinem sündhaft-empirischen Zustand denke ich nur an die höhere all-eine Persönlichkeit oder an die hierarchische All-Einheit der Persönlichkeiten, unter denen auch mir ein besonderer Platz zukommt. Ich bin abgesondert und stehe anderen mir gleichen Persönlichkeiten gegenüber; indem ich meiner Einheit mit ihnen vergesse, verabsolutiere ich die Getrenntheit und meine Begrenztheit, »isoliere ich mich«; indem ich der höheren mich in sich einschließenden Persönlichkeiten vergesse, »sinke ich herab«. Es liegt auf der Hand, daß ich nur aus mir und durch mich die All-Einheit verwirklichen und erkennen *kann und soll*, d. h. sie kann und soll sich in mir verwirklichen und erkennen. ...

So wird der »Anthropomorphismus« des Christentums, den man auch Pankosmismus nennen kann, gerechtfertigt. Dieser Pankosmismus, der den universalen Gedanken mit dem christlichen verbindet, ist am vollständigsten im alten Christentum und in der Orthodoxie zum Ausdruck gebracht. Durch ihn wird das eigenartige »aufnehmende« und »segnende« Verhältnis der Orthodoxie zur Welt erklärt, welches bisweilen die Illusion des Pantheismus und der Negation der Moral in der Verneinung des Bösen hervorbringt. ...

Die orthodoxe Kirche verehrt die Kirche, die Braut oder die sündlose Gattin Christi, den Leib Christi unter dem Namen der Sophia, der göttlichen Allweisheit. Gleichwie Christus sich in Jesus individualisiert, individualisiert sich die Sophia-Kirche in der Jungfrau Maria, der Mutter Jesu nach ihrer Leiblichkeit, der Muttergottes. Darum verschmilzt die Sophia-Kirche in dem orthodoxen Bewußtsein einerseits mit dem Logos (was aus der »Sophiologie« für das westlich-christliche Bewußtsein am meisten, vielleicht einzig zugänglich ist), andrerseits mit der Muttergottes. Von einem tiefen Eindringen in das Wesen der Orthodoxie zeugen Dostojewskijs Worte, die er der Blödsinnigen in den Mund gelegt hat: »Die Muttergottes ist die Mutter-feuchte-Erde« (vgl. das Vermächtnis des Staretz Sossima: »Küsse die Erde und liebe sie unermüdlich, unersättlich: Benetze die Erde mit den Tränen deiner Freude und liebe diese deine Tränen ...«). ...

Die Kirche ist im Katholizismus und in der Orthodoxie, welche im Besitz der Überlieferung und der Hierarchie sind, vollständiger ausgedrückt als im Protestantismus, aber nicht in jeder Beziehung vollständiger; denn im Protestantismus ist etwas unzweifelhaft Christliches enthalten, welches nur in ihm offenbart wurde. Die Orthodoxie ist sich der Zweieinheit des Menschen mit Gott und der All-Einheit der Kreatur tiefer bewußt. Der Katholizismus beschränkt diese Ideen in ihrer systematisch-rationalistischen Ausdeutung. Jedoch liegt in dem systematischen und rationalistischen Charakter selbst ein Eigenwert, der auch für die Orthodoxie erwünscht ist. Auch fehlt der Orthodoxie der dem Katholizismus eigentümliche Geist der Disziplin, der Aktivität und des Achtgebens auf die konkrete Lebensordnung. Dafür besitzt aber die Orthodoxie den dem Katholizismus fremden Geist des freien Schaffens bei dem Suchen der Wahrheit und dem Aufbau des Lebens. Beide Kirchen bringen die universale in besonderer Gestalt zum Ausdruck; jede offenbart das ihr Eigentümliche und nimmt das Fremde nicht endgültig auf. Alle Konfessionen ergänzen einander und bedürfen dieser gegenseitigen Ergänzung.

Gemäß dem Geiste der Orthodoxie ist die Universale Kirche nicht eine (abstrakt-eine), sondern »alleinig«. Sie existiert nicht, sie kann und soll nicht existieren als indifferente Einheit, welche die nationalen und volkstümlichen Unterschiede im Kultus, in der Ethik und in der Dogmatik ausschließt. ... Jede von den die Universale Kirche individualisierenden Persönlichkeiten oder partikularen Kirchen ist wiederum eine All-Einheit ihrer Individualisationen bis zu den allerletzten, welche dort entstehen, wo zwei oder drei im Namen Christi versammelt und Er unter ihnen ist, mit Ihm aber und in Ihm die ganze Universale Kirche.

In dem empirischen sündhaften Sein erreicht die Kirche nicht die Vollständigkeit ihrer Entfaltung und wird diese auch nie erreichen, da sie dieselbe nicht schon erreicht hat. Sie ist gespalten, in jeder ihrer Realisierungen ist sie unvollständig.

Nichtsdestoweniger enthüllt sie sich in den einen mehr, in den anderen weniger. ... Der Katholizismus hat sich definiert und von der universalen Einheit abgetrennt. In seiner Entfaltung hat er die unwiederholbar wertvollen Eigenschaften der Kirche Christi offenbart, aber, indem er sie getrennt entfaltete, hat er sie begrenzt, d. h. verunstaltet. Irrtümlich hat er seine individuelle Begrenzung nicht für einen Aspekt des Universalen anerkannt, sondern für das Universale selbst, indem er sich hochmütig über die gesamte Kirche erklärte. Die Orthodoxie hat das Glaubensbekenntnis nicht entstellt und keinen Anspruch erhoben auf die Identifizierung ihrer besonderen Seinsart und ihrer individuellen Bestrebungen mit dem All-Einen. Aber sie hat sich in anderer Weise begrenzt: in dem Schutze des Erbes der alten Kirche und in der Passivität. Darin liegt übrigens auch ein Vorzug der Orthodoxie, welcher ihr den Vorrang unter den getrennten Kirchen Christi sichert – die Möglichkeit einer Entfaltung der universalen Wahrheit auf ihrer Grundlage. Die Entfaltung der universalen Wahrheit ist auch zugleich die Vereinigung der Kirchen. Man darf sich diese Vereinigung nicht so vorstellen, wie der Katholizismus sie sich vorstellt, d. h. als Unterordnung aller Kirchen unter eine von ihnen und als deren Aufgehen in ihr. Eine solche Auffassung, die sich empirisch nicht rechtfertigen läßt, da jede besondere Kirche empirisch begrenzt ist, erscheint als Verneinung der Idee der All-Einheit. Die Vereinigung der Kirchen ist auch nicht ihre Vereinbarung in etwas Abstrakt-Allgemeinem, denn jede von ihnen muß die *ganze* universale Wahrheit vollständig in ihrer Weise zum Ausdruck bringen. Die Vereinigung der Kirchen ist das Aufblühen aller und jeder in einer harmonischen Übereinstimmung, in einer Symphonienhaftigkeit und Katholizität, d. h. die Offenbarung der all-einen Kirche Christi, an die sich die irdischen Kirchen nur annähern können.

Jeder Mensch erscheint als die potentielle universale Kirche und muß in seiner unwiederholbaren Eigenheit seine Kirche realisieren, in ihr aber und durch sie die universale. Das bedeutet, daß alle seine Qualitäten aus potentiell-kirchlichen zu aktuell-kirchlichen werden müssen. ...

Das Ziel der Kirche liegt also in der Umwandlung des Unvollkommenen (Bösen) in ein Vollkommenes (Gutes), in einer Anspannung des Seins. …

In den von uns entwickelten Gedanken erblicken wir die die russische Orthodoxie, welche in der Regel irrtümlich des Asketismus beschuldigt wird, am meisten auszeichnende Tendenz. Das Suchen der Wahrheit in der Lüge und im Bösen äußert sich bisweilen in dem Verlust der Grenzen zwischen ihnen; es kommt aber auch bisweilen wie bei Dostojewskij in genialen Intuitionen zum Ausdruck. *Die aktive Rechtfertigung des Bösen* ist das ideale Ziel der russischen Orthodoxie; die passive Rechtfertigung des Bösen ist ihre größte historische Sünde. Dieses Verhältnis zum Bösen ist dem dualistischen Westen, dessen ganze Religiosität sich auf die Anerkennung des Bösen als eines Seins und auf den Kampf mit ihm gründet, unbegreiflich. Vom Standpunkt der das Nichtsein des Bösen erfassenden Orthodoxie erkennt der Westen das wahre Ziel seines eigenen Strebens nicht, indem er dasselbe nicht im Guten, sondern im Bösen, nicht in der Vollendung des Seins, sondern in der Lostrennung des Andersseins von ihm erblickt. Aber dieser Standpunkt, welcher selbst einige *orthodoxe* Denker verwirrt, kann dem Westen nur dann klar werden, wenn die »Rechtfertigung« des Bösen in der Orthodoxie nicht weniger aktiv werden wird als seine westliche »Vernichtung«. …

Darin liegt das größte Kleinod der Orthodoxie – ihre Freiheit. Das erklärt die dogmatisch-schöpferische Rolle der Laien in der orthodoxen Kirche, den russischen »Staretz« und den Wladimir Ssolowjow vorschwebenden »prophetischen Stand«.

Die Religion kann keine »Privatsache« sein, denn das Religiöse wird nicht durch ein abstraktes Dogma, durch den Kultus und durch die individuelle Moral erschöpft, sondern muß alles in sich enthalten. Das Problem der Trennung von Kirche und Staat ist schon in der Fragestellung verkehrt. …

Wenn die Aufgabe der Kirche in einer Umwandlung der ganzen Welt besteht, und wenn das staatliche, gesellschaftliche und private Leben keine Illusion, sondern eine Realität ist, so kann etwas nicht anders außerhalb der Kirche sein als in seiner äußersten Verminderung, in seinem Nichtsein. Die Kirche umfaßt sowohl das, was wir gewöhnlich als kirchlich bezeichnen, und die »Welt», d. h. speziell den Staat und die Gesellschaft. Ein jeder hat in der Kirche seine Aufgabe. ...

Die Liturgie wird nicht von dem Priester für die Laien vollzogen. Sie wird von dem Priester und von dem mit diesem unsichtbar vereinigten Bischof und von den am Gottesdienste teilhabenden Laien vollzogen, auch wenn sie nur unsichtbar anwesend sind. Die Liturgie ist das Werk der *ganzen* Kirche. In gleicher Weise ist jeder Laie, vor allem der Kaiser *verpflichtet*, nach Maßgabe seiner Kräfte an dem dogmatischlehrenden Wirken der Kirche teilzunehmen, denn es gibt keine dogmatische Frage, welche für das staatliche, gesellschaftliche und private Leben gleichgültig wäre. Dadurch wird die überwiegende Bedeutung (die religiös-moralische, nicht die äußerlich-zwangsmäßige Autorität) der zu diesem Wirken in besonderer Weise Berufenen nicht ausgeschlossen, und zwar die Freiheit behauptet, aber nicht die Willkür. Die Willkür kann nur dort bestehen, wo es keine All-Einheit und kein all-einiges, d. h. »katholisches« (symphonisches) Schaffen gibt und nur nach Maßgabe ihrer Verminderung.

Alle sind *verpflichtet*, an der Mühe der »regierenden Gewalten« teilzunehmen (eben darin liegt die ursprüngliche Wahrheit des Demokratismus, die in den zeitgenössischen Theorien rationalistisch entstellt ist), am meisten aber diejenigen, welche dem Wesen des Christentums näher sind als die übrigen, d. h. die kirchliche Hierarchie. Wenn es keinen politisch-indifferenten religiösen Akt gibt, so gibt es auch keinen religiös-indifferenten politischen Akt. ... Im Ideal können Königtum und Priestertum keiner unversöhnlichen gegenseitigen Uneinigkeit verfallen: beide »Gewalten« können einander nur ergänzen. Geradeso gibt es idealiter in der Kirche (und im Staate) keinen Widerspruch zwischen dem monarchischen und dem kollektiven Prinzip, zwischen der Kirche und dem Individuum. Die alleinige Wahrheit ist *eine*, und alle Disharmonie zeugt nur von ihrem mangelhaften Begreifen. ... Ich bin durchaus nicht geneigt, eine utopische Ordnung zu entwerfen. Indem ich das Ideal der Empirie andeute, das für sie unerreichbar ist, erkenne ich die Unvermeidlichkeit der Konflikte zwischen Kirche und Staat in der unvollkommenen Empirie, das unrechtmäßige

Überwiegen und das gewaltsame Verfahren bald jener, bald dieses an. Hier aber zeigt sich auch die Bedeutung des Ideals. Die empirischen Konflikte werden auf rein empirischem Wege aufgelöst durch diese oder jene faktische oder vertragsmäßige gegenseitige Beziehung der Kirche und des Staates, durch diesen oder jenen Kompromiß. Man darf aber die konkrete Auflösung des konkreten Problems nicht verabsolutieren, wie das im Katholizismus und in den von seinem Geist durchtränkten zeitgenössischen Theorien der Trennung von Staat und Kirche geschieht. Wenn man schon von einem gewissen »empirischen Ideal« reden will, von einer Aufgabe für die Empirie, so hat man dieses Ideal in einer harmonischen Übereinstimmung beider »Gewalten« zu erblicken, so wie diese zum Beispiel in der byzantinischen Theorie der »Symphonie« ausgedrückt ist, im Westen aber teilweise in der Ideologie des mittelalterlichen Imperiums. ...

Das Christentum ist nicht Pantheismus, nicht Dualismus, nicht Monotheismus, sondern die Religion des Dreieinigen Gottes. ...

Jede tiefgehende Analyse des Seins, der Wahrheit und der Liebe führt zum Absoluten als zur Dreieinigkeit. Aber das Sein, die Wahrheit, die Liebe sind nur drei Strahlen von den unzählbaren Strahlen der Vollkommenheit. Sie sind Bestimmtheiten und Bestimmungen des Absoluten. Um das Absolute selbst möglichst vollständig zu begreifen, muß man sich höher erheben, die Grenzen zu überwinden suchen. ... Im Vater ist das Prinzip des Geistes, im Sohn ist der Geist das Licht des Vaters. Aber der Geist geht nur vermöge der trennenden Kraft des Sohnes, »durch den Sohn«, vom Vater aus (»per filium«). ...

Das Prinzip des Geistes ist im Vater, nicht im Sohn, welcher die Hypostase des Geistes in gewissem Sinne verneint. Das Prinzip des Geistes ist auch nicht im Vater *und* im Sohne. – Im Sohne ist nichts, was nicht im Vater wäre, außer des Geborenwerdens-Geborenseins, d. h. desjenigen, was durch den Geist ergänzt wird. Der Geist geht nicht aus vom Vater und vom Sohne (filioque). Er hat *ein* Prinzip, nicht zwei, und aus der Trennung kann die Vereinigung nicht hervorgehen. Der Geist geht auch nicht von dem aus, »worin Vater und Sohn eins sind«. Sie sind eins in ihrer Göttlichen Wesenheit, welche in ihrer Totalität auch Geist ist. Das katholische »filioque« kann nur einen doppelten Sinn haben. Entweder ist »dasjenige, worin Vater und Sohn eins sind« die Göttliche Wesenheit; oder aber es gibt noch irgendeine nichtsubstanzielle und nicht-hypostatische, sondern überhypostatische Einheit, welche den Vater mit dem Sohn verbindet, aber den Geist ausschließt. Im ersteren Fall führt uns das »filioque« zu der ungenauen und nur historisch gerechtfertigten Terminologie des ersten Nicäischen Konzils zurück, welche von der Geburt des Sohnes »aus dem *Wesen* des Vaters« sprach, was mit der wahren Dreieinigkeit unverträglich ist. Im zweiten Fall sind Vater und Sohn ihrer Göttlichkeit nach reicher als der Geist, und der Geist wird in der Fülle seiner Göttlichkeit herabgesetzt: das »filioque« erweist sich in diesem Falle als eine Lästerung des Heiligen Geistes.

Das Motiv des »filioque« – der Wunsch, die Gleichwertigkeit von Vater und Sohn zu begründen – führt ... zu einer Herabsetzung auch des Sohnes. Der Sohn ist die durch die Kraft des Geistes eine und seiende Getrenntheit, der Tod im Geiste, welcher Leben wurde. Wenn aber der Geist geringer ist als der Sohn, kann die Getrenntheit nicht völlig Einheit und der Tod nicht völlig Leben werden, und Jesus Christus ist dann nicht auferstanden. Dann ist nicht die All-Einheit das Prinzip von allem, sondern die Getrenntheit, welche entweder in der Indifferenz des Vaters und des Sohnes aufgehoben wird oder, als nur durch die Zweieinheit bedingt, irreal ist. Der Geist wird nicht nur vom Sohne herabgesandt, sondern ergießt sich auch auf den Sohn, indem Er Ihn vervollkommnet. ...

Die westlichchristliche Kultur ist die Kultur des »filioque«. Aus diesem ihrem Grunddogma folgen alle ihre unterscheidenden Merkmale. Das »filioque« ist die Negation der wahren Dreieinigkeit und folglich auch der All-Einheit, deren Aufbau und Prinzip in der Dreieinigkeit gegeben sind. ...

Jetzt ist es begreiflich, warum für die westliche Kultur eine aktive Dechristianisierung des Christentums und eine noch mehr aktiv-religiöse Dereligionisierung charakteristisch ist. Das ist durchaus nicht eine Wiederholung des fatalen Gesetzes der Entwicklung der Kulturen. Das ist dem Dualismus und der Religion des filioque eigentümlich, aber ganz und gar nicht dem Pantheismus. Und ich bin der Meinung, daß die Kultur des filioque sich in dieser Richtung erschöpft hat. Hier ist das letzte Wort gesprochen und zwar darum, weil die Entfaltung des filioque die Entfaltung seiner Begrenztheit ist und, folglich, seine Selbstvernichtung als eines Begrenzten. ...

Die russische Orthodoxie hat ein tieferes und feineres Gefühl für die Idee der All-Einheit, der Katholizität der Kirche als alle übrigen christlichen Bekenntnisse. Das kommt in dem der russischen Kultur eigentümlichen Streben zum Ausdruck, alle Erscheinungen des Seins religiös zu begreifen: die Wissenschaft, die Kunst, die Ethik, den Staat, das soziale und volkstümliche Sein. In ihr wird alles verklärt, für sie ist alles, wenn auch in geringem Grade, göttlich und alles verliert seinen Sinn, wenn es die absolute religiöse Bedeutung verliert. Der Orthodoxie stellt sich die universale Kirche als katholische oder symphonische Einheit aller partikularen Kirchen dar, unter denen der orthodoxen, welche die universale Überlieferung besser bewahrt als die anderen, die erste Stelle zukommt; sie stellt sich ihr dar als Einheit aller Religionen nach Maßgabe des Seins, d. h. der Wahrheit einer jeden – als Einheit der Menschheit und des Kosmos. Der russische Mensch ist tolerant in bezug auf fremde religiöse Meinungen; er ist stets bereit, deren Wahrheit anzunehmen und seine eigene Begrenztheit – oft allzu voreilig – einzugestehen. Es ist kein Zufall, daß sich unsere Theologie dem Einfluß der protestantischen so leicht hingab, daß unser philosophisches Denken so glühend an die »Offenbarung« des Westens glaubte. Der russische Mensch *scheint* unduldsam, wenn er die ewige Unsicherheit im Eigenen (d. h. die Trennung der Kirchen) nicht erträgt und die Augen vor allem außer dem einen verschließt. Er ist dann aber nicht unduldsam, sondern nur ungeduldig.

Der in seiner Isolierung selbstbewußte Katholizismus, welcher in dieser Isolierung stets der Trennung, d. h. der Bildung ketzerischer Lehren zuneigt, erlebt die Kirchentrennung nicht tief. Für die Orthodoxie ist diese Trennung wahrhaft tragisch. Die Wiedervereinigung des Leibes Christi stellt sich ihr als notwendige Vorbedingung aller schöpferischen Tätigkeit dar. Die Orthodoxie ist zur Passivität verurteilt, auf die Aufgabe des Bewahrens dessen beschränkt, was, da es noch von der einen alten Kirche überliefert wurde, wahrhaft universal ist. Das erklärt den Konservativismus der russischen Religiosität und der russischen Kultur, den »bewahrenden« Charakter der russischen offiziellen Theologie, die Krankheit des Schismas, welche auf dem Boden eines extremen Konservativismus entsteht, nicht aber die Krankheit der Häresie wie im Westen. Damit hängt aber auch der rebellische Drang zur schöpferischen Tätigkeit, der nicht systematische, sondern irrationale Geist der russischen Revolutionen zusammen.

Das Bewahren des Universalen entwickelt natürlicherweise einen gewissen Stolz auf die Treue ihm gegenüber, welcher für die russischen Altgläubigen so charakteristisch ist, ungerechtfertigte Verachtung fremden religiösen Suchens, welche freilich mit dessen vertrauensvoller Annahme abwechselt. Ebenso natürlich entartet der Konservativismus zur Passivität oder Trägheit. Nichtsdestoweniger ist der Durst nach der Einheit der Kirchen und der Kirche in der Orthodoxie stärker, als wo es immer sei. Nur muß man dessen eingedenk sein, daß vom Standpunkt der All-Einheit die Wiedervereinigung der Kirchen auf keinen formalen Akt zurückführbar sei, nicht, wie im Katholizismus, abstrakt-rationalistisch gedacht werden könne. Die Wiedervereinigung der Kirchen ist gar nichts anderes als die Wiedervereinigung der Kulturen. Sie ist erstens mit der Selbsthingabe, zweitens mit der Selbstbehauptung verbunden. Der Prozeß der Vereinigung der Kulturen (der Kirchen) Rußlands und des Westens *vollzieht* sich darin, daß sich Rußland dem Westen hingibt, indem es sich von dessen Kultur qualitativ erfassen läßt, sich »europäisiert«, und darin, daß es in dem Subjekte der westlichen Kultur seine russischen Qualitäsbestimmungen hervorruft.

Die ungewöhnliche »Empfänglichkeit« des russischen Menschen, seine Umwandlungsfähigkeit in andere Kulturen ist häufig bemerkt worden. Diese Umwandlungsfähigkeit ist psychologisch und historisch mit der Opferwilligkeit verbunden, mit der Bereitschaft, sich für das Wohl der Menschheit und Europas hinzugeben, und ist auch ihrem Wesen nach, als Verzicht auf das Eigene, Opferwilligkeit. Für die Psychologie des sich vorzugsweise selbstbehauptenden Westens ist die Opferwilligkeit der russichen Politik unbegreiflich; unbegreiflich sind ihr solche Erscheinungen wie die Einmischung Nikolaus I. in die ungarische Revolution, der Krieg auf dem Balkan, die Haager Utopie Nikolaus II. und die Bereitwilligkeit russischer Menschen – der »Bolschewiken« – Rußland in einen experimentellen Boden zum Wohl der Menschheit zu verwandeln. Auch haben die russischen Menschen die westliche Kultur überhaupt nicht auf westliche Art aufgenommen. Sie vergaßen das Eigene, götzendienerten vor dem Westlichen; sie waren bestrebt, jede westliche Idee in etwas absolut Bedeutsames umzuwandeln. Im Laufe des 19. Jahrhunderts hat die russische Intelligenz gleichsam mehrere Religionen gewechselt. Zuerst glaubte sie an die idealistische Philosophie Schellings und Hegels, dann an den Materialismus und Darwinismus, dann an den Sozialismus. Und jede Theorie verwandelte sich für sie in ein Dogma, brachte Propheten und Fanatiker hervor, wurde zu einem absoluten Ideal, welches alle anderen ausschließt.

Um diesen Absolutismus oder Maximalismus (den »Bolschewismus«, sofern in dem Bolschewismus nicht der Kommunismus gedacht wird) des russischen Geistes zu begreifen, muß man folgendes beachten. Das Bewußtsein der Unerreichbarkeit des dem Geiste beständig vorschwebenden absoluten Ideals, welches gerade in der russischen Orthodoxie, in der russischen Kultur ganz besonders intensiv ist, entwertet das empirische Sein und jede *»Annäherung«* an das Ideal. Dieses Bewußtsein verwandelt sich in das Bewußtsein der eigenen Ohnmacht, in eine Gleichgültigkeit gegenüber dem Relativen, in Trägheit und Faulheit. Die eigenen Gedanken erscheinen nicht besser begründet als die fremden, unbewiesen und unrealisierbar. Alles »Unbezweifelbare« verliert seinen Wert, weil es nur annähernd, relativ ist. Die all-einig verstandene Moral kann nicht autonom, sondern nur religiös fundiert sein. Darum gibt es für den russischen Menschen ohne Religion auch keine Sittlichkeit: »Ohne den Glauben an die Unsterblichkeit ist alles erlaubt.« Mit der Abschwächung der Religiosität in ihrer Passivität erschlafft und verschwindet die Sittlichkeit, wie auch überhaupt alle Tätigkeit. Das soziale Leben und das volkstümliche Dasein, welche in der Religiosität und bei den Altgläubigen festgefügt sind, werden zerstört und entwertet. Das Dasein des Angehörigen der russischen »Intelligenz« ist der Volkstümlichkeit bar. Am wenigsten ist der russische Mensch geneigt, sich mit einem Kompromiß, mit dem »Spießbürgertum«, mit demjenigen, was er den »faulen Westen« nennt, auszusöhnen. Er ist seiner Natur nach Maximalist, »Bolschewik«, wenn auch nicht immer ein aktiver. Er träumt ein Ideal, das sich sofort verwirklichen soll. Und wenn er aktiv ist, dann begnügt er sich aus Ungeduld mit einem bis zum äußersten vereinfachten und geradlinigen Ideal, mit dem Ideal der Kommunisten-Bolschewiken, der russischen Sozialisten überhaupt, oder dem Ideal Leo Tolstojs. Auch das hängt mit Passivität und Faulheit zusammen. Ein einseitiger Ausweg weist stets auf die Ohnmacht hin, die Kompliziertheit des Lebens zu umfassen, diese Ohnmacht aber ist stets eine *freiwillige* Ohnmacht, eine sündhafte Trägheit. ...

Das orthodoxe Bewußtsein begnügt sich nicht mit einem Teil des Seins: mit der Religion allein, mit der Wissenschaft allein, mit dem sozialen oder individuellen Leben allein. Es erstrebt das All-Eine. Die Kirche außerhalb des Staates und der Gesellschaft ist für es gerade so undenkbar, wie eine irreligiöse Tätigkeit und ein irreligiöses Denken für es undenkbar sind, wenngleich diese selbst sich dafür halten sollten (im russischen Atheismus, Materialismus und Sozialismus). Und darum ist der Prozeß der russischen Kulturentwicklung nur vom religiösen Standpunkt aus begreiflich.

Der russische Staat war von der ältesten Periode seines Bestehens bis zum 17. Jahrhundert ein klar ausgeprägter Kirchenstaat, welcher die eigentliche Kirche mit dem eigentlichen Staat, das Priestertum mit dem Königtum in eigenartiger Weise in sich verband. Die russische Kirche (im engeren Sinn des Wortes) durchdrang das ganze Leben, aber im 16.–17. Jahrhundert näherte sie sich nur der Lösung des Problems der orthodoxen Kultur: der orthodoxen Staatlichkeit und Gesellschaftlichkeit. Sie entfaltete nicht die dogmatischen Möglichkeiten des

Christentums jenseits der Grenzen des von den sieben allgemeinen Konzilen Festgesetzten und erteilte keine Antwort auf die der »Welt« vorschwebenden Aufgaben; sie bewahrte nur die Überlieferung, war passiv, obwohl sie sich nach Tätigkeit sehnte. Sogar die Sinnerfüllung des Bewahrten schien ihr eine schwierige Sache zu sein, und die dahingehenden Versuche führten zum Schisma (Raskol). Da die »orthodoxe Welt« bei ihrer Kirche keine Antwort fand, machte sie sich aus eigener Kraft an die Lösung der sich ihr darbietenden Probleme, die von ihr nicht als kirchliche erkannt wurden. Darin liegt der tiefste Sinn der Wirren im 16. Jahrhundert und der Petrinischen Reform, welche der Europäisierung Rußlands, das die byzantinische Kultur schon eingesogen hatte, die Tore öffnete. Die westliche Geschichte wiederholt sich gleichsam, und dieses »gleichsam« zeugt von der Europäisierung. Im 17.–18. Jahrhundert beginnt im kaiserlichen Rußland die Periode der für den Westen natürlichen und für die Orthodoxie widernatürlichen Trennung von Staat und Kirche, als deren formale Vollendung die von der russischen Revolution durchgeführten Maßnahmen erscheinen. Die Bolschewiken haben das Werk Peters vollendet. Man darf sich von dem Schein, daß die kaiserliche Herrschermacht den orthodoxen Charakter des russischen Staates formal anerkannte, die Kirche »beschirmte«, die Heterodoxie und die Andersgläubigkeit bekämpfte, nicht täuschen lassen. Die Kirche war offenkundig in ein Staatsdepartement verwandelt, welches durch den Oberprokureur des Heiligen Synods dem Zaren unterstellt war; die Sphären des Königtums und des Priestertums waren faktisch getrennt, und dem letzteren war alle politische, gesellschaftliche und sogar intellektuelle Tätigkeit (im Sinne eines freien kulturellen Schaffens) genommen.

Die Kirche nahm passiv und unterwürfig die ihr auferlegten Fesseln entgegen. Im Laufe des 18. und 19. Jahrhunderts blieb sie die passiv-schüchterne Bewahrerin der altchristlichen Überlieferung. Indem sie die ihr vom Staate gezogenen Grenzen anerkannte, konzentrierte sie sich auf das Kultleben und auf die harmlose, daher aber auch unwirksame sittlich-lehrhafte Tätigkeit im Bereich des abstrakten individuellen Lebens. Die Entwicklung der russischen Kultur vollzog sich außerhalb der Kirche, um, obwohl sie ihrem Wesen nach kirchlich war, sich in ihrer Außerkirchlichkeit selbst zu genügen. Die Gesellschaft folgte dem Zaren, welcher anstatt des Königsmantels die Uniform des Preobrashenski-Regiments anlegte. Das religiös-dogmatische und das religiös-ethische Streben fand einen Ausweg in den mystischen und rationalistischen Häresien, die teilweise durch den Protestantismus bedingt waren (die Chlysten, die Skopzen, die Molokanen, die Stundisten usw.), im Dogmatisieren der Laien, welche sich entweder bemühten, die Natur der Orthodoxie und ihre Überlieferung sinnvoll zu gestalten (die Slawophilen, Chomjakow), oder neue Wege suchten und sich von dem Christentum entfernten (Rosanow). Das philosophische Denken entfaltete sich in dem offenkundigen Bestreben, sich selbst zu genügen, und in der Opposition gegen die Kirche und gegen den religiösen (d. h. den kirchlich-religiösen und in seiner Religiosität erkannten) Glauben, indem es bemüht war, an dessen Stelle einen anderen, ärmeren und engeren Glauben an die Wissenschaftlichkeit, die Materie und den Atheismus zu setzen. Im Zusammenhang damit schlug das sozial-philosophische und das politische Denken ebenfalls eine antikirchliche Richtung ein, wiewohl es in seinem Maximalismus, in dem Bewußtsein der Unzertrennlichkeit von Theorie und Leben und der Notwendigkeit, die Theorie um jeden Preis zu verwirklichen, religiös blieb. Das durch den lebendigen Glauben starke sozial-philosophische Denken suchte vor allem die absolute Lebenswahrheit (prawda) als Einheit der theoretischen Wahrheit (prawda-istina) und der Wahrheit-Gerechtigkeit (prawda-sprawedliwostj), das Wohl aller Menschen. Es führte zur Selbstaufopferung und... zu einem engherzigen Fanatismus. Die russischen sozialen Strömungen, welche auch den Charakter der russischen Literatur bestimmten, zeigten spezifisch-orthodoxe Züge. Die völkische Richtung (narodnitschestwo), die Bewegung der Volksbefreiung (narodowoljstwo), die Varietäten des russischen Sozialismus offenbarten unvermuteterweise ihre Verwandtschaft mit den Häresien, welche die altchristliche Kirche bewegten. Unter der Hülle des Europäismus zeigte sich das echt religiöse Element. Als religiöse Bewegung (ich rede natürlich nicht von ihrem religiösen Wert) entpuppt sich auch der Bolschewismus. Er ist religiös, sofern in seiner kommunistischen Ideologie der glühende Glaube an das Wohl der Menschheit, an den Fortschritt (die althergebrachte Religion der russischen Intelligenz) und an die anderen »Idole« in Erscheinung trat; er ist religiös in seiner Organisation: die Kongresse Konzile, auf denen die »pars concilii sanior« (aber nicht »major«) entscheidet, die Führer Hierarchen, die kanonischen Bücher (die Schriften von Marx) und die Katechismen (das »kommunistische Manifest« und das »Alphabet des Kommunismus«). Auch darin ist der Bolschewismus religiös, daß er, wie jede Bewegung in der Intelligenz, das elementare Streben der breiten Massen zur Wahrheit (prawda), ihre unklaren Ideale und Ahnungen, ihre niedrigsten und dunkelsten Instinkte, die er durch seinen neuen Glauben rechtfertigt, zum Ausdruck bringt.

Der gesamte Prozeß der kulturellen Entwicklung der orthodox-russischen »Welt« in der letzten Periode stellt sich dar als ein Versuch dieses potentiell-kirchlichen Seins, sich durch eigene Kraft, aus sich selbst heraus, außerkirchlich und ohne Gnadenwirkung zu vollenden. Ein solches Bestreben ist seinem Wesen nach innerlich widerspruchsvoll und kann seinen Sinn nur durch die Kirche erkennen, wenn es bewußt oder aktuell kirchlich wird. Es sind Anzeichen dafür vorhanden, daß die orthodoxe Kirche die Notwendigkeit, ihre Passivität zu überwinden, tätig zu sein und, folglich, das ganze Sein von neuem zu umfassen, erkannt hat. Der Triumph des Bolschewismus wurde von einem Aufschwung des religiösen Gefühls, von einem Aufblühen des kirchlichen Kultes begleitet. Aber die orthodoxe Kirche muß in ihrer All-Einigkeit in allen Sphären des Lebens tätig sein, d. h. auch die Probleme des sozialen Lebens und der Politik heiligen und klären. Ein Teil der Priesterschaft hat diese Aufgabe als »Annahme der Revolution« begriffen. Er ging einen Kompromiß ein mit der bolschewistischen Macht, nannte sich aus Furcht vor dem unvermeidlichen Untergang »lebendige« Kirche, verwandelte sich rasch in eine servile und moralisch bedeutungslose Gruppe, anerkannte mit List oder unbedacht die Ideen des Klassenkampfes und der Gewalttätigkeit als Christi Vermächtnis... Natürlich liegen Weg und Aufgabe der russischen Kirche nicht darin, nicht in ihrer Verwandlung in eine synodale Sowjet-Kirche. Das ist nur ein Symptom des Durstes nach schöpferischem Leben in der Kirche, eine Widerspiegelung ihres Ideals in den dunklen Wassern der Häresie. Die schöpferische *Verklärung* des Lebens, welche als Hauptziel der Orthodoxie erscheint, ist in der verfolgten Kirche nur vermöge ihrer Selbstvertiefung, durch den ihre frühere Trägheit sühnenden Leidensweg nach Golgatha möglich.

Wegen des potentiellen Zustandes der russischen Kultur ist es schwer, ihren konkreten Inhalt zu definieren. Man kann nur einige ihrer hauptsächlichen Motive und Aufgaben andeuten.

In der theoretischen Sphäre liegt der Orthodoxie eine weitere Verdeutlichung der Idee der All-Einheit ob, welche ohne Verdeutlichung der Dreieinigkeit und, folglich, ohne eine Erkenntnis der durch die westlich-christliche Kultur entstellten Intuitionen unmöglich ist. Anders gesagt, als Bedingung einer dogmatischen Entwicklung der Orthodoxie erscheint die Vereinigung der Kirchen, zum mindesten – eine Annäherung an diese in der Überwindung der Grenzen des filioque und aller dogmatischen Gedanken, die sich daraus ergeben, aber auch in deren Ergänzung, d. h. in der Erkenntnis dessen, was in ihnen begrenzt ist. Unter dieser Bedingung ist auch eine weitere Entfaltung der spezifisch orthodoxen dogmatischen Gedanken von der Sophia, der Göttlichen Allweisheit, möglich, was mit einer neuen und tieferen Erkenntnis der Dogmen der Menschwerdung Gottes und der Göttlichen Inkarnation verbunden ist, d. h. mit einer Entfaltung der Idee der All-Einheit selbst. Die Idee der All-Einheit wirft neues Licht auf die alten für den Westen unlösbaren Probleme: auf die Probleme der Prädestination und der Gnade, der Unsterblichkeit des Menschen als eines seelisch-leiblichen Wesens, der Auferstehung und der Erlösung, und vor allem – auf das Problem der Freiheit. Nur auf dem Fundament der All-Einheit ist die Begründung der Freiheit möglich. Und diese Begründung erfordert durchaus keine Herabsetzung der Gottheit in der Verneinung ihrer Güte und Gerechtigkeit oder in der Anerkennung eines bösen Andersseins. Die christliche Ethik wird von einem neuen Pathos durchdrungen: nicht vom Pathos eines aktiven Kampfes gegen das Böse, sondern vom Pathos einer aktiven Vollendung und Verklärung der Welt. Ich gestatte mir hier, auf eine charakteristische Tendenz der orthodoxen Theologie hinzuweisen. Für den Katholizismus ist die Anerkennung der Erlösung eines *Teiles* der Menschheit und der Ewigkeit der Höllenqualen nicht neu. In der Orthodoxie lehren nicht nur Origenes, sondern auch Gregor von Nyssa, durch den Glauben an die Absolutheit der Göttlichen Güte gefestigt, die Errettung aller... Diese Lehre... ist nach meiner Ansicht eine der mächtigsten Überlieferungen der Orthodoxie.

Mit der Entwicklung der orthodoxen Dogmatik ist auch die Entwicklung der orthodoxen Kirchenlehre verbunden, welche das aktive Moment der Orthodoxie entfaltet. Die wahre und vollkommene, all-einige Kirche offenbart sich als der ganze in der vergotteten Menschheit verklärte Kosmos, der Kosmos – als die in der Empirie entstehende Kirche. Die empirische Kirche stellt sich in Gestalt der in ihrer Totalität und in jedem ihrer Momente zur vollkommenen All-Einheit werdenden harmonischen, »katholischen« (symphonischen) Einheit der Kirchen dar, welche die Welt verklären. Eben dadurch ist jedes Moment der Empirie als eine gewisse Annäherung an das Ideal begründet, und jedem ist sein Ziel nicht in der empirischen Zukunft, sondern in der überempirischen All-Einheit gewiesen. Das Ziel des Lebens ist die unbegrenzte Vervollkommnung aller Zeitmomente und vor allem des gegenwärtigen, heutigen Tages....

Die Vervollkommnung alles Empirischen ist vor allem die Vervollkommnung des Wissens. Es ist, wie alles, um so vollständiger und wahrer, je religiöser es ist. Die russische Philosophie war und bleibt in den für sie charakteristischen Strömungen religiös. Sie ist bestrebt, sich auf eine umfassende Erfahrung zu gründen, indem sie die rationalistische Begrenzung überwindet. Für sie kann das allem zugrunde liegende Absolute nur durch ein im Leben zum Ausdruck gelangendes Wissen begründet werden, durch ein »lebendiges Wissen«, wie es von S. L. Frank genannt wird, durch »den von der Liebe begleiteten« oder durch den notwendig in Werken zum Ausdruck kommenden Glauben, durch den lebendigen oder christlichen Glauben, wie er am besten bezeichnet werden kann. Die russische Philosophie ist nicht eine Philosophie der Idee der Transzendenz, sondern eine Philosophie des Glaubens, eine Philosophie des Intuitivismus (N. O. Losskij) und der All-Einheit. Sie schließt sich nicht in eine Sphäre spezieller Bestrebungen ein, sondern ist bemüht, auch das Leben zu umfassen. Sie ist unabtrennbar von der Religion, wie auch das Leben von der Religion und von der Tätigkeit unabtrennbar ist. Es soll keinen weltlich begrenzten Staat, keine weltlich begrenzte Gesellschaft geben, denn alles soll kirchlich, von Christi Wahrheit durchdrungen sein. Aber dies ist durchaus keine Verkündung der Theokratie, welche nur auf dem Boden der Trennung von Kirche und Welt, d. h. auf dem Boden einer Verminderung und Verneinung der All-Einheit denkbar ist.

Zurzeit ist die russische Kultur krank an der Folge der Kirchentrennung –, an der Passivität und der mit ihr verbundenen Einseitigkeit und Enge (Ruhelosigkeit) der aktiven Manifestationen. Es ist möglich, wenngleich unwahrscheinlich, daß diese Krankheit tödlich ist und die russische Orthodoxie, als Kirche und Kultur, dazu verurteilt ist, eine ungenügend realisierte Möglichkeit zu bleiben. Es ist andrerseits möglich, daß die Orthodoxie den von dem westlich-romanischen Christentum schon zurückgelegten Weg gehen wird – den Weg einer Selbstentfaltung in der Isolierung und Selbstbegrenzung. Dieser Weg erscheint auf Grund von Erwägungen empirischen Charakters als der wahrscheinlichste. Aber nicht er führt zum Ideal. Das Ideal ist die Vollständigkeit der Selbstentfaltung, d. h. die Entfaltung der Orthodoxie und die lebendige Wiedervereinigung der anderen christlichen Kirchen und Kulturen mit ihr.

Sergej Nikolaevič Bulgakov

Dialog zwischen Gott und Mensch
Ein Beitrag zum christlichen Offenbarungsbegriff
um 1936/1937

Was ist Offenbarung

Offenbarung setzt die Existenz von etwas Verhülltem voraus oder eines Mysteriums, das sich uns selbst offenbart. Ein Mysterium ist nicht nur etwas Unbekanntes oder Verborgenes, das mitgeteilt werden kann oder nicht, offenbart oder vorenthalten. Auch kann seine Kenntnis, wenn es wahrgenommen wird, nie umfassend oder ihm in irgend einer Weise adäquat sein. Ein Mysterium bleibt jenseits des menschlichen Verstehens und kann durch die Vernunft nicht erschöpft werden. Das logische, exakte Denken kann ein Mysterium niemals durchdringen, welches jenseits des menschlichen und weltlichen Fassungsvermögens ist. Jedoch ist es andererseits ein notwendiges Charakteristikum eines Mysteriums, daß es sich selbst enthüllt. Und in der Tat, es wäre kein Geheimnis, wenn es nicht zur Offenbarung bestimmt wäre. In der Offenbarung ist es das Transzendente, welches sich selbst enthüllt, obwohl es durch eine solche Enthüllung nicht erschöpft werden kann. Die Natur eines Mysteriums ist so beschaffen, daß es für seine *Existenz* gleich ist, ob es sich jenseits einer Enthüllung befindet, oder sich durch sie offenbart. Aber ein Mysterium hört auf, ein *Mysterium* zu sein, wenn es nie und in keiner Weise offenbart wird, oder, auf der anderen Seite, wenn es durch den Prozeß der Offenbarung aufgelöst und erschöpft ist. Es ist gleich charakteristisch für ein Mysterium, sich zu enthüllen und verborgen zu bleiben, denn es bleibt ja immer ein Geheimnis, auch in dem Prozeß des Enthülltwerdens. In diesem Sinne ist es Gott, denn Gott ist nach der patristischen Tradition einer relativen Vorstellung gleich: Gott ist Gott *für die Kreatur*. Er ist ein Gott, der sich ständig selbst offenbart. Deshalb ist Offenbarung die wahre Natur der Gottheit. Gott ist ein sich enthüllendes Mysterium. ...

Der Gegenstand der Offenbarung, nämlich der Eine, der sich selbst offenbart, steht in Wechselbeziehung zu dem, der die Offenbarung empfängt. In diesem Sinne ist Offenbarung ein *Dialog*, ein Zwiegespräch zwischen Gott und seiner Schöpfung, zwischen Engeln und Menschen. Da ja die Fülle der Offenbarung besonders dem Menschen angehört (vergl. 1. Petrus 1,12; Epheser 3,9–11), stellt die Offenbarung eine *göttlich-menschliche* Kommunion dar, ein Handeln Gottes im Menschen und die konsequente Aufnahme Gottes durch den Menschen. Offenbarung schließt eine Begegnung und ein Gespräch in sich, Gottes Zusammenkunft mit dem Menschen. Der Mensch ist ein personales Wesen, und die Offenbarung schreitet von der *Person* Gottes zur *Person* des Menschen fort. ...

Jede menschliche Persönlichkeit ist aber ein Teil der gesamten Menschheit. Jede Persönlichkeit ist ihr Repräsentant, ist Mensch in dem alles einschließenden Sinn. Obwohl Gottes Offenbarung in Wirklichkeit von einer einzelnen Person empfangen wird und als eine *Erfahrung* auch in Worten nicht ausgedrückt werden kann, so ist sie doch im Blick auf ihren *Inhalt* für das Ganze der Menschheit bestimmt; wenn nicht in jeder Einzelheit, so doch schließlich im Prinzip. ...

Christus offenbarte und veranschaulichte Gott den Menschen in einer neuen Weise. Er ist die Tür, durch die wir in die göttliche Erkenntnis eingehen, da wir Gott in ihm durch den Heiligen Geist kennen lernen. Keinesfalls ist dies eine Weise, innerhalb der Zeit zu einer rationalen vollständigen Kenntnis zu gelangen, es ist vielmehr ein ewiger Prozeß, ein Verstehen zu erwerben. Das ewige Leben der Kreatur wird durch das göttliche genährt und wird tatsächlich mit ihm identifiziert, aber der Unterschied zwischen Gott und seiner Schöpfung, zwischen dem Einen, der sich selbst enthüllt, und dem einen, welcher die Offenbarung erhält, bleibt unzweifelhaft und ewig. Der vergöttlichte Mensch, der durch die Gnade ein Gott ist, hat am göttlichen Leben teil, bleibt aber ein Wesen, das sich in der

Natur unterscheidet. Offenbarung stellt eine göttlich-menschliche Kommunion dar. Die Offenbarung eines Mysteriums ist an sich ein Geheimnis zwischen Gott und Mensch. ... Es setzt eine gewisse Entsprechung voraus oder *eine Ähnlichkeit zwischen dem Bilde Gottes und dem des Menschen*, ja ihre tiefe Relation. In einem gewissen Sinne ist es für Gott notwendig, menschlich zu sein, und für den Menschen, etwas Göttliches in sich zu haben, wenn der Mensch Empfänger einer Offenbarung werden will und wenn ein Austausch zwischen Gott und dem Menschen möglich werden soll. Die Bibel drückt diese Verwandtschaft zwischen Gott und dem Menschen so aus, indem sie sagt, daß der Mensch nach dem Bilde Gottes geschaffen wurde und, konsequenterweise, daß Gott in sich das Urbild des Menschen enthält. Damit ist sozusagen eine »Leiter« zwischen Gott und Mensch aufgestellt, die zum Hinaufsteigen und Herabsteigen gebraucht werden kann.

Wir können das viel leichter begreifen, wenn wir die Inkarnation und Pfingsten bedenken, die beide das Herabsteigen Gottes aus der Höhe darstellen. ...

Wir sollten lernen, das »Ebenbild Gottes« nicht als eine Art »Qualität« oder »Gleichheit« – denn wie kann hier von Gleichheit die Rede sein – zu interpretieren, sondern realistisch als eine Ähnlichkeit im Unterschied und einen Unterschied in der Entsprechung. ... Gottes Ebenbild ist der göttliche Funke im Menschen, Gottes Geist, den Gott aus sich selbst hauchte, als er den Menschen schuf. ...

Es ist ein törichter Irrtum, die Gottesebenbildlichkeit des Menschen auf einen *einzelnen* Teil von ihm zu *beschränken*, denn sie bezieht sich auf den Menschen als ein Ganzes, insofern seine Integrität sich nicht verändert hat, genauer gesagt, nicht durch die Sünde verdorben wurde. Der Mensch ist ein kreatürlicher Gott, in beidem: im Geist und im Leib (in ihrer gegenseitigen Abhängigkeit) und auch in seinem persönlichen Sein wie in seiner Natur.

Natürliche Offenbarung

Es gibt eine natürliche Offenbarung Gottes in seiner Schöpfung, in der Natur und im menschlichen Geist. Alle Menschen sind »aus einem Blut« geschaffen, damit sie »den Herrn« suchen, der »nicht ferne von einem jeden von uns« ist, denn »wir sind auch seines Ursprunges«, so heißt es in der Rede des heiligen Paulus vor dem Areopag. ... Diese Stellen geben von dem Prinzip der natürlichen Offenbarung hinreichend Kenntnis, und damit von einer natürlichen Religion – vom»Heidentum« als solchem, das schließlich in die Kirche Christi gerufen wurde und sich des Rufes insofern als wert erwies, als es Christus annahm. ...

Natürliche Offenbarung fußt auf eben dieser Tatsache, auf dem Vorhandensein von Gottes Ebenbild im Menschen, der durch die Weise seiner Erschaffung das göttliche Sein bereits in sich trägt. ...

Der Mensch ist gemäß dem Plan seiner Erschaffung nicht nur Zentrum der ganzen Schöpfung, indem er alle ihre Fäden in sich vereinigt, sondern darüber hinaus ein Geschöpf, des mit göttlichen Tiefen ausgestattet ist. Er ist ein Gott durch Gnade. In der natürlichen Offenbarung wird der Mensch sich selbst in seiner göttlichen Tiefe offenbar, und er wird in sich selbst durch diese Tiefe inspiriert – als Mensch durch seine »Menschlichkeit«. Gerade wegen der Entdeckung dieser göttlichen Grundlage in sich selbst, verlangt er gleichzeitig nach der Herabkunft der göttlichen Offenbarung aus der Höhe, auf die er mit brennendem Verlangen wartet. Aber der Mensch erkennt schon in sich selbst und in der Schöpfung die »Zeichen der Gottheit« und empfängt darüber eine natürliche Offenbarung. Der Mensch trägt in sich die ersten Grundstoffe der Ewigkeit, die in die Zeit eingetaucht ist und sich in dem Gesicht der Zeit widerspiegelt. Daher ist der Mensch der Entstehung und Weiterentwicklung innerhalb der Zeit unterworfen. Die Tiefen seines eigenen Seins sind selbst für ihn ein Mysterium, welches gradweise im Prozeß seines Lebens entfaltet wird. Diese Selbst-Offenbarung des Menschen gründet sich auf das göttliche Leben, das in ihm geoffenbart wird. Wirklich ist unser Eigenbewußtsein nicht in der Lage, die Tiefe des menschlichen Geistes in seiner Ganzheit zu ergründen. Die natürliche Offenbarung ist für die Tatsache verantwortlich, daß des Menschen Selbsterkennen dazu gelangt, diese göttliche Offenbarung, die ihm durch das Ebenbild Gottes eingegeben ist, einzuschließen. Der Mensch entdeckt das Siegel der Gottheit sowohl in seinem eigenen Geiste, wie auch in der Natur. ...

So sollten wir die menschliche, natürliche Offenbarung, die der Mensch in sich selbst und in der Welt entdeckt, in dem Ebenbild Gottes voll annehmen.

Göttliche Offenbarung

Der Mensch besitzt in seiner Eigenschaft als kreatürliches, kosmisches Wesen seine eigene besondere Offenbarung von Gottes Bild. ...

»Natürliche Offenbarung« ist, wie wir gesehen haben, die Selbstoffenbarung des Menschen in seinem göttlichen Ursprung. Im Gegensatz zu *dieser* Offenbarung, im genauen Sinn des Wortes, steht das *Handeln* Gottes im Menschen. Dies ist ein Herabsteigen Gottes. Es ist ein Willensakt Gottes, ein Geschehen der Liebe, die Gott für den Menschen beweist. Es ist eine wirkliche Begegnung Gottes mit dem Menschen, so wie es sich uns in zahlreichen Fällen im Leben der Menschheit, sowohl im Alten wie im Neuen Testament zeigt. Bei alledem muß beachtet werden, daß die volle Menschlichkeit des Menschen in solcher Zusammenkunft bewahrt bleibt. Ja, der Mensch wird noch nachdrücklich bestätigt in diesem Prozeß, in dem er mit Gott um sein Menschsein ringt. ...

Es ist wichtig, gleichzeitig beides zu bedenken: die Schwierigkeit dieses ganzen Prozesses – in dem Gott selbst die Mühe auf sich nimmt, Seine Offenbarung dem rebellischen Menschen zu vermitteln – und die tatsächliche Möglichkeit und Wirksamkeit dieser Offenbarung. ...Diese Möglichkeit war in Gott immer vorhanden, aber sie mußte ebenso auch im Menschen vorhanden sein. Gottes Offenbarung wurde in einer vollkommenen Einheit von Gott und Mensch vollendet, in Gottes

»Herabkommen vom Himmel« zu Seinen Geschöpfen. Diese Offenbarung fand erstmals in der Inkarnation des Wortes statt. ... Jesus offenbarte Gott, den himmlischen Vater, durch Sich selbst und in Sich selbst. Unser Herr war eine persönliche Offenbarung Gottes, was Gott betrifft, des Sohnes, was den Vater betrifft. Er verwirklichte diese göttliche Offenbarung in Seinem gott-menschlichen Leben, das eine Einheit zweier Naturen darstellt, zweier Willen, zweier Energien, und ebenso zweier Worte: des göttlichen Wortes und des menschlichen Wortes, des *Logos* und des *logos*. Aber Gottes Offenbarung an den Menschen war nicht durch die Inkarnation allein vollendet, denn nach dieser folgte Pfingsten, die Herabkunft des Heiligen Geistes aus der Höhe. Pfingsten war eine Inspiration des menschlichen Lebens durch das göttliche, so daß die Fülle des göttlich-menschlichen verwirklicht werden konnte.

Diese Offenbarung, die, obwohl in einem Sinn endgültig, noch der Ausbreitung fähig war, fand in der neutestamentlichen Kirche statt, in dem Leib Christi, der durch den Heiligen Geist bewegt wird. Die Offenbarung setzt sich in der Kirche fort....

Offenbarung als heilige Überlieferung

Offenbarung ist nicht einem Einzelnen in seiner Isolation verliehen, sondern dem Menschen im alles einschließenden Sinne, und so durch ihn der gesamten Menschheit. Wenn die Offenbarung in ihrer einzelnen Bekundung auch durch Zeit und Raum eingeschränkt ist, so erstreckt sich ihre Bedeutung durch ihre lebendige Tradition doch auf die ganze Menschheit. Dies ist ein Fall, auf den wir Christi Worte, daß nichts verborgen ist, was nicht offenbar werden wird, wohl anwenden können. Denn jedes einzelne Vorkommen von Offenbarung ist in die »heilige Geschichte« (historia sacra) der Menschheit eingeschlossen, ist in ihrer »heiligen Tradition» (sancta traditio) aufbewahrt. Wir müssen beginnen, indem wir die Tatsache begreifen, daß Offenbarung nicht nur »der Buchstabe« ist, sondern auch das Leben, den dieser bezeugt: ein wirklicher Umgang Gottes mit dem Menschen, der »zu verschiedenen Zeiten und in mannigfaltiger Weise« stattfindet. Das Grundlegende ist das Leben; der Buchstabe und die Überlieferung sind nur abgeleitet. ...

Offenbarung setzt die Geschichte der Menschheit in das Licht von deren Beziehungen zur Gottheit, und in diesem Sinne ist sie die Geschichte von deren Hingabe an Gott, die von Generation zu Generation weitergereicht wird. ... Offenbarung ist Leben in Gott, ein Prozeß der Vergöttlichung, der im Fortschreiten begriffen ist – Gott-Menschheit.

Aus diesem Grunde sollten wir niemals versuchen, die Heilige Schrift und die Heilige Tradition als zwei verschiedene Formen der Offenbarung einander gegenüberzustellen, zu trennen, oder, was noch schlimmer ist, als einander ausschließend zu betrachten. Das Ganze dieser Lehrstreitigkeiten zwischen Katholizismus und Orthodoxie einerseits und dem Protestantismus andererseits, beruht auf einem Mißverständnis. Denn solch einen Vergleich anzustellen, ist in sich selbst ein Mißverständnis. Tradition als das Leben der Kirche, ist nicht *eine* der Quellen der Offenbarung oder der Methoden von deren Bewahrung, sondern sie ist selbst Offenbarung *in actu*, Leben in Gott durch das Leben in der Kirche. Tradition ist die Kirche als die lebendige Einheit und als Unteilbarkeit der Gegenwart, Vergangenheit und Zukunft, als Gott-Menschheit. ...

Offenbarung als ein fortlaufender Prozeß

Gibt es ein Ende der Offenbarung und kann sie jemals aufhören? Wenn wir die Offenbarung nach ihrer statischen Seite interpretieren, nicht als Leben, sondern als ein Gut (als etwas Gegebenes), nicht als ein Handeln, sondern als eine vollendete Tatsache, dann werden wir diese Frage im bejahenden Sinne beantworten. Die »letzten Zeiten« beginnen nach der Inkarnation und nach Pfingsten, denn Gottes Offenbarung an die Menschen ist im Prinzip durch die Vergöttlichung der Schöpfung, durch die Inkarnation bereits vollendet. Aber sie ist eben nicht nur ein einmaliges Ereignis zu Beginn der Zeit und eine Erfüllung in unserer eigenen Ära: sie gilt ebenso für die Ewigkeit, und das ganze Leben der Menschheit ist von ihren weiteren Bezeugungen, sowohl in diesem Äon, wie auch danach, abhängig. Offenbarung schließt beides in sich: das Leben des einzelnen Individuum innerhalb des Zusammenhanges seiner ganzen Bestimmung, und das Leben der gesamten Kirche und Menschheit. Auf der einen Seite schließt dies das persönliche Empfangen von Offenbarung ein. Auf der anderen Seite wird das Wort Gottes, dieses Buch des Lebens, das »ewige Evangelium« fortgesetzt neu gelesen und wird in diesem Prozeß immer wieder in einem neuen Licht gesehen, mit einem tieferen Eindringen in seine Bedeutung. Auf gleiche Weise werden die Wahrheiten, die von der Kirche in der Form von dogmatischen Definitionen verkündet werden – z. B. das Dogma von der heiligen Trinität oder das der Inkarnation –, ein Gegenstand persönlicher Offenbarung (»Und wir werden zu ihm kommen und unsere Wohnung bei ihm machen«, Joh. 14,23). Ein Mensch, der durch die Macht des Heiligen Geistes eine Wohnstätte der Heiligen Trinität wird, empfängt eine lebendige Offenbarung von dem, was in dem Ausdruck »Glaubensgut« eingeschlossen ist, und das so oft eine scholastische Hülle um sich hat. Der Mensch erhält in den Sakramenten eine gleich lebendige Offenbarung Gottes, die ihm eine Erfahrung der Vereinigung mit Gott, gemäß seiner eigenen allgemeinen geistigen Verfassung, geben. Offenbarung besteht nicht nur in einer Vermittlung von Kenntnis durch das Wort, sondern in der Kommunikation des Lebens, das nicht in Worten ausgedrückt werden kann.

Das Problem der »Dogmenentwicklung« oder die Möglichkeit neuer Dogmen ist mit dem obigen sehr eng verbunden. Gewöhnlich neigt man dazu, auf diese Frage eine negative und eine positive Antwort zu geben. Die negative Antwort wird in dem Sinne gegeben, daß innerhalb der Kirche, die das Leben in Christus unter der Leitung des Heiligen Geistes darstellt, die Fülle der Wahrheit bereits vorhanden ist, so daß es demnach keine neue mehr geben könne. Wir finden aber, daß die positive Antwort in einer Hinsicht ebenfalls wahr ist. Die Fülle der Wahrheit wird in der Geschichte durch neue Manifestationen ihrer selbst oder durch neue dogmatische Definitionen weiter enthüllt. Dies wird durch die Dogmengeschichte reichlich bewiesen. Die Fülle der Wahrheit ist nicht ein verschlossen gehaltener Schatz, sondern ist ein Überfluß, der immerwährend in das Leben fließt und es bereichert. Daraus folgt, daß die Dogmenentwicklung in der Geschichte niemals aufhören kann. Auch ist sie dem verschiedenen Tempo der betreffenden Epoche unterworfen und von ihrem Charakter abhängig.

Gleichzeitig sollten wir die Tatsache niemals aus dem Auge verlieren, daß neben dem ständig fortschreitenden Prozeß der dogmatischen Definition die Geschichte selbst ein Prozeß ständig sich ausbreitender Offenbarung des Lebens ist. Neue Probleme tauchen in der Geschichte auf, und neue Offenbarung wird gegeben. Um diese Wahrheit in ihrem Zusammenhang mit dem ganzen Prozeß der Offenbarung in der Geschichte besser verstehen zu können, müssen wir auch hier jede Interpretation der Offenbarung als einen äußerlichen, mechanischen Prozeß zurückweisen und sie als eine göttlich-menschliche Wechselwirkung, als einen »Synergismus« betrachten lernen.

Geschichte ist wesensmäßig »Apokalypse« – die Offenbarung Gottes durch das Getöse der Ereignisse. Für jeden Menschen ist sein eigenes Leben solch eine Apokalypse, und gleicherweise birgt jede Epoche ihre eigene Enthüllung. Die Geschichte ruft uns zu einem *prophetischen* Verständnis, und wir müssen auf ihren Ruf durch prophetische Einsichten und Kühnheit antworten. Es gibt eine ungeschriebene, unautorisierte Offenbarung, die eben gerade in unseren Seelen aufsteigt, obwohl sie erst durch eine gewisse Prüfung muß, ehe sie von der Kirche anerkannt werden kann. Die Hauptfragen unserer Epoche betreffen Dinge des praktischen Christentums und der schöpferischen christlichen Bemühungen auf den Gebieten des sozialen und kulturellen Lebens. Die soziale Hauptfrage betrachtet uns wie eine Sphinx mit toten Augen und sagt: Enträtsel mich oder ich verschlinge dich! Die menschliche Gesellschaft, wie sie zur Zeit besteht, ist nicht nur eine Anhäufung von vereinzelten Individuen, sondern auch ein sozialer Körper, der ein tierisches Leben für sich selbst führt und von inneren Konflikten zerfleischt wird. Aber sie soll der Leib Christi sein und damit mit der Kirche identifiziert werden. Die Kirche selbst muß die Verantwortlichkeit für das soziale Leben ernst nehmen – und so ihr prophetisches Amt auch im sozialen Bereich beweisen. Diese neue Offenbarung ist nun daran, in die Welt hineingeboren zu werden, inmitten geistiger mühevoller Schmerzen, die schöpferisch und fruchtbar zu sein versprechen.

Es gibt jedoch ein noch größeres und wesentlicheres Problem, dem sich unser Zeitalter gegenübergestellt sieht. Wir müssen der wachsenden *Säkularisation* des Lebens gegenübertreten, dem Wiederausbruch des Heidentums in seiner rohesten und unreligiösesten Form. Selbst das Heidentum der primitiven Völker erscheint gottesfürchtig im Vergleich zu dem Zustand geistiger Stumpfheit, in dem sich die heutige Menschheit befindet. Aber die Kirche kann sich mit einer so verweltlichten Kultur nicht versöhnen. Sie kann ihre Vollmacht dem Fürsten dieser Welt nicht in dieser Weise übertragen. Das Ganze des Lebens muß ihr zugehören und durch ihren Einfluß inspiriert und geheiligt werden.

Dies kann nicht geschehen, wenn sich die Kirche nicht bewußt wird, daß sie zu schöpferischem Bemühen aufgerufen ist. Sie muß ihre Neigung zu asketischer oder eschatologischer Gleichgültigkeit (wir können es auch Nihilismus nennen) überwinden, die aus der innerlichen Absonderung der Kirche von der Welt hervorgeht. Freilich wird der heidnische Humanismus niemals durch den christlichen Humanismus überwunden werden. Doch unsere Zeit schreit nach einem *christlichen Humanismus* – nach einer neuen Offenbarung, die die *Welt* betrifft und den Ort menschlich schöpferischer Bemühung in ihr. So werden der Kirche neue Probleme gestellt. Natürlich mögen imaginäre Fragen gestellt werden, für die es keine Antwort gibt, aber für alle wahren Fragen, die unser Leben betreffen, besteht die Verheißung: Suchet, so werdet ihr finden. Wir schauen nun nach einer neuen Offenbarung der Vollmacht der Kirche in das Leben dieser Welt aus. Ohne eine solche Offenbarung und solche Ausführung ist die Fülle der Zeit noch nicht erreicht und kann das Ende dieses gegenwärtigen Äons nicht erreicht werden. Das Ende der Geschichte oder dieses Zeitalters wird nicht nur durch katastrophale Störung, sondern auch durch seine Fülle angezeigt werden.

Das zweite Kommen Christi, die »Parusie«, wird *die* Offenbarung ausmachen, die unseren Äon vollenden wird. Das andere Ereignis wird eine neue Sicht der Pfingst-Vollmacht sein, welche die »Verklärung« der Welt vollenden wird, wenn »ein neuer Himmel und eine neue Erde« sein werden. All dieses sind gewaltige Darstellungen der Offenbarungs-Epochen – *in* der Geschichte und *jenseits* der Geschichte, in diesem Zeitalter und im nächsten, in Ewigkeit.

Offenbarung als ein Leben in Gott bedeutet ewiges Leben, Ewigkeit selber, und Ewigkeit hat uns gegenüber zwei Seiten. Zuerst die zeitliche, wobei die Ewigkeit in der Form einer unendlichen Dauer erscheint (die gut oder böse sein mag, gemäß dem Inhalt, mit dem wir sie füllen); zum zweiten die *qualitative* Seite als eine unergründbare Tiefe des Lebens, die geoffenbart wird, das heißt, als »ewiges Leben«, als eine immer fortschreitende Erkenntnis Gottes (Joh. 17,2–3). Die Kreatur kann niemals zu einer angemessenen oder erschöpfenden Gotteserkenntnis gelangen, weshalb Gott sich ihr ewig offenbart. Die Vergöttlichung des Menschen, wenn Gott alles in allem sein wird, widerspricht dem nicht, denn wenn das Königreich Gottes in der Schöpfung auf diese Weise seinen Ausdruck finden wird, dann wird das Leben der Geschöpfe in Gott sich in der Form von Offenbarung aus einem grenzenlosen Ozean der göttlichen Ewigkeit ausdrücken. Dies ist wirklich ein fortgesetzter göttlich-menschlicher Prozeß, eine wahre Einheit der göttlichen mit der geschaffenen Weisheit, ein ewiger Dialog zwischen dem Transzendenten und dem Immanenten, zwischen Gott und Seinen Geschöpfen. Das Ebenbild staunt das Urbild an und wird in seinem Licht strahlend. Die Sonne des Urbildes verbindet sein Licht mit seinem Ebenbild. Die Inkarnation ist kein Ereignis, das sich ein für allemal ereignete, sondern ein Akt, der fortdauernd weitergeht; auch Pfingsten ist nicht nur ein einziges Geschehen, sondern unaufhörliche göttliche Inspiration. Das verborgene Leben der heiligen Dreieinigkeit wird der Schöpfung mitgeteilt.

Autoren- und Textnachweise

Die Erzählung der vergangenen Jahre
(Povest' vremennych let)

ist die älteste erhaltene russische Chronik. Um das Jahr 1113 hat der Mönch des Kiever Höhlenklosters Nestor die erste Redaktion dieser aus unterschiedlichen Quellen (Annalen, mündliche Überlieferung, historische, biblische und religiöse Schriften) bestehenden Chronik abgeschlossen; diese Chronik (die Nestor-Chronik) war möglicherweise im Auftrag des Kiever Großfürsten Svjatopolk Isjaslavič entstanden. Nach dessen Tod erteilte Fürst Vladimir Monomach dem Abt des Kiever Vydubickij-Klosters, Silvestr, den Auftrag, die Chronik weiter zu bearbeiten. So entstand um 1116 die zweite Redaktion der Nestor-Chronik – der Grundstock zahlreicher russischer Chroniken. Er lag u. a. der berühmtesten der russischen Chroniken, der Laurentius-Chronik (1377), zugrunde. Ihm folgte auch die Radziviłł-Chronik (um 1490), der diese Erzählung von der Taufe der Rus' unter Vladimir dem Heiligen entnommen ist.
Ausgewählter Text:
Eintragungen unter den Jahren 6494 (986): Vorstellung der Religionen; 6495 (987): Erkundigungen über die Religionen; 6496 (988): Feldzug gegen Korsun (Cherson) und Taufe Vladimirs und der Rus', aus: Rauchspur der Tauben. Radziviłł-Chronik, Leipzig und Weimar 1986, S. 91–124 (auszugsweise). Abdruck mit freundlicher Genehmigung des Gustav Kiepenheuer Verlages, Leipzig und Weimar.

Ilarion

Ilarion, ein Asket und Höhlen-Einsiedler, war Priester an der Apostelkirche in Berestovo, einer fürstlichen Residenz nahe Kiev, bis er – nach dem Bericht der altrussischen Chronik (Nestor-Chronik) – im Jahre 6559 (1051) zum Metropoliten ernannt wurde. Vermutlich der erste Russe auf dem Kiever Metropoliten-Stuhl, wurde er wahrscheinlich ein Jahr nach seiner Weihe aus politischen Gründen wieder abberufen.
Von den vier Schriften Ilarions – dem »Wort über das Gesetz und über die Gnade«, seiner Sammlung alttestamentalischer Worte über die Universalität des göttlichen Heilsplans, der »Lobrede auf Vladimir den Heiligen« und dem »Gebet von dem ganzen russischen Lande« – wurde hier die erste ausgewählt (das »*Slovo o zakone i blagodati*«).
Ausgewählter Text:
Metropolit Ilarion. Die Rede vom Gesetz und von der Gnade; in: Die Werke des Metropoliten Ilarion. Eingeleitet, übersetzt und erläutert von Ludolf Müller, München 1971, S. 23–38 (Auszüge). Abdruck mit freundlicher Genehmigung des Wilhelm Fink Verlages, München.

Fürst Vladimir Monomach

Unter dem Jahre 6604 (1096) hat die »Laurentius-Chronik« die gegen 1117 entstandenen Ermahnungen des Kiever Großfürsten Vladimir Monomach an seine Söhne – und im weiteren Sinne an alle jüngeren russischen Fürsten – aufgezeichnet. Vladimir Monomach, der Sohn des Kiever Großfürsten Vsevolod Jaroslavič und einer griechischen Prinzessin, regierte von 1113–1125. Seine Regierungszeit bezeichnete die zweite große kulturelle Blüte des Kiever Großfürstentums. Diese Ermahnung oder Belehrung (*Poučenie*) an seine Söhne ist die einzige bekannte und erhaltene Schrift Vladimir Monomachs.
Ausgewählter Text:
Vladimir Monomach. Unterweisung, in: Aus dem Alten Rußland. Epen, Chroniken und Geschichten. Herausgegeben und

mit einem Nachwort versehen von Serge A. Zenkovsky, München 1968, S. 62–80. Abdruck mit freundlicher Genehmigung des Carl Hanser Verlages, München.

Kirill von Turov

Der Heilige Kirill aus dem Städtchen Turov (Kirill Turovskij), im heutigen Gebiete um Minsk gelegen, ein herausragender Prediger und Schriftsteller, lebte von 1130–ca. 1182. Nach einigen Lehrjahren (vermutlich in der griechischen Umgebung des Metropoliten in Kiev) wurde er Mönch, dann Anachoret und Stylit. Möglicherweise in dieser Periode entstanden seine »Erzählung über den Mönchsrang vom alten zum neuen Gesetz« und andere Werke. Als berühmter Gelehrter und Rhetoriker wurde Kirill auf Wunsch des Fürsten und Volkes von Turov vom Kiever Metropoliten zum Bischof von Turov geweiht. In dieser Zeit entstanden mindestens acht Predigten, überwiegend zu den Kirchenfesten, die in zahlreichen frühen Schriften überliefert wurden.
Ausgewählter Text:
Kirill von Turov, Predigt am Weißen Sonntag, in: Aus dem Alten Rußland. Epen, Chroniken und Geschichten. Herausgegeben und mit einem Vorwort versehen von Serge A. Zenkovsky, München 1968, S. 59–61. Abdruck mit freundlicher Genehmigung des Carl Hanser Verlages, München.

Anonymus (Fragment)

Das Wort vom Untergang des russischen Landes (*Slovo o pogibeli Russkoj zemli*) ist ein Fragment (es ist nur der Anfang erhalten), das die Stimmung der Bewohner der Kiever Rus' bei Beginn der Tatareninvasion widerspiegelt. Die Ereignisse der zwanziger und dreißiger Jahre des 13. Jahrhunderts – die Zerstörungen, Verwüstungen und schließlich der Fall von Kiev um 1239/40 – brachten die glückliche Epoche des Kiever Staates zu einem jähen Ende und führten mit dem Verlust der Freiheit für

viele Zeitgenossen zugleich den Verlust des Kiever Landes und die Flucht in andere Fürstentümer mit sich. Dieses Fragment, das zwischen 1238 und 1246 entstanden sein dürfte, ist zwei Handschriften der »Vita des Fürsten Aleksandr Nevskij« (aus dem späten 15., und der Mitte des 16. Jahrhunderts) vorangestellt und so erhalten worden.
Ausgewählter Text:
Klage über den Untergang des russischen Landes, in: Aus dem Alten Rußland. Epen, Chroniken und Geschichten. Herausgegeben und mit einem Nachwort versehen von Serge A. Zenkovsky, München 1968, S. 168. Abdruck mit freundlicher Genehmigung des Carl Hanser Verlages, München.

Serapion von Vladimir

Serapion (gest. 1275) war in der Zeit des Tatareneinfalls sowie in den ersten Jahrzehnten der Tatarenherrschaft über die Kiever Rus' Archimandrit des Kiever Höhlenklosters und ab 1274 Bischof von Vladimir. Von den überlieferten fünf »Worten« (Reden, Predigten) Serapions entstand das erste um 1230 in Kiev, die folgenden vier in seinem letzten Lebensjahr in Vladimir. Diese »Worte« wurden in Schriften des 14. und 15. Jahrhunderts aufbewahrt und überliefert. In seinem ersten »Wort«, dem Wort »Über die Vorzeichen«, beschreibt der gottesfürchtige Kiever Mönch den Ansturm der Goldenen Horde. Er erklärt diese Ereignisse von – für ihn – kosmischer Bedeutung als Strafgericht Gottes für die Sünden des russischen Volkes. In den nachfolgenden vier »Worten« entwickelt er diese theologische Erklärung vor dem Hintergrund der politischen und kulturellen Veränderung, die unter dem Tatarenjoch eingetreten ist, weiter.
Ausgewählter Text:
Serapion von Vladimir, Predigt über die Vorzeichen / Predigt über die unbarmherzigen Heiden, in: Aus dem Alten Rußland. Epen, Chroniken und Geschichten. Herausgegeben und mit einem Nachwort versehen von Serge A. Zenkovsky, München 1968, S. 244–83. Abdruck mit freundlicher Genehmigung des Carl Hanser Verlages, München.

Epifanij der Weise (Epiphanius der Weise)

Epifanij (gest. 1420), ein nicht-kanonisierter Heiliger, der bereits von seinen Zeitgenossen den Beinamen des »sehr Weisen« (*premudryj*) erhalten hatte, trat nach ausgedehnten Reisen (Konstantinopel, Berg Athos, Jerusalem) als Mönch in das Troice-Sergiev-Kloster ein, wo er über viele Jahre hinweg unter dem Abt Sergij Radonežskij lebte. Ein Jahr nach dessen Tod (1392) begann er mit der Niederschrift der Vita des Heiligen Sergij, die er 26 Jahre nach dessen Tode (1417–18) abschloß. Daneben hat er die Vita des Stefan von Perm' hinterlassen.
Ausgewählter Text:
Epiphanius der Weise. Leben, Taten und Wunder unseres Allerseligsten und Heiligen Vaters Sergius von Radonesh, in: Aus dem Alten Rußland. Epen, Chroniken und Geschichten. Herausgegeben und mit einem Nachwort versehen von Serge A. Zenkovsky, München 1968, S. 227–232. Abdruck mit freundlicher Genehmigung des Carl Hanser Verlages, München.

Josif von Volokolamsk

Josif Sanin, als Abt des Klosters von Volokolamsk bei Moskau Josif von Volokolamsk (Josif Volockij) genannt, lebte von 1439/40–1515. Als Sohn einer adligen Gutsbesitzerfamilie im Gebiet von Volokolamsk geboren, wurde er mit 20 Jahren Mönch. 1479 gründete er das Kloster Volokolamsk, dem er als Abt vorstand. Als Streiter gegen die Materialisierung des Lebens in der damaligen Moskauer Rus', gegen jegliche fremden Einflüsse auf Kirche und Staat und für die Privilegien der zönobitischen Klöster (Gemeinschaftsklöster), setzte sich der Abt Iosif gegen den Zaren Ivan III. »den Großen» und dessen Bemühungen um Säkularisierung des Klosterbesitzes (1503), gegen die Novgoroder und Moskauer Judaisanten und gegen die besitzlosen Mönche (»Zavolžskie starcy«) der Bewegung des Nil Sorskij durch. Seine polemische Kampfschrift »Der Aufklärer oder Die Überführung der Häresie der Judaisanten«, die erste originäre, im eigentlichen Sinne theologische Schrift eines Russen, widerlegte in ihren 16 Kapiteln die Ansprüche eines humanistischen, rationalistischen und judaisierenden Glaubens an die Moskauer traditionalistische Orthodoxie und wurde zum Fanal einer russischen Form der Inquisition. Durch weitere Sendschreiben gegen die Häretiker bzw. Ketzer und die Starcen hinter der Wolga verschaffte er seinen Anliegen bei Hofe Gehör. Das kurz vor seinem Tode entstandene »Geistliche Vermächtnis« legte die reformierte Ordnung des Klosters Volokolamsk nieder. Die Parteigänger und Nachfolger Josifs, die Josifljanen, gewannen großen Einfluß auf Kirche und Staat.

Ausgewählte Texte:

Josif von Volokolamsk. Sendschreiben an den Archimandriten des Andronnikov-Klosters Mitrofan / (Zweites) Sendschreiben an Zar Vasilij III., in: Hans-Dieter Döpmann, Der Einfluß der Kirche auf die moskowitische Staatsidee. Staats- und Gesellschaftsdenken bei Josif Volockij, Nil Sorskij und Vassian Patrikeev, Evangelische Verlagsanstalt Berlin, 1967, Anhang, S. 167–69 und 189–90; Abdruck mit freundlicher Genehmigung der Evangelischen Verlagsanstalt Berlin.

ders: Der Aufklärer oder Die Überführung der Häresie der Judaisanten (Auszüge aus der Einleitung), in: Slavische Geisteswelt. Rußland. Herausgegeben von Martin Winkler, Im Bertelsmann Lesering. Abdruck mit Genehmigung des Holle Verlags G.m.b.H., Darmstadt 1955, S. 44–58

Nil Sorskij

Nil Majkov (1433–1509), aus einer Gutsbesitzerfamilie aus dem Moskauer Gebiete stammend, war in seiner Jugend »Schnellschreiber«, wurde dann Mönch und trat in das strenge Kirillo-Belozerskij-Kloster ein, das seit seiner Gründung jeglichen (Land-)Besitz ablehnte. Nach ausgiebigen Reisen durch Griechenland und Palästina sowie Sudien der Hesychia auf dem Berge Athos kehrte er zwischen 1473 und 1489 nach Rußland zurück. Hier begründete er am Flüßchen Sora (daher sein Name Nil Sorskij) unweit des Kirillo-Belozerskij-Klosters seinen »Skit« (Mönchshütte), der bald zum Zentrum vieler

Gleichgesinnter wurde. Auf der Grundlage der »Heiligen Schriften« allein, deren gewissenhafte Übersetzung bzw. Korrektur Nil selbst vornahm, entwickelten sie einen neuen evangelischen, asketischen Lebensstil. Die Bewegung der »Starcen von hinter der (oberen) Wolga« (*Zavolžskie starcy*) wurde zu einer Sonderströmung im russischen Mönchstum. Nil Sorskij und die Mönche seiner Bewegung, unter ihnen sein nächster Schüler Vassian Patrikeev, traten auf der Synode von 1490 sowie in Sendschreiben (1504 und 1505) für ein humanes Verhältnis zu den sogenannten Häretikern (den russischen Judaisanten) und für die Besitz- und Erwerbslosigkeit der Klöster ein und wurden damit zu erklärten Gegnern von Josif Volockij und den politisch weit erfolgreicheren Josifljanen.
Das reiche spirituell-literarische Schaffen des »Großen Starcen« besteht neben mehreren Sendschreiben an seine Schüler und Bekannten vor allem aus einer kurzen »Überlieferung an seine Schüler« (*Predanie učenikam*), einer umfangreicheren monastischen Regel oder Ordnung (dem sogenannten *Ustav*), einem Gebet und einem kurz vor seinem Tode verfaßten Testament (*Zaveščanie*).
Ausgewählte Texte:
Nil Sorskij. Überlieferung an die Schüler / Die Ordnung (der sog. Ustav) / Gebet, in: Fairy von Lilienthal, Nil Sorskij und seine Schriften. Die Krise der Tradition im Rußland Ivans III. Berlin 1963, S. 195–251 (in Auszügen). Abdruck mit freundlicher Genehmigung der Evangelischen Verlagsanstalt, Berlin.

Starec Filofej (Philotheus)

Der 1455 geborene Mönch und zeitweilige Abt (Igumen) des Dreiheiligen Pskover Eleazar-Klosters gilt als der theologische Begründer der Theorie von »Moskau als dem drittem Rom«. Nach der Unterwerfung von Pskov unter das Moskauer Zartum durch Vasilij III. trat Filofej an verantwortliche Beamte, wie etwa den D'jak (hohen Beamten) des großfürstlichen Statthalters von Pskov, M. G. Misjurja-Munechin, sowie an die Zaren Vasilij III. und Ivan IV. selbst heran, um sie zum Kampf gegen

die lateinischen und westlichen Einflüsse (darunter die Astrologie) und zur Bewahrung des rechten christlichen Glaubens in der Vollendung des Moskauer Staates als dem dritten und letzten christlichen Großreich aufzufordern. Sein theologisch-politischer Messianismus beeinflußte die Moskauer Staatsidee nachhaltig.
Ausgewählte Texte:
Starec Filofej, Sendschreiben an den Pskover Beamten Michail Grigor'evič Misjurja-Munechin, in: Slavische Geisteswelt. Rußland, Herausgegeben von Martin Winkler, Im Bertelsmann Lesering, Darmstadt 1955, S. 71–79 sowie
ders.: Sendschreiben an Zar Vasilij III. / Sendschreiben an Zar Ivan IV., in: Hildegard Schaeder, Moskau – Das Dritte Rom. Studien zur Geschichte der Politischen Theorien in der Slawischen Welt, Darmstadt 1963, Anhang, S. 197ff. Abdruck mit freundlicher Genehmigung der Wissenschaftlichen Buchgesellschaft, Darmstadt.

Silvester (Silvestr)

Der Priester (wahrscheinlich Protopope) der Moskauer Mariä-Verkündigungs-Kathedrale Silvestr gilt als Autor des Hausbuches des Moskauer Christen, Domostroj (wörtlich: der Hausbau), das um 1550 entstand und der Anlage nach ein Vermächtnis an seinen geliebten Sohn Anfim ist. Silvestr war vermutlich durch den Metropoliten Makarij um 1545 aus Novgorod nach Moskau berufen worden, wo er für zehn Jahre am Hofe Ivan IV. »des Schrecklichen« eine wichtige Rolle als Gelehrter und Ratgeber spielte. In die Auseinandersetzungen des Zaren mit Teilen des Hochadels verwickelt, fiel Silvestr vermutlich gegen Ende der 1550er Jahre in Ungnade. Er zog sich spätestens 1560 in das Kirillo-Belozerskij-Kloster zurück, wo er 1566 starb.
Ausgewählter Text:
(Der Protopope Silvester) Altrussisches Hausbuch »Domostroi«. Aus dem Altrussischen übertragen und mit einem Nachwort versehen von Klaus Müller. Gustav Kiepenheuer Verlag Leipzig und Weimar 1987, S. 13ff. und 115ff. (in Auszügen)

Avvakum

Der Protopope Avvakum Petrovič (1620–1682) ist einer der Begründer der Bewegung der Altgläubigen (*starovery*). Im Protest gegen die Reformen des Moskauer Patriarchen Nikon (1652–1666), die dieser mit Unterstützung des Zaren Aleksej Michajlovič Romanov (1645–1676) durchführte, trennte sich ein Teil der orthodoxen Gläubigen unter Beibehaltung örtlicher Sonderentwicklungen von der amtierenden Kirche. Nach längeren Bemühungen um Ausgleich, vor allem des Zaren, beschloß die Synode von 1666 den Ausschluß der Altgläubigen aus der Gemeinschaft der Rechtgläubigen und verfügte ihre strafrechtliche Verfolgung. Damit entstand die Spaltung der russischen-orthodoxen Kirche, der *Raskol*. Die Schismatiker (*Raskolniki*) wurden drastischen Maßnahmen unterworfen, die in der Lebensbeschreibung eines ihrer Vorbilder, des Protopopen Avvakum, bereits Erwähnung finden. Die Lebensbeschreibung Avvakums, die etwa zehn Jahre vor seinem Tode durch das Feuer entstand, ist das wichtigste literarische Dokument der bis zu Beginn unseres Jahrhunderts in Verfolgung lebenden Altgläubigen-Bewegung.

Ausgewählter Text:
Das Leben des Protopopen Awwakum, von ihm selbst aufgezeichnet, in: O. Bojan, Du Nachtigall der alten Zeit. Sieben Jahrhunderte altrussischer Literatur, Herausgegeben von Helmut Graßhoff, Klaus Müller und Gottfried Sturm, Berlin 1982, S. 411–460 (in Auszügen). Abdruck mit freundlicher Genehmigung des Verlages Rütten & Loening, Berlin.

Feofan (Prokopovič)

Feofan Prokopovič (1681–1736), ein berühmter ukrainischer Theologe aus einer Kiever Kaufmannsfamilie, war theologischer Wegbereiter Peters des Großen. Nach einer teologischen Ausbildung in der Kiever Geistlichen Akademie studierte er am Jesuiten-Kolleg St. Athanasius in Rom und war im Be-

griffe, zum Katholizismus zu konvertieren. Doch 1704 kehrte er nach Kiev zurück und wurde Professor der Geistlichen Akademie für Rhetorik (im Geiste seiner Zeit verfaßte er einige »Tragikomödien« und Satiren), Philosophie und Theologie. Einem lateinischem Rationalismus verpflichtet und ein Verehrer von Bacon und Descartes, wurde er ein Vorkämpfer für Aufklärung des christlichen Glaubens und bitterer Feind von Aberglauben und jeglicher Form von Irrationalismus. Seit der siegreichen Schlacht von Poltava, die er besang, genoß er die Gunst Zar Peters I., der ihn schließlich 1716 nach St. Petersburg rief. Dort verfaßte er mehrere Schriften, die die Notwendigkeit der absoluten Monarchie für Rußland und die Erhebung der weltlichen über die geistliche Macht theologisch begründeten. 1718 von Peter I. zum Bischof von Pskov ernannt, wurde er der engste Mitarbeiter des Zaren in religiösen Fragen. In dieser Eigenschaft verfaßte er u. a. das »Geistliche Reglement« (1720), das – vom Zaren eigenhändig überarbeitet – im Jahre 1721 als Gesetz erlassen wurde. 1720 wurde Feofan zum Erzbischof von Novgorod und bald darauf zum Vorsitzenden des Heiligen dirigierenden Synod erhoben.
Sein »Geistliches Reglement« stellte die russische Kirche auf eine neue, staatliche Grundlage und unterwarf ihre Führung eindeutig der weltlichen Macht.
Ausgewählter Text:
Geistliches Reglement auf hohen Befehl und Verordnung des von Gott gegebenen und mit Weisheit gezierten Herrn Czaaren und Groß-Fürsten Petri des Ersten *Kaysers von gantz Rußland, ec. ec. Und mit Bewilligung des gantzen Heil. dirigirenden Synodi der orthodoxen Rußischen Kirche welcher durch Sr. Czaar Majestät Bemühung mit Einstimmung und Beyrath des Geistlichen Standes von Gantz Reußland wie auch des regierenden Senats den 14. Febr. 1721 in der Residentz S. Petersburg verrichtet worden, Publiciret und gedruckt in der S. Petersburgischen Buchdruckerey im Jahre Christi 1721 den 16. Septembr. Dantzig, 1724 (Auszüge)*

Michail Lomonosov

Michail (Michajlo) Vasil'evič Lomonosov (1711–1765), der Reformator der russischen Literatursprache und Dichtkunst sowie der russischen Wissenschaften, stammte aus einer Fischer- und Bauernfamilie aus dem Gebiet des Weißen Meeres, dem späteren Gouvernement Archangel'sk. Nach Studien der Theologie und Sprachen in Petersburg und Moskau studierte er 1736–41 in Marburg und Freiburg, u. a. bei Christian Wolff. 1745 war er Professor der Chemie und bis zu seinem Tode Mitglied der Petersburger Akademie der Wissenschaften. Neben seiner theoretischen Begründung der russischen Dichtung (Brief über die Regeln der russischen Versdichtung, 1739) hat er zahlreiche wissenschaftliche Arbeiten (z. B. Brief vom Nutzen des Glases, 1752, 1758/9 in Jena veröffentlicht) sowie Schriften über die Reformen Peters des Großen und den Geist der Aufklärung verfaßt. Seine Morgen- und Abendbetrachtung über die Göttliche Größe (*Utrennee razmyšlenie o Božiem Veličestve*, 1743?, 1761 erschienen, und *Večernee razmyšlenie o Božiem Veličestve. Pri slučae velikogo severnogo sijanija* 1743, 1748) sind ein charakteristischer Ausdruck des russischen Klassizismus.

Ausgewählte Texte:
Michail Lomonosov. Morgentliche Betrachtung über die Göttliche Größe / Abendliche Betrachtung über die Göttliche Größe. Aus Anlaß des großen Nordlichtes. (Texte übernommen aus: Russische Lyrik. Gedichte aus drei Jahrhunderten. Ausgewählt und eingeleitet von Efim Etkind, R. Piper & Co. Verlag München Zürich 1981, S. 27–29)

Nikolaj Vasil'evič Gogol'

Gogol' (1809–1852) entstammt einer mittleren ukrainischen Landadelsfamilie. Nach Studien in Moskau wurde er in St. Petersburg und später in Moskau zum Mitbegründer der literarischen Schule des kritischen Realismus. Sein reiches literarisches Werk zerfällt in drei Perioden: in der ersten Periode

(1831–35) bleibt die Verbindung zum heimatlichen Boden der Ukraine und zum Volksgeist intakt (»Abende auf dem Vorwerk bei Dikan'ka« 1831; die Novelle »Das Leben« 1834, eine Perle russischer religiöser Literatur, in der sich alle großen Reiche der Weltgeschichte vor der schlichten Wiege des Kindes Jesus verneigen; »Mirgorod« 1835 und »Taras Bul'ba« 1835, ein Poem auf das altukrainische Kosakentum des 15. Jahrhundert); die zweite Periode (1835–1843) beginnt mit einem großen schöpferischen Aufschwung (»Nevskij Prospekt« 1835 und »Die Aufzeichnungen eines Wahnsinnigen« 1835), dem eine tiefe geistige Umwälzung, »der große Umschwung, die große Epoche« folgt (»Der Revisor « 1836, »Tote Seelen« 1841 und die Novelle »Der Mantel« 1841) – in ihr verlor Gogol' die Verwurzelung mit seinem heimatlichen Boden, stieß zugleich an die Grenze des Aussagbaren und Reformierbaren und geriet in einen Seelenzustand der Angst und Unruhe; die letzte Periode, die mit ausgedehnten Auslandsreisen begann, war die der permanenten mystisch-religiösen Suche und des aktuellen Leidens an der Imperfektion der literarischen Leistung und moralischen Verfassung. Aus dieser dritten, letzten Periode stammen die »Betrachtungen über die göttliche Liturgie« (*Razmyšlenija o Božestvennoj Liturgii*).
Ausgewählter Text:
Nikolaus Gogol, Betrachtungen über die Göttliche Liturgie, Ins Deutsche übertragen von Reinhold von Walter. Mit einem Nachwort von Leo Kobilinski-Ellis, Freiburg im Breisgau 1938 (Auszüge). Abdruck mit freundlicher Genehmigung des Verlages Herder, Freiburg im Breisgau.

Lev Nikolaevič Tolstoj

Lev Nikolaevič Graf Tolstoj (1828–1910) entstammte einer russischen Adelsfamilie. Mit neun Jahren Vollwaise und von Verwandten aufgezogen, studierte er 1844–47 an der Universität Kazan'. Nach Abbruch dieses Studiums suchte er auf seinem Gut Jasnaja Poljana seine utopischen Landreformpläne zu verwirklichen. Ab 1851 Freiwilliger im Dienst der Kaukasusarmee, nahm er 1854/55 in vorderster Reihe an der Schlacht von Sevastopol' teil. Seine simultan geschriebenen »Erzählungen« über das Kriegsgeschehen machten den bereits durch die Beschreibung seiner »Kindheit« bekannten Schriftsteller in Rußland vollends berühmt. Nach Ende der Militärzeit (1856) folgten Auslandsreisen durch West- und Südeuropa, die Tolstoj wenig berührten. Nach seiner Heirat (1862) lebte er überwiegend in Moskau und Jasnaja Poljana, wo er sich nach Aufhebung der Leibeigenschaft (1861) ganz der Tätigkeit des Bildens und Reformierens des bäuerlichen Standes widmete (ab 1862 gab er die reformpädagogische Zeitschrift »Jasnaja Poljana« heraus). Dort entstand 1863–69 in dem Romanepos »Krieg und Frieden« ein Heldenepos auf den Vaterländischen Krieg des russischen Volkes gegen die Grande Armée Napoleons. 1873–77 entstand der Roman »Anna Karenina«. Gegen Ende der 1870er Jahre durchlebte Tolstoj eine geistige Krise, die ihn zum Bruch mit den Privilegien seines Standes führte. In dieser Zeit der tiefen Suche und Neuorientierung schrieb Tolstoj auch seine »Beichte« (*»Izpoved'«*), die einige der Schritte auf diesem Wege rekapituliert. Die Schrift galt als Aufruhr gegen Kirche und Staat und durfte in Rußland nicht erscheinen, zirkulierte aber seit Beginn des Jahres 1882 in zahlreichen Handschriften. In russischer Sprache erschien sie noch in den 1880er Jahren in erster (1884) und zweiter (1886) Auflage in Genf, in deutscher Sprache einige Jahre später in Berlin. Diese von Tolstoj autorisierte deutsche Ausgabe wurde hier herangezogen.

Ausgewählter Text:

Meine Beichte. Von Graf Leo Tolstoi. Deutsch von Wilh. Lilienthal. Vom Verfasser autorisierte Ausgabe, Siebente Auflage, Berlin 1901 (in Auszügen).

Vladimir Sergeevič Solov'ev

Vladimir Sergeevič Solov'ev (1853–1900) ist der größte russische religiöse Philosoph und Denker. Sein Vater war der berühmte russische Historiker Sergej Michajlovič Solov'ev, seine

Mutter eine ukrainische Adlige aus der Familie Romanov. Sein Vorfahre mütterlicherseits war der große ukrainische Philosoph und Moralist Grigorij Skovoroda. Nach dem Besuch des Ersten Moskauer Gymnasiums, das er 1869 mit Goldmedaille beendete, studierte er in der naturwissenschaftlichen Abteilung, physikalisch-mathematische Fakultät, der Moskauer Universität. Vom dritten Kurs an hörte er zugleich in der historisch-philologischen Fakultät. Nach der Promotion im Jahre 1873 war Solov'ev für ein Jahr freier Hörer der Moskauer Geistlichen Akademie. 1874 erhielt er in St. Petersburg für seine vielbeachtete Arbeit »Die Krise der westlichen Philosophie« den Grad des Magisters der Philosophie. Er wurde zum Dozenten für Philosophie an der Moskauer Universität ernannt. Nach Reisen durch England, Frankreich, Italien und Ägypten (1875–76) verließ er 1877 die Moskauer Universität und wurde zum Mitglied des Gelehrten Komitees des Volksbildungsministeriums berufen. 1880 habilitierte er sich mit seiner Arbeit »Die Kritik der abstrakten Prinzipien« und wurde Privatdozent der Universität St. Petersburg. Durch öffentliche Vorlesungen, wie die über die Abschaffung der Todesstrafe vom März 1881, für seine extrem humanen und liberalen Ansichten berühmt geworden, quittierte er 1882 den Staatsdienst. In den folgenden Jahren, in denen Solov'ev häufig durch die west- und südeuropäischen Länder reiste, beschäftigte er sich immer stärker mit Fragen der Religion(en) und Ethik. Er entwickelte die Vorstellung von der Notwendigkeit der Vereinigung der (nationalen) Kirchen in einer universalen Kirche als der Vorstufe der universalen Theokratie. In diesem Sinne entstanden im Frühjahr 1888 in Paris »L'Idée Russe« (Die russische Idee) und 1889, ebenfalls in Paris, »La Russie et l'Eglise universelle« (Rußland und die universale Kirche). Beide Schriften konnten nicht in Rußland erscheinen. Schlüsselpassagen aus diesen Schriften seien hier als ein *pars pro toto* der genialen weltumspannenden Synthese dieses größten christlichen Denkers Rußlands angeführt.

Ausgewählte Texte:

Vladimir Sergeevič Solov'ev. Die russische Idee / Rußland und die universale Kirche, in: Wladimir Solowjew, Una Sancta. Schriften zur Vereinigung der Kirchen und zur Grundlegung der

Universalen Theokratie. Zweiter Band, Freiburg im Breisgau 1954, S. 26–93 und 145–47. (Auszüge). Abdruck mit freundlicher Genehmigung des Erich Wewel Verlages, Freiburg im Breisgau.

Lev Platonovič Karsavin

Lev Platonovič Karsavin (1882–1952) stammte aus einer bürgerlichen Petersburger Familie (seine Schwester, die Ballerina Tamara Karsavina, wurde später in England berühmt). Er schloß 1906 seine Studien an der historisch-philologischen Fakultät der Universität St. Petersburg ab und legte 1910 das Magisterexamen ab. Von 1910 bis 1912 arbeitete er wissenschaftlich in Bibliotheken und Archiven Frankreichs und Italiens; 1912 veröffentlichte er die Arbeiten »Das religiöse Leben Italiens im 12. und 13. Jahrhundert« und »Das Mönchtum im Mittelalter«. Als Professor (ab 1912) am Historisch-Philologischen Institut in St. Petersburg und Dozent bzw. (ab 1916) Professor der Geschichte (Mittelalter und Religionsgeschichte) an der Universität St. Petersburg veröffentlichte er »Die Grundlagen der mittelalterlichen Religiosität« (1915), »Kultur des Mittelalters« (1918) und »Katholizismus« (1918). Nach Revolution und Bürgerkrieg entstanden seine Schrift »Saligia (Über die 7 Todsünden, eine Art von Theodizee)« (1920) und sein Hauptwerk »Noctes Petropolitanae (Philosophie der Liebe)« (1922). Im Jahre 1922 auf Beschluß der Sovjetregierung des Landes verwiesen, lehrte er zunächst an dem von Nikolaj Berdjaev gegründeten Russischen Wissenschaftlichen Institut in Berlin. In dieser Zeit entstanden seine Schriften »Giordano Bruno, Leben und System« (1923), »Dialoge (Über den Geist des russischen Volkes und über den Fortschritt)« (1923) sowie seine »Philosophie der Geschichte« (1923). 1924 entwickelte er im Rahmen einer größeren Arbeit über die »Metaphysik des Christentums« seine Überlegungen über den »Geist des russischen Christentums«, die hier in Auszügen wiedergegeben sind. Seit Mitte der zwanziger Jahre in Kovno lehrend, wurde er im Sommer 1940 in die UdSSR deportiert. Er starb nach langjähriger Lagerhaft 1952 in Vorkuta.

Ausgewählter Text:
Lev Platonovič Karsavin, Der Geist des russischen Christentums, in: Östliches Christentum. Dokumente Herausgegeben von Nicolai v. Bubnoff und Hans Ehrenberg. II. Philosophie, München 1925, S. 307–78. Abdruck mit freundlicher Genehmigung der C. H. Beckschen Verlagsbuchhandlung, München.

Sergej Nikolaevič Bulgakov

Sergej Nikolaevič Bulgakov (1871–1944) war Sohn eines Geistlichen in der Stadt Livna im Gouvernement Orlov. Während der Ausbildung auf einem geistlichen Knabenseminar als Kind zum »Nihilisten ohne Gott« geworden, besuchte er das staatliche Gymnasium und dann die Moskauer Universität, wirtschaftswissenschaftliche Fakultät. Als führender junger Marxist der Moskauer Universität nahm er in der zweiten Hälfte der 1890er Jahre während seiner Studien in Deutschland Kontakt zu August Bebel, Karl Kautsky und Karl Liebknecht auf. Unter dem Einfluß Eduard Bernsteins zum Revisionisten geworden, trat der illegale Marxist und Sozialdemokrat 1900 mit seiner Arbeit »Kapitalismus und Landwirtschaft« hervor. Von 1900–05 lehrte er am Kiever Polytechnischen Institut. In dieser Zeit fand er zusammen mit anderen hervorragenden Vertretern seiner Generation den Weg »Vom Marxismus zum Idealismus« (1903). Nach dem Revolutionsjahr 1905/06 von der Allrussischen Sozialdemokratischen Arbeiterpartei zur konstitutionell-demokratischen »Partei der Volksfreiheit« übergegangen, wurde er – seit 1906 Dozent am Moskauer Handelsinstitut – 1907 zum Vertreter dieser Partei in der Zweiten Staatsduma gewählt. Als Mitverfasser der »Vechi« in stärker religiöse Richtung gelenkt, veröffentlichte er in seiner zweibändigen Sammlung »Zwei Städte« (*Dva grada*, Moskau 1911) mehrere vorzügliche Aufsätze. 1912 wurde ihm für seine Arbeit »Die Philosophie der Wirtschaft« der Grad des Professors der Nationalökonomie der Universität Moskau zuerkannt. Daneben hat er in der Zeit von 1911–1916 sein neues religiöses Bekenntnis in einer Schrift mit dem Titel »Das taghelle Licht«

(*Svet nevečernyj*, 1917) niederlegt. Das Erlebnis der Revolution (1917) führte ihn zum Glauben seiner Väter zurück; 1918 empfing er die Priesterweihe und den Namen Sergij. Als im Sovjetstaat tätiger Priester und unerwünschtes geistiges Element wurde er 1923 ausgewiesen und gelangte über Konstantinopel und Prag 1925 nach Paris. Hier war er bis zu seinem Tode Dekan des neugegründeten Russischen Theologischen Instituts.

Von den theologischen Werken dieser Periode sind seine »Kleine Trilogie« sowie die »Große Trilogie« »Über das Gottmenschentum« von besonderer Bedeutung. Auf Wunsch des Londoner Verlags Faber & Faber hat Bulgakov 1937 in brillanter Kürze seine Gedanken über die Offenbarung, einen Schlüsselbegriff seines religiösen Denkens, aus der Sicht des russischen Christentums dargelegt.

Ausgewählter Text:

P. Sergius Bulgakow. Dialog zwischen Gott und Mensch. Ein Beitrag zum christlichen Offenbarungsbegriffs, Marburg an der Lahn 1961 (Auszüge). Abdruck mit freundlicher Genehmigung des Ökumenischen Verlages R. E. Edel, Marburg an der Lahn.

Glossarium

Altgläubige (*starovery*):	Gegner der Reformen des Patriarchen Nikon
Bojar (*bojarin*) m.:	vornehme Standesperson, Würdenträger des Reichs
Družina (*družina*) f.:	die (ursprünglich aus »Freunden«, = *druz'ja*, bestehende) Leibwache (des normannischen Fürsten)
Duchoborcen (*duchoborcy*):	Sektierer, Häretiker, Leugner des Heiligen Geistes (wörtlich: Geist(be)kämpfer)
Dvoeverie (n.):	Zweigläubigkeit (aus Heiden- und Christentum)
Dvoevery:	Zweigläubige (die heidnisches mit christlichem Glaubensgut verbinden)
Griwnen (*grivna*):	goldene oder silberne Münze
Hesychasten (gr.):	die Ruhenden (in der geistigen Schau)
Hesychia (gr.):	die geistige Schau des »ungeschaffenen Lichtes Gottes«, des »Taborlichtes«
Kagan (hebr.: *kohen*) m.:	(Priester-) Fürst der (jüdischen) Chazaren und im übertragenen Sinne auch Name des Kiever (Groß-)Fürsten

Kanun:	vom Priester geweihte Totengedenkspeise
Koinobiten / Zönobiten:	Gemeinsam Lebende (von gr. *koinos bios*)
Kreisbürgschaft (*krugovája porúka*):	Begriff aus dem Recht der Bauerngemeinden, in denen jeder für jeden bürgt
Kutja:	Totengedenkspeise
Molokanen:	Sekte der Milch-(*moloko*) Esser, die Militärdienst, Geistlichkeit und bestimmte Gebräuche der Orthodoxie ablehnen
Pope (*pop*):	der Priester, Pfaffe
Protopope (*protopop*):	Oberpriester
Raskol (*raskol*) m.:	die Spaltung, d. h. die Kirchenspaltung von 1666
Raskolniki (*raskolniki*):	die Schismatiker
Rus' (*Rus'*) f.:	das (alte) Rusland, die Rus
Šestokryl (*šestokrýl*) m.:	»der Sechsflügelige«, das Sechsflügelbuch, eine apokryphe Schöpfungsdarstellung der russischen Judaisanten (15. Jhd.)
Starec (*starec*) m.:	weiser Greis, Seelenführer und geistlicher Lehrer
Štundisten:	Sektierer, die – wie deutsche Pietisten – häufig Gebets-»Stunden« abhalten
Voevode (*voevoda*) m.:	Heerführer, Feldherr
Werst (*verstá*) f.:	russisches Längenmaß = 1,066 km

Fjodor M. Dostojewski

Aufzeichnungen aus einem Totenhaus und drei Erzählungen
Übertragen von E. K. Rahsin.
4. Aufl., 12. Tsd. 1976. 863 Seiten. Leinen und Leder
(Auch in der Serie Piper 688 lieferbar)

Gesammelte Briefe 1833–1881
Übersetzt, herausgegeben, kommentiert und mit einem Nachwort versehen von Friedrich Hitzer. 1986. 410 Seiten. Serie Piper 466

Die Brüder Karamasoff
Roman in vier Teilen mit einem Epilog. Übertragen von E. K. Rahsin.
21., im Anhang veränderte Aufl., 134. Tsd. 1985. 1331 Seiten. Serie Piper 402

Die Dämonen
Roman. Übertragen von E. K. Rahsin. 15. Aufl., 93. Tsd. 1985.
1031 Seiten. Leinen (Auch in der Serie Piper 403 lieferbar)

Der Doppelgänger
Frühe Romane und Erzählungen. Übertragen von E. K. Rahsin.
3. Aufl., 9. Tsd. 1976. 918 Seiten. Leinen und Leder

Der Idiot
Roman. Übertragen von E. K. Rahsin.
Mit einem Nachwort und einer Zeittafel von Ilma Rakusa.
16., im Anhang veränderte Aufl., 106. Tsd. 1983. 983 Seiten. Leinen
(Auch in der Serie Piper 400 lieferbar)

Der Jüngling
Roman. Übertragen von E. K. Rahsin.
1986. 919 Seiten. Leinen
(Auch in der Serie Piper 404 lieferbar)

Onkelchens Traum
Drei Romane. Übertragen von E. K. Rahsin. 2. Aufl., 7. Tsd. 1970.
1002 Seiten. Leinen
(Auch in der Serie Piper 405 lieferbar)

Fjodor M. Dostojewski

Rodion Raskolnikoff

Schuld und Sühne. Roman. Übertragen von E. K. Rahsin.
11. Aufl., 71. Tsd. 1975. 763 Seiten. Leinen
(Auch in der Serie Piper 401 lieferbar)

Sämtliche Erzählungen

Übertragen von E. K. Rahsin. 6. Aufl., 49. Tsd. 1984. 528 Seiten. Geb.
(Auch in der Serie Piper 338 lieferbar)

Sämtliche Werke in zehn Bänden

Übertragen von E. K. Rahsin. 1980. 9223 Seiten.
(Leinen und Leder in Kassette)

Der Spieler

Späte Romane und Novellen. Übertragen von E. K. Rahsin.
3. Aufl., 12. Tsd. 1974. 783 Seiten. Leinen

Der Spieler

Aus den Aufzeichnungen eines jungen Mannes.
Roman. Übertragen von E. K. Rahsin.
1986. 218 Seiten. Serie Piper 507

Tagebuch eines Schriftstellers

Übertragen von E. K. Rahsin. 3. Aufl., 9. Tsd. 1977. 666 Seiten. Leinen

Anna Grigorjewna Dostojewski
Erinnerungen

Das Leben Dostojewskis in den Aufzeichnungen seiner Frau.
Herausgegeben von René Fülöp-Miller und Friedrich Eckstein.
Aus dem Russischen übersetzt von Dmitri Umanski.
3. Aufl., 21. Tsd. 1980. 426 Seiten; 26 Fotos. Leinen

Hans Küng

Christ sein
676 Seiten. Geb.

Ewiges Leben?
327 Seiten. Serie Piper 364

Existiert Gott?
Antwort auf die Gottesfrage der Neuzeit. 878 Seiten. Geb.

Freud und die Zukunft der Religion
160 Seiten. Serie Piper 709

Die Kirche
605 Seiten. Serie Piper 161

Rechtfertigung
Die Lehre Karl Barths und eine katholische Besinnung
Geleitbrief von Karl Barth. 393 Seiten. Serie Piper 674

Strukturen der Kirche
Mit einem Vorwort zur Taschenbuchausgabe und einem Epilog.
369 Seiten. Serie Piper 762

Theologie im Aufbruch
Eine ökumenische Grundlegung. 320 Seiten. Geb.

24 Thesen zur Gottesfrage
134 Seiten. Serie Piper 171

20 Thesen zum Christsein
75 Seiten. Serie Piper 100

Katholische Kirche – wohin?
Wider den Verrat am Konzil. Herausgegeben von Norbert Greinacher und Hans Küng.
467 Seiten. Serie Piper 488

**Hans Küng/Josef van Ess/
Heinrich von Stietencron/Heinz Bechert
Christentum und Weltreligionen**
Hinführung zum Dialog mit Islam, Hinduismus und Buddhismus
631 Seiten. Geb.

**Hans Küng/Julia Ching
Christentum und Chinesische Religion**
319 Seiten. Geb.

Karl-Josef Kuschel

Jesus in der deutschsprachigen Gegenwartsliteratur

Mit einem Geleitwort von Walter Jens und einem Vorwort zur Taschenbuchausgabe.
394 Seiten. Serie Piper 627

Karl-Josef Kuschel stellt am Schnittpunkt von Theologie und Literatur dar, wie die Jesus-Gestalt in der modernen Literatur gesehen wird. Er zeigt anhand wichtiger Texte (u. a. von Böll, Frisch, Dürrenmatt, Andersch, Handke, Seghers, Celan) welche überragende Bedeutung die Jesusfigur auch gerade für nicht-christliche Schriftsteller hat.

»Kuschel gelingt hier ein Unternehmen, wohl einzigartig im christlichen Schrifttum ...«
Zeitschrift für katholische Theologie

»Dieses Buch hält mehr, als der Titel verspricht ... Ein Buch, in dem die Dichtung so ernst genommen wird wie die Theologie.«
Elisabeth Endres, Frankfurter Allgemeine Zeitung

Der andere Jesus

Ein Lesebuch moderner literarischer Texte.
Hrsg. von Karl-Josef Kuschel. 413 Seiten. Serie Piper 625

Diese Sammlung von modernen literarischen Texten zeigt, daß Jesus von Nazareth die große Bezugsgestalt auch der zeitgenössischen Literatur ist. Dieser Jesus der Literaten ist freilich zumeist ein anderer als der traditioneller Kirchlichkeit. Über Literatur erschließt dieses Lesebuch einen neuen Zugang zur Gestalt des Nazareners. Es enthält Texte u. a. von: A. Andersch, I. Bachmann, H. Böll, W. Borchert. B. Brecht, P. Celan, H. Domin, I. Drewitz, F. Dürrenmatt, G. Eich, E. Fried, M. Frisch, G. Grass, P. Handke, S. Heym, W. Hildersheimer, R. Hochhuth, W. Jens, M. L. Kaschnitz, W. Koeppen, R. Kunze, K. Marti, L. Rinser, N. Sachs, W. Schnurre, A. Seghers, E. Zeller.

Weil wir uns auf dieser Erde nicht ganz zu Hause fühlen

Zwölf Schriftsteller über Religion und Literatur. In Zusammenarbeit mit Hartmut Musmann. 180 Seiten. Serie Piper 414

Karl-Josef Kuschels Fragestil ist unaufdringlich, unapologetisch.
Literatur wird bei ihm nicht religiös vereinnahmt, sondern als Herausforderung an Theologie, Kirche und Christentum erschlossen.

Lust an der Erkenntnis

Die Theologie des 20. Jahrhunderts. Ein Lesebuch. Hrsg. und eingeleitet von Karl-Josef Kuschel. 506 Seiten. Serie Piper 646

Dieser zweite Band der Reihe »Lust an der Erkenntnis« will die Theologie unseres Jahrhunderts mit wichtigen Autoren und Themen vorstellen. Etwa 50 kürzere, repräsentative Texte zeigen die Entwicklung der modernen Theologie und eröffnen einen Zugang zum christlichen Denken unserer Zeit.

Piper 17/4a

PIPER

Theologie bei Piper